한 번에 합격,
자격증은 이기적

KB208728

이렇게
기막힌
적중률

자격증 독학, 어렵지 않다!
수험생 합격 전담마크

이기적 스터디 카페

- 스터디 만들어 함께 공부
- 전문가와 1:1 질문답변
- 프리미엄 구매인증 자료
- 365일 진행되는 이벤트

인증만 하면, **고퀄리티 강의가 무료!**

100% 무료 강의

영진닷컴 이기적

1년 365일 이기적이 쏜다!

365일 진행되는 이벤트에 참여하고 다양한 혜택을 누리세요.

EVENT ❶ 기출문제 복원

- 이기적 독자 수험생 대상
- 응시일로부터 7일 이내 시험만 가능
- 스터디 카페의 링크 클릭하여 제보

이벤트 자세히 보기 ▶

EVENT ❷ 합격 후기 작성

- 이기적 스터디 카페의 가이드 준수
- 네이버 카페 또는 개인 SNS에 등록 후
  이기적 스터디 카페에 인증

이벤트 자세히 보기 ▶

EVENT ❸ 온라인 서점 리뷰

- 온라인 서점 구매자 대상
- 한줄평 또는 텍스트 & 포토리뷰 작성 후
  이기적 스터디 카페에 인증

이벤트 자세히 보기 ▶

EVENT ❹ 정오표 제보

- 이름, 연락처 필수 기재
- 도서명, 페이지, 수정사항 작성
- book2@youngjin.com으로 제보

이벤트 자세히 보기 ▶

N Pay 20,000원
네이버페이 포인트 쿠폰

영진닷컴 쇼핑몰 30,000원

- N페이 포인트 5,000~20,000원 지급
- 영진닷컴 쇼핑몰 30,000원 적립
- 30,000원 미만의 영진닷컴 도서 증정

※ 이벤트별 혜택은 변경될 수 있으므로 자세한 내용은 해당 QR을 참고하세요.

이기적 크루를 찾습니다!

WANTED

저자 · 강사 · 감수자 · 베타테스터 상시 모집

저자 · 강사

분야 수험서 전 분야
수험서 집필 혹은 동영상 강의 촬영

요건 관련 강사, 유튜버, 블로거 우대

혜택 이기적 수험서 저자 · 강사 자격
집필 경력 증명서 발급

감수자

분야 수험서 전 분야

요건 관련 전문 지식 보유자

혜택 소정의 감수료
도서 내 감수자 이름 기재
저자 모집 시 우대(우수 감수자)

베타테스터

분야 수험서 전 분야

요건 관련 수험생, 전공자, 교사/강사

혜택 활동 인증서 & 참여 도서 1권
영진닷컴 쇼핑몰 30,000원 적립
스타벅스 기프티콘(우수 활동자)
백화점 상품권 100,000원(우수 테스터)

◀ 모집 공고 자세히 보기

이메일 문의하기 ✉ book2@youngjin.com

기억나는 문제 제보하고 N페이 포인트 받자!

기출 복원 EVENT

성명	이기적	수험번호	2 0 2 4 1 1 1 3

Q. 응시한 시험 문제를 기억나는 대로 적어주세요!

① 365일 진행되는 이벤트   ② 참여자 100% 당첨   ③ 우수 참여자는 N페이 포인트까지

영진닷컴 쇼핑몰
30,000원

N Pay
네이버페이
포인트 쿠폰   20,000원

적중률 100% 도서를 만들어주신 여러분을 위한 감사의 선물을 준비했어요.

신청자격 이기적 수험서로 공부하고 시험에 응시한 모든 독자님

참여방법 이기적 스터디 카페의 이벤트 페이지를 통해 문제를 제보해 주세요.

※ 응시일로부터 7일 이내의 시험 복원만 인정됩니다.

유의사항 중복, 누락, 허위 문제를 제보한 경우 이벤트 대상에서 제외됩니다.

참여혜택 영진닷컴 쇼핑몰 30,000원 적립

정성껏 제보해 주신 분께 N페이 포인트 5,000~20,000원 차등 지급

이벤트 페이지 확인하기 ▶

이기적이
다 드립니다

여러분은 합격만 하세요! 이기적 미용사 갓성비세트 BIG 4

기초 탄탄, 이론 + 기출 + 핵심요약

초심자라 아무것도 몰라서, 미용사 준비가 처음이라 걱정되시나요?
개념부터 예시까지 상세히 알려드려요. 이기적만 믿고 따라오세요.

실력 충전, 권쌤TV 무료 강의

혼자서 준비하시기 힘드시나요?
[권쌤 × 이기적]의 핵심만 짚어 주는 강의로 혼자서,
이기적 한 권이면 충분합니다.

최강 독학, 이기적인 Q&A

이기적은 여러분과 시험의 처음부터 끝까지 함께 합니다.
이기적이 준비한 시험 가이드를 따라 합격길만 걸으세요!

최종 점검, 맛보기 모의고사

이론학습이 모두 끝났다면!
실전 모의고사 3회분으로 실전처럼 제대로 준비해 보세요.

※ 〈2025 이기적 권쌤TV 미용사(네일) 필기〉를 구매하고 인증한 회원에게만 드리는 자료입니다.

이 모든 혜택 한 번에 보기 ▶

시험 환경 100% 재현!
CBT 온라인 문제집

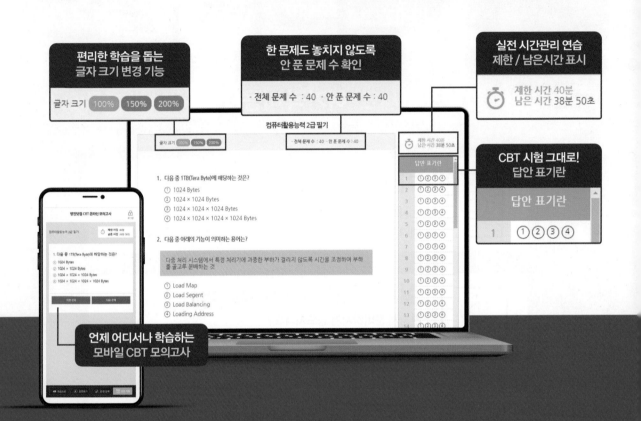

편리한 학습을 돕는
글자 크기 변경 기능

글자 크기 100% 150% 200%

한 문제도 놓치지 않도록
안 푼 문제 수 확인

· 전체 문제 수 : 40   · 안 푼 문제 수 : 40

실전 시간관리 연습
제한 / 남은시간 표시

제한 시간 40분
남은 시간 38분 50초

CBT 시험 그대로!
답안 표기란

답안 표기란

1   ① ② ③ ④

언제 어디서나 학습하는
모바일 CBT 모의고사

이용 방법

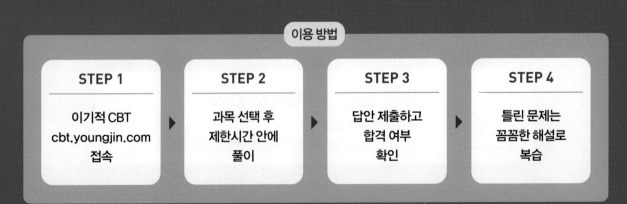

STEP 1
이기적 CBT
cbt.youngjin.com
접속

STEP 2
과목 선택 후
제한시간 안에
풀이

STEP 3
답안 제출하고
합격 여부
확인

STEP 4
틀린 문제는
꼼꼼한 해설로
복습

이기적 CBT

이렇게
기막힌
적중률

권쌤TV 미용사(네일)
필기

"이" 한 권으로 합격의 "기적"을 경험하세요!

YoungJin.com Y.
영진닷컴

차례

구매 인증 PDF

실전 모의고사 3회분
암호 : nail7693

시험장까지 함께 가는 핵심 요약
이기적 스터디 카페에서 제공

※ **참여 방법** : '이기적 스터디 카페' 검색 → 이기적 스터디
카페(cafe.naver.com/yjbooks) 접속 → '구매 인증 PDF
증정' 게시판 → 구매 인증 → 메일로 자료 받기

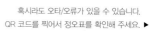
혹시라도 오타/오류가 있을 수 있습니다.
QR 코드를 찍어서 정오표를 확인해 주세요. ▶

이 책의 구성

STEP 01

핵심 키워드 & 다양한 학습도구

핵심 키워드

미용사(네일) 국가자격시험의 출제 기준을 저자가 손수, 철저히 분석하여 핵심적인 내용만 담았습니다.

다양한 학습도구

도서에 수록된 합격강의, 출제빈도, 빈출태그, 용어설명, 권쌤의 노하우, 올컬러 삽화 등의 다양한 학습도구는 여러분의 합격에 날개를 달아줄 것입니다.

개념 체크

핵심 키워드 옆 개념 체크로 이론을 복습하고 유형을 파악할 수 있습니다. 개념 체크로 이론의 이해도를 바로바로 점검해 보세요!

STEP 02

자주 출제되는 기출문제 120선

자출이론 & 기출문제

이 개념엔 요런 문제! 자주 출제되는 기출문제를 과목별·개념별로 묶어 담았습니다.

오답 피하기

해당 문제 유형은 어떻게 접근하는 것이 좋은지, 어떤 선택지가 함정인지 등에 대한 자세한 설명이 담겨 있습니다.

권쌤의 노하우

자출이론 & 기출문제에 권쌤의 노하우를 수록하였습니다. 권쌤만의 꿀팁으로 개념의 빈틈을 메워 보세요!

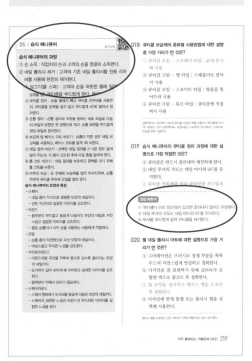

8 이 책의 구성

STEP 03

공개 기출문제

미용사(네일) 필기시험에서 그동안 실제로 출제되었던 문제들을 모아 4회분으로 수록하였습니다. 그와 더불어 문제를 다각도에서 이해할 수 있도록 권쌤만의 해설을 담았으며, 정답과 해설을 한 페이지 안에 담았지만 정답만 아랫부분에 모아 놓아서 학습의 효율을 더욱 높였습니다.

STEP 04

최신 기출문제 + 정답 & 해설

최신 기출문제 6회

혼자서도, 실전처럼! 여러분들은 해낼 수 있습니다. 6회분의 문제로 실제 시험장에서 시험을 치르듯 정답 없이 자신의 실력을 점검해 보세요.

정답 & 해설

채점은 빠르게, 해설은 확실하게! 회차별 초반부에 정답만 모아모아 학습의 효율을 기했습니다. 그와 더불어 권쌤만의 꼼꼼한 해설로 어떤 문제가 어떻게 나왔는지, 이런 문제는 어떻게 해결하는지 확실하게 파악할 수 있습니다.

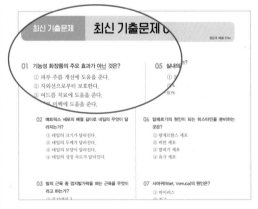

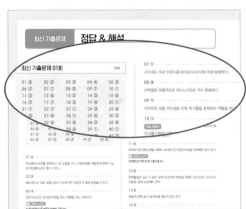

시험의 모든 것

01 응시 자격 조건

남녀노소 누구나 응시 가능

02 원서 접수하기

- www.q-net.or.kr에서 접수
- 상시 검정 : 시험 시간 조회 후 원하는 날짜와 시간에 응시

03 시험 응시

- 신분증과 수험표 지참
- 필기시험은 컴퓨터로만 진행되는 CBT (Computer Based Test) 형식으로 진행됨

04 합격자 발표

www.q-net.or.kr에서 합격자 발표

01 미용사(네일)란?

• 자격개요

네일미용에 관한 숙련기능을 가지고 현장업무를 수행할 수 있는지 평가하는 자격

• 업무범위

손톱과 발톱을 손질 · 화장하는 영업

• 필요성

공중위생관리법(제6조)에서 미용사가 되려는 자는 미용사 자격을 취득한 뒤 시장 · 군수 · 구청장의 면허를 받도록 규정함

02 미용사(네일)의 취득 후 전망

• 네일미용업 취 · 창업 가능
• 미용학원업, 화장품 연구기관 취업 가능

03 시험 정보

• 실시기관

한국산업인력공단

• 훈련기관

대학 및 전문대학 미용관련학과, 노동부 관할 직업훈련학교, 시 · 군 · 구 관할 여성발전(훈련)센터, 기타 학원 등

• 검정방법 및 합격기준

구분	필기	실기
응시료	14,500원	17,200원
시험 과목	네일 화장물 적용 및 네일미용 관리	네일미용실무
검정 기준	객관식 4지 택일형, 60문항(60분)	작업형, (2시간 30분, 100점)
합격 기준	100점을 만점으로 하여 60점 이상	

Q&A

Q 필기시험은 합격했는데 실기시험에서 떨어졌어요.

A 당해 필기시험일로부터 2년간 필기시험이 면제됩니다. 연간 약 20회(2024년 기준 22회) 정도의 실시시험이 있으니 2년 안으로 재응시하시면 됩니다.

Q 자격증을 취득하면 학점을 취득한 것으로 인정되나요?

A 미용사는 '미용장'과 달리 학점으로 인정되지 않습니다.

Q 보통 몇 명 정도가 합격하나요?

A

연도	필기			실기		
	응시자	합격자	합격률(%)	응시자	합격자	합격률(%)
2024	30,685	11,847	38.6	20,673	7,302	35.3
2023	34,803	14,098	40.5	22,951	8,343	36.4
2022	32,452	13,928	42.9	24,028	8,867	36.9
2021	35,220	17,322	49.2	27,558	10,377	37.7
2020	30,719	16,112	52.4	22,933	9,113	39.7

Q 보통 얼마 동안 공부하나요?

A

분류	접수자	응시자	응시율(%)	합격자	합격률(%)
3개월 미만	25,251	20,810	82.4	8,689	41.8
3개월~6개월	9,112	7,359	80.8	2,415	32.8
6개월~1년	2,111	1,680	79.6	523	31.1
1년~2년	616	469	76.1	131	27.9
2년~3년	185	146	78.9	31	21.2
3년 이상	262	187	71.4	44	23.5

※ 본 통계는 한국산업인력공단에서 2024년 기준으로 발표한 것입니다.

Q 시험에는 어떤 것이 출제되나요?

A ▶ 미용사(네일) 필기시험 출제기준(2022.1.1.~2026.12.31.)

주요항목	세부항목		
1. 네일미용 위생서비스	• 네일미용의 이해	• 네일숍 청결 작업	• 네일숍 안전 관리
	• 미용기구 소독	• 개인위생 관리	• 고객응대 서비스
	• 피부의 이해	• 화장품 분류	• 손발의 구조와 기능

2. 네일 화장물 제거	• 일반 네일 폴리시 제거	• 젤 네일 폴리시 제거	• 인조 네일 제거
3. 네일 기본관리	• 프리에지 모양 만들기	• 큐티클 부분 정리	• 보습제 도포
4. 네일 화장물 적용 전 처리	• 일반 네일 폴리시 전 처리	• 젤 네일 폴리시 전 처리	• 인조 네일 전 처리
5. 자연 네일 보강	• 네일 랩 화장물 보강	• 아크릴 화장물 보강	• 젤 화장물 보강
6. 네일 컬러링	• 풀 코트 컬러 도포 • 딥 프렌치 컬러 도포	• 프렌치 컬러 도포 • 그러데이션 컬러 도포	
7. 네일 폴리시 아트	• 일반 네일 폴리시 아트	• 젤 네일 폴리시 아트	• 통 젤 네일 폴리시 아트
8. 팁 위드 파우더	• 네일 팁 선택 • 프렌치 팁 작업	• 풀 커버 팁 작업 • 내추럴 팁 작업	
9. 팁 위드 랩	• 팁 위드 랩 네일 팁 적용	• 네일 랩 적용	
10. 랩 네일	• 네일 랩 재단	• 네일 랩 접착	• 네일 랩 연장
11. 젤 네일	• 젤 화장물 활용	• 젤 원톤 스컬프처	• 젤 프렌치 스컬프처
12. 아크릴 네일	• 아크릴 화장물 활용	• 아크릴 원톤 스컬프처	• 아크릴 프렌치 스컬프처
13. 인조 네일 보수	• 팁 네일 보수 • 아크릴 네일 보수	• 랩 네일 보수 • 젤 네일 보수	
14. 네일 화장물 적용 마무리	• 일반 네일 폴리시 마무리	• 젤 네일 폴리시 마무리	• 인조 네일 마무리
15. 공중위생관리	• 공중보건	• 소독	• 공중위생관리법규(법, 시행령, 시행규칙)

▶ 미용사(네일) 실기시험 출제기준(2022.1.1.~2026.12.31.)

주요항목	세부항목		
1. 네일미용위생서비스	• 네일숍 청결 작업 • 미용기구 소독	• 네일숍 안전 관리 • 개인위생 관리	
2. 네일 화장물 제거	• 일반 네일 폴리시 제거	• 젤 네일 폴리시 제거	• 인조 네일 제거
3. 네일 화장물 적용 전 처리	• 일반 네일 폴리시 전 처리	• 젤 네일 폴리시 전 처리	• 인조 네일 전 처리
4. 네일 화장물 적용 마무리	• 일반 네일 폴리시 마무리 • 인조 네일 마무리	• 젤 네일 폴리시 마무리 • 네일 기본관리 마무리	
5. 네일 기본관리	• 프리에지 모양 만들기	• 큐티클 부분 정리	• 보습제 도포
6. 네일 컬러링	• 풀 코트 컬러 도포 • 딥 프렌치 컬러 도포	• 프렌치 컬러 도포 • 그러데이션 컬러 도포	
7. 팁 위드 파우더	• 네일 팁 선택 • 프렌치 팁 작업	• 풀 커버 팁 작업 • 내추럴 팁 작업	
8. 자연 네일 보강	• 네일 랩 화장물 보강	• 아크릴 화장물 보강	• 젤 화장물 보강
9. 팁 위드 랩	• 팁 위드 랩 네일 팁 적용	• 네일 랩 적용	• 팁 위드 랩 네일 파일 적용
10. 랩 네일	• 네일 랩 재단	• 네일 랩 접착	• 네일 랩 연장
11. 아크릴 네일	• 아크릴 화장물 활용	• 아크릴 원톤 스컬프처	• 아크릴 프렌치 스컬프처
12. 네일 폴리시 아트	• 일반 네일 폴리시 아트	• 젤 네일 폴리시 아트	• 통 젤 네일 폴리시 아트
13. 젤 네일	• 젤 화장물 활용	• 젤 원톤 스컬프처	• 젤 프렌치 스컬프처

※ 자료 출처 : Q-NET 인터넷 홈페이지(www.q-net.or.kr)

CBT 시험 가이드

CBT란?

CBT는 시험지와 필기구로 응시하는 일반 필기시험과 달리, 컴퓨터 화면으로 시험 문제를 확인하고 그에 따른 정답을 클릭하면 네트워크를 통하여 감독자 PC에 자동으로 수험자의 답안이 저장되는 방식의 시험입니다.

오른쪽 QR코드를 스캔해서 큐넷 CBT를 체험해 보세요!

큐넷 CBT
체험하기

CBT 필기시험 진행방식

본인 좌석
확인 후 착석 ➡ 수험자
정보 확인 ➡ 화면 안내에
따라 진행 ➡ 검토 후
최종 답안 제출 ➡ 퇴실

CBT 응시 유의사항

• 수험자마다 문제가 모두 달라요. 문제은행에서 자동 출제됩니다!
• 답지는 따로 없어요!
• 문제를 다 풀면, 반드시 '제출' 버튼을 눌러야만 시험이 종료되어요!
• 시험 종료 안내방송이 따로 없어요.

FAQ

Q CBT 시험이 처음이에요! 시험 당일에는 어떤 것들을 준비해야 좋을까요?

A 시험 20분 전 도착을 목표로 출발하고 시험장에는 주차할 자리가 마땅하지 않은 경우가 많으므로, 대중교통을 이용하는 것을 추천합니다. 무사히 시험 장소에 도착했다면 수험자 입장 시간에 늦지 않게 시험실에 입실하고, 자신의 자리를 확인한 뒤 착석하세요.

Q 기존보다 더 어려워졌을까요?

A 시험 자체의 난이도 차이는 없지만, 랜덤으로 출제되는 CBT 시험 특성상 경우에 따라 유독 어려운 문제가 많이 출제될 수는 있습니다. 이러한 돌발 상황에 대비하기 위해 이기적 CBT 온라인 문제집으로 실제 시험과 동일한 환경에서 미리 연습해두세요.

CBT 진행 순서

좌석번호 확인	수험자 접속 대기 화면에서 본인의 좌석번호를 확인합니다.

↓

수험자 정보 확인	시험 감독관이 수험자의 신분을 확인하는 단계입니다. 신분 확인이 끝나면 시험이 시작됩니다.

↓

안내사항	시험 안내사항을 확인하고, 다음을 클릭합니다.

↓

유의사항	시험과 관련된 유의사항을 확인합니다.

↓

문제풀이 메뉴 설명	시험을 볼 때 필요한 메뉴에 대한 설명을 확인합니다. 메뉴를 이용해 글자 크기와 화면 배치를 조정할 수 있습니다. 남은 시간을 확인하며 답을 표기하고, 필요한 경우 아래의 계산기를 이용할 수 있습니다.

↓

문제풀이 연습	시험 보기 전, 연습을 해 보는 단계입니다. 직접 시험 메뉴화면을 클릭하며, CBT가 어떻게 진행되는지 확인합니다.

↓

시험 준비 완료	문제풀이 연습을 모두 마친 후 [시험 준비 완료] 버튼을 클릭하면 시험 감독관의 지시에 따라 시험이 시작됩니다.

↓

시험 시작	시험이 시작되었습니다. 수험자분들은 제한 시간에 맞추어 문제풀이를 시작합니다.

↓

답안 제출	시험을 완료하면 [답안 제출] 버튼을 클릭합니다. 답안을 수정하기 위해 시험화면으로 돌아가고 싶으면 [아니오] 버튼을 클릭합니다.

↓

답안 제출 최종 확인	답안 제출 메뉴에서 [예] 버튼을 클릭하면, 수험자의 실수를 방지하기 위해 한 번 더 주의 문구가 나타납니다. 완벽히 시험 문제 풀이가 끝났다면 [예] 버튼을 클릭하여 최종 제출합니다.

↓

합격 발표	CBT 시험이 모두 종료되면, 퇴실할 수 있습니다.

이제 완벽하게 CBT 필기시험에 대해 이해하셨나요?
그렇다면 이기적이 준비한 CBT 온라인 문제집으로 학습해 보세요!

이기적 온라인 문제집 : https://cbt.youngjin.com

이기적 CBT
바로가기

PART
01

하루 만에 끝내는
핵심 키워드

CHAPTER

01

네일미용의 기초

네일 미용의 이해

▶ 합격강의

빈출 태그 ▶ #네일미용개념 #네일미용역사

권쌤의 노하우

네일아트는 건강한 네일관리, 인조네일, 네일아트, 기법 서비스 등을 모두 포함하는 명칭이랍니다.

✅ 개념 체크

매니큐어의 어원으로 손을 지칭하는 라틴어는?

① 페디스(Pedis)
② 마누스(Manus)
③ 큐라(Cura)
④ 매니스(Manis)

②

KEYWORD 01   네일미용의 개념 빈출

1) 네일미용의 개념

① 네일미용의 정의

국가직무능력표준(NCS)의 정의	네일에 관한 이론과 기술을 바탕으로 건강하고 아름다운 네일을 유지 · 보호하기 위해 네일미용 기구와 제품을 활용하여 자연네일관리, 인조네일관리, 네일아트 기법 등의 서비스를 고객에게 제공하는 일
공중위생관리법의 네일미용업	손톱과 발톱을 손질 · 화장(化粧)하는 영업
일반적 정의	네일 기초 관리, 굳은살 제거, 마사지, 컬러링, 인조네일 시술 등 손톱과 발톱에 관한 관리 전부

② 네일 · 네일미용사 · 네일화장품

네일	손톱(Fingernail)과 발톱(Toenail)의 통칭
네일미용사	손 · 발톱관리사로 손톱과 발톱의 미용을 담당하는 전문관리사
네일화장품	네일에 적용할 수 있는 네일화장품, 네일제품, 젤, 아크릴, 랩, 팁 등의 모든 액세서리

2) 매니큐어와 패디큐어의 정의와 어원

매니큐어	정의	• 손톱의 관리와 미용을 아울러 이르는 말이다. • 손톱의 손질, 각질 제거, 보습, 채색 등의 일련의 과정을 포함한다.
	어원	• 라틴어 Manus와 Cura에서 유래했다. • Manus(마누스, 손) + Cura(큐라, 관리하여 돌봄) = Manicure
페디큐어	정의	• 발톱의 관리와 미용을 아울러 이르는 말이다. • 발톱의 손질, 각질 제거, 보습, 채색 등의 일련의 과정을 포함한다.
	어원	• 라틴어 Pedis와 Cura에서 유래했다. • Pedis(페디스, 발) + Cura(큐라, 관리하여 돌봄) = Pedicure

3) 매니큐어의 종류 빈출

습식 매니큐어	• 큐티클을 정리할 때 핑거볼을 사용해 미온수에 불린 후 관리하는 방법이다. • 시술 후 물기를 완벽히 제거하지 않으면 시술 후 몰드(곰팡이)가 생길 수 있기 때문에 인조네일 작업 시 권장하지 않음
건식 매니큐어	• 큐티클을 정리할 때 물이나 소프트너, 리무버 등을 사용하지 않고 관리하는 방법이다. • 인조네일 작업 시 건식 매니큐어를 권장한다.

핫 오일 매니큐어	• 온열기기를 이용해 핫 오일로 큐티클을 불린 후 관리하는 방법이다. • 두껍고 딱딱한 큐티클이나 테리지움(큐티클 과잉 성장)의 경우에 효과적이다.
파라핀 매니큐어	• 파라핀을 이용하여 고객의 손발을 관리하는 방법이다. • 파라핀 성분이 피부에 침투하여 거친 피부나 굳은 큐티클의 연화, 순환 촉진, 보습 등의 작용을 한다. • 열에 약한 피부나 염증, 전염이 가능한 피부 질환을 앓고 있는 경우 사용을 금한다.

일반적인 네일아트의 모습

KEYWORD 02 한국의 네일 미용 빈출

1) 중세와 근세

고려	고려 충선왕 때 궁녀와 부녀자, 처녀들 사이에서 염지갑화(染指甲花), 지갑화(指甲花)라고 하는 봉선화 꽃물을 들이기 시작했다.
조선	• 세시풍속집 「동국세시기」에는 "젊은 각시와 어린이들이 봉선화를 따다가 백반에 섞어 짓찧어서 손톱에 물을 들였다"라고 나와 있다. • 귀천에 관계없이 봉선화로 손톱을 물들이는 미용 풍속이 유행했다. • 미인의 조건으로 손은 '섬섬옥수', 다산(多産)과 다남(多男)의 조건으로 '손은 마치 봄에 솟아난 죽순 같으며, 손바닥의 혈색이 붉어야 함'을 제시했다.

2) 근 · 현대

1989년	이태원에서의 그리피스 네일숍 개업이 네일산업 기폭제가 됐다.
1994년	• 조옥희 네일 연구소가 설립됐다. • 동아문화센터 본격적인 네일미용 교육이 시작됐다.
1995년	• 일반인들도 네일아트에 대해 알기 시작하여, 유통업체가 등장했다. • 압구정동에서 국내 최초로 네일 전문 아카데미(네일아트 넘버원)가 개원되었다. • 네일미용재료상 '키스 네일'사를 시작으로 하여 본격적인 네일 시장이 형성됐다.
1996년	• 네일 유통회사, 네일 전문 아카데미, 네일숍이 다수 개업했다. • 백화점에 네일코너가 입점됨과 더불어 네일숍도 본격적으로 도입되기 시작했다.
1997년	• 네일아트의 대중화가 시작됐다. • 최초의 한국네일협회가 창립됐다.
1998년	• 한국 최초 네일 민간자격제도가 시행되어 본격적으로 네일산업이 성장했다. • 한국여성개발원에서 제1회 네일기술자격 2급 필기 검정시험(291명 응시) 실시
2014년	• 국가기술자격 '미용사(네일)' 필기시험이 처음으로 시행됐다(11월 16일, 33,675명 응시). • 7월 1일부터 미용업(손톱 · 발톱)이 신설돼, 합법적으로 영업을 개시할 수 있게 됐다.
2015년	• 국가기술자격 '미용사(네일)' 실기시험이 처음으로 시행되었다(4월 17일, 37,782명 응시). • 같은 해 최종합격자 발표되고, 자격증이 발급됐다. • 매년 필기 3만명, 실기 2만명 이상 응시하는 자격증 시험으로 자리잡게 됐다.

1) 고대

① 네일 미용의 기원 : B.C. 3000년경의 이집트와 중국

② 국가별 네일 역사

이집트	• 미라의 무덤에서 매니큐어 제품이 발견됐다. • 주술적인 의미로 헤나의 붉은 오렌지색으로 손톱을 염색했다. • 왕족과 상류층은 짙은 색, 하류층은 옅은 색으로 물들여 신분과 지위를 나타냈다.
중국	• 기원전에는 관목이나 식물 등에서 색상을 추출하여 손톱을 염색했다. • 달걀 흰자와 벌꿀, 고무나무 수액 등을 혼합한 액을 손톱에 발랐다. • B.C. 600년경 주나라의 귀족은 금색, 은색의 염료를 손톱에 발라 신분을 과시했다. • 입술연지를 만드는 홍화(조홍)으로 손톱에 물을 들였다.
그리스 · 로마	• 매니큐어를 남성의 전유물로 여겼다. • 매니큐어의 어원인 '마누스', '큐라'라는 단어가 생겨났다.

2) 중세

중세	전쟁터에 나가는 군 지휘관들은 손톱과 입술에 같은 색을 칠하여 용맹함을 과시했다.
중국 명나라	• 15C : 중국의 명나라 왕족은 흑색, 적색의 염료를 손톱에 발라 특권층의 신분을 과시함 • 17C : 상류층은 부의 상징으로 손톱을 기르고, 손톱 손상을 막기 위해 보석 · 금 · 대나무 · 부목 등으로 손톱을 보호함
프랑스	• 15C : 손가락이 희고 길며, 손톱이 붉은 손이 미의 기준 중 하나였음 • 16C : 프랑스의 왕비 카트린 드 메디시스(Catherine de Médicis)는 손을 보호하기 위해 자기 전에 장갑을 착용했음 • 17C : 베르사유 궁전에서 노크 대신 문을 긁는 에티켓이 있어 한쪽 손의 손톱만 길게 길렀음
인도	17C, 상류층 여성들은 손톱 뿌리 부분에 색소를 주입하여 신분을 과시했다.

3) 근세

미국	• 1800년 : 네일케어 및 관련산업이 시작됨 • 1970년 : 소수의 유태인에 의해 네일 관리가 시작됨 • 1980년 : 뉴욕 중심으로 한인교포 네일리스트의 활동이 성행함
일본	• 1980년에 도입되어 1990년 중반부터 성행하기 시작했다. • 고온다습한 해양성 기후의 특성상 습기에 강한 아크릴 네일이 발달했다.
동남아시아	• 2000년대부터 성행하기 시작했다. • 각종 미용대회가 싱가포르, 대만, 말레이시아, 인도네시아, 홍콩 등에서 개최됐다.

4) 근 · 현대(19~20세기)

1800년	• 샤모아(알프스 산양) 가죽으로 손톱에 광택을 냈다. • 끝이 뾰족한 포인트 형태의 네일이 유행했다.

고대 중국의 조홍

✔ 개념 체크

네일의 역사에 대한 설명으로 옳지 <u>않은</u> 것은?

① 최초의 네일관리는 기원전 3,000년경에 이집트와 중국의 상류층에서 시작되었다.
② 고대 이집트에서는 헤나라는 관목에서 빨간색과 오렌지색을 추출하였다.
③ 고대 이집트에서는 남자들도 네일관리를 하였다.
④ 네일관리는 지금까지 5,000년에 걸쳐 변화되어 왔다.

③

1830년	의사 '시트'가 오렌지 우드스틱을 개발했다.
1885년	네일 폴리시의 필름 형성제인 니트로셀룰로스(Nitrocellulose)를 개발했다.
1892년	네일리스트가 새로운 여성들의 직업으로 미국에 도입됐다.
1910년	• 네일 폴리시 회사 '플라워리(Flowery)'가 뉴욕에 설립됐다. • 금속 파일, 사포 파일을 제작했다.
1900년	• 금속 가위와 금속 파일 제작, 도구를 이용한 네일케어가 시작됐다. • 크림이나 파우더로 손톱에 광을 내고 낙타털로 네일 폴리시를 발랐다.
1917년	'닥터 코로니(Dr. Korony)'가 홈 케어 제품을 보그(Vogue)잡지에 소개했다.
1925년	• 네일 폴리시의 산업이 본격화되고, 일반상점에서 네일 폴리시가 판매되기 시작했다. • 손톱 반월과 가장자리를 뺀 중앙 부분만 바르는 '문 매니큐어(Moon Manicure)'가 유행했다.
1927년	화이트 네일 폴리시, 큐티클 크림, 큐티클 리무버가 출시됐다.
1930년	• '제나(Gena)' 연구팀에서 네일 폴리시리무버, 워머 로션, 큐티클 오일을 개발했다. • 다양한 채도의 레드 네일 폴리시가 등장했다.
1932년	• 최초로 염료가 들어간 네일 폴리시가 개발되고, 다양한 색상의 네일 폴리시가 등장했다. • '레블론(Revlon)'사에서 최초로 립스틱과 어울리는 컬러의 네일 폴리시를 출시했다.
1935년	인조네일(네일 팁)이 개발됐다.
1940년	• 배우 '리타 헤이워드(Rita Hayworth)'로 인해 레드 컬러를 풀로 바르는 것이 유행했다. • 남성들도 이발소에서 네일관리를 받기 시작했다.
1948년	미국의 '노린 레호(Norin Reho)'가 매니큐어 관리에 도구와 기구를 도입했다.
1956년	미국의 '헬렌 걸리'가 미용학교에서 최초로 네일 강의를 시작했다.
1957년	• 근대적 페디큐어가 시작되고, 네일 팁 사용이 늘었다. • '토마스 슬랙(Thomas Slack)'이 '플랫 폼'이라는 네일 폼을 개발했다. • '패티네일(Pattinail)'이라고 불렸던 포일을 사용한 아크릴 네일이 시작됐다.
1960년	실크와 리넨을 이용해 약한 손톱을 보강하는 네일 랩 작업이 시작됐다.
1970년	• 치과에서 사용하는 재료에서 발전한 아크릴 네일제품이 개발됐다. • 네일 팁, 아크릴 인조네일이 본격적으로 시작됐다. • 네일미용이 부와 사치의 상징이 되면서 활성기를 맞았다.
1973년	미국 'IBD'가 네일 접착제와 접착식 인조네일을 개발했다.
1976년	• 스퀘어 형태의 손톱이 유행하고 파이버 랩(Fiber Wrap)이 등장했다. • 비로소 네일아트가 미국에 정착됐다.
1981년	• 네일제품 제조사 '에시(ESSIE), 오피아이(OPI)' 등에서 네일전문 제품, 핸드 제품을 출시했다. • 네일 액세서리가 등장했다.
1982년	미국의 '태미 테일러(Tammy Taylor)'사에서 파우더, 프라이머, 리퀴드 등의 아크릴 제품을 개발했다.
1992년	• NIA(Nails Industry Association)가 창립되어 네일산업이 정착됐다. • 인기 스타들에 의해 네일관리가 대중화했다.
1994년	• 독일 : '라이트 큐어드 젤 시스템'이 등장해 젤 네일이 시작됨 • 미국 뉴욕 : 네일 테크니션 면허제도가 도입됨

포인트 셰이프

스퀘어 셰이프과 프렌치 네일

▼ 네일 미용 도구의 등장 한판 정리

시기	내용
19세기	• 1830년 : 오렌지우드스틱 • 1885년 : 니트로셀룰로스
20세기 초엽 ('00s~30s)	• 1900년 : 금속가위 • 1910년 : 금속파일과 금속사포 • 1927년 : 화이트 네일 폴리시, 큐티클 크림, 큐티클 리무버 • 1930년 : 네일 폴리시 리무버, 위머 로션, 큐티클 오일 • 1935년 : 인조네일(네일 팁)
20세기 중엽 ('40s~60s)	• 1957년 : 네일폼 • 1960년 : 네일랩
20세기 말엽 ('70s~90s)	• 1970년 : 아크릴 네일 • 1973년 : 네일 접착제와 접착식 인조네일 • 1981년 : 네일 액세서리 • 1982년 : 아크릴 제품(파우더, 프라이머, 리퀴드 등) • 1994년 : 라이트 큐어드 젤 시스템

그리피스 조이너

그녀는 미국의 전 육상선수이다. 1988년 미국에서 기록한 100m(10.49초) 세계기록과 1988 서울 올림픽에서 기록한 200m(21.34초) 세계기록은 아직도 경신되지 않고 있으며, 세계에서 가장 빠른 여자 육상선수로 알려져 있다. 1988년 서울 올림픽에서 100m 달리기 우승자인 그리피스 조이너가 당시 특이한 손톱 모양으로 주목을 받았다. 그녀는 단거리 육상선수에게서는 볼 수 없는 화려한 손톱 치장과 화려한 화장, 에어로빅 타이츠로 인해 한때 '트랙 위의 패션모델, 달리는 패션모델'이라는 별칭을 얻기도 했었다.

※ 사진 출처 : 북경 올림픽공식페이지

SECTION 02

출제빈도 상 (중) 하
반복학습 1 2 3

네일숍 청결 작업

▶ 합격강의

빈출 태그 ▶ #네일숍시설 #네일숍위생관리

KEYWORD 01 쾌적한 네일숍의 조건

1) 미용업의 실내 공기 위생관리 기준(공중위생관리법 시행규칙 제8조)

① 24시간 평균 실내 미세먼지의 양이 $150\mu g/㎥$을 초과하는 경우에는 실내공기 정화시설(덕트) 및 설비를 교체 또는 청소하여야 한다.

② ①의 규정에 따라 청소하여야 하는 실내 공기정화시설 및 설비는 다음과 같다.

- 공기정화기에 이에 연결된 급·배기관(급·배기구 포함)
- 중앙집중식 냉·난방시설의 급·배기구
- 실내공기의 단순 배기관
- 화장실용 배기관
- 조리실용 배기관

2) 네일숍의 작업 환경

① 환기의 종류와 방법

자연 환기	• 내기와 외기의 온도차를 이용하거나, 자연풍을 이용해 환기하는 방법이다. • 창문, 문, 통풍구를 열어서 환기한다. • 실내외의 온도차가 5℃ 정도가 되면 공기순환이 촉진된다. • 바람이 불어오는 방향의 창문으로부터 반대쪽 창문이나 문으로 더워진 실내의 공기를 배출하여 교환한다. • 하루에 2~3회 이상 환기하는 것이 적절하다.
인공 환기	• 환기 장치로 환기하는 방법이다. • 급기·배기 장치, 환풍기, 공조 장치, 공기청정기 등 자동적 인공 장비를 활용한다.

② 미용업소의 기온 및 습도 관리 ^{빈출}

- 실내·외 온도차 : 5~7℃ 정도를 유지
- 최적 온도 : 약 18℃, 쾌적함을 느끼는 범위는 15.6~20℃
- 적정 습도 : 40~70%, 온도에 따라 적정 습도가 달라짐

온도	쾌적한 습도
15℃	70%
18~20℃	60%
21~23℃	50%
24℃ 이상	40%

환기에 대한 법적 규정
환기를 위하여 일정 용도의 거실(단독 주택의 거실, 공용 주택의 거실, 교실, 병실, 숙박 시설의 객실)에 설치하는 창문 등의 면적은 그 거실 바닥의 $\frac{1}{2}$ 이상이어야 한다.(건축법 시행령 제51조 제2항)

✓ **개념 체크**

실내온도와 습도에 대한 설명으로 옳지 않은 것은?
① 실내 적정 온도는 18±2℃이다.
② 실내 적정 습도는 40~70%이다.
③ 실내 냉방 시 실내외 온도차는 8~10℃가 적당하다.
④ 실내 난방은 10℃ 이하 시 필요하다.

③

✅ 개념 체크

다음 중 미용실 반간접 조명으로 가장 적합한 조도는?

① 65ℓx 이하
② 75ℓx 이상
③ 150ℓx 이상
④ 300ℓx 이상

②

③ 미용업소 내부의 조도 관리
- 적정 조도 : 75ℓx 이상이 되도록 유지해야 함
- 양호한 조명의 조건
  - 적정한 조도를 갖출 것
  - 눈이 부시지 말 것
  - 조명이 흔들리지 말 것
  - 입체감을 갖는 시야를 만들어 줄 것
  - 작업장과 바닥에 그림자를 드리우지 말 것
  - 창의 채광과 인공조명을 함께 사용할 것
  - 조명의 색이 적당할 것
  - 6개월마다 1회 이상 정기 점검을 실시할 것

KEYWORD 02 | 네일숍 환경 위생 관리

1) 네일숍의 청소
- 높고 깨끗한 곳을 먼저, 낮고 더러운 곳을 나중에 청소한다.
- 부착된 오염물질이 잘 떨어져 나오도록 마찰을 이용한다.
- 먼지를 발생시키지 않는 방법으로 시행한다.
- 장갑이나 가운, 보안경을 착용을 권장한다.
- 높은 곳의 청소할 때에는 아래쪽에 이물질이 떨어져서 오염되지 않도록 주의한다.
- 작업대, 페디의자, 의자, 전등 등의 표면은 먼지를 매일 제거한다.
- 커튼은 정기적인 일정에 따라 오염을 확인하고, 필요시 교환하고 세탁한다.
- 바닥은 소독제로 충분히 적시고, 마찰을 이용하여 청소한다.
- 카페트는 네일숍에 적합하지 않지만 혹시 있다면 진공청소기로 이물질을 제거한다.

2) 환경 위생관리

대원칙	공중위생관리법에 나온 법규를 따라야 한다.
화장물	• 네일제품의 특성상 화학제품의 냄새가 많이 나기 때문에 반드시 네일 화장물을 사용 · 보관할 때는 뚜껑이 있는 용기를 사용하고 사용 후 뚜껑을 닫아 보관하는 것을 권장한다. • 폐기물들을 처리할 때에도 역시 뚜껑이 있는 용기를 사용한 후 뚜껑을 닫아 보관하는 것을 권장한다.
비품	• 고객에게 사용한 모든 설비는 알코올 용액에 적신 면 패드로 닦거나 분사하여 소독해야 한다. • 사용한 키친타월은 반드시 폐기한다. • 사용 후 젖은 타월은 뚜껑이 있는 용기에 임시 보관 후 짧은 시간 안에 세탁하는 것을 원칙으로 한다. • 쓰레기통은 반드시 뚜껑이 달린 것을 사용하고, 자주 비운다. • 화장실은 항상 청결을 유지하고 비누, 손 소독제, 종이 수건, 휴지 등을 항상 여유분을 미리 준비해야 한다.

시설	• 실내 공기가 정화되지 못하면 군집독이 유발될 수 있으므로, 환기를 자주 해야 한다.
	• 창문이나 문을 통하여 환기가 충분히 이루어질 수 있는 작업 환경을 조성해야 한다.
	• 자연 환기를 고려하여 창문의 개폐가 가능한 환경 설비를 갖춰야 한다.
	• 겨울과 여름의 경우 별도의 공기청정기를 준비해야 한다.
	• 냉 · 온수기 등은 정기적으로 위생 점검을 받는다.
	• 냉 · 난방기는 통풍구의 필터를 자주 청소하고 교체한다.
	• 흐르는 냉온수 시설 설비를 갖추고 안정적으로 식수를 공급해야 한다.
	• 건물 내에 쥐, 파리, 해충 등이 없도록 위생적으로 관리해야 한다.

3) 네일숍의 환기의 특이사항

• 전체 환기를 할 수 있도록 천장 배관과 실내 전체에 인공 환기 장치를 설치하는 것이 좋다.

• 네일 폴리시와 아크릴 등 각종 작업용 네일화장물 등으로 인한 냄새 및 인공 향, 각종 화합물 등으로 인한 냄새를 환기해야 한다.

• 공기보다 무거운 성분도 있으므로 천장뿐만 아니라 아래쪽에도 환기구를 설치해야 한다.

• 작업 유형에 따라 흡진기를 사용해야 한다.

• 분진(먼지, 파우더)가 날릴 수 있으니 선풍기를 사용해서는 안 된다.

• 네일숍 내에서는 흡연과 음식물 섭취를 피해야 한다.

네일숍 안전 관리

▶ 합격강의

KEYWORD 01　네일숍 안전사고 관리

1) 화재안전 관리

① 화재의 개념
화재는 불로 인한 재난으로, 연소 현상으로 인해 피해가 발생하는 것을 말한다.

② 화재 발생원인

실화 (失火)	• 사람의 부주의나 실수 또는 관리 소홀로 말미암아 발생하는 화재 　– 전기 합선, 단락, 과부하, 스파크, 과열, 정전기, 용접 등으로 인한 화재 　– 휘발유, 경유, 등유 등 위험물 및 가연성 액체 취급 부주의로 인한 화재 　– LNG(액화 천연가스), LPG(액화석유가스), 부탄가스, 도시가스, 아세틸렌가스 등 가 　　연성 기체의 취급 부주의로 인한 화재 　– 담뱃불, 양촛불, 연탄불 등 화기 취급 부주의로 인한 화재 　– 이동식 난로, 보일러, 가스 및 전기난로 등 난방기기 취급 부주의로 인한 화재
방화 (放火)	• 사람이 고의로 불을 질러 건축물 또는 기타 물건을 태우는 불법행위 또는 그 자체의 　화재 　– 가정불화로 인한 방화 　– 자살을 목적으로 하는 방화 　– 방화광(불타는 광경을 보면 희열을 느끼는 사람)에 의한 방화 　– 산업 시설이나 공공 시설물을 태울 목적으로 하는 방화 　– 금전(보험금, 보상금 등)을 목적으로 하는 방화

2) 전기안전 관리

① 감전사고의 개념과 위험성
• 감전 : 전기가 통한 도체에 몸의 일부가 닿아 충격을 받는 것
• 감전사고 : 감전으로 인해 피해가 발생하는 것
• 위험성 : 근육의 수축 · 경련, 화상, 부정맥, 심정지, 치사 등

② 감전사고의 원인
• 전기가 흐르는 도체에 신체의 일부가 닿는 경우
• 낙뢰에 의한 경우
• 높은 전압의 기기 및 전선 부근에 근접한 경우
• 피복 손상으로 전선이 기기의 금속부에 닿아 전기가 누출되는 기기에 접촉하는
　경우

③ 전기안전 수칙
• 플러그를 뺄 때는 잡아당기지 말아야 한다.

- 불량 전기기구는 교체 후 사용해야 한다.
- 문어발식 배선(멀티탭)의 사용을 지양해야 한다.
- 젖은 손으로 전열기구를 만지지 말아야 한다.

KEYWORD 02 | 네일숍 시설 · 설비 관리

1) 네일숍의 안전사고 관리
- 응급 처치 용품을 구비해야 한다.
- 응급상황 시 비상연락망(안전사고 대책기관 연락망 등)을 확보해야 한다.
- 네일숍 내에서의 흡연과 음식물의 취식을 금한다.
- 네일숍 내에 소화기를 배치하고, 스모크 알람을 설치해야 한다.
- 인화성이 강한 제품은 화재의 위험이 있는 곳에 두지 말아야 한다.

2) 화학물질 안전사고 관리 (빈출)

① 네일숍의 화학물질

네일미용사가 사용하는 화학물질	네일 폴리시, 네일 폴리시 리무버, 시너, 아세톤, 아크릴 리퀴드, 네일 프라이머, 네일 접착제, 건조 활성제 등
화학물질 노출 시 증상(부작용)	두통, 불면증, 콧물과 눈물, 목이 마르고 아픔, 피로감, 눈과 피부 충혈, 피부발진 및 염증, 호흡곤란 등

② 사용 시 주의사항

사용	• 화학물질의 종류를 숙지해야 한다. • 피부와 점막에 닿지 않게, 코로 흡입하지 않게 주의해야 한다. 　– 네일 재료를 덜어서 사용할 때 스패출러를 사용하고, 액체인 경우 스포이트를 사용해야 한다. 　– 스프레이 제품보다 스포이트나 브러시로 바르는 제품을 선택해야 한다. 　– 콘택트렌즈의 사용을 피하고 보호 안경과 마스크를 사용해야 한다. • 환풍기를 사용하거나 창문을 열어 수시로 환기해야 한다. • 작업대에는 통풍구나 필터, 흡진기의 설치를 권장한다.
보관	• 제품은 뚜껑이 있는 용기를 사용하고, 사용 후에는 뚜껑을 닫아야 한다. • 보관 시에는 뚜껑이 있는 어두운 색의 용기에 담아 서늘한 곳에 보관해야 한다. • 재료와 용구를 정리함에 정리하되 쏟아지지 않게 주의한다.
폐기	• 사용한 키친타월, 탈지면은 반드시 폐기해야 한다. • 뚜껑이 있는 쓰레기통을 사용한다. • 유효기간이 지난 네일 재료는 사용하지 말고 바로 폐기한다. • 한번 덜어내어 사용한 네일제품은 재사용하지 말고 바로 폐기한다.

3) 물질안전보건자료(MSDS ; Material Safety Data Sheet) 사용
① 개념 : 중요 화학 물질을 안전하게 사용하고 관리하기 위하여 정보를 기재한 데이터 시트

✔ 개념 체크

네일숍의 안전관리를 위한 대처방법으로 가장 적합하지 않은 것은?

① 화학물질을 사용할 때에는 반드시 뚜껑이 있는 용기를 이용한다.
② 작업 시 마스크를 착용하여 가루의 흡입을 막는다.
③ 작업공간에서는 음식물의 취식과 흡연을 금한다.
④ 가능한 한 스프레이 형태의 화학물질을 사용한다.

④

② 주요 내용 : 화학제품에 대한 정의, 위험한 첨가물에 대한 정보, 제조자명, 제품명, 성분과 성질, 취급상의 주의, 적용법규, 신체 적합성의 유무, 가연성이나 폭발 한계, 건강재해 데이터 등의 정보와 예방조치 등

4) 네일미용사의 안전수칙

- 작업 시 주기적으로 충분한 휴식을 취한다.
- 의자의 높낮이와 기울기를 조절하여 허리에 부담을 주지 않게 작업해야 한다.
- 바르게 앉는 자세를 습관화한다.
- 발과 무릎은 가볍게 모으며, 발과 무릎보다 약간 넓게 발 사이 간격을 벌린다.
- 다리를 꼬거나 의자 밑으로 발을 넣지 않고 발바닥의 모든 면이 바닥에 닿도록 한다.
- 밝은 조명을 작업대에 설치하여 안정피로를 예방한다.
- 눈 운동을 하거나 먼 곳을 응시함으로써 눈의 근육을 풀어 주고, 녹색이 사용된 물건을 보면서 색상으로 인한 피로를 덜어 준다.

5) 고객의 안전 관리 수칙

- 시술을 장시간 받는 고객은 간단한 스트레칭을 규칙적으로 할 수 있게 한다.
- 일회용품은 사용 후 반드시 폐기하고, 다른 고객에게 재사용해서는 안 된다.
- 네일제품과 네일 도구의 사용 시 부작용 또는 위생적으로 고객 피부에 과민반응이 일어난 경우, 즉시 작업을 중지하고 전문의에게 치료를 의뢰한다.
- 고객에게 개인 사물함(락커)을 제공하거나 귀중품은 따로 보관하여 분실이나 도난사고가 일어나지 않도록 안전하게 관리한다.
- 고객의 사용이 끝난 네일 도구는 반드시 소독한 후 자외선 소독기에 보관한다.
- 작업 도중에 피가 날 경우에는 지혈제를 사용하여 지혈하며, 출혈이 과도할 경우에는 응급 처치 후 전문의의 치료를 받게 한다.

6) 필수사항

- 미용사 면허증을 영업소 안에 게시해야 한다.
- 미용기구는 소독을 한 기구와 소독을 하지 않은 기구로 분리하여 보관해야 한다.
- 면도기 및 1회용 재료들은 고객 1인에 한하여 사용한다.
- 네일미용 시술 시 의료기구나 의약품을 사용해서는 안 된다.

▼ 자격증과 면허증의 견본

면허증의 개시
2014년 11월 이전에 자격을 취득하였다면 미용사(일반) 면허증을, 그 이후에 자격을 취득하였다면 미용사(네일) 면허증을 게시해야 한다.

▲ 자격증

▲ 면허증

미용기구 소독

▶ 합격 강의

빈출 태그 ▶ #네일미용기구 #기구소독

KEYWORD 01 네일미용 기기

작업 테이블		• 네일 작업을 위해 조명과 네일 기기를 장착할 수 있는 테이블이다. • 각도 조절이 가능한 40W의 램프 부착 후에 사용해야 한다. • 서랍이 딸려 있으면 다양한 제품을 수납할 수 있어 주변 정리에 좋다.
자외선 소독기		• 자외선(UV)를 이용해 네일 도구를 소독하는 기기이다. • 습하면 곰팡이가 생길 수 있으므로 주의해야 한다.
파라핀 워머		• 네일 작업 시 인조네일을 제거하거나 파라핀관리에 쓸 파라핀을 녹이는 기기이다. • 약 50~60℃로 유지하며 사용한다. • 손발을 2~3회 담근 후 10~20분 후 떼어낸다. • 사용 후 깨끗이 살균·소독 후 보관해야 한다.
족욕기 (족탕기)		• 페디큐어 작업을 위해 발을 담가 큐티클을 불리거나 각질을 연화해 주는 기기이다. • 항균비누나 에센셜 오일을 넣고 40~45℃로 사용한다. • 발의 각질 연화 시 5~10분, 피로 회복 시 약 20분간 사용한다. • 고객마다 새로운 물을 사용하고 고객이 사용 후에는 세제로 닦아 건조하여 사용한다. • 사용 후 깨끗이 살균·소독 후 보관한다.
냉장고와 온장고		• 타월 등을 온도에 맞게 보관하는 기기이다. • 사용 전후 깨끗한 타월로 오염물을 제거한다. • 온장고의 적정 온도는 70℃, 냉장고의 적정 온도는 4℃이다. • 타월을 넣을 때 물이 흐르지 않을 정도로 짜서 보관한다. • 습한 타월은 오래 보관하면 안 되며 사용하지 않을 시 전원을 끈 후 문을 열어 두어야 한다. • 물과 락스를 10:1의 비율로 섞은 세척제로 온장고의 내·외부, 도어 패킹 등을 깨끗이 닦아야 한다.
드릴머신		• 네일 케어나 제거 작업 시 사용하는 드릴이다. • 작업에 적합한 RPM(회전수)과 방향을 설정한 후 사용해야 한다. • 핸드피스에 결합하는 드릴비트는 손톱에 직접 닿는 부분이므로 휨이나 깨짐이 있으면 다칠 수 있으므로 작업 시 확인해야 한다. • 사용 후 드릴비트를 분해해 각각 살균·소독 후 보관해야 한다.
네일 드라이어 (폴리시 건조기)		• 폴리시를 빠르게 건조시키기 위한 송풍기이다. • 사용한 후에는 반드시 살균·소독하여 보관해야 한다.

젤 램프		• 젤 폴리시를 큐어링하기 위한 램프이다. • LED 방식과 전구 방식이 있는데, 최근에 출시된 상품에는 LED 방식이 많다. • 사용한 후에는 반드시 살균 · 소독하여 보관해야 한다.
흡진기		• 네일 작업 시 생기는 분진을 날리지 않게 흡입해 주는 기기이다. • 흡진기 위에 고객의 손을 놓고 작업한다.

KEYWORD 02 네일미용 도구

1) 재사용 도구

큐니클 니퍼		큐티클을 제거할 때 사용하는 금속제 도구이다.
큐티클 푸셔		큐티클을 밀어 올릴 때 사용하는 금속제 도구이다.
네일 클리퍼		일명 손톱깎이로, 손발톱의 길이를 줄일 때 사용하는 금속제 도구이다.
핑거볼		• 큐티클을 불리기 위해 고객의 손을 담그는 도구이다. • 일회용 종이 볼을 사용하는 것을 권장한다.
드릴 비트		드릴머신을 사용할 때 앞에 끼우는 다양한 철제 비트이다.
팁 커터		인조 팁을 커팅하기 위한 금속제 도구이다.
재단 가위		실크를 재단하기 위한 금속제 가위이다.
스패출러		폴리시, 젤, 네일화장품을 덜어 내기 위한 금속제 도구이다.

2) 일회용 도구

오렌지우드 스틱		큐티클을 밀어 올릴 때, 네일의 이물질 제거, 컬러링의 수정 등에 사용하는 도구이다.

✓ 개념 체크

매니큐어 작업 시 알코올 소독 용기에 담가 소독하는 기구로 적절하지 않은 것은?

① 네일 파일
② 네일 클리퍼
③ 오렌지 우드스틱
④ 네일 더스트 브러시

③

토 세퍼레이터		컬러링을 할 때 발가락끼리 닿지 않게 해 주는 제품이다.
페디 파일		발바닥의 각질을 부드럽게 밀어 줄 때 사용하는 도구이다.
콘 커터		일회용 면도날을 부착하고 발바닥의 두껍고 굳은 각질을 제거할 때 사용하는 도구이다.
네일 파일		네일의 길이를 조절하거나 형태를 조형할 때 사용한다.
(항균)비누		페디큐어 시 발의 박테리아를 살균하기 위해 사용한다.

3) 피복류(패브릭류)

타월	• 깨끗한 것을 한 번만 사용한다. • 사용한 타월은 뚜껑이 달린 세탁물 통 속에 넣어 보관한 후 매일 세탁한다. • 자비소독을 권장한다. • 중성 세제로 세탁하며 통풍과 채광이 잘 되는 곳에서 자외선에 말린 후에 보관한다. • 오염이 심하거나 양이 많으면 전문 세탁업자에게 의뢰하는 것도 좋다.
가운	• 깨끗한 것을 한 번만 사용한다. • 1회용 종이 가운을 사용하는 것을 권장한다. • 고객마다 새 것으로 교환해서 사용한다. • 세탁 후 햇볕에 말리는 일광소독을 하는 것이 좋다.
기타	• 네일숍 내의 패브릭 제품들에는 커튼, 카페트, 쿠션 커버, 소파 커버, 테이블보, 고객용 실내화 등이 있다. • 네일숍 내의 패브릭 제품들은 주기적으로 세척하고 교환한다.

4) 네일 폴리시

- 주로 폴리시, 젤 네일 폴리시, 베이스 코트, 톱 코트와 같은 네일 화장물을 가리킨다.
- 덜어서 사용하는 것을 원칙으로 한다.
  - 덜 때, 색상별·재료별로 다른 스패출러를 사용한다.
- 위생적으로 보관하고 주기적으로 세척하여 관리한다.
- 뚜껑이나 브러시대에 말라 붙은 찌꺼기는 제때 제거한다.
- 병이나 뚜껑표면에 붙은 이물질은 자주 닦아낸다.

5) 기구의 소독

① 기구의 재료적 특성에 따른 소독법

유리제품, 브러시류	• 미온수에 담근 후 세척하고 흐르는 물에 헹구며 필요시 세제를 사용한다. • 70% 알코올 수용액에 20분 이상 담근 후 자외선 소독기에 넣어 소독한다.
금속류	• 오염 물질과 네일 화장품을 제거하고 타월로 깨끗이 닦는다. • 70% 알코올 수용액으로 소독한 후 자외선 소독기에 넣어 소독한다. ※ 금속류 제품은 알코올에 장시간 담가 두면 손상이 올 수 있으니 주의해야 한다.
일회용품	사용 후 즉시 폐기한다.

② 소독제의 선택 시 고려사항

- 소독력 정도에 따라 선택해야 한다.
- 기구와의 적합성에 따라 선택해야 한다.
- 안정성에 따라 선택해야 한다.
- 안전성 및 사용상의 편의성에 따라 선택해야 한다.
- 경제성을 고려하여 선택해야 한다.

KEYWORD 03 — 네일미용 재료

네일 폴리시 (Nail Polish)	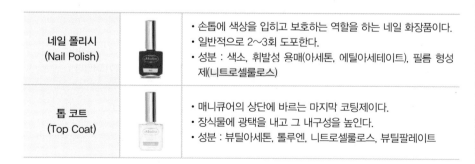	• 손톱에 색상을 입히고 보호하는 역할을 하는 네일 화장품이다. • 일반적으로 2~3회 도포한다. • 성분 : 색소, 휘발성 용매(아세톤, 에틸아세테이트), 필름 형성제(니트로셀룰로스)
톱 코트 (Top Coat)		• 매니큐어의 상단에 바르는 마지막 코팅제이다. • 장식물에 광택을 내고 그 내구성을 높인다. • 성분 : 뷰틸아세톤, 톨루엔, 니트로셀룰로스, 뷰틸팔레이트

네일 폴리시의 유통기한

네일 폴리시의 유통기한은 보통 개봉 후 24개월이다. 그 이후에는 굳어서 쓰지 못할 수 있는데, 이때 아세톤을 섞어서 재활용할 수 있지만 위생적이지 않으므로 지양해야 한다.

✓ 개념 체크

네일 기기 및 도구류의 위생관리 방법으로 옳지 않은 것은?

① 타월은 1회 사용 후 세탁·소독한다.
② 소독 및 세제용 화학제품은 서늘한 곳에 밀폐하여 보관한다.
③ 큐티클 니퍼 및 네일 푸셔는 자외선 소독기에 소독할 수 없다.
④ 모든 도구는 70% 알코올 수용액에 20분 동안 담근 후 건조시켜 사용한다.

③

✓ 개념 체크

네일숍에서의 감염 예방 방법으로 옳지 않은 것은?

① 작업 장소에서 음식을 먹을 때는 환기에 유의해야 한다.
② 네일 서비스를 할 때는 상처를 내지 않도록 항상 조심해야 한다.
③ 감기 등 감염 가능성이 있거나 감염이 된 상태에서는 시술하지 않는다.
④ 작업 전후에는 70% 알코올 수용액이나 소독용액으로 작업자와 고객의 손을 닦는다.

①

베이스 코트 (Base Coat)		• 손톱과 매니큐어 사이에 보호막을 형성한다. • 손톱의 변색을 방지하고, 접착력을 높인다. • 성분 : 뷰틸아세톤, 톨루엔, 니트로셀룰로스, 나일론
폴리시 리무버 (Polish Remover)		• 매니큐어를 제거하는 데 사용한다. • 아세톤계(에틸 아세톤)와 비아세톤계(이소프로필 알코올)로 나 뉜다. • 성분 : 폴리시리무버, 에틸아세톤, 오일, 뷰틸기아세톤베이스
젤 네일 폴리시 (Gel Nail Polish)		• 네일 램프에서 경화되는 매니큐어이다. • 일반 매니큐어보다 내구성이 높다. • 성분 : 뷰틸아세톤, 톨루엔, 니트로셀룰로스, 포름알데히드, 색소
톱 젤 (Top Gel)		• 젤 네일의 상단에 바르는 코팅제이다. • 장식물에 광택을 내고 그 내구성을 높인다.
베이스 젤 (Base Gel)		• 젤 네일의 바탕을 형성한다. • 손톱과 젤의 접착력을 높인다.
젤 클렌저 (Gel Cleanser)		• 젤 네일의 경화(큐어링) 후 덜 굳은 젤을 제거하는 데 쓰인다. • 성분 : 에탄올
젤 리무버 (Gel Remover)		• 젤 네일을 제거하는 데 사용한다. • 일반적으로 순수한 아세톤(100% 아세톤)을 사용한다.
젤 네일 본더 (Gel Nail bonder)		베이스 젤 시술 전 젤이 잘 떨어지지 않게 하기 위해 바르는 접 착제이다.
글루 (Glue)		• 네일 팁이나 랩을 붙이는 데 사용한다. • 스틱(묽음)과 젤(점도가 있음) 형태로 나뉜다. • 성분 : 사이안오아크릴레이트(접착제)
젤글루 (Gel Glue)		• 글루보다 접착력이 높다. • 점도가 있어 글루 사용 상단을 덮는 용도로 사용한다. • 점도 때문에 랩 시술 시 랩 내부로 침투하기 어렵다.
글루 드라이 (Glue Dry)		• 접착제의 건조 시간을 줄이는 역할을 한다. • 대상물과 10∼15㎝ 이상 거리를 두고 사용해야 한다. • 성분 : 뷰테인, 프로페인, 에스디알코올40−B, 디메틸톨릴아민

랩 (Nail Wrap)		• 자연네일이 갈라지거나 찢어지는 경우에 보수하는 용도로 사용한다. • 네일 팁 부착 상단에 래핑하여 강화한다. • 실크, 리넨 등의 재질로 되어 있다.
네일 팁 (Nail Tip)		• 자연네일의 길이를 늘리거나 형태를 변경하는 데 사용한다. • 플라스틱, 나일론, 아크릴 등의 재질로 되어 있다.
필러 파우더 (Filler Powder)		• 자연네일이 찢어진 경우나 인조네일 시술 시 재료 표면의 결함을 메우고 매끄럽게 하기 위해 사용한다. • 성분 : 아크릴, 합성 수지
큐티클 소프트너		• 큐티클 리무버라고도 하며, 큐티클을 연화하는 제품이다. • 큐티클 푸셔 사용 전 큐티클 라인에 도포한다. • 성분 : 글리세린, 소듐(나트륨) 등
큐티클 오일		• 큐티클을 연화하거나 보습하는 오일 제품이다. • 성분 : 글리세린, 식물성 오일, 라놀린, 비타민 등
네일 강화제		• 자연네일이 약해지는 것을 방지하는 제품이다. • 약해진 자연네일의 강화에 도움을 준다. • 컬러링 시 베이스 코트를 바르기 전에 도포한다.
리지 필러		• 필러액의 작은 천 조각들이 굴곡진 자연네일을 채워 준다. • 컬러링 시 베이스 코트를 바르기 전에 도포한다.
네일 블리치 (표백제)		• 자연네일이 착색이나 변색됐을 때 네일의 색상을 원래대로 돌리는 제품이다. • 용기에 분말을 넣어 약제를 조제한 후에 10~15분 정도 네일을 담가 두어 색을 제거한다. • 성분 : 과산화수소, 레몬추출물 등
네일 폴리시 퀵 드라이		• 네일 폴리시를 빠르게 건조하기 위한 스프레이 제품이다. • 톱 코트 도포 후 10~15㎝ 거리에서 분사한다.
폴리시 시너		• 굳은 네일 폴리시를 묽히는 제품이다. • 네일 폴리시 병에 한두 방울 넣어서 섞어 준다. • 금방 다시 굳기 때문에 폴리시는 굳지 않게 사용하는 게 중요하다. • 성분 : 메틸에틸케톤, 뷰틸아세테이트, 이소프로필알콜, 햅테인, 아세트산에틸 등
네일 프라이머		• 아크릴 네일 시술 전 사용하는 제품이다. • 약제가 산성을 띠기 때문에 조금만 사용하고 피부에 닿지 않게 주의해야 한다.

브러시 크리너		브러시를 세정하는 데 사용하는 클렌저이다.
아크릴 파우더		아크릴 네일을 시술할 때, 아크릴 리퀴드와 함께 사용하는 파우더이다.
아크릴 리퀴드		아크릴 네일을 시술할 때, 아크릴 파우더와 함께 사용하는 용액이다.
디펜디시		아크릴 리퀴드를 담아서 사용하는 용기이다.
지혈제		• 네일 작업 시 발생하는 가벼운 출혈에 사용한다. • 감염 예방을 위해 즉각적으로 사용하는 것을 권장한다. • 탈지면에 적셔 상처 부위를 가볍게 눌러 주어야 하며, 문지르거나 강하게 압박하지 말아야 한다.

▼ 네일아트에서 사용하는 지혈제의 종류와 용법

지혈제의 종류

액상형	• 네일미용에서 가장 많이 사용하는 형태이다. • 브러시나 면봉을 이용해 도포한다. • 흡수가 빠르고 살균 효과가 뛰어나다.
고형(스틱)	• 황산알루미늄[$Al_2(SO_4)_3$] 또는 염화알루미늄[$AlCl_3$]이 주성분이다. • 출혈 부위에 직접 문질러 사용한다. • 즉각적인 지혈 효과가 있다.
고형(분말)	• 의료용 지혈제로도 사용한다. • 상처에 직접 뿌려 출혈을 멈추게 한다. • 넓은 부위에 효과적이다.
연고형	• 피부 보호 및 상처 회복 효과가 있다. • 항균 성분을 섞어 넣을 수 있다.

지혈제 사용방법과 주의사항

사용방법	주의사항
• 출혈이 발생하면 즉시 작업을 중단한다. • 깨끗한 면봉이나 거즈로 혈액을 닦아낸다. • 지혈제를 적당량 바르고 잠시 기다린다. • 완전히 지혈된 후 작업을 재개한다.	• 손톱 표면에 지혈제가 묻지 않도록 주의한다. • 지혈 후 상처 부위를 재차 자극하지 않는다. • 감염 예방을 위해 일회용 도구 사용을 권장한다.

개인위생 관리

빈출 태그 ▶ #작업자위생관리 #고객위생관리

KEYWORD 01　네일미용 작업자 위생 관리

1) 용모와 복장의 관리

- 네일 작업에 적합한 단정한 스타일로 연출해야 한다.
- 전문성이 돋보이는 메이크업으로 자연스럽게 표현해야 한다.
- 복장(위생복, 마스크, 보안경)을 단정하게 하고, 앞치마를 갖춰 입어야 한다.
- 손톱은 적당한 길이와 색상으로 항상 손질하여 청결한 상태를 유지해야 한다.

2) 손의 위생관리

① 손 관리의 중요성
- 손은 항상 청결히 해야 한다.
- 손을 매우 자주 사용하므로 손을 씻은 후에는 건조함을 방지하고 보습을 위해 핸드 로션을 사용하는 것을 권장한다.
- 업무 전후, 화장실 이용 전후, 식사 전후에 손을 씻고 소독하는 것을 습관화해야 한다.

▼ 올바른 손 씻기

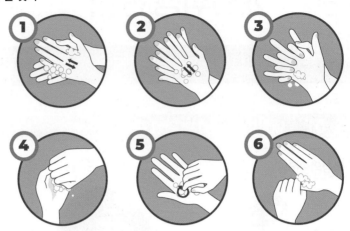

1단계	손바닥과 손바닥을 마주 대고 문질러 준다.
2단계	손등과 손바닥을 마주 대고 문질러 준다.
3단계	손바닥을 마주 대고 손깍지를 끼고 문질러 준다.
4단계	손가락을 마주 잡고 문질러 준다.
5단계	엄지손가락을 다른 편 손바닥으로 돌려 주면서 문질러 준다.
6단계	손가락을 반대편 손바닥에 놓고 문지르며 손톱 밑을 깨끗하게 한다.

② 소독제품

항균비누	• 작업자의 손을 세정하여 미생물의 번식을 차단하고 억제하는 제품이다. • 거품을 내어 손 전체와 손가락 사이, 손톱 주변을 세척한 후 깨끗이 닦아낸다.
새니타이저	• 물로 손을 씻는 것을 대신하는 약제를 총칭하는 것이다. • 손에 적당량을 덜어 낸 후 손 전체와 손가락 사이, 손톱 주변을 문질러 사용한다.
안티셉틱	• 손가락을 반대네일 작업 전에 작업자와 고객의 손발을 소독하는 제품이다. • 에탄올과 이소프로판올이 주성분이라 항균 기능이 뛰어나다. • 네일숍에서는 탈지면에 소독제를 적셔 손발 전체를 닦아내며 소독한다.

3) 체취의 관리

의복	• 청결한 위생 상태를 유지하기 위해 매일 옷을 세탁해야 한다. • 통풍이 잘 되며 활동하기 편안한 소재의 옷을 착용하는 것이 좋다. • 별도로 가운이나 앞치마를 준비해 네일 시술을 할 때만 입고 세탁하는 것도 좋다.
방향제	• 부득이 하게 체취를 가려야 할 때, 탈취제나 방향제를 사용할 수 있다. • 환기를 하지 않거나, 과도한 양을 사용하였을 때는 역효과가 날 수 있으므로 주의하여 사용하여야 한다.
개인위생	• 발의 위생 상태를 청결하게 유지해야 한다. • 고객과의 대화 시, 입냄새는 불쾌함을 줄 수 있어 구강을 청결하게 관리해야 한다.
기호	음식 섭취나 흡연이 체취에 영향을 줄 수 있으므로 작업장 내에서는 삼가야 한다.

4) 네일 작업 시 위생관리

- 작업을 하기 전에 작업 공간과 그 밖의 공간을 깨끗하게 한다.
- 작업을 마치고 난 뒤에 재사용할 수 있는 모든 물건과 작업 공간을 청결히 한다.
- 오염 방지를 위해 용기에서 제품을 덜어서 쓸 때에는 절대로 손을 사용하지 말고, 스패츌러를 사용해야 한다.
- 한번 덜어낸 것은 다시 용기 안에 넣어서는 안 된다.
- 사용 목적, 사용량과 유효기간을 표시하고 다른 제품과 혼동하지 않도록 주의해야 한다.
- 항상 방부제와 소독제를 봉하여 안전한 장소에 두어야 한다.

KEYWORD 02 네일미용 고객 위생 관리

1) 소독 시 주의 사항

- 시술을 받을 고객의 손발을 깨끗이 소독한다.
- 소독 시 일회용품을 사용해야 한다.
- 소독제를 탈지면에 분사하여 사용하며, 사용한 탈지면은 즉각 폐기한다.
- 같은 고객이라도 한 부위의 소독이 끝나면 새 탈지면을 사용해야 한다.

2) 올바른 손발 소독의 절차

① 고객의 손발을 한 손으로 받치고 손등과 발등을 아래로 닦는다.
② 손발을 뒤집어서 바닥부분을 아래쪽으로 닦는다.
③ 손가락 또는 발가락 사이사이를 소독제가 묻은 탈지면으로 차례대로 소독한다.
④ 나머지 한 손 또는 한 발을 같은 방법으로 소독한다.

고객응대

▶합격 강의

빈출 태그 ▶ #고객관리 #고객응대기법 #고객응대절차

KEYWORD 01 고객관리

1) 고객관리의 중요성
- 장기적으로 이윤을 추구할 수 있다.
- 기존 고객 유지와 신규 소개 고객 확보가 가능해진다.
- 온라인과 오프라인 채널의 통합 서비스를 제공할 수 있게 된다.
- 고객의 개념의 변화로 공급이 수요보다 많아져 고객관리가 반드시 필요하다.

수요 〉 공급	수요 = 공급	수요 〈 공급
생산 지향적 단계	판매 지향적 단계	고객 지향적 단계

- 반복 구매율의 증가로 매출 증대라는 경제적인 효과가 발생한다.
- 입소문 효과, 고객 만족도를 통한 단골고객(충성고객) 유치 등의 부가효과가 발생한다.
- 고객관리를 함으로써 일반고객의 평생고객화로 매출을 드높일 수 있다.

▼ 고객관리와 수익의 관계

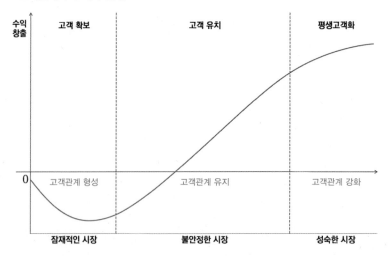

2) 고객의 분류에 따른 관리 방법

신규고객	• 기업의 긍정적인 이미지를 전달한다. • 고객 만족도를 조사한다.
재방문고객과 기존고객	• 고객에 대해 인지하고 친밀감을 유발한다. • 적극적인 서비스 정보와 이벤트를 제공한다. • 고객 우대 정책을 소개한다. • 이탈 방지 프로그램을 시작한다.
단골고객 (충성고객)	• 고객 우대 정책 및 통합 관리를 시작한다. • 고객별로 차별화 서비스와 맞춤형 서비스를 제공한다. • 소개고객을 유치 시 우대 정책에 대해 전달한다. • 이탈 방지 프로그램을 시작한다.
이탈고객	• 현재 시점 자사의 서비스를 이용하지 않거나 이용할 의사가 없는 고객이다. • 이탈 원인(관리소홀, 서비스, 가격, 응대 불만)을 파악한 후 서비스를 개선한다. • 경쟁이탈 원인(경쟁사의 더 좋은 품질, 마케팅, 친분관계) 파악 후 서비스를 개선한다. • A/S(After Service)관리를 시행한다.

✓ 개념 체크

매장을 처음 방문한 고객을 관리하는 방법으로 거리가 먼 것은?

① 해피콜 서비스를 실시하여 만족도를 조사한다.
② 고객DB를 확보하고 입력한다.
③ 이탈 방지 프로그램을 시작한다.
④ 매장의 긍정적 이미지를 전달한다.

③

3) 고객관리 방법

- '고객 확보 → 고객 유지 → 평생고객화'를 목적으로 한다.
- 매장의 분위기를 청결하고 깨끗하게 관리한다.
- 방문한 고객에게 다양한 서비스를 제공한다.
- 고객이 입점했을 때부터 대기 시간, 서비스 종결 후 배웅 시까지 제공할 수 있는 서비스를 개발한다.
- 벤치마킹을 통해 더 나은 서비스, 새로운 서비스를 개발한다.
- 고객에게 새로운 서비스를 적용한다.
- 회의를 통해 새로운 서비스 적용의 장단점에 대해 의견을 나누고 개선 방향을 찾는다.
- 개선된 새로운 서비스를 고객에게 제공한다.
- 메이크업 사업장의 마케팅 전략을 세운다.
- 목표 고객층에게 맞는 서비스 메뉴를 기획한다.
- 만족도를 높이기 위한 고객관리를 한다.

4) 고객 관계 유지 5단계

인식 (Awareness)	고객이 매장에 들어서면 진열된 상표를 인식한다.
탐색 (Exploration)	• 구매자는 탐색을 하고 시연을 해 보며, 관계에서 최소한의 투자를 시작한다. • 규범과 기대가 발달하기 시작한다.
확장 (Expansion)	구매자와 판매자는 관계가 발전될수록 점차 상호의존적으로 변화한다.
개입 (Commitment)	관계를 지속시키기 위해서 서약(전용 미용사)을 한다.

| 해체 (Dissolution) | • 고객유지 노력이 더 이상 이루어지지 않으면 고객과의 관계는 와해된다.
• 우수 고객 보너스 제도 등을 실시한다. |

✅ 개념 체크

고객을 위한 네일미용인의 자세가 아닌 것은?

① 고객의 경제상태 파악
② 고객의 네일상태 파악
③ 선택 가능한 시술방법 설명
④ 선택 가능한 관리방법 설명

①

✅ 개념 체크

고객을 응대할 때 네일 아티스트의 자세로 옳지 않은 것은?

① 고객에게 알맞은 서비스를 하여야 한다.
② 모든 고객은 공평하게 하여야 한다.
③ 진상고객은 단념해야 한다.
④ 안전규정을 준수하고 충실히 하여야 한다.

③

KEYWORD 02 고객 응대 기법

1) 방문 고객 응대

• 사업장을 방문하는 고객에게 인사를 한다.
• 고객의 소지품과 의복 등을 보관한다.
• 고객의 방문 사유를 확인한 후 서비스 공간으로 안내한다.
• 대기하고 있는 고객에게 다과 및 책자 등을 제공한다.
• 상담 후 예약이 필요한 경우 예약 카드를 작성한다.
• 작업이 종료된 후 고객에게 서비스한 내역과 요금을 안내한 후 정산한다.
• 배웅할 때 고객에게 인사를 한다.

2) 전화고객 응대

① 전화 응대의 특성

• 음성언어의 특성상 직원의 어조, 어투, 발화 속도 등이 고객의 정서나 의사소통에 영향을 줄 수 있으므로 각별한 주의가 필요하다.
• 음성언어로만, 실시간으로 정보가 전달되기 때문에 정확한 정보로, 짜임새 있게 통화내용을 구성하는 것도 필요하다.

② 전화 응대 방법

통화 시작	• 전화를 받을 때 인사, 소속(네일 사업장명), 이름을 말한다. ⑩ 감사합니다, ○○네일입니다. • 밝고 경쾌하고 친절한 목소리로 통화한다. • 전화는 벨이 2번 울릴 때 받는 것이 가장 적절하다. • 고객을 오래 기다리게 했을 때에는 사과의 인사말을 전해야 한다. ⑩ 기다리게 해 드려서 죄송합니다. • 전화기 옆에 메모지와 예약 일정표를 준비해 두어야 한다.
상대 신분 확인	• 상대가 자신의 신분을 밝혔을 경우 : 반갑게 인사함 ⑩ 네, 고객님 안녕하세요! • 상대가 처음 매장으로 전화한 경우 : 예약을 원하는 고객의 신분을 확인함 ⑩ 저, 혹시 성함이 어떻게 되시나요?
예약 내용 확인	예약 날짜, 시간, 네일아트 작업 내용, 담당 네일아트 작업자 등을 질문한다.
예약 확정	• 담당 네일아트 작업자가 있는 경우 : 담당의 일정을 확인한 후 예약을 확정 • 담당 네일아트 작업자가 없는 경우 : 다른 네일아트 작업자의 일정을 확인한 후 예약을 확정함 • 예약 내용은 한 번 더 말하고, 예약 일정표에 정확하게 기록 후 확인한다. ⑩ 네, 11월 25일 월요일 오후 2시에 김○○ 선생님으로 시술 예약해 두겠습니다.

끝인사	• 고객의 기타 궁금한 사항을 묻는다. 　예 혹시 추가로 문의하실 사항이 있으신가요? • 궁금한 사항이 없다면 끝인사를 한다. 　예 네, 그때 뵙겠습니다. 감사합니다.
통화 종료	• 고객이 먼저 끊은 것을 확인한다. • 수화기를 천천히 내려놓는다.

3) 온라인 고객 응대

- 대형 포털 사이트, SNS 등에 온라인 마케팅으로 신규 고객을 유치한다.
- 사업장의 플랫폼에서 정보 제공을 하며 1:1 채팅으로 상담을 진행한다.
- 시간대별 전문 온라인 상담사를 배치한다.
- 텔레마케터와 같이 기본 스크립트를 활용한다.
- 맞춤 이미지나 영상 제공으로 고객 만족도를 향상시켜야 한다.
- 텍스트만으로는 감정 표현에 오해를 불러올 수 있기에 전문성을 어필해야 한다.
- 친절함과 공감으로 친밀도를 향상시켜야 한다.

4) 불만 고객 응대

① 불만 고객 응대의 중요성 : 고객의 불편 행동을 잘 다루는 것은 고객 서비스의 핵심
② 불만의 사유 : 불쾌한 언행, 불확실하거나 잘못된 정보의 전달, 약속 불이행, 불친절한 태도, 서비스 본질에 대한 불만족 등
③ 불만 고객의 행동 특성

- 4명 중 1명의 고객은 일상적인 거래의 일부분에 불만족을 표한다.
- 불만 고객의 5%만이 회사에 불만을 제기한다.
- 대다수 침묵하는 고객들은 불만을 제기하기보다 거래처 변경을 택한다.
- 불만 고객이 1명 발생했다는 것은, 곧 평균 20명의 불만 고객이 있었다는 방증이 될 수 있다.

④ DISC 유형별 특징과 대처 방향

주도형 (Dominant)	특징	• 외향, 업무 지향의 유형이다. • 단도직입적으로 원하는 스타일이나 제품에 대해 질문한다. • 성격이 급하고 외향적이다. • 의사결정 시 본인의 생각이 가장 중요하다.
	대처	• 즉각적으로 응대한다. • 원하는 것의 가능성 여부를 즉각 알려 준다. • 일관성 있는 태도로 존중하고 인정하는 자세를 취한다. • 차분한 어조로 경청하며 어설픈 칭찬이나 농담은 피한다. • 주도형의 응대 용어를 사용한다.

✔ 개념 체크

다음 중 불만 고객의 응대법으로 옳지 않은 것은?

① 고객의 입장에서 불만사항을 끝까지 경청한다.
② 살롱의 방침이나 정책의 적합 여부를 검토한 후 신속한 해결책을 강구한다.
③ 정중한 태도로 자신의 의견을 말하고 고객의 요구사항을 물어본다.
④ 문제 발생에 대하여 사과하고 고객과 논쟁하지 않는다.

③

✔ 개념 체크

네일 미용관리 후 고객이 불만족할 경우 네일 미용인이 우선적으로 해야 할 대처 방법으로 가장 적합한 것은?

① 만족할 수 있는 주변의 네일숍 소개
② 불만족 부분을 파악하고 해결방안 모색
③ 숍 입장에서의 불만족 해소
④ 할인이나 서비스 티켓으로 상황 마무리

②

DISC 성격 유형 검사

인간의 행동을 '외향–내향' 및 '업무 지향–사람 지향'의 2가지 기준으로 4가지 분류하여 기술하는 검사이다.

사교형 (Influential)	특징	• 외향, 사람 지향의 유형이다. • 첫인상이 상냥하며 활발한 느낌이다. • 사람과의 접촉을 즐거워하며 칭찬과 관심을 좋아한다. • 외향적인 면을 중시하며 좋아하는 브랜드에 과시적 성향을 보인다.
	대처	• 인간적인 감성을 자극하는 방향으로 응대해야 한다. • 칭찬을 하며 공감대를 형성한다. • 맞장구치며 호응한다. • 세부 사항은 반드시 메모로 전달한다. • 사교형의 응대 용어를 사용한다.
안정형 (Steady)	특징	• 내향, 사람 지향의 유형이다. • 차분하게 매장에 들어와 자신의 의사를 직접적으로 표현하지 않는다. • '이게 좋아요'보다는 '이거 어때요?'라는 방식의 질문을 한다.
	대처	• 정적인 태도로 대화를 유도한다. • 온화하고 따뜻한 말투로 칭찬한다. • 이해와 수용의 제스처를 사용한다. • 질문에 차분히 응답한다. • 꾸준한 관계를 유지한다. • 안정형의 응대 용어를 사용한다.
신중형 (Conscientious)	특징	• 내향, 업무 지향의 유형이다. • 철저히 사전 조사, 비교, 분석하며 질문을 꼼꼼히 한다. • 안정적이며 예측 가능하고 통제 가능한 상황을 선호한다.
	대처	• 경청을 통하여 대화를 유도한다. • 체계적인 근거 자료로 접근하여 명확하고 구체적인 해결안을 제시한다. • 정확하고 간결하게 칭찬한다. • 질문에 전문가적인 답변을 한다. • 신중형의 응대 용어를 사용한다.

⑤ 고객 응대 8단계

사과	진정한 사과는 불만 고객 응대의 가장 중요한 포인트이다.
경청	• 불만 사항에 적극적으로 경청한다. • 고객의 말을 끊지 않도록 주의하며 불만의 원인을 파악한다. • 고객의 불만을 이해하고 있다는 인상을 제공한다.
공감	• 고객 관점으로 어휘를 사용한다. • 고객과 대립 상황이 아니라 문제해결을 위해 고객의 입장에 서 있음을 인식시키고 공감대를 형성해야 한다.
원인 분석	• 문제 발생의 원인을 파악한다. • 고객의 잘못을 말하거나 자신의 의견이나 평가는 넣지 않는다. • 객관적으로 사실을 살피는 것이 필요하다.
해결책 제시	• 불만 사항에 대한 해결책을 찾는다. • 매장의 방침 · 규정 여부를 검토 후 신속한 해결책을 강구한다. • 해결책을 알기 쉬운 말로 제시한다.
고객 의견 경청	제시한 해결책에 대한 고객의 의견을 듣고 동조를 이끌어 낸다.
대안 제시	• 불만이 해결되지 않았다면 다시 대안을 제시한다. • 고객의 요구를 다 받아들이지 못할 경우 실현 가능한 최선의 대안을 제시한다.
감사 표시	고객이 이해해 준 것에 대해 감사를 표한다.

KEYWORD 03 고객응대

KEYWORD 03 고객응대

1) 고객 응대
업무 수행중 고객으로 하여금 네일숍에 대해 신뢰감와 호감을 느끼게 하는 모든 행동의 총체이다.

2) 고객 응대 기본자세

① 마음가짐
서비스는 대체재가 많기 때문에 서비스 경쟁에서 높은 평가를 받으려면 차별화되고 수준 높은 서비스를 제공하기 위해 노력이 필요하다.

② 고객을 맞이하는 5가지 자세

태도	언제나 정중한 자세와 밝은 미소로 정성껏 모신다.
경청	고객의 작은 소리도 귀담아 들으려고 노력한다.
실천	고객의 입장에서 생각하고 감사하는 마음 자세로 행동한다.
해결	고객의 불편 · 불만사항을 근원적으로 해결하기 위해 최선을 다한다.
주인정신	임무 시 '내가 우리 네일숍의 경영자'라는 정신으로 임한다.

③ 용모와 복장
용모와 복장이 본인의 인격을 표현하는 외적 기능임을 인지하고 늘 단정하고 품위 있는 모습으로 고객을 응대해야 한다.

▼ 용모와 복장이 서비스에 미치는 영향

첫인상 형성 ▶ 기분 전환 ▶ 타인 신뢰 ▶ 네일숍의 분위기 전환 ▶ 일의 성과

KEYWORD 04 고객 상담과 관리

1) 고객 응대

관리 전	• 고객과의 충분한 상담을 통해 원하는 서비스를 파악해야 한다. • 고객의 건강과 네일의 상태, 질병의 여부를 파악하고 서비스 가능한 부분을 선택하게 하고 관리방법을 사전 설명해야 한다.
관리 중	• 관리 중 고객과의 대화를 통해 요구사항을 즉시 파악하며 반영하도록 노력해야 한다. • 고객의 눈높이에 맞춘 대화를 하며 단어 선택 시 상대방에게 맞춰 설명과 대화를 진행해야 한다.
관리 후	• 고객의 직업, 직무, 취미, 취향을 파악하여 관리 방법을 제시해야 한다. • 사후 관리를 통해 신뢰감, 전문성, 만족도를 높여야 한다. • 관리 후 고객의 불만사항이 제기됐을 경우 해결 방안을 모색해야 한다.

✔ 개념 체크

네일숍 고객관리 방법으로 옳지 않은 것은?
① 고객의 질문에 경청하며 성의 있게 대답한다.
② 고객의 잘못된 관리방법을 제품판매로 연결한다.
③ 고객의 대화를 바탕으로 고객의 요구사항을 파악한다.
④ 고객의 직무와 취향 등을 파악하여 관리방법을 제시한다.

②

2) 고객관리카드

① 고객관리카드의 개념
고객 관리와 시술 시 필요한 정보을 일정한 기준에 따라 망라해 놓은 서류이다.

② 고객관리카드 작성의 중요성
- 네일숍 비즈니스에서 핵심 업무이다.
- 고객 관리의 효율성과 만족도를 높일 수 있는 방법이다.

③ 기재 내용의 범위

기재 가능	· 성명, 주소, 전화번호, 직업, 생년월일 · 질병의 유무, 네일 이상증세, 피부타입(알레르기 유무) · 손 사용의 빈도, 취미 생활, 선호 컬러, 선호 디자인 · 예약하기 좋은 요일과 시간, 예약 날짜, 예약 시간, 관리 서비스 내용 · 회원제 관리 서비스 가격, 제품판매 내역, 담당 서비스 관리자
기재 불가	학력, 가족사항, 은행 계좌, 월수입 등의 개인정보

④ 고객관리카드 주의사항
- 고객의 정보를 빠짐없이 기록한다.
- 네일 관리의 목적과 관리 절차를 구체적으로 기록한다.
- 날짜, 작업 유형, 담당 직원명은 반드시 기재한다.
- 네일 관리 전 · 후의 네일 상태를 기록한다.
- 작성된 고객 정보를 절대 유출해서는 안 된다.

⑤ 고객카드 활용 방안
- 적립 · 쿠폰 · 이벤트
  - 방문 적립 : 네일숍 방문 시마다 스탬프를 찍거나 포인트를 적립하여 일정 횟수나 금액 이상 적립 시 할인이나 서비스 혜택을 누리게 함
  - 시술 금액 적립 : 시술 금액의 일정 비율을 포인트로 적립하여 추후 결제 시 현금처럼 쓸 수 있게 함
  - 생일 혜택 : 생일이 속한 달에 방문하는 고객에게 할인이나 추가 서비스를 제공함
  - 친구 추천 : 친구를 추천하여 함께 방문하면 추천한 고객과 추천받은 고객 모두에게 혜택을 제공함
  - 신규 고객 쿠폰 : 신규 고객에게 할인 쿠폰을 제공하여 첫 방문을 유도하고, 재방문율을 높임
  - 정기 할인 이벤트 : 특정 요일이나 시간대에 할인 이벤트를 진행하여 고객 방문을 유도함
  - 시즌별 이벤트 : 시즌에 맞는 네일 디자인이나 서비스를 할인된 가격으로 제공하여 고객의 관심을 유도함
  - 회원 전용 쿠폰 : 회원에게만 특별 할인 쿠폰을 제공하여 멤버십 혜택을 강화함

개념 체크

네일서비스 고객관리카드에 기재하지 않아도 되는 것은?
① 예약 가능한 날짜와 시간
② 손톱의 상태와 선호하는 색상
③ 은행 계좌정보와 고객의 월수입
④ 고객의 기본인적 사항

③

개념 체크

다음 중 고객관리카드의 작성 시 기록해야 할 내용과 가장 거리가 먼 것은?
① 손발의 질병 및 이상증상
② 시술 시 주의사항
③ 고객이 원하는 서비스의 종류 및 시술내용
④ 고객의 학력 및 가족사항

④

개인 정보 보호법의 이념

개인 정보의 처리 및 보호에 관한 사항을 정함으로써 개인의 자유와 권리를 보호하고, 나아가 개인의 존엄과 가치를 구현함을 목적으로 한다.

- 멤버십 프로그램 가입
  - 회원 등급 : 멤버십 가입 시 회원 등급을 부여하고, 등급에 따라 다양한 혜택을 제공함
  - 전용 서비스 : 회원에게는 예약 우선권, 특별 할인, 신제품 체험 등 다양한 전용 서비스를 제공함
  - 포인트 적립 : 회원에게는 더 높은 포인트 적립률을 제공하여 혜택을 강화함

⑥ 고객관리카드 작성의 실제

고객관리카드

- 담당 아티스트 : <u>민지영</u>
- 상담 일자 : <u>2041.05.03.</u>

성명	권○○	생년월일	2021.09.15.
접수일	2041년 5월 3일	전화번호	010-1234-5678
나이	21	성별	여
직업	학생	결혼 여부	미혼
주소	서울특별시 서초구	E-mail	

병력과 부적응증

- 없음 ☑
- 알레르기 ☐
- 네일 질환 ☐
- 기타 ☐
- 당뇨 ☐
- 아토피 ☐
- 수술 (예정) 여부 ☐
- 무좀 ☐
- 켈로이드 ☐
- 임신 여부 ☐

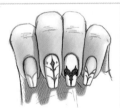

네일 상태 및 취향

- 손톱 형태 : ☐ 편평 ☑ 아치형 ☐ 파고듦 ☐ 기타(   )
- 손톱의 유·수분 : ☑ 중·건성 ☐ 건성 ☐ 지성 ☐ 민감성
- 피부색 : ☐ 어두운편 ☑ 황색 ☐ 밝은 편 ☐ 기타(   )
- 굳은살, 거스러미 : ☐ 딱딱한 ☐ 보통 ☑ 없음 ☐ 기타(   )
- 컬러 선호도 : ☑ 누드톤 ☐ 화려한 ☐ 형광톤 ☐ 기타(   )

기타

- 아치형의 오프 스퀘어 형태로 스마일라인을 기준으로 0.7㎝ 정도의 길이를 선호함
- 흰색 바탕에 검은선으로 벨벳무늬를 그리는 것을 선호함

NEO Nail

손발의 구조와 기능

▶ 합격 강의

빈출 태그 ▶ #손발의뼈 #손발의근육 #손발의신경

KEYWORD 01 뼈(골)의 형태 및 발생

1) 골격계(Skeletal System)의 개요

① 개념 : 인체의 구조적 지지와 보호, 운동 기능을 담당하는 시스템
② 구성 : 뼈, 연골, 인대 및 기타 결합조직
③ 뼈의 개수 : 성인 기준 약 206개

2) 골격계의 기능 (빈출)

① 지지 : 신체의 형태를 유지하고, 내부 장기를 지지
② 보호 : 중요한 장기(예 두개골은 뇌, 흉곽은 심장과 폐)를 보호
③ 운동 : 뼈는 근육과 연결되어 있어, 근육의 수축에 의해 신체의 움직임이 가능
④ 조혈 : 골수에서 적혈구, 백혈구, 혈소판을 생성하는 혈액 생성 기능을 수행
⑤ 미네랄 저장 : 칼슘, 인 등의 미네랄을 저장하여 필요한 경우 혈액으로 방출

KEYWORD 02 뼈의 구조

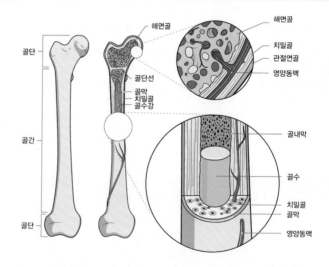

골막	• 뼈의 외부를 감싸고 있는 결합조직층이다. • 뼈 보호, 혈액 공급, 뼈의 성장 및 회복의 기능을 한다. • 외층(Fibrous Layer) : 강한 결합조직으로, 혈관과 신경이 포함되어 있다. • 내층(Osteogenic Layer) : 골모세포(Osteoblasts)와 골파괴세포(Osteoclasts)가 포함되어 있어 뼈의 성장과 재생에 기여한다.	
골외막	• 뼈의 내부를 감싸고 있는 얇은 결합조직이다. • 골모세포와 골파괴세포가 포함된다. • 뼈의 성장, 재형성 및 재생에 기여한다.	
골조직	뼈의 기본적인 조직이다.	
	밀집뼈	• 뼈의 외부에 위치하며, 강하고 밀집된 구조이다. • 하버스관(Haversian Canal) : 혈관과 신경이 통과하는 중심 통로이다. • 골판(Lamellae) : 하버스관을 둘러싼 원형의 뼈 조직층이다. • 골세포(Osteocytes) : 골판 사이의 작은 구멍(라쿠나)에 위치한 성숙한 뼈세포이다. • 간극(Canaliculi) : 골세포 간의 소통을 돕는 미세한 통로이다.
	해면뼈	• 뼈의 내부에 위치하고, 많은 구멍이 있는 경량화된 구조이다. • 뼈에 가해진 압력을 분산하고, 골수가 위치할 공간을 제공한다.
골수강	• 장골의 중앙에 위치한 공간이다. • 주로 골수로 채워져 있다. • 조혈기능(적혈구, 백혈구, 혈소판의 생성)을 담당한다. • 성인에서는 주로 지방조직인 황색골수(Yellow Marrow)가 존재한다.	
골수	• 골수강 안에 위치한다. • 적색골수(Red Marrow) : 혈액 세포를 생성하는 장소로, 주로 어린이와 청소년의 뼈에서 발견되며, 성인의 경우는 일부 뼈(예 골반, 흉골)에서만 발견된다. • 황색골수(Yellow Marrow) : 주로 지방세포로 구성되어 있으며, 에너지를 저장하는 기능을 하며, 성인의 경우 대부분 장골에서 발견된다.	
골체	• 장골의 중심 부분으로, 긴 원통형 구조이다. • 뼈의 길이와 강도를 제공한다.	
골단	• 장골의 양 끝부분으로, 한 뼈와 다른 뼈를 연결한다. • 관절의 움직임을 돕고, 연골과 함께 관절을 형성한다.	
성장판 (골단연골)	• 어린이와 청소년의 골단과 골체 사이에 위치하는 연골 조직이다. • 뼈의 성장에 기여하며, 성장이 끝나면 성장판은 뼈로 대체된다.	

✅ 개념 체크

성장기에 뼈의 길이 성장이 일어나는 곳을 무엇이라 하는가?
① 상지골
② 두개골
③ 연지상골
④ 골단연골

④

KEYWORD 03 뼈의 분류

1) 형태에 따른 분류

장골	길이가 길고, 두께는 상대적으로 가늘다. 예 대퇴골(허벅지뼈), 상완골(팔뼈), 경골(정강이뼈) 등
단골	길이와 너비가 비슷하여 정육면체 모양이다. 예 손목뼈(카르팔), 발목뼈(타르살) 등

✅ 개념 체크

골격계의 형태에 따른 분류로 옳은 것은?
① 장골(긴뼈) : 상완골(위팔뼈), 요골(노뼈), 척골(자뼈), 대퇴골(넙다리뼈), 경골(정강뼈), 비골(종아리뼈) 등
② 단골(짧은뼈) : 슬개골(무릎뼈), 대퇴골(넙다리뼈), 두정골(마루뼈) 등
③ 편평골(납작뼈) : 척주골(척주뼈), 관골(광대뼈) 등
④ 종자골(종강뼈) : 전두골(이마뼈), 후두골(뒤통수뼈), 두정골(마루뼈), 견갑골(어깨뼈), 늑골(갈비뼈) 등

①

편평골	넓고 평평한 형태로, 주로 보호 기능을 수행한다. 예 두개골, 흉골, 갈비뼈 등
불규칙골	형태가 복잡하여 다른 분류에 속하지 않는 뼈이다. 예 척추뼈, 골반뼈 등
중자골	힘줄 내에 위치하며, 관절 부위에서 발견되는 작은 뼈이다. 예 슬개골(무릎뼈)
함기골	내부에 공기 주머니나 공간이 있는 뼈로, 주로 두개골에 위치한다. 예 상악골, 전두골, 사골 등

2) 형태에 따른 분류

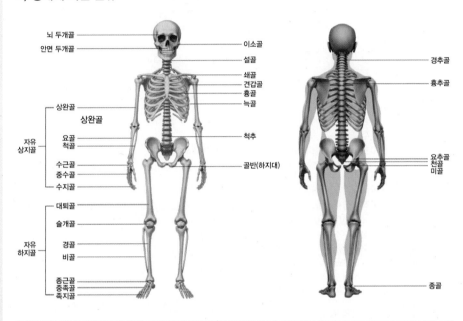

체간골격 (80개)	두개골(80개)	머리뼈	8개
		얼굴뼈	14개
		이소골	6개
		설골	1개
	척추(26개)	경추	7개
		흉추	12개
		요추	5개
		천추	1개
		미추	1개
	흉곽(25개)	갈비뼈	24개(12쌍)
		흉골	1개

체지골격 (126개)	상지(64개)	어깨뼈	2개
		쇄골	2개
		상완골	2개
		요골	2개
		척골	2개
		손목뼈	16개
		중수골	10개(5개씩 2개)
		지골	28개(14개씩 2개)
	하지(62개)	골반	2개(좌우)
		대퇴골	2개
		슬개골	2개
		경골	2개
		비골	2개
		발목뼈	14개(7개씩 2개)
		중족골	10개(5개씩 2개)
		지골	28개(14개씩 2개)

KEYWORD 04 관절

1) 관절의 개념과 기능

① 개념 : 둘 이상의 뼈가 연결되어 몸이 다양한 방향으로 움직일 수 있게 하는 구조
② 기능 : 신체의 운동성과 유연성을 제공

2) 관절의 유형

활막관절	• 뼈끼리 관절낭으로 연결된 관절이다. • 가장 흔한 유형으로, 운동 범위가 크다. 예 무릎, 팔꿈치, 고관절 등
섬유관절	• 뼈끼리 섬유성 결합조직으로 연결된 관절이다. • 거의 움직이지 않거나 움직임이 제한되어 있다. 예 두개골의 봉합, 치골의 두덩결합, 치아와 턱뼈의 결합 등
연골관절	• 뼈끼리 연골로 연결된 관절이다. • 움직임이 제한되어 있다. 예 척추의 디스크, 갈비뼈와 흉골의 결합 등

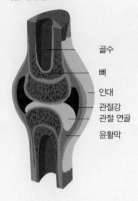

3) 관절의 구조

관절면	• 관절을 형성하는 뼈의 끝부분으로, 표면이 부드럽고 매끄럽다. • 관절의 움직임을 원활하게 하고 마찰을 줄이기 위해 연골로 덮여 있다.
관절연골	• 관절면을 덮고 있는 하얀색 연골 조직이다. • 충격을 흡수하고, 뼈 사이의 마찰을 줄여 관절의 움직임을 부드럽게 한다.
관절낭	• 관절을 둘러싸고 있는 결합조직의 주머니이다. • 외부 섬유층(강한 결합조직)과 내부 윤활막(Synovial Membrane)으로 구성된다. • 관절을 보호하고, 관절의 안정성을 제공한다.
관절낭액	• 관절낭 내부에서 생성되는 점액성 액체이다. • 관절의 윤활 작용을 하며, 관절과 연골에 영양을 공급하고 충격을 흡수한다.
인대	• 뼈와 뼈를 연결하는 강한 결합조직이다. • 관절의 안정성을 높이고, 과도한 움직임을 방지한다.
힘줄(건)	• 근육과 뼈를 연결하는 강한 섬유조직이다. • 근육의 수축을 통해 관절을 움직이게 한다.

KEYWORD 05 　손과 발의 뼈대 빈출

1) 손의 뼈

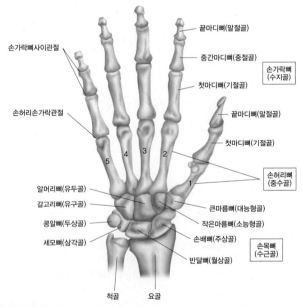

① 수지골(Phalanges)
• 손가락뼈로, 총 14개로 구성되어 있다.
• 각 손가락에는 3개의 수지골이 있으며, 엄지손가락에는 2개의 수지골이 있다.

근위수지	중수지	원위수지
5개	4개 (엄지 제외)	5개

② 중수골(Metacarpal Bones)
- 손목과 손가락을 이어주는 뼈로, 총 5개로 구성되어 있다.
- 중수골은 손바닥 부분에 위치하며 각각의 중수골은 손가락과 연결된다.

제1중수골	제2중수골	제3중수골	제4중수골	제5중수골
엄지손가락뼈	검지손가락뼈	중지손가락뼈	약지손가락뼈	새끼손가락뼈

③ 수근골(Carpal Bones) 총 8개
- 손목뼈로, 총 8개로 구성되어 있다.
- 수근골은 손목에 위치하며, 두 줄로 배열되어 있다.

근위부	손배뼈, 주상골	Scaphoid	손목에서 가장 큰 뼈 중 하나로, 손목의 주동성을 제공한다.
	반달뼈, 월상골	Lunate	반달 모양으로 손목 운동에 중심적인 역할을 한다.
	세모뼈, 삼각골	Triquetrum	세모꼴로, 일반적으로 유두골과 함께 움직인다.
	말단 콩알뼈, 말단두상골	Pisiform	작은 뼈로, 삼각골의 앞쪽에 위치한다.
원위부	큰마름모뼈, 대능형골	Trapezium	엄지손가락의 기초와 연결되며, 엄지의 움직임에 중요한 역할을 한다.
	작은마름뼈, 소능형골	Trapezoid	두 번째 중수골과 연결된다.
	알머리뼈, 유두골	Capitate	수근골 중에서 가장 큰 뼈로, 손목의 중심에 위치한다.
	갈고리뼈, 유구골	Hamate	네 번째와 다섯 번째 중수골과 연결된다.

✅ 개념 체크

몸쪽 손목뼈(근위 수근골)가 아닌 것은?
① 손배뼈(주상골)
② 알머리뼈(유두골)
③ 세모뼈(삼각골)
④ 콩알뼈(두상골)

②

2) 발의 뼈

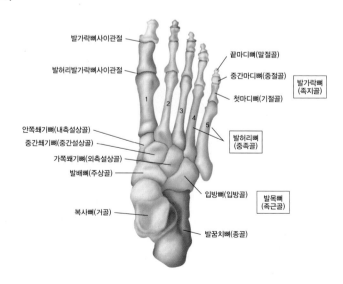

발가락뼈사이관절
발허리발가락뼈사이관절
끝마디뼈(말절골)
중간마디뼈(중절골)
첫마디뼈(기절골)
발가락뼈 (족지골)
1 2 3 4 5
안쪽쐐기뼈(내측설상골)
중간쐐기뼈(중간설상골)
가쪽쐐기뼈(외측설상골)
발배뼈(주상골)
발허리뼈 (중족골)
입방뼈(입방골)
발목뼈 (족근골)
복사뼈(거골)
발꿈치뼈(종골)

① 족지골(Phalanges)
- 발가락뼈로, 총 14개로 구성되어 있다.
- 각 발가락에는 3개의 족지골이 있으며, 엄지발가락에는 2개의 족지골이 있다.
- 족지골은 발가락의 형태를 유지하고, 발의 균형과 안정성에 기여한다.

근위족지	중족지	원위족지
5개	4개 (엄지 제외)	5개

② 중족골(Metatarsal Bones)
- 발목과 발가락을 이어주는 뼈로, 총 5개로 구성되어 있다.
- 중족골은 발의 중간 부분에 위치하며, 각 중족골은 발가락과 연결된다.

제1중족골	제2중족골	제3중족골	제4중족골	제5중족골
엄지발가락뼈	검지발가락뼈	중지발가락뼈	약지발가락뼈	새끼발가락뼈

③ 족근골(Tarsal Bones, Tarsus)
발과 다리를 연결하는 발목을 이루는 7개의 뼈(발목뼈)로, 발목이 움직일 수 있게 한다.

근위부	거골(목말뼈)		Talus	발목과 연결되며, 하중을 지탱한다.
	종골(발꿈치뼈)		Calcaneus	발뒤꿈치 뼈로, 체중을 지탱한다.
	주상골(발배뼈)		Navicular	경골 앞쪽에 있어, 다른 족근골과 연결된다.
원위부	입방뼈		Cuboid	족근골의 외측에 있어, 중족골과 연결된다.
	설상골 (쐐기뼈)	외측 쐐기뼈	Lateral Cuneiform	발배뼈와 발허리뼈를 연결하여 관절을 이룬다.
		중간 쐐기뼈	Intermediate Cuneiform	쐐기뼈 중 제일 작은 뼈이다.
		내측 쐐기뼈	Medial Cuneiform	쐐기뼈 중 제일 큰 뼈이다.

KEYWORD 06　손과 발의 근육

1) 근육의 기능
① 운동 기능 : 근육은 수축과 이완을 통해 뼈를 움직여 신체의 다양한 동작을 가능케 함
② 자세 유지 : 근육은 신체의 자세를 유지하고 균형을 잡음
③ 열 생성 : 근육의 수축 과정에서 열이 발생하여 체온을 유지함
④ 내부 장기 보호 : 근육은 내부 장기를 감싸고 보호하며, 복부 내 장기들을 지지함

⑤ 순환 기능 : 내장근은 혈액을 순환시키고, 평활근은 혈관과 장기의 움직임을 조절함

⑥ 호흡 기능 : 호흡근(횡격막)은 호흡을 가능케 하여 산소를 공급하고 이산화탄소를 배출함

2) 근육의 구조와 보조장치

① 근육의 구조

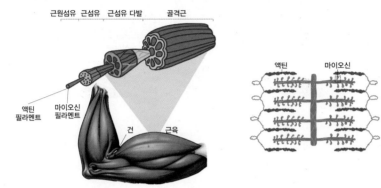

✔ 개념 체크

인체 내의 화학물질 중 근육 수축에 주로 관여하는 것은?

① 액틴과 마이오신
② 단백질과 칼슘
③ 남성호르몬
④ 비타민과 미네랄

①

② 골격근의 보조 장치

힘줄(건)	• 근육과 뼈를 연결하는 강한 섬유조직이다. • 근육이 수축할 때 힘줄을 통해 뼈에 힘을 전달하여 움직임을 생성한다.
인대	• 뼈와 뼈를 연결하는 강한 결합조직이다. • 관절의 안정성을 유지하고, 과도한 움직임을 방지하여 부상을 예방한다.
관절	• 두 개 이상의 뼈가 만나 움직일 수 있도록 하는 구조이다. • 골격근의 수축에 따라 뼈가 움직일 수 있는 경로를 제공한다.
근막	• 근육을 감싸고 있는 결합조직의 막이다. • 근육을 지지하고, 근육 간의 마찰을 줄이며, 근육의 힘을 효과적으로 전달한다.

3) 근육의 유형

① 형태에 따른 분류

구분	횡문근(Striated Muscle)	평활근(Smooth Muscle)
무늬	가로무늬	민무늬
형태	긴 원통형	길고 가늘고 뭉툭한 형태
조절	수의근(대뇌의 조절)	불수의근(자율신경계, 호르몬의 조절)
구조	다핵구조	단핵구조
위치	뼈에 부착	장기, 혈관
기능	신체의 운동	생리 기능(소화, 호흡, 혈압) 조절
사례	팔, 다리, 목 등	소화관, 혈관, 타 기관

횡문근의 가로무늬

횡문근의 가로무늬는 근섬유 내부의 액틴과 마이오신이라는 단백질의 배열에 의해 형성된다.

② 부위에 따른 분류

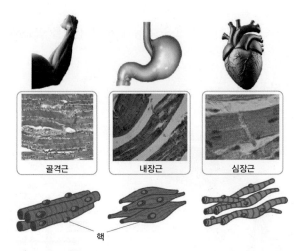

구분	골격근	심장근	내장근
무늬	가로무늬	가로무늬	민무늬
조절	수의적	불수의적	불수의적
구조	다핵구조	단핵구조	단핵구조
위치	뼈	심장	심장을 제외한 장기, 혈관

③ 운동성에 따른 분류

구분	수의근	불수의근
조절	수의적(의식으로 제어 가능)	불수의적(의식으로 제어 불가능)
중추	대뇌	자율신경계, 호르몬
사례	골격근	심장근, 내장근

④ 수축 속도에 따른 분류
• 근수축의 종류

등장성 수축	• 일정한 장력이 유지되는 상태에서 근육의 길이가 줄거나 늘면서 일어난다. • 근육의 길이가 줄면서 수축하는 단축성 수축과 근육의 길이가 늘면서 수축하는 신장성 수축으로 구분한다. • 움직임이 발생하며, 힘이 중량을 이길 때 발생한다. ⑩ 웨이트 트레이닝
등척성 수축	• 정적 수축이다. • 근육의 길이와 관절의 각도가 변하지 않는 상태에서 일어나는 수축이다. • 움직임이 없고, 외부 저항에 맞서 힘을 유지하는 상태이다. ⑩ 벽을 밀고 있을 때, 팔을 굽힌 상태에서 그대로 유지하는 동작
등속성 수축	• 근육의 수축 속도가 일정하게 유지되면서 힘을 생성하는 수축이다. • 전문 장비를 사용해 일정한 속도로 움직임이 이루어지며, 다양한 저항이 작용한다. ⑩ 등속성 운동 장비를 사용하여 일정한 속도로 팔을 굽히고 펴는 동작, 재활 장비

맘대로근과 제대로근
수의근을 맘대로근, 불수의근을 제대로근이라고도 한다. 이를 의식(생각, 마음)이 이끄는 대로 움직인다고 해서 맘대로근, 정해진 규칙이나 명령대로 움직인다고 해서 제대로근이라고 생각하면 쉽게 느껴진다.

• 적근과 백근

적색근	• 적색근은 마이오글로빈(Myoglobin)이라는 단백질이 풍부하여 붉은 색을 띤다. • 근섬유가 상대적으로 가늘고, 혈관이 풍부하여 산소 공급이 원활하다. • 주로 지방산을 에너지원으로 사용하며, 산소를 효율적으로 사용한다. • 수축 속도가 느리며, 지속적인 힘을 발휘하는 데 적합하다. • 지구력 운동에 적합하여, 장시간 수축할 수 있다. 예 등 근육, 허벅지의 일부 근육 등
백색근	• 마이오글로빈이 적어 하얀색 또는 연한 붉은 색을 띤다. • 근섬유가 굵고, 혈관이 상대적으로 적어 빠른 에너지 공급이 가능하다. • 주로 포도당을 사용하여 빠르게 에너지를 생성하며, 산소가 적은 환경에서도 작동한다. • 수축 속도가 빠르며, 빠른 힘을 발휘하는 데 적합하다. • 빠른 수축과 이완이 가능하여, 순간적인 힘이 필요한 운동에 적합하다. 예 팔 근육, 다리의 일부 근육 등

⑤ 역할에 따른 분류

주동근	• 특정 움직임을 수행할 때 주도적으로 사용되는 근육이다. • 운동 시 가장 큰 힘을 낸다.
협력근	• 주동근의 움직임을 도와주는 근육이다. • 운동의 효율성을 높이고, 균형을 유지하는 데 기여한다.
길항근	• 주동근과 반대로 움직이는 근육이다. • 주동근의 움직임을 제어하고, 안정성을 확보하는 데 기여한다.

4) 근육의 작용 빈출

용어	의미	용어	의미
수축	오그라듦, 근육에 긴장이 생김	이완	느즈러짐, 근육에 긴장이 풀림
배측	등쪽(등, 엉덩이, 손등, 발등)	복측	배쪽(가슴, 배), 바닥쪽(손바닥, 발바닥)
굴곡	• 개념 : 구부림, 구부러짐 • 굴근 : 관절을 굽히거나 좁히는 근육	신전	• 개념 : 폄, 펴짐 • 신근 : 관절을 펴거나 늘이는 근육
회내	• 개념 : 신체 부위를 엎쳐 일정한 면이 아래를 향하게 함 • 회내근 : 팔다리나 손발을 회전시켜 바닥면이 아래를 향하게 하는 근육	회외	• 개념 : 신체 부위를 뒤쳐 일정한 면이 위를 향하게 함 • 회외근 : 팔다리나 손발을 회전시켜 바닥면이 아래를 향하게 하는 근육
내전	• 개념 : 모음, 오므림 • 내전근 : 사지가 신체의 중심선으로 가까워지게 하는 근육	외전	• 개념 : 벌림 • 외전근 : 사지가 신체의 중심선에서 멀어지게 하는 근육
내번	• 개념 : 안쪽을 들어올림 • 내번근 : 발바닥을 신체의 안쪽(엄지발가락쪽)으로 들어올리는 근육	외번	• 개념 : 바깥쪽을 들어올림 • 내번근 : 발바닥을 신체의 바깥쪽(새끼발가락쪽)으로 들어올리는 근육
내반	안쪽으로 구부러짐	외반	바깥쪽으로 구부러짐
대립	• 개념 : 특정 부위의 두 개의 구조를 서로 반대 방향으로 움직임 • 대립근 : 특정 부위의 두 개의 구조를 서로 반대 방향으로 움직이는 근육으로, 엄지손가락을 다른 손가락에 대는 데 사용		

5) 손과 발의 근육

① 손의 근육

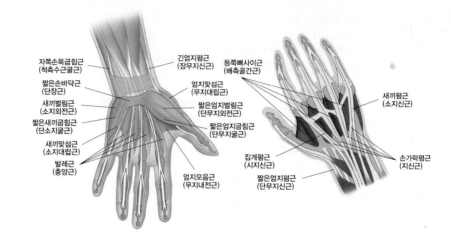

<table>
<tr><td colspan="4" style="border:none"></td></tr>
</table>

분류	이름	개정 전 용어	역할
엄지두덩근육	짧은엄지벌림근	단무지외전근	엄지손가락의 폄을 보조한다.
	짧은엄지굽힘근	단무지굴근	엄지손가락의 굽힘을 보조한다.
	엄지맞섬근	무지대립근	엄지손가락을 굽혀서 엄지손가락을 맞서게 한다.
	엄지모음근	무지내전근	엄지손가락을 모으는 것이 주 작용이다.
새끼두덩근육	새끼벌림근	소지외전근	새끼손가락을 벌리는 것이 주 작용이다.
	짧은새끼굽힘근	단소지굴근	새끼손가락을 굽히는 것이 주 작용이다.
	새끼맞섬근	소지대립근	새끼손가락으로 엄지손가락 쪽으로 이동하게 하여 맞섬을 일으킨다.
짧은근육	벌레근	충양근	손가락은 L자 모양으로 만들 수 있게 한다.
	등쪽뼈사이근	배측골간근	엄지손가락을 둘째손가락 쪽으로 맞서도록 엄지모음근과 함께 보조한다.
	바닥쪽뼈사이근	장측골간근	손허리손가락관절의 굽힘과 손가락뼈사이관절의 폄을 보조한다.
	짧은손바닥근	단장근	손이 무언가를 쥘 때 가운데 부분이 깊어지도록 한다.

✅ 개념 체크

손가락과 손가락 사이가 붙지 않고 벌어지게 하는 외향에 작용하는 손등의 근육은?

① 외전근
② 내전근
③ 대립근
④ 회외근

①

✅ 개념 체크

다음 중 손의 중간근(중수근)에 속하는 것은?

① 엄지맞섬근(무지대립근)
② 엄지모음근(무지내전근)
③ 벌레근(충양근)
④ 작은원근(소원근)

③

✅ 개념 체크

손의 근육과 가장 거리가 먼 것은?

① 벌림근(외전근)
② 모음근(내전근)
③ 맞섬근(대립근)
④ 엎침근(회내근)

④

② 발의 근육

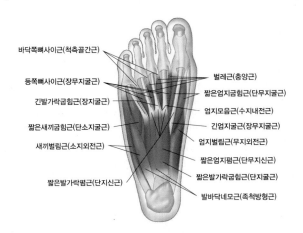

바닥쪽뼈사이근(척측골간근)
등쪽뼈사이근(장무지굴근)
긴발가락굽힘근(장지굴근)
짧은새끼굽힘근(단소지굴근)
새끼벌림근(소지외전근)
짧은발가락폄근(단지신근)

벌레근(충양근)
짧은엄지굽힘근(단무지굴근)
엄지모음근(수지내전근)
긴엄지굽힘근(장무지굴근)
엄지벌림근(무지외전근)
짧은엄지폄근(단무지신근)
짧은발가락굽힘근(단지굴근)
발바닥네모근(족척방형근)

분류	이름	개정 전 용어	역할
발등	짧은발가락폄근	단지신근	발가락들을 펴는 작용을 한다.
	짧은엄지폄근	단무지신근	엄지발가락을 발허리발가락뼈관절에서 펴는 작용을 한다.
발바닥 1층	엄지벌림근	무지외전근	엄지발가락을 벌리는 작용을 한다.
	짧은발가락굽힘근	단지굴근	엄지발가락을 제외한 네 발가락들을 굽힌다.
	새끼벌림근	소지외전근	새끼발가락을 벌리고, 굽히는 데에 도움을 준다.
발바닥 2층	벌레근	충양근	발가락뼈사이관절들에서 발가락을 펴는 작용을 한다.
	발바닥네모근	족척방형근	긴발가락굽힘근이 먼쪽발가락뼈사이관절에서 발가락을 굽히는 것을 돕는다.
발바닥 3층	짧은엄지굽힘근	단무지굴근	발바닥의 안쪽 아치 안정성을 높이는 데에 기여한다.
	엄지모음근	무지내전근	엄지발가락을 세번째 발가락 쪽으로 모은다.
	짧은새끼굽힘근	단소지굴근	새끼발가락을 굽힌다.
발바닥 4층	바닥쪽뼈사이근	족측골간근	3, 4, 5번째 발가락들의 모음에 관여한다.
	등쪽뼈사이근	배측골간근	2, 3, 4번째 발가락들의 벌림에 관여한다.

✓ 개념 체크

다음 중 발의 근육에 해당하는 것은?

① 비복근
② 대퇴근
③ 장골근
④ 족배근

④

✓ 개념 체크

발허리뼈(중족골) 관절을 굴곡시키고, 외측 4개 발가락의 지골간관절을 신전시키는 발의 근육은?

① 벌레근(충양근)
② 새끼벌림근(소지외전근)
③ 짧은새끼굽힘근(단소지굴근)
④ 짧은엄지굽힘근(단무지굴근)

①

1) 신경계의 기능

정보 수용	• 외부 환경 및 내부 신체의 변화에 대한 정보를 수집한다. • 감각기관(눈, 귀, 피부, 코, 혀 등)에서 수집된 정보를 신경계가 처리한다.
정보 처리	• 수용된 감각 정보를 분석하고 해석하여 적절한 반응을 결정한다. • 중추신경계(뇌와 척수)에서 이루어진다.
운동 조절	운동명령은 뇌에서 받아 척수를 통해 말초신경으로 전달한다.
반사 작용	• 특정 자극에 대해 빠른 반응을 보이는 반사 작용을 수행한다. • 이 과정은 중추신경계를 거치지 않고, 척수에서 직접 이루어진다. • 뜨거운 물체를 만졌을 때 손을 빠르게 빼는 반응이 이에 해당한다.
생리적 조절	• 생리적 과정(심장 박동, 호흡, 소화 등)을 조절하여 신체의 항상성을 유지한다. • 자율신경계(교감신경계와 부교감신경계)가 이 기능을 담당한다.
학습과 기억	• 경험을 통해 정보를 저장하고, 학습한다. • 이는 주로 대뇌피질에서 이루어지며, 장기기억과 단기기억으로 분류된다.
감정과 행동	신경계는 감정(행복, 슬픔, 분노 등)과 행동(사회적 상호작용, 의사결정 등)을 조절한다.

2) 신경계의 구성 단위

① 뉴런(신경세포)

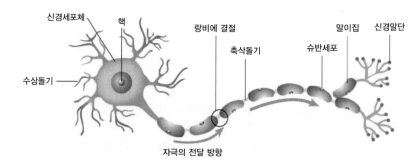

기능	신경 정보를 전달하는 기본 단위로, 전기적 신호를 생성하고 전파한다.
구조	• 세포체 : 뉴런의 핵과 세포 소기관이 위치한 부분 • 수상돌기 : 다른 뉴런이나 감각 수용체로부터 신호를 받아들이는 가지 모양의 구조 • 축삭 : 전기적 신호를 다른 뉴런이나 표적 세포로 전달하는 긴 섬유 • 축삭 말단 : 신호를 전달하는 말단 부분으로, 신경전달물질을 방출함

② 글리아세포(신경교세포)

기능	뉴런을 지지하고 보호한다.	
구조	아교세포	• 뉴런에 영양분을 공급한다. • 신경전달물질을 조절한다. • 혈액–뇌 장벽을 형성한다.
	미세아교세포	• 면역과 방어작용을 수행한다. • 손상된 뉴런을 제거하고 염증 반응을 조절한다.
	희소돌기세포	• 중추신경계에서 축삭을 감싸는 수초(Myelin, 말이집)를 생성한다. • 신호 전파 속도를 높인다.
	슈반 세포	• 말초신경계에서 축삭을 감싸는 수초를 생성한다. • 신호 전파 속도를 높인다.
	방추세포	• 뇌실과 척수의 중심관을 덮는다. • 뇌척수액(Cerebrospinal Fluid, CSF)의 생성과 순환을 돕는다.

3) 신경계의 구성

① 중추 신경계(Central Nervous System, CNS)

• 신경계를 통합하고 조절하는 신경이다.

• 뇌와 척수로 구성된다.

• 운동신경과 감각신경을 연결한다.

② 말초신경계(Peripheral Nervous System, PNS)

• 말초신경계의 개념 : 말초신경계는 중추신경계와 신체의 다른 부분(근육, 장기 등) 간의 신호 전달을 담당하는 신경계의 한 부분임

• 말초신경계의 구성

체성신경계	• 주로 수의적 운동(운동신경)과 감각(감각신경)을 담당하는 신경이다. • 피부, 근육, 감각기관과 연결된다. • 외부 환경으로부터의 정보를 감지하고, 자발적인 운동을 조절한다. • 몸을 움직이거나, 감각을 인식하는 기능을 한다.
자율신경계	불수의적 기능을 조절하며, 교감신경계와 부교감신경계로 나뉜다.

✔ 개념 체크

신경조직과 관련된 설명으로 옳은 것은?

① 말초신경은 외부나 체내에 가해진 자극에 의해 감각기에 발생한 신경흥분을 중추신경에 전달한다.

② 중추신경계의 체성신경은 12쌍의 뇌신경과 31쌍의 척수신경으로 이루어져 있다.

③ 중추신경계의 뇌신경, 척수신경 및 자율신경으로 구성된다.

④ 말초신경은 교감신경과 부교감신경으로 구성된다.

①

• 자율신경계

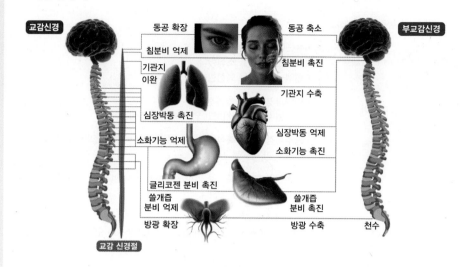

교감신경계	• '투쟁 또는 도피' 반응을 유도하여 신체를 스트레스 상황에 대비한다. • 심장 박동수를 증가시키고, 혈압을 높이며, 소화 활동을 억제한다. • 신경 전달 물질로 노르에피네프린(NE)을 분비한다.
부교감신경계	• '휴식과 소화' 상태를 촉진하여 신체를 안정시킨다. • 심장 박동수를 감소시키고, 소화 활동을 촉진한다. • 신경 전달 물질로 아세틸콜린(ACh)을 분비한다.

4) 손과 팔의 신경 (빈출)

분류	이름	개정 전 용어	역할
팔	겨드랑신경	액와신경	• 어깨 쪽 일부 근육을 지배한다. • 팔신경얼기 종말가지들 중 유일하게 팔에 분포하지 않는다.
	근육피부신경	근피신경	위팔 앞칸 근육들과 아래팔 가쪽 피부를 지배한다.
	중앙신경	정중신경	• 팔과 손 부위에 분포하는 말초신경이다. • 아래팔 앞칸에 분포하는 중요한 신경이다.
	자신경	척골신경	일부 아래팔 앞칸 근육들과 손의 대다수 근육들을 지배한다.
	노신경	요골신경	위팔과 아래팔 뒤칸의 모든 근육들을 지배한다.
손	손바닥가지	–	• 아래팔의 중간 높이쯤에서 갈라진다. • 손바닥의 안쪽 피부에 분포한다.
	손등가지	–	넷째손가락의 안쪽 절반과 새끼손가락 피부에 분포한다.
	얕은가지	–	• 자신경의 종말가지 중 하나이다. • 짧은손바닥근, 바닥쪽손가락신경이 분포한다.
	깊은가지	–	• 자신경의 종말가지 중 하나이다. • 새끼두덩근육(새끼벌림근, 짧은새끼굽힘근, 새끼맞섬근), 벌레근 4개 중에서 2개가 깊은 가지 안쪽에 분포한다. • 엄지모음근, 등쪽뼈사이근, 바닥쪽뼈사이근, 짧은엄지굽힘근이 분포한다.

5) 발과 다리의 신경 〔빈출〕

분류	이름	개정 전 용어	역할
넙다리	넙다리신경	대퇴신경	넙다리 동맥 주위에 형성된 자율 신경얼기이다.
	넙다리 신경 앞피부 가지	–	넙다리 신경에서 갈라져서 넓적다리의 앞면과 안쪽 면에 분포한다.
궁둥	궁둥신경	좌골신경	• 엉덩이를 지나 하지로 들어가는 큰 신경 섬유이다. • 인체에서 가장 길고 넓은 단일 신경이다. • 다리 감각과 근육의 운동을 조절한다.
두렁	두렁신경	복재신경	• 넙다리 신경의 끝부분이다. • 정강이 안쪽과 발등 안쪽 피부의 감각을 지배한다.
	두렁 신경 무릎 아래 가지	–	무릎뼈의 표면과 그 아래쪽 피부에 분포하는 가지이다.
장딴지	장딴지 신경 가쪽 발꿈치 가지	–	종아리 아래 부위와 발의 뒷면에 분포하는 피부 신경이다.
	장딴지신경	비복신경	• 정강뼈와 합쳐서 이루어진 신경이다. • 발등의 바깥쪽 피부의 감각을 지배한다.
	장딴지 신경 교통 가지	–	안쪽 장딴지 피부 신경과 만나는 가지이다.
정강	정강신경	경골신경	• 종아리 뒤쪽부터 곧게 발바닥까지 이어진다. • 종아리 뒤쪽과 발바닥의 근육과 피부에 분포한다.
	안쪽발꿈치신경	–	굽힘근지지띠를 관통하여 발뒤꿈치의 뒤쪽과 아래쪽 면에 분포한다.
발	안쪽발바닥신경	–	• 정강신경 종말 가지 중 하나이다. • 엄지벌림근과 짧은발가락굽힘근 사이로 주행한다. • 엄지벌림근, 짧은발가락굽힘근, 짧은엄지굽힘근, 첫째 벌레근에 분포한다. • 발바닥 안쪽의 피부의 감각을 지배한다.
	가쪽발바닥신경	–	• 정강신경 종말 가지 중 하나이다. • 새끼벌림근에 분포한다. • 발바닥 피부의 감각도 함께 지배한다.
	얕은가지	–	짧은새끼굽힘근, 셋째와 넷째 뼈사이근, 발가락 가쪽 측면을 덮고 있는 피부에 분포한다.
	안쪽가지	–	안쪽발바닥신경과 교통하여 넷째 발가락사이틈새를 덮는 피부에 분포한다.
	깊은가지	–	둘째 · 셋째 · 넷째 벌레근과 첫째 · 둘째 바닥쪽뼈사이근, 엄지모음근에 분포한다.

개념 체크

다음 중 하지의 신경에 속하지 **않는** 것은?

① 총비골 신경
② 액와신경
③ 복재신경
④ 배측신경

②

▼ 상지신경과 하지신경

척골신경
근피신경
정중신경

궁둥신경
액와신경
요골신경
장딴지신경
수지신경

대퇴신경
복재신경
정강신경

정강신경
(안쪽발꿈치가지)

인체의 구분
① 인체(동물)의 구성 단계

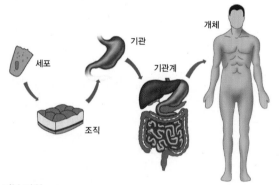

세포
조직
기관
기관계
개체

- 세포 : 인체의 기본 단위
- 조직 : 비슷한 세포들이 모여 형성된 구조(예 근육 조직, 신경 조직)
- 기관 : 특정 기능을 수행하는 구조(예 심장, 간)
- 기관계(계통) : 여러 장기가 함께 작용하여 특정 기능을 수행(예 순환계, 소화계)
② 인체의 기능적 구분
- 골격계 : 몸의 틀을 유지함(예 뼈, 연골, 관절)
- 근육계 : 몸을 보호하고 움직임(예 골격근, 내장근, 심장근)
- 피부계 : 신체 외부의 보호와 체온조절(예 피부, 머리카락, 손 · 발톱)
- 순환계 : 혈액과 림프의 순환(예 심장, 혈관)
- 호흡계 : 산소 흡입과 이산화탄소 배출(예 폐, 기관)
- 소화계 : 음식물의 소화와 영양소 흡수(예 위, 장)
- 신경계 : 신호 전달과 자극-반응 조절(예 뇌, 척수)
- 내분비계 : 호르몬의 분비와 항상성 조절(예 갑상선, 췌장)
- 생식계 : 생식 세포의 생산(예 정소, 난소)
- 비뇨계 : 노폐물 배출 및 체액의 농도 조절(예 신장, 방광)
- 면역계 : 감염 방어 및 면역 반응(예 백혈구, 림프절)

피부의 이해

▶ 합격 강의

빈출 태그 ▶ #피부학 #피부면역 #피부질환 #피부유형

KEYWORD 01 피부의 구조 빈출

1) 피부의 특징과 구분

① 피부의 특징

• 피부는 다양한 생리적 기능을 가진 매우 중요한 인체 기관으로 체중의 약 16%를
차지하며 표피와 진피, 피하조직으로 구성되어 있다.
• 피부의 두께는 평균적으로 0.1~1.4㎜이다.
• 피부에는 여러 종류의 세포가 존재하며 세포마다 각기 다른 역할을 수행한다.

② 피부의 구분

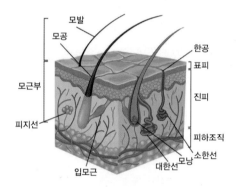

• 표피(Epidermis) : 탈락층으로 가장 인체의 외층에 위치하여 인체를 보호함
• 진피(Dermis) : 표피와 피하지방층 사이에 있는 실질적인 피부층, 탄력과 신축성
을 결정함
• 피하지방층(Subcutaneous Tissue) : 피부를 보호하고 영양소 저장 기능 및 체
온조절과 체형을 결정함

2) 피부의 기능 빈출

보호 기능	• 물리적 보호 : 케라틴과 교원섬유를 포함하는 각질층과 진피층으로 구성되며, 외부 충격과 압력으로부터 보호함 • 화학적 보호 : 표피의 산성막(pH 4.5~6.5)은 세균 및 미생물의 침입을 방지함 • 생물학적 보호 : 피부의 면역 세포들은 외부 유해물질로부터 방어함
체온조절 기능	피부는 땀 분비와 혈관의 확장 및 수축을 통해 체온을 일정하게 조절한다.
감각 기능	피부에는 여러 종류의 감각 수용체가 있어 외부 자극(통증, 온도, 압력, 촉각)을 감지한다.

지각 기능	피부를 통해 받은 감각 정보를 뇌로 전달하여 외부 환경을 인지한다.
분비 기능	• 피지선 : 피부의 유연함을 유지하고 외부 자극으로부터 보호하기 위해 피지를 분비함 • 땀샘(한선) : 체온조절을 돕고 노폐물을 배출하는 땀을 분비함
호흡 기능	피부는 아주 제한적이지만 호흡 과정에 참여하여 산소를 흡수하고 이산화탄소를 배출한다.
흡수 기능	피부는 특정 화학물질, 약물 등을 흡수할 수 있는 능력이 있다.
저장 기능	• 피부는 수분, 지방, 영양소 등을 저장한다. • 피하지방층은 에너지를 저장하는 중요한 역할을 한다.
재생 기능	• 피부는 손상을 받았을 때 자가 치유 능력이 있다. • 새로운 세포를 생성하여 손상된 피부를 복구한다.
면역 기능	면역 세포인 랑게르한스 세포와 대식 세포 등이 외부 유해물질이나 병원체의 침입으로부터 몸을 보호한다.

✓ 개념 체크

피부의 생리작용 중 지각 작용은?

① 피부표면에 수증기가 발산한다.
② 피부에는 땀샘, 피지선 모근은 피부생리 작용을 한다.
③ 피부 전체에 퍼져 있는 신경에 의해 촉각, 온각, 냉각, 통각 등을 느낀다.
④ 피부의 생리작용에 의해 생긴 노폐물을 운반한다.

③

KEYWORD 02 표피 빈출

1) 표피의 특징

• 피부의 가장 외층에 있으며 무핵층과 유핵층으로 구분한다.
• 무핵층인 각질층, 투명층, 과립층과 유핵층인 유극층, 기저층의 5층으로 구성된다.

2) 표피의 구조

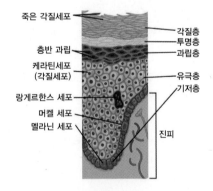

죽은 각질세포 — 각질층
투명층
층반 과립 — 과립층
케라틴세포 (각질세포)
유극층
기저층
랑게르한스 세포
머켈 세포
멜라닌 세포
진피

NMF(천연 보습 인자)

아미노산류(40%), 지방산, 젖산, 요소 등으로 구성되며, '수분창고' 역할을 하는 천연물질로 피부가 일정 수준의 수분을 유지할 수 있도록 하는 역할을 한다.

✓ 개념 체크

표피 중에서 각화가 완전히 된 세포들로 이루어진 층은?

① 과립층
② 각질층
③ 유극층
④ 투명층

②

각질층	• 표피의 가장 바깥층이다. • 여러 겹의 사멸한 각질형성세포(Keratinocytes)가 밀집되어 있는 구조이다. • 수분의 과도한 증발을 막아 피부의 수분 균형을 유지한다. • 천연 보습 인자(Natural Moisturizing Factor, NMF)와 지질(Lipids)이 존재한다. • 10~20% 정도의 수분을 함유한다. • 세라마이드 : 지질의 중요한 구성 요소 중 하나로, 피부 지질막의 약 50%를 차지하며, 피부 세포 사이의 공간을 채워 피부의 보호 장벽 기능을 수행함

투명층	• 손바닥과 발바닥같이 피부가 두꺼운 부위의 표피에서 발견되는 매우 얇은 층이다. • 투명하여 빛이 통과할 수 있기 때문에 '투명층'이라고도 한다. • 엘라이딘(Eleidin) : 투명층의 세포들은 엘라이딘이라는 무색의 단백질로 변환된 케라틴(Keratin)을 포함함
과립층	• 각화유리질(Keratohyalin, 케라토하일린) 과립과 라멜라(Lamellar) 과립으로 구성된다. – 케라토하일린 과립 : 각질 형성을 촉진하는 단백질임 – 라멜라 과립 : 세포 사이의 공간에 방출되어 지질을 형성함 • 각질화 과정 : 과립층은 피부 세포가 최종적으로 사멸하는 곳임 • 피부의 건강과 기능에 필수적인 역할을 한다. • 손상 시 피부 건조, 장벽 기능 손상 등 다양한 피부 문제를 초래한다.
유극층	• 가시돌기모양의 층이다. • 피부의 수분 손실을 방지하고, 외부 충격으로부터 피부를 보호한다. • 랑게르한스(Langerhans) 세포 : 피부를 통한 감염에 대응하는 데 중요한 역할을 하는 세포
기저층	• 기저 세포(Basal Cells)로 구성되며, 표피의 다른 세포들을 지속적으로 공급한다. • 진피의 유두층에서 영양분을 공급받는다. • 털의 모기근이 존재하는 곳이다. • 멜라닌(Melanocytes) 세포 : 멜라닌 색소를 생성하여 피부 색깔을 결정하고, 자외선으로부터 피부를 보호함 • 각질형성 세포(Keratinocyte) : 새로운 세포를 생성하는데, 이 새로운 세포들은 점차 위쪽 층으로 이동하면서 성숙됨

3) 표피의 주요 구성 세포 (빈출)

각질형성 세포 (Keratinocyte)	• 표피(Epidermis)의 대부분을 구성한다. • 기저층(Basal Layer)에서 생성된다. • 세포의 상피화가 일어난다. • 각질형성주기는 28일이다. • 세라마이드로 구성된다.
색소형성 세포 (Melannocyte)	• 멜라닌을 생성한다. • 피부의 기저층에 있다(머리카락, 눈의 홍채, 내이 등 다른 부위에도 존재). • 생성된 멜라닌은 각질형성 세포(Keratinocytes)로 이동하는데, 이 과정에서 멜라닌은 피부 세포를 둘러싸며 보호하는 역할을 한다. • 인간의 멜라닌 세포 활동은 유전적 요인과 환경적 요인(특히 자외선 노출)에 따라 크게 달라질 수 있다. • 멜라닌 세포수는 인종과 피부색에 상관없이 같다. • 멜라닌은 티로신(Tirosin)이라는 아미노산에서 합성된다.
면역 세포 (Langerhans)	• 특수한 면역 세포이다. • 표피의 유극층(Stratum Spinosum)에 위치한다. • 피부를 통해 들어온 병원균이나 이물질(항원)을 포획하고 처리하여, 면역계의 T세포에게 제시한다. • 랑게르한스 세포는 피부에서 항원을 포획한 후, 가까운 림프절로 이동한다.
촉각 세포 (Merkel)	• 피부의 감각 수용체 중 하나이다. • 피부의 표피층과 진피층의 경계 부근(기저층)에 있다. • 촉각 수용체(Touch Receptor)로서 기능한다. • 신경 섬유와 연결되어 감각 정보를 신경계로 전달하는 역할을 한다.

✓ 개념 체크

피부 표피의 투명층에 존재하는 반유동성 물질은?

① 엘라이딘(Elaidin)
② 콜레스테롤(Cholesterol)
③ 단백질(Protein)
④ 세라마이드(Ceramide)

①

각질화 과정
각질층에서 각질이 탈락하기까지의 과정. 보통 28일 정도 걸리며, 노화 과정에 따라 주기는 길어진다.

✓ 개념 체크

생명력이 없는 상태의 무색, 무핵층으로서 손바닥과 발바닥에 주로 있는 층은?

① 각질층
② 과립층
③ 투명층
④ 기저층

②

세포의 상피화
표피를 통해 상피화(Epidermization) 과정을 거치며, 최종적으로 표피의 가장 바깥층인 각질층을 형성한다. 이 층에서 세포들은 사멸하고, 평평하고 단단한 각질 세포로 변화하여 피부를 보호하는 물리적 장벽을 형성한다.

✓ 개념 체크

피부는 다음 중 표피에 있는 것으로 면역과 가장 관계가 있는 세포는?

① 멜라닌 세포
② 랑게르한스 세포
③ 머켈 세포
④ 콜라겐

②

KEYWORD 03 진피 빈출

1) 진피의 구조

- 진피(Dermis)는 피부의 두 번째 층으로, 표피(Epidermis) 아래에 위치한다.

유두층 (Papillary Layer)	• 표피와 경계를 이루는 진피의 가장 상단 부분이다. • 주로 가는 콜라겐 섬유와 엘라스틴 섬유로 구성된다. • 형성하는 유두(Papillae)를 통해 표피와 밀접한 연결을 유지한다. • 혈관과 신경 종말이 풍부하여 표피에 영양을 공급한다. • 감각을 전달한다.
망상층 (Reticular Layer)	• 진피의 대부분(80%)을 차지한다. • 더 굵고 조밀한 콜라겐 섬유와 엘라스틴 섬유로 구성된다. • 피부의 강도와 탄력성을 제공한다. • 섬유아세포(Fibroblasts), 콜라겐 섬유, 엘라스틴 섬유로 구성된다. 　- 섬유아세포 단백질 섬유를 생성한다. 　- 콜라겐은 피부의 강도를 제공한다. 　- 엘라스틴은 탄력을 제공한다.

- 땀샘(에크린샘과 아포크린샘)과 피지샘(Sebaceous Glands)이 포함된다.
- 피부의 수분 유지와 보호 기능을 담당한다.
- 머리카락을 생성하는 모낭(Follicles)이 존재한다.

2) 진피의 구성 물질

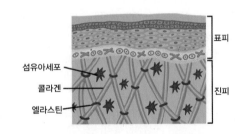

섬유아세포 (Fibroblasts)	• 콜라겐, 엘라스틴, 기타 단백질을 생성 · 분비하는 기능을 수행한다. • 피부, 힘줄, 그리고 인대와 같은 다양한 조직에 분포한다. • 손상된 조직의 치유 및 재생 과정에서 중요한 역할을 한다. • 상처 치유 시 콜라겐을 생성하여 상처 부위를 강화 · 회복시킨다.
콜라겐 (Collagen)	• 인체에서 가장 풍부한(진피의 70~80%를 차지함) 단백질이다. • 엘라스틴과 그물모양(Matrix)으로 짜여 있다. • 피부, 뼈, 인대, 연골, 혈관 벽 등 인체의 다양한 조직에 존재한다. • 인장(늘어남) 강도가 강하다. • 조직의 구조적 지지와 강도를 제공하는 데 중요한 역할을 한다.
엘라스틴 (Elastin)	• 주로 조직이 늘어나거나 수축할 때 탄력성을 제공하는 역할을 한다. • 조직이 원래의 형태로 돌아올 수 있도록 도움을 준다. • 피부의 탄력성과 회복력을 유지하는 데 중요하다.

피부의 인장(引張)

인장은 옆으로 잡아 당기는 힘인 장력(張)으로 끌어당겼을(引) 때, 늘어나는 정도를 의미한다. 잘 늘어나는 피부를 찹쌀떡에 비유할 수 있는 것은 바로 콜라겐의 인장 강도와 엘라스틴의 탄력성 덕이다.

세포 외 기질 (Extracellular Matrix, ECM)	• 세포 외부에 위치하는 복합물이다. • 콜라겐, 엘라스틴, 그리고 기타 단백질 및 다당류로 구성된다. • 세포들 사이의 공간을 채우며 상호작용을 조절하고, 세포의 이동 · 성 장 · 분화를 지원한다.
뮤코다당체 (Glycosaminoglycans, GAGs)	• 기질의 비섬유성 구성요소 중 하나이다. • 하이알루론산, 콘드로이틴 황산, 더마탄 황산, 케라탄 황산 등이 있다.

KEYWORD 04 · 피하조직

1) 피하조직(Subcutaneous Tissue)의 개념

- 피부 아래, 피부와 근육 사이에 위치한 조직으로, 주로 지방세포로 구성되어 있으며, 여러 가지 중요한 기능을 수행한다.
- 피하조직의 두께는 신체 부위와 사람에 따라 다양하며, 다양한 요인(나이, 성별, 영양 상태, 유전적 요인 등)에 영향을 받는다.

다이어트와 피하조직
비만이나 체중 감량은 피하조직의 두께와 분포에 직접적인 영향을 미치며, 이는 피부의 외형과 건강에도 영향을 줄 수 있다.

2) 피하조직의 주요 기능

- 피하조직은 체온을 조절한다.
- 지방세포는 에너지를 형태로 저장하는 주요 공간으로, 에너지가 필요할 때 지방세포가 에너지원으로 사용될 수 있다.
- 피하조직의 지방은 충격을 흡수하고 분산시키는 능력이 있어, 낙상이나 충돌 시 물리적 충격으로부터 내부 장기를 보호하는 완충 역할을 한다.
- 피부에 구조적 지지를 제공하며, 피부가 건강하고 탄력 있게 유지되게 한다.

3) 피하조직의 구성

지방세포 (Adipocytes)	주요 구성 요소로, 에너지를 저장하고 보유하는 역할을 한다.
결합 조직	• 지방세포를 둘러싸고 있는 섬유성 단백질이다. • 조직의 구조적 지지를 제공한다.
혈관 및 신경	• 피하조직은 혈관과 신경이 풍부하게 분포한다. • 영양분과 산소를 공급하고, 감각 정보를 전달한다.

1) pH의 개념

- 수소 이온 농도(Power of Hydrogen Ion, Potential of Hydrogen) 지수는 산성이나 염기성의 척도가 되는 수소 이온이 얼마나 존재하는지를 나타내는 지수이다.
- 0부터 14까지 나타내며, pH 7이 중성이며, 7보다 클수록 염기성(알칼리성)을, 7보다 작을수록 산성을 띤다.

2) 피부와 pH

- pH 5.5가 피부에는 가장 이상적인 농도이다.
- pH가 낮을수록 지성 피부가 될 가능성이 높다.
- pH가 높을수록 건성 피부, 민감 피부가 될 가능성이 높다.

✔ 개념 체크

일반적으로 건강한 성인의 피부 표면의 pH는?

① 3.5~4.0
② 6.5~7.0
③ 7.0~7.5
④ 4.5~6.5

④

▼ 산과 염기의 특성

구분	산	염기
정의	물에 녹았을 때 수소 이온(H^+)을 내놓는 물질	물에 녹았을 때 수산화 이온(OH^-)을 내놓는 물질
성질	• 신맛이 난다. • 물에 녹였을 때 전류가 흐른다. • 금속과 반응하면 수소 기체를 발생시킨다. • 석회질과 반응하면 이산화탄소 기체를 발생시킨다.	• 쓴맛이 난다. • 물에 녹였을 때 전류가 흐른다. • 금속과 반응하지 않는다. • 단백질을 녹이는 성질이 있어 피부에 묻으면 미끈거린다.
종류	염산(위액), 식초, 레몬즙, AHA 등	암모니아, 베이킹소다, 비누, 하수구세정제 등

▼ 대표적인 물질의 특성

산	HCl (염화수소)	• 위액의 성분이자, 자극성 냄새를 지닌 무색의 기체로, 물에 매우 잘 녹는다. • HCl의 수용액을 염산이라 한다. • 합성고무, 플라스틱, 의약품, 조미료, 화학약품 제조 등에 사용된다.
	CH₂COOH (아세트산)	• 17℃ 이하에서 얼며(빙초산), 신맛과 자극적인 냄새가 난다. • 부식성이 있어 금속을 부식시키며 피부에 손상을 가한다. • 식초, 조미료, 의약품 등에 사용된다.
염기	NaOH (수산화 나트륨)	• 흰색의 반투명한 고체로, 물에 녹이면 많은 열이 발생한다. • 조해성이 있어 공기 중의 수분을 흡수하여 스스로 녹아버린다. • 가성이 있어 여러 가지 물질을 깎아 내거나 삭게 하는 성질이 있다. • 대표적인 강염기이다. • 비누, 펄프, 염료, 유리 등의 원료로 사용된다.
	NH₃ (암모니아)	• 자극성이 강한 무색의 기체로, 공기보다 가볍고 물에 매우 잘 녹는다. • 대표적인 약염기이다. • 비료, 공업 약품의 제조에 사용한다.

피부부속기관

▶ 합격강의

빈출 태그 ▶ #땀샘 #피지선 #손톱

KEYWORD 01 한선(땀샘) 빈출

1) 한선(땀샘)의 특징

특징	• 진피의 망상층 아래 위치하며 전신에 분포한다. • 피부 표면에 개구부(땀구멍)가 있어 땀을 배출한다. • 체온조절에 중요한 역할을 한다. • 한선의 기능 이상은 다양한 피부 질환의 원인이 될 수 있다.
종류	• 에크린 한선(소한선) • 아포크린 한선(대한선)

2) 한선의 종류

에크린선 (소한선)	• 입술과 생식기를 제외한 전신(특히 손바닥, 발바닥, 이마)에 걸쳐 널리 분포한다. • 체온조절을 위해 물과 소량의 염분을 포함한 땀을 분비한다. • 피부 표면에서 증발하면서 체온을 낮춘다. • 에크린선에서 분비되는 땀은 대체로 무색투명하다.
아포크린선 (대한선)	• 주로 겨드랑이, 유두 주변, 생식기, 항문 주변 부위 등에 분포한다. • 스트레스나 감정적 긴장 상태에서 활성화되어 땀을 분비한다. • 아포크린선에서 분비되는 땀은 지방과 단백질을 포함한다. • 피부 표면의 박테리아와 결합할 때 특정 냄새를 발산한다. • 아포크린선의 분비물은 에크린선의 분비물보다 점도가 더 높다. • 미색이라도 색을 띨 수 있다. • 사춘기 이후에 활성화한다.

KEYWORD 02 피지선 빈출

1) 피지선의 특징

• 진피층에 위치하며 손 · 발바닥을 제외한 전신(주로 얼굴, 가슴, 등 등)에 분포한다.
• 모낭(毛囊)에 연결돼 있으며, 피부 표면의 개구부로 피지를 분비하여, 모발과 피부를 윤택하게 한다.
• 하루에 약 1~2g 정도 분비돼, 피부 보호와 수분 유지에 중요한 역할을 한다.
• 피지선의 기능 항진은 여드름 등 피부 질환을, 피지선의 기능 저하는 피부 건조와 각질 증가를 초래한다.
• 체내 호르몬 변화에 민감하게 반응하여 피지 분비량이 변화한다.

권쌤의 노하우

참고로, 머리카락이나 체모(눈썹, 수염 등)도 피부부속기관에 속하니 참고해 두시는 것도 좋습니다.

입술 피부의 특성

• 일반적인 피부보다 부드럽고 수축성이 크다.
• 감각 신경이 집중돼 있어 신체의 다른 부위에 비해 민감하다.
• 피부보다 살갗이 얇기 때문에 혈관의 색이 비쳐 보여 붉은 색을 띤다.
• 입술에는 모공, 땀샘, 피지선이 존재하지 않는다.

2) 피지선과 호르몬

안드로겐	• 남성 호르몬의 총칭으로 대표적인 것으로 테스토스테론이 있다. • 피지선 활성화, 모발 성장, 근육량 증가 등을 촉진한다. • 남성의 2차 성징 발달과 유지에 핵심적인 역할을 한다. • 과다 분비 시 여성형 탈모, 여드름, 다모증 등 부작용이 유발된다.
에스트로겐	• 대표적인 여성호르몬으로 에스트라디올, 에스트론, 에스트리올 등이 있다. • 피지 분비를 억제한다. • 여성의 2차 성징과 발달, 생식 기능 유지에 필수적인 역할을 한다. • 에스트로겐 과다 분비 시, 유방암과 자궁내막암의 발병률이 증가한다.

KEYWORD 03 　유선

1) 유선(젖샘)의 개념과 기능

① 개념 : 땀샘이 변형된 피부 부속기관
② 젖의 생산·분비 : 주로 임신·출산 후에 활성화되며, 신생아에게 영양분과 면역력을 제공함
③ 호르몬 반응 : 에스트로겐·프로게스테론 등의 호르몬에 반응하여 발달하고, 기능이 조절됨

2) 유선의 발달

• 유선은 태아기부터 발달하기 시작하지만, 본격적인 발달은 사춘기에 시작된다.
• 사춘기에 에스트로겐과 같은 성호르몬의 영향으로 유선 조직이 증식하고 발달한다.
• 임신·출산 후에는 프로락틴과 옥시토신 등의 호르몬이 유선의 젖 생산·분비를 자극한다.

▼ 피부와 그 부속기관에 영향을 주는 호르몬

호르몬	내분비기관	역할
항이뇨호르몬	뇌하수체 후엽	• 체수분의 삼투압을 조절하는 호르몬이다. • 호르몬 분비에 이상이 생기면 피부나 특정 부위가 쉽게 붓는다.
에피네프린, 노르에피네프린	부신	• 세포호흡을 촉진해 체온을 상승케 한다. • 해당 호르몬으로 인해 체온이 상승하면 입모근이 느슨해져 한공과 모공이 열려 한선에서 땀이 분비된다.
옥시토신	뇌하수체 후엽	• 임신과 육아, 출산에 관련된 호르몬이다. • 자궁을 자극해 출산을 돕고, 유선을 자극해 유즙 분비를 촉진한다.
프로락틴	뇌하수체 전엽	• 육아에 관련된 호르몬이다. • 유선을 자극해 유즙 분비를 촉진한다.

피부분석 및 상담

▶ 합격 강의

KEYWORD 01 · 피부분석의 목적 및 효과

1) 피부분석의 개념
피부분석은 피부의 상태와 특성을 평가하기 위해 실시하는 체계적인 검사 및 분석 과정을 말한다. 이 과정은 피부의 구조, 기능, 문제점, 피부유형 등을 종합적으로 분석하여, 개인의 피부 건강을 이해하고 적절한 관리법을 제시하는 데 도움을 주는 행위이다.

2) 피부분석의 목적
- 고객의 피부상태를 파악하고 관리를 통해 피부를 건강한 상태로 개선하고 유지하기 위함이다.
- 고객의 피부상태에 맞는 적절한 관리법을 선택하기 위함이다.
- 체계적인 피부관리를 하기 위한 기초자료로 사용하기 위함이다.

3) 피부분석의 고려사항

피부유형	정상 피부, 건성 피부, 지성 피부, 복합성 피부, 민감성 피부, 색소침착 피부
피부상태	여드름의 상태, 모공의 상태, 피부질환, 피부의 pH, 감촉, 탄력성, 수분

4) 피부분석의 방법

① 진단의 대상
- 피부 상태(피부 타입, 문제점 등)를 평가한다.
- 고객의 병력 및 알레르기 여부를 확인한다.

② 피부유형 분석법

문진	• 개념 : 고객의 피부상태에 영향을 줄 수 있는 여러 요소를 질문을 통하여 수집하고 정보를 얻는 방법 • 고객 기록 카드를 작성함으로써 피부유형을 판독하는 방법이다. • 가족, 인종(국가별), 나이(생년월일), 가족력, 병력(예 알레르기 등), 현재 피부에 대한 고민, 피부 치료 · 관리 이력 여부, 현재 사용하는 제품, 직업, 라이프스타일(생활 습관, 식습관, 스트레스 수준 등) 등을 파악할 수 있다. • 장점 : 고객의 전반적인 생활 습관과 피부 상태를 종합적으로 이해할 수 있음 • 단점 : 주관적인 정보에 의존하기 때문에 정확도가 떨어질 수 있음

개념 체크

건성 피부, 중성피부, 지성 피부를 구분하는 가장 기본적인 피부유형 분석 기준은?

① 피부의 조직상태
② 피지분비 상태
③ 모공의 크기
④ 피부의 탄력도

②

개념 체크

피부상담 시 고려해야 할 점으로 가장 거리가 먼 것은?

① 관리 시 생길 수 있는 만약의 경우에 대비하여 병력사항을 반드시 상담하고 기록해 둔다.
② 피부관리 유경험자의 경우 그동안의 관리 내용에 대해 상담하고 기록해 둔다.
③ 여드름을 비롯한 문제성 피부고객의 경우 과거 병원 치료나 약물 치료의 경험이 있는지 기록해 두어 피부관리 계획표 작성에 참고한다.
④ 필요한 제품을 판매하기 위해 고객이 사용하고 있는 화장품의 종류를 확인한다.

④

견진	• 개념 : 자연광 또는 밝은 조명 아래에서 피부를 맨눈으로 보거나, 피부분석용 기기를 이용하여 피부상태를 판별하는 방법 • 피부의 색과 투명도, 피부의 각화 정도, 유 · 수분의 상태, 피지의 분비량, 피붓결, 모공의 크기, 색소침착의 부위, 모세혈관 확장 여부, 피부질환의 유무, 주름의 유무와 양상 등을 파악할 수 있다. • 장점 : 간단하고 빠르게 피부 상태를 파악할 수 있음 • 단점 : 표면적인 정보만 확인할 수 있으며, 깊은 층의 피부 문제는 발견하기 어려움	
촉진	• 개념 : 고객의 피부를 손으로 직접 만져 보며 피부 표면의 상처와 유 · 수분 균형 및 탄력, 민감도, 촉감, 두께, 결, 온도 등의 상태를 체크하여 분석하는 방법 • 장점 : 피부의 물리적인 상태를 직접 확인할 수 있음 • 단점 : 숙련된 기술이 필요하며, 주관적인 평가가 될 수 있음	
검진	• 개념 : 전문적인 기기를 사용하여 피부 상태를 정밀하게 분석하는 방법 • 장점 : 정확하고 객관적인 데이터를 제공할 수 있음 • 단점 : 고가의 장비가 필요하며, 사용법에 대한 교육이 필요함	
	UV 카메라	자외선 아래에서 피부를 촬영하여 색소 침착, 잡티 등을 확인하는 기기이다.
	우드램프	• 특수 인공 자외선 A를 피부에 투과하여 수분, 피지, 면포, 각질 등의 피부상태를 다양한 색깔로 관찰하고 분석할 수 있는 기기이다. • 피부상태에 따른 우드램프의 색상을 확인하여 피부상태를 구분할 수 있다.
	확대경	• 피부의 표면을 확대하여 모공, 잔주름, 여드름, 기미 등의 피부상태와 비듬, 염증, 각질 등의 두피 상태를 판별하는 기기이다. • 맨눈으로 보는 것보다 3.5~10배로 확대하여 볼 수 있어 피부를 판독하는 데 도움이 된다.
	pH 측정기	• 피부 표면의 산도, 피부의 예민도, 유분을 측정하는 기기이다. • 건강한 피부는 pH 4.5~6.5의 약산성막으로 외부 환경에서 피부를 보호할 수 있다.
	유 · 수분 측정기	• 유분 측정기 : 진단기 테이프를 유분이 존재하는 부위에 밀착시켜 떼어낸 다음, 진단기 렌즈 부위에 밀착하여 컴퓨터 프로그램에 반영하면 측정값이 나타남 • 수분 측정기 : 피부의 수분량을 측정하는 기기로 기기마다 다를 수 있으나 대략 0~100의 수치로 변환되어 기기창에 숫자가 나타나는데, 숫자가 높을수록 수분의 전도계수가 높음 • 일반적인 각질층의 수분은 15~25%이며, 10% 아래로 떨어지면 건성 피부로 구분한다. • 환경에 따른 오차를 줄이기 위해 실내 온도 20~22℃, 습도 50~60%에서 측정한다.
	스킨스코프	• 실물의 800배 정도로 확대하여 분석할 수 있는 기기이다. • 피부의 주름 상태, 모공 크기, 피지량, 색소침착, 각질, 피붓결 등을 정확하게 관찰할 수 있다. • 피부와 두피는 50배율로, 모발과 모근은 200~300배율로 관찰할 수 있다. • 고객이 전문가와 자신의 피부상태를 직접 관찰하며 상담받을 수 있다.

③ 피부상태 분석법

수분 함유량	피부를 엄지와 검지를 이용하여 집어 봄으로써 피부의 수분량을 파악한다.
유분 함유량	피부에 기름종이를 붙여서 가볍게 눌러 본 후 기름기의 양을 보고 피지 분비량을 파악한다.

탄력 상태	피부를 엄지와 검지를 이용하여 집어 봄으로써 피부의 탄력도를 파악한다.
각질화 상태	고객의 피부를 만져 봄으로써 각질화 상태를 파악한다.
모공의 크기	• 스킨스코프로 부위별 모공의 크기를 확인한다. 　- 정상 피부는 볼 부위보다 T존 부분의 모공 크기가 크다. 　- 지성 피부는 T존 부분과 얼굴 전면의 모공이 크다. 　- 건성 피부는 전체적으로 모공이 잘 보이지 않는다.
혈액순환 상태	• 고객의 코, 턱, 광대뼈 부분을 만져 순환상태를 측정한다. • 만졌을 때 차가운 느낌이 들면 순환이 좋지 않음을 알 수 있다.
예민도	고객의 턱밑을 스패출러로 가볍게 그어서 피부의 예민도를 측정한다.
피부의 두께	고객의 피부를 만져 봄으로써 피부의 두께를 파악한다.

5) 피부분석 시 주의 사항

• 피부분석 시 손을 소독 후 시행하며 고객의 클렌징 직후에 검사해야 한다.
• 화장품, 미용기기, 매뉴얼 테크닉 등의 피부 전문 지식과 기술을 보유해야 한다.
• 정확한 피부유형 측정과 전문적인 관리를 수행해야 한다.
• 환경적 요인(날씨, 습도, 온도, 건강상태)에 대한 변수를 고려해야 한다.

KEYWORD 02 　피부상담

1) 피부상담의 개념

문진·견진·촉진으로써 고객의 피부상태를 정확히 알고 평가해야 하며 피부상태를 상담한 후 기구나 도구를 활용해, 조직의 두께와 유·수분 함량, 각질 상태 등을 파악하여 피부의 유형을 판단하는 피부관리의 첫 번째 단계이다.

2) 피부상담의 목적

• 고객의 피부 상태와 문제점을 파악하여, 적절한 관리 계획을 수립한다.
• 고객에게 관리의 필요성을 안내하고, 홈케어와 병행하여 체계적인 관리를 가능케 한다.
• 고객의 기대와 목표를 이해하여 전문적인 서비스를 제공한다.

3) 피부상담의 효과

• 관리 시 발생할 수 있는 여러 경우에 대비할 수 있다.
• 문제성 피부를 미리 파악하고 대처할 수 있고 진료가 필요한 경우 병원으로 안내할 수 있다.
• 과거의 피부관리 시 발생한 상황을 미리 파악할 수 있다.

4) 피부상담의 유의 사항 (빈출)

① 내담자의 유의 사항

• 알레르기나 특이사항은 미리 알려야 한다.
• 과거의 피부관리 경험과 현재 사용하는 제품을 공유해야 한다.

② 상담자의 유의 사항

• 상담자는 전문적인 지식과 기술을 갖추어야 한다.
• 상담자는 고객의 요청사항을 정확히 파악해야 한다.
• 상담자는 고객의 입장이 되어 소통에 중점을 두어야 한다.
• 고객의 개인정보를 유출하지 말아야 한다.
• 상담 시 다른 고객의 내용을 전달하지 말아야 한다.
• 가급적 고객과 사적으로 친목관계를 형성하지 말아야 한다.
• 전문가로서 지식과 경험을 바탕으로 관리방법과 절차를 친절하게 설명해야 한다.

일반적인 피부상담의 절차	
① 사전 준비	고객 정보 확인 → 상담 환경 조성 → 피부 상담 차트 준비
② 고객 정보 파악	피부 고민 경청 → 피부 상태 관찰 → 생활 습관 질문 → 과거 피부 이력 확인
③ 피부 진단 및 분석	피부 진단 기기 활용 → 피부 상태 분석 → 피부 문제 원인 파악
④ 맞춤형 솔루션 제시	개인 맞춤 관리 프로그램 → 다양한 선택지 제공 → 현실적인 기대치 설정
⑤ 추가 상담 및 마무리	궁금증 해소 → 관리 방법 안내 → 지속적인 관리 강조
⑥ 상담 후 관리	고객 정보 기록 → 고객 관리

피부와 영양

▶ 합격강의

KEYWORD 01   영양과 영양소

1) 영양(Nutrition)

① 개념 : 생명체가 생존하고 성장하며, 신체 기능을 유지하기 위해 필요한 물질을 섭취하고, 이를 신체 내에서 사용하는 과정

② 범위 : 음식물 섭취 · 소화 · 흡수 · 대사 등의 과정을 포함하며, 건강 유지와 질병 예방에 중요한 역할을 함

③ 영양의 주요 목표

- 에너지 공급 : 일상 활동과 생리적 기능을 유지하기 위한 에너지의 제공
- 성장 및 발달 : 세포와 조직의 성장, 유지 및 회복
- 신체 기능 조절 : 신체의 생리적 기능을 조절하는 데 필요한 물질 공급
- 질병 예방 : 다양한 영양소를 통해 면역 체계를 강화하고 질병을 예방

2) 영양소(Nutrients)

신체가 정상적으로 기능하고 건강을 유지하기 위해 필요한 화학물질이다.

3) 영양소의 분류

구성 영양소 (Building Nutrients)	신체 구조를 형성하고 유지하는 데 필요한 영양소이다. 예 단백질(Proteins), 지방(Fats), 무기질(Minerals)
열량 영양소 (Macronutrients)	신체에 에너지를 공급하는 주요 영양소이다. 예 탄수화물(Carbohydrates), 단백질(Proteins), 지방(Fats)
조절 영양소 (Micronutrients)	신체 기능을 조절하고 대사 과정을 지원하는 영양소이다. 예 비타민(Vitamins), 무기질(Minerals), 물(Water)

KEYWORD 02   3대 영양소

1) 탄수화물

특징	• 탄소–산소–수소 결합으로 구성된 물질이다. • 곡물 · 과일 · 채소 등에 풍부하며, 단맛이 나 음식의 단맛을 내는 데 사용한다. • 소화흡수율이 99%인 에너지원이다. • 단당류(포도당), 이당류, 다당류로 분류한다. • 입(아밀라아제)과 소장(말타아제)에서 소화된다.

✔ 개념 체크

75%가 에너지원으로 쓰이고 에너지가 되고 남은 것은 지방으로 전환되어 저장되는데 주로 글리코겐 형태로 간에 저장된다. 과잉섭취 시 혈액의 산도를 높이고 피부의 저항력을 약화하여 세균감염을 초래하여 산성 체질을 만들고 결핍됐을 때는 체중감소, 기력부족 현상이 나타나는 영양소는?

① 탄수화물
② 단백질
③ 비타민
④ 무기질

①

| 구성 | • 가장 중요한 에너지원(g당 4kcal)으로 에너지를 공급하고, 세포 대사를 지원한다. |
| | • 피부 세포 재생 및 성장을 촉진하고, 피부 수분 보유 능력을 향상한다. |

인체에 미치는 영향	과다 섭취	• 비만, 당뇨 등 대사 질환의 위험이 증가한다.
		• 피부 건조, 탄력 저하 등의 문제가 발생할 수 있다.
	부족 섭취	• 에너지가 부족하여, 피로감이 증가한다.
		• 피부 세포의 재생 및 성장이 저하된다.

2) 단백질

특징	• 탄수화물과 지방이 부족할 때 에너지원(g당 4kcal)으로 사용될 수 있다.
	• 필요에 따라 합성과 분해가 이루어져 항상성을 유지한다.
	• 20종의 아미노산이 펩타이드 결합으로 연결되어 있다.
	• 구조와 기능에 따라 다양한 종류의 단백질이 존재한다.
	• 위산과 소화효소에 의해 아미노산으로 분해되어 흡수된다.
	• 열과 산에 의해 잘 변성된다.
	• 필수 아미노산은 외부에서 공급받아야 한다.
	• 대사 시 요산(질소화합물)이 생성되어 간과 신장에서 처리된다.

구성	• 세포와 조직 구성의 주요 성분으로 성장과 발달에 필수적이다.
	• 효소, 호르몬, 항체 등 다양한 생체 활동에 관여한다.
	• 혈장 단백질이 체액 삼투압 조절에 기여한다.

인체에 미치는 영향	과다 섭취	• 대사 과정에서 요소가 많이 생성되어 신장에 부담을 준다.
		• 단백질의 과다 섭취가 칼슘 흡수를 방해하여 골밀도가 감소한다.
		• 단백질을 과다 섭취하면 지방으로 전환될 수 있다.
		• 단백질 대사 과부하로 간 기능이 저하될 수 있다.
	부족 섭취	• 단백질 부족으로 인해 세포 성장 및 조직 재생이 저하된다.
		• 항체 및 면역세포 생성에 필요하므로 부족 시 면역력이 저하된다.
		• 근육 합성에 필수적이므로 부족 시 근육량 및 근력이 감소한다.
		• 에너지 생성 저하로 피로감이 증가한다.

3) 지방

특징	• 탄소-수소 결합으로 구성된 지방산이 주성분이다.
	• 지용성이어서 물에 녹지 않고 기름 상태로 존재한다.
	• 포화지방, 불포화지방, 트랜스지방 등으로 구분된다.
	• 인체 내에서 합성되거나 식품에서 섭취할 수 있다.
	• g당 9kcal의 에너지를 만들 수 있다.

구성	• 피하지방층이 체온 유지에 기여한다.
	• 장기를 감싸고 보호하는 역할을 한다.
	• 필수 지방산은 체내에서 합성되지 않는다.
	• 지용성 비타민(A, D, E, K)의 흡수에 도움된다.
	• 세포막의 주요 성분으로 세포의 기능을 유지한다.

	과다 섭취	• 비만 및 만성 질환의 위험이 증가한다. • 심혈관 질환, 당뇨병, 고혈압 등의 원인이 된다. • 지방간, 고지혈증 등의 대사 장애가 발생한다. • 관절염, 암 발생 위험이 증가한다.
인체에 미치는 영향	부족 섭취	• 성장이 지연되고, 피부가 건조해지며, 면역력이 저하된다. • 지용성 비타민의 흡수율이 저하된다. • 체온 유지 및 장기 보호 기능이 저하된다.

KEYWORD 03   비타민

1) 비타민의 기능과 특징

- 소량으로도 생명유지와 건강유지에 필수적인 영양소이다.
- 대부분 체내에서 합성되지 않아 식품으로 섭취해야 한다.
- 수용성 비타민(B군, C)과 지용성 비타민(A, D, E, K)으로 구분한다.
- 지용성 비타민은 독성이 있어 과다하게 섭취해서는 안 된다.

2) 수용성 비타민

비타민 B1 (티아민)	• 탄수화물 대사에 관여하여 에너지 생산에 중요한 역할을 한다. • 신경과 근육의 기능 유지에 필요하다. • 식욕 증진, 소화 기능 개선에 도움을 준다. • 결핍증 : 각기병, 식욕 감퇴, 피로감, 말초신경병증, 심장 기능 저하
비타민 B2 (리보플라빈)	• 지방, 단백질, 탄수화물 대사에 관여한다. • 성장과 발달에 필요하다. • 피부와 점막의 건강 유지에 도움을 준다.
비타민 B3 (나이아신)	• 에너지 대사, 혈액순환 개선에 중요한 역할을 한다. • 피부와 신경 기능 유지에 필요하다. • 콜레스테롤 수치 개선에 도움을 준다. • 결핍증 : 구토, 설사, 피부염(펠라그라), 치매 유사 증상, 우울증
비타민 B6 (피리독신)	• 단백질 대사, 적혈구 생성에 관여한다. • 면역 기능 향상, 스트레스 해소에 도움을 준다. • 월경통 완화에 효과적이다. • 결핍증 : 피로감, 우울증, 면역력 저하, 빈혈
비타민 B7 (비오틴)	• 지방, 단백질, 탄수화물 대사에 관여한다. • 모발과 피부 건강 유지에 필요하다. • 신경 기능 개선에 도움을 준다.
비타민 B9 (엽산)	• 세포 분열과 성장에 필수적이다. • 태아의 신경관 형성에 중요한 역할을 한다. • 빈혈 예방과 치료에 효과적이다.
비타민 B12 (코발라민)	• 적혈구 생성, DNA 합성에 관여한다. • 신경계의 기능 유지에 필요하다. • 피로 개선, 기억력 향상에 도움을 준다.

비타민 C (아스코르브산)	• 강력한 항산화 작용으로 면역력 증진에 도움을 준다. • 콜라겐 합성에 관여하여 피부 건강을 유지하는 데 중요한 역할을 한다. • 철분 흡수 증진, 스트레스 해소에 도움을 준다. • 결핍증 : 괴혈병(피부 출혈, 잇몸 출혈), 멍, 피로감, 면역력 저하
비타민 P (비타민 P 복합체)	• 혈관 기능 개선, 모세혈관 강화에 관여한다. • 항산화 작용으로 노화 지연에 도움을 준다. • 모세혈관 순환 개선 및 혈압 조절에 효과적이다.

3) 지용성 비타민

비타민 A (레티놀)	• 시력, 피부, 면역, 성장 등에 관여한다. • 상피세포의 형성에 관여한다. • 피부각화 정상화, 피지 분비 기능을 촉진한다. • 결핍증 : 야맹증, 피부 건조, 면역력 저하
비타민 D (칼시페롤)	• 칼슘 · 인 대사, 뼈 건강에 관여한다. • 자외선B(UVB)를 받아 피부에서 합성된다. • 결핍증 : 골연화증, 골다공증
비타민 E (토코페롤)	• 항산화, 면역력 증진에 관여한다. • 호르몬 생성, 생식기능에 관여한다. • 결핍증 : 신경계 이상, 빈혈 등
비타민 K (필로퀴논)	• 혈액 응고에 관여한다. • 결핍증 : 출혈 경향 증가

KEYWORD 04 무기질 빈출

1) 기능

① 구조 형성 : 뼈와 치아 형성에 필수적인 성분임
② 체액 및 전해질 균형 유지 : 삼투압 조절, 신경 전달, 근육 수축 등에 관여함
③ 효소 활성화 : 효소의 보조인자로 작용하여 생화학반응을 조절함
④ 산화-환원 반응 조절 : 전자 전달계에서 중요한 역할을 함
⑤ 물질대사 조절 : 호르몬 생성, 에너지 대사 등에 관여함

2) 종류

	칼슘(Ca)	뼈와 치아 형성, 혈액 응고, 신경 전달, 근육 수축
다량 무기질	인(P)	뼈와 치아 형성, 에너지 대사, 세포막 구성, 인체 구성 무기질의 25%
	마그네슘(Mg)	삽투압 조절, 효소 활성화, 신경 및 근육 기능, 에너지 대사
	나트륨(Na)	체내 수분 조절, 삼투압 유지, 체액 균형, 신경 전달, 근육 수축
	칼륨(K)	삼투압 조절, 알레르기 완화, 체액 균형, 신경 전달, 근육 수축
	염소(Cl)	체액 균형, 소화 작용(위액의 조성), 신경 전달

	철(Fe)	헤모글로빈 및 마이오글로빈 합성, 산화-환원 반응
미량 무기질	아연(Zn)	효소 활성화, 면역 기능, 단백질 및 DNA 합성
	구리(Cu)	적혈구 생성, 신경 전달, 피부 및 모발 건강
	아이오딘(I)	갑상선 호르몬 합성, 대사 조절, 모세혈관 기능 정상화
	셀레늄(Se)	항산화 작용, 면역 기능, 갑상선 호르몬 대사
	망가니즈(Mn)	효소 활성화, 항산화 작용, 에너지 대사
	크로뮴(Cr)	탄수화물 및 지질 대사, 인슐린 작용 촉진

KEYWORD 05 물

1) 특징

- 무색, 무취, 무미의 액체로 생명체에 필수적인 물질이다.
- 지구상에서 가장 풍부한 물질 중 하나이며, 전 지구 표면의 약 71%를 차지한다.
- 생명체의 생존과 유지에 필수적이며, 신체 조성의 대부분(70%)을 차지한다.
- 생명체의 다양한 생리학적 기능을 수행하는 데 중요한 역할을 한다.

2) 주요 영양성분 및 함량

- 순수한 물은 수소(H) 원자 2개와 산소(O) 원자 1개로 이루어져 있어, 화학식 H_2O 로 표현한다.
- 물은 무기질, 비타민 등의 영양성분이 없다.
- 물은 생명체에게 필수적인 요소이다.

3) 체내에서 물의 기능

- 성인 체중의 약 70%가 물로 구성된다.
- 표피에는 10~20%의 수분이 함유되어 있다.
- 세포, 조직, 장기 등 체내 모든 구성 요소에 포함된다.
- 체내 삼투압 조절, 체온 조절, 영양분·노폐물 운반 등 다양한 기능을 수행한다.
- 섭취량 부족 시 탈수, 신장 기능 저하, 체온조절 장애 등의 문제가 발생한다.

피부와 광선

▶ 합격 강의

빈출 태그 ▶ #가시광선 #자외선 #적외선

KEYWORD 01 가시광선 빈출

1) 특징
- 파장 범위는 약 $380 \sim 780 nm$이다.
- 인간의 눈으로 감지할 수 있는 전자기파 영역이다.
- 태양광, 전구, 형광등 등에서 발생하는 빛의 주요 성분이다.
- 물질과 상호작용하여 다양한 현상(반사, 굴절, 산란 등)이 발생한다.

길이의 단위
- 1μm(마이크로미터)
  = 1,000nm
- 1,000,000nm(나노미터)
  = 1mm(밀리미터)
- 1,000mm
  = 1m(미터)

2) 종류

| 200 | UV | 380 | V | 450 | B | 495 | G | 570 | Y | 590 | O | 620 | R | 780 | infrared | 1000 |

가시광선의 연속스펙트럼

- 빨간색(Red) : 약 $620 \sim 780 nm$
- 노란색(Yellow) : 약 $570 \sim 590 nm$
- 파란색(Blue) : 약 $450 \sim 495 nm$
- 주황색(Orange) : 약 $590 \sim 620 nm$
- 초록색(Green) : 약 $495 \sim 570 nm$
- 보라색(Violet) : 약 $380 \sim 450 nm$

KEYWORD 02 자외선 빈출

1) 자외선의 종류

UVA (Ultraviolet A)	• 파장 범위는 320~400nm이다. • 피부 깊숙이 침투하여 피부 노화와 주름을 유발한다. • 피부암 발생 위험이 있다. • 눈에 대한 영향도 있어 백내장 발생 가능성이 있다. • 장파장으로 오존층에 흡수되지 않는다.
UVB (Ultraviolet B)	• 파장 범위는 280~320nm이다. • 피부에서 비타민 D를 합성한다. • 피부 표면을 자극하여 홍반(붉은 반점), 일광화상 등을 유발한다. • 피부암 발생 위험이 높다. • 피부 색소 침착을 유발하여 피부 노화를 촉진할 수 있다. • 중파장으로 대부분 오존층에 흡수된다.

✅ **개념 체크**

자외선 B는 자외선 A보다 홍반
발생 능력이 몇 배 정도인가?

① 10배
② 100배
③ 1000배
④ 10000배

③

UVC (Ultraviolet C)	• 파장 범위는 200~280nm이다. • 에너지 수준이 높아 피부와 눈에 심각한 손상을 줄 수 있다. • 인공적으로 발생되어 살균, 소독 등의 용도로 사용된다. • 단파장으로 오존층과 대기에 완전히 흡수된다.
극자외선 (Extreme Ultraviolet, EUV)	• 파장 범위는 10~121nm이다. • 피부와 눈에 심각한 손상을 줄 수 있다. • 대기 중에서 완전히 흡수되어 지표면에 도달하지 않는다. • 반도체 제조 공정에서 활용되는 등 특수한 용도로 사용된다.

2) 피부에 미치는 영향

긍정적 영향	• UVB는 비타민 D의 합성을 촉진한다. • 적정량의 자외선 노출은 피부 탄력 향상, 주름 개선 등의 효과가 있다. • 광선 요법을 통해 건선, 습진, 백반증 등의 치료에 활용한다.
부정적 영향	• 피부암을 유발한다. • 자외선에 의한 활성산소 증가로 피부 탄력 저하, 주름 생성 등이 촉진된다. • 일부 약물이나 화장품 성분과 반응하여 홍반, 부종, 가려움 등을 유발한다. • 눈에 대한 자외선 노출이 증가하면 백내장 발생 위험이 높아진다.

3) 자외선 차단제 [빈출]

① 차단지수

SPF (Sun Protection Factor)	• 자외선B(UVB) 차단 지표이다. • 피부에 도달하는 자외선 B의 양을 얼마나 줄여 주는지 수치화한 것이다. 예) SPF 30은 피부에 도달하는 자외선B를 97% 차단한다. 예) SPF 50은 피부에 도달하는 자외선B를 98% 차단한다.
PA (Protection Grade of UVA)	• 자외선 A(UVA) 차단 지표이다. • 4개의 등급(PA+, PA++, PA+++, PA++++)으로 구분한다.

② 차단제의 종류와 주요 성분

물리적 차단제	• 피부 표면에서 자외선을 물리적으로 반사 및 산란시켜 차단하는 방식이다. • 즉각적인 차단 효과가 있고, 안전성이 높으며, 민감성 피부에도 적합하다. • 흰색 농도감, 묻어남 현상이 있을 수 있다. • 주요 성분 : 이산화티타늄(TiO_2), 산화아연(ZnO) 등의 무기 화합물
화학적 차단제	• 자외선을 흡수하여 열에너지로 전환하여 차단하는 방식이다. • 비교적 가벼운 텍스처로, 흰색 농도감이 적다. • 피부에 자극을 줄 수 있어, 화학 성분에 민감한 사람에게는 부적합하다. • 주요 성분 : 옥시벤존, 아보벤존, 옥티노세이트 등의 유기 화합물

③ 자외선 차단지수 계산 공식

$$SPF = MED(Protected\ Skin) / MED(Unprotected\ Skin)$$

• MED(Protected Skin) : 자외선 차단제를 사용한 피부에서 피부가 붉어지기 시작하는 최소 자외선 조사량

✅ 개념 체크

자외선 차단제에 관한 설명으로 옳지 <u>않은</u> 것은?

① 자외선 차단제는 SPF(Sun Protect Factor)의 지수가 매겨져 있다.
② SPF는 차단지수가 낮을수록 차단지수가 높다.
③ 자외선 차단제의 효과는 멜라닌 색소의 양과 자외선에 대한 민감도에 따라 달라질 수 있다.
④ 자외선 차단지수는 제품을 사용했을 때 홍반을 일으키는 자외선의 양을 제품을 사용하지 않았을 때 홍반을 일으키는 자외선의 양으로 나눈 값이다.

②

- MED(Unprotected Skin) : 자외선 차단제를 사용하지 않은 피부에서 피부가 붉어지기 시작하는 최소 자외선 조사량
- SPF 30이라면 자외선 차단제를 사용하지 않은 피부에 비해 자외선 차단제를 사용한 피부가 30배 더 많은 자외선을 견딜 수 있다는 의미이다.
- SPF 1은 약 15분 정도 견딜 수 있다는 의미이다.

KEYWORD 03 적외선

1) 특징
- 전자기파의 하나로 가시광선보다 파장이 길다(700㎚~1㎜).
- 열로 느껴질 수 있는 에너지를 가지고 있다.
- 물질을 가열하여 온도를 높일 수 있어 열선이라고도 한다.

2) 종류

근적외선 (Near-infrared, NIR)	• 파장의 범위는 750~1,500㎚이다. • 피부 깊이까지 침투하여 혈관을 확장하여 혈액순환을 증진한다. • 콜라겐 및 엘라스틴 생성을 촉진하여 피부 탄력을 향상한다. • 세포 활성화로 피부를 재생하고, 노화를 지연하는 효과가 있다.
중적외선 (Mid-infrared, MIR)	• 파장의 범위는 1,500~5,000㎚이다. • 피부 표면의 수분 증발을 억제하여 보습하는 효과가 있다. • 피부 각질층을 개선하고 모공을 수축하는 효과가 있다.
원적외선 (Far-infrared, FIR)	• 파장의 범위는 5,000~1,000,000㎚이다. • 피부 온도를 높여 혈액순환을 촉진한다. • 피부 노화를 억제하고 피부 장벽을 강화하는 효과가 있다. • 염증과 통증을 완화하는 효과가 있다.

피부와 관련된 빛의 성질

① 빛의 물리적 성질
- 파장(λ) : 광파(빛의 파동)의 이웃한 마루와 마루, 골과 골 사이의 거리 [단위 : m]
- 진동수(f) : 매질이 1초 동안 진동하는 횟수 [단위 : Hz]
- 빛 에너지의 세기와 투과력(직진성) : 진동수에 비례하고, 파장에 반비례함

② 빛의 물리적 성질과 피부 노화
- 빛(광선)은 파장과 진동수라는 특성을 띠는데, 그 특성에 따라 영향력이 달라진다. 빛은 파장이 짧을수록 진동수가 많아 그 에너지가 커지고, 이동거리가 짧아진다.
- UVB가 UVA보다는 파장이 짧고 진동수가 많아 표피에 즉각적으로 화상을 입히지만 진피까지 깊숙이 들어가지는 못한다.
- 반대로 UVA는 UVB보다 파장이 길고 진동수가 적어 피부에 해를 주는 정도가 덜하지만, 진피까지 깊숙이 들어가 영향을 줄 수 있어 노화의 원인이 된다.
- 한편, UVC는 파장도 가장 짧고, 진동수도 가장 많아서 에너지가 가장 강하므로 피부에 큰 영향을 줄 법도 하지만, 오존층에서 대부분 흡수되어 피부에 큰 영향을 주지는 않는다. 대신 인공적으로 만들어서 소독을 위한 자외선 살균 램프에 쓰인다.

피부면역

▶ 합격 강의

KEYWORD 01 면역의 개념

1) 면역의 개념

면역(Immunity, 免疫)은 병원체나 외부 물질로부터 우리 몸을 보호하는 능력이다.

2) 항원과 항체

항원 (Antigen)	• 면역 반응을 유발할 수 있는 물질을 말한다. • 박테리아, 바이러스, 독소, 암세포 등이 대표적인 항원이다. • 면역 세포에 의해 인식되어 면역 반응을 일으킨다. • 특성에 따라 다양한 면역 반응이 나타날 수 있다.
항체 (Antibody)	• 면역 글로불린(Immunoglobulin)이다. • 면역 세포가 생산하는 단백질로, 특정 항원을 인식하여 중화하는 역할을 한다. • B 림프구에서 생성되며, 다양한 종류의 항체가 존재한다. • 항체는 항원과 결합하여 항원을 중화하거나 제거하는 데 도움을 준다. • 항체는 기억 세포에 의해 저장되어 향후 같은 항원 침입 시 신속한 면역 반응을 일으킬 수 있다.

KEYWORD 02 면역의 종류

1) 사람의 면역 체계

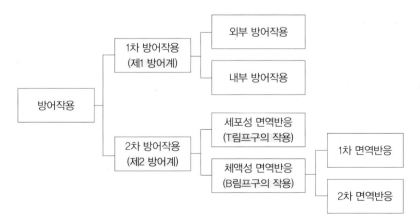

피부의 면역에 관한 설명으로
맞는 것은?

① 세포성 면역에는 보체, 항체
   등이 있다.
② T 림프구는 항원 전달 세포
   에 해당한다.
③ B 림프구는 면역 글로불린
   이라고 불리는 항체를 생성
   한다.
④ 표피에 존재하는 각질 형성
   세포는 면역 조절에 작용하
   지 않는다.

③

2) 특이적 면역

특정 항원에 대해 선택적으로 반응하는 면역 반응이다.

B 림프구	• 항체를 생산하는 세포로, 특이성 면역 반응을 담당한다. • 항원에 특이적으로 결합하는 항체를 분비하여 병원체를 직접 공격한다. • 항체는 병원체의 세포막을 파괴하거나 식균작용을 촉진하여 병원체를 제거한다. • 기억 B 림프구 : 이전에 접한 항원을 기억하여 재감염 시 빠른 면역 반응을 유도함
T 림프구	• 세포 매개 면역을 담당하는 세포이다. • 직접 병원체를 공격하거나 B 림프구를 활성화하여 특이성 면역 반응을 조절한다. • 세포독성 T 림프구 : 항원에 결합한 후 병원체 감염 세포를 직접 파괴함 • 보조 T 림프구 : B 림프구를 활성화하여 항체 생산을 촉진함 • 기억 T 림프구 : 이전에 접한 항원을 기억해 재감염 시 빠른 면역 반응을 유도함

3) 비특이적 면역

특정 항원에 구애받지 않고 광범위하게 반응하는 면역 반응이다.

제1 방어계	• 물리적, 화학적 방어막을 형성하여 병원체의 침입을 막는 비특이적 면역 반응이다. • 피부 : 물리적 장벽 역할을 하여, 병원체 침입을 차단함 • 점막 : 점액과 섬모 세포로 병원체를 체외로 배출함 • 분비액 : 위액, 침, 눈물과 같은 화학적 방어 물질을 분비함 • 정상균총 : 병원체 증식을 억제함
제2 방어계	• 병원체가 제1 방어계를 통과했을 때 작동하는 비특이적 면역 반응이다. • 특이성 면역 반응이 일어나기 전까지 중요한 역할을 한다. • 병원체 침입을 막지 못한 경우 이를 제거하고 격리하여 체내 확산을 방지한다. • 대식세포 : 병원체를 식균하여 제거함 • 보체계 : 병원체 세포막을 파괴하여 제거함 • 염증 반응 : 병원체 격리 및 제거를 위한 면역 세포를 동원함

알레르기 반응
• 개념 : 항원–항체반응이 병적으로 과민하게 일어나는 현상
• 특징 : 면역체계의 이상으로 면역이 불균형해져서 생기는 현상으로 면역반응의 균형을 조절하는
  것이 필수적임
• 알레르기의 주요 항원 : 꽃가루, 약물, 식물성 섬유, 세균, 음식물, 염모제, 화학물질 등
• 알레르기 질환의 예 : 영유아 습진, 아토피 피부염, 만성 두드러기 등

피부노화

▶ 합격 강의

빈출 태그 ▶ #노화 #광노화

KEYWORD 01 노화의 개념 · 유형 · 가설

남녀의 노화

1) 피부 노화

- 시간이 지나면서 나타나는 주름, 탄력 감소, 색소 침착, 건조 등의 피부 변화이다.
- 내인성 노화와 외인성 노화가 있으며, 특히 광노화에 의해 발생한다.

내인성 노화 (Intrinsic Aging)	• 내인성 노화는 자연적인 생리적 과정에 의해 발생한다. • 유전적 요인과 신체 내부의 변화에 의해 발생한다. • 피부의 콜라겐과 엘라스틴 섬유가 감소해 주름, 탄력저하, 처짐 현상이 나타난다. • 피지선 활동이 감소하여 피부가 건조해진다. • 피부가 얇아져 혈관이 더 잘 보이게 된다. • 피부톤이 균일하지 않게 되고, 나이 반점이 나타날 수 있다.
광노화 (Photoaging)	• 자외선(UV) 노출에 의해 발생하는 피부 노화 현상이다. • 이는 외부 요인에 의해 발생하는 외인성 노화의 한 형태이다. • 자외선에 의해 콜라겐과 엘라스틴이 손상되어 주름이 더 뚜렷하게 나타난다. • 피부의 탄력이 급격히 떨어지며, 처짐이 더욱 심해진다. • 기미, 주근깨, 검버섯 등의 색소 침착이 나타난다. • 피부가 두꺼워지고 거칠어지며, 각질이 많아진다. • 자외선에 의해 모세혈관이 확장되어 붉은 반점이 나타날 수 있다.

2) 노화의 가설

자유라디칼 가설	세포 내에서 생성되는 활성 산소종(ROS)이 세포 구성 성분을 손상시켜 노화를 유발한다는 가설이다.
유전자 변이 가설	시간이 지남에 따라 세포 내 유전자 변이가 누적되어 세포 기능이 저하되고 노화가 진행된다는 가설이다.
텔로미어 가설	염색체 끝부분인 텔로미어가 세포 분열을 거듭하면서 점점 짧아져 세포 노화를 유발한다는 가설이다.
면역 노화 가설	나이가 들면서 면역 기능이 점차 약화되어 감염, 암 등에 취약해지는 현상을 설명하는 가설이다.
소모설	세포와 조직이 지속적인 사용과 스트레스로 인해 점진적으로 손상되어 노화가 진행된다는 가설이다.
신경내분비계 조절설	뇌와 내분비계의 기능 저하가 발생하여 전체적인 생리적 기능 저하로 이어진다는 가설이다.
말단 소립자설	세포 내 미토콘드리아에서 생성된 활성 산소종(Free Radicals)이 세포 구성 물질을 손상시켜 노화를 유발한다는 가설이다.
자기 중독설	노화에 따라 체내에 독성 물질이 축적되어 세포와 조직에 손상을 주어 노화가 진행된다는 가설이다.

피부장애와 질환

빈출 태그 ▶ #원발진 #속발진 #피부질환

피부 발진

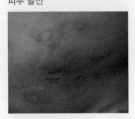

KEYWORD 01 피부장애 빈출

반흔(반점)　　팽진　　　구진　　　결절　　낭포/수포

농포　　　　미란　　　　가피　　　인설　　　균열

1) 원발진(Primary Lesion, 原發疹)

피부에 나타나는 1차적 피부장애이다.

구진 (Papule)	• 피부 표면에 돌출된 단단한 융기 형태의 병변이다. • 크기는 보통 지름 0.5~1㎝ 정도이다. • 여드름, 습진, 건선 등에서 볼 수 있다.
결절 (Nodule)	• 구진보다 크고 깊게 자리 잡은 융기 형태의 병변이다. • 크기는 보통 지름 1~2㎝ 정도이다. • 지방종, 육아종, 결핵 등에서 볼 수 있다.
반 (Macule)	• 피부 색소 변화로 나타나는 편평한 병변이다. • 색깔은 홍색, 청색, 백색 등 다양할 수 있다. • 색소 침착, 발진, 전색반 등에서 볼 수 있다.
수포 (Vesicle)	• 액체가 차 있는 작은 주머니 형태의 병변이다. • 수포성 질환, 화상, 수두 등에서 볼 수 있다. 　– 대수포(Bulla) : 1㎝ 이상의 수포 　– 소수포(Vesicle) : 지름 1~10㎜ 크기의 수포
물집 (Bulla)	• 수포보다 크고 액체가 차 있는 병변이다. • 크기는 보통 지름 0.5~2㎝ 정도이다. • 수포성 천포창, 물집성 유천포창 등에서 볼 수 있다.
농포 (Pustule)	• 농(고름)이 차 있는 주머니 형태의 병변이다. • 크기는 보통 지름 0.5㎝ 이하이다. • 여드름, 화농성 육아종, 농가진 등에서 볼 수 있다.
팽진 (Edema)	• 피부나 피하조직의 수분 축적으로 인한 부종이다. • 피부가 부풀어 오르고 부드러워진다.
종양 (Tumor)	• 피부 조직의 과도한 증식으로 생긴 덩어리이다. • 크기와 모양이 다양하다. • 양성 종양과 악성 종양으로 구분된다.

낭종 (Cyst)	• 피부 내부에 액체나 반고체 물질이 차 있는 둥근 융기된 병변이다. • 주머니 모양의 구조로 되어 있다. • 크기가 다양하며 단독 또는 다발성으로 나타날 수 있다.

2) 속발진(Secondary Lesion, 續發疹)

원발진이 진행하면서 나타나는 2차적인 병변이다.

홍반 (Erythema)	• 원발진 주변의 발적 및 충혈된 상태이다. • 피부가 붉게 변하고 온도가 높아진다. • 염증 반응의 결과로 발생한다.
인설 (Scale)	• 피부 표면의 각질화된 조직이 쌓여 있는 상태이다. • 피부가 두꺼워지고 쉽게 벗겨진다. • 건조하고 백색 또는 회색을 띤다.
가피 (Crust)	• 삼출물이 굳어져 형성된 딱지이다. • 피부 표면에 노란색 또는 갈색의 딱딱한 병변이다. • 감염 등의 결과로 삼출물이 건조되어 생성된다.
태선화 (Lichenification)	• 피부 두께와 주름이 증가한 상태이다. • 지속적인 긁거나 문지르는 행위로 발생한다. • 피부가 두꺼워지고 거칠어진다.
침윤 (Infiltration)	• 피부 병변의 경결감이 증가한 상태이다. • 피부가 단단해지고 만졌을 때 단단한 느낌이 든다. • 염증 반응이나 섬유화로 인해 발생한다.
찰상 (Excoriation)	• 긁어서 생긴 상처이다. • 피부 표면이 벗겨져 있는 선형의 병변이다. • 가려움증으로 인해 반복적으로 긁어서 발생한다.
반흔 (Scar)	• 피부 손상 후 남은 흔적이다. • 피부 색소 침착이나 함몰이 발생한다. • 각종 피부 질환이나 외상 후에 발생한다.
균열 (Fissure)	• 피부 표면에 갈라진 틈새가 생기는 경우이다. • 주로 건조하고 각질화된 피부에서 발생한다. • 통증이 동반될 수 있다.
미란 (Erosion)	• 표피층이 부분적으로 벗겨져 노출된 상태이다. • 상피 세포가 손상된 부위이다. • 삼출물이 나올 수 있다.
궤양 (Ulceration)	• 표피와 진피층까지 손상되어 생긴 깊은 상처이다. • 삼출물이 나오고 치유 과정이 지연될 수 있다. • 통증이 동반되는 경우가 많다.
위축 (Atrophy)	• 피부나 피부 부속기관의 정상적인 두께와 부피가 감소한 상태이다. • 얇고 주름진 피부 모습을 보인다. • 피지선, 모낭 등의 위축이 동반될 수 있다.
켈로이드 (Keloid)	• 상처 치유 과정에서 과도하게 증식한 흉터이다. • 융기된 모양의 붉은색 반흔이 관찰된다. • 통증, 가려움증이 동반될 수 있다.

삼출물(滲出物)
삼출은 환부 밖으로 몸속에 있는 것이 스며(滲) 나오는(出) 것이다. 피부질환에서의 삼출물에는 고름, 혈액, 혈장 등이 있다.

1) 여드름(Acne Vulgaris)

① 특징

- 가장 흔한 피부 질환 중 하나이다.
- 주로 청소년기에 많이 발생하지만 성인기에도 지속될 수 있는 만성 질환이다.
- 피지의 과다 분비, 모낭의 각질화, 여드름균의 증식, 염증 반응 등의 복합적인 요인에 의해 발생한다.

② 발생 과정

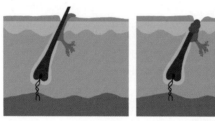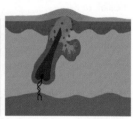

면포 → 구진 → 농포 → 결절 → 낭종

③ 원인

내적 요인	• 유전, 스트레스 • 호르몬 불균형 　– 사춘기에 증가하는 남성호르몬(안드로겐), 임신ㆍ월경ㆍ폐경 등과 같은 호르몬 　　변동 　– 테스토스테론 　　: 남성호르몬의 일종이다. 　　: 사춘기 때 증가하여, 피지 분비를 자극하고 여드름을 유발할 수 있다. 　　: 여성에게도 소량 존재하며, 과다 분비될 경우 여드름이 발생한다. 　– 프로게스테론 　　: 여성호르몬의 일종이다. 　　: 월경주기와 관련되어 있다. 　　: 프로게스테론 수치 변동으로 인해 월경 전후로 여드름이 악화될 수 있다.
외적 요인	• 화장품 및 피부관리 제품 • 환경오염(미세먼지, 유해물질 등) • 식단(고지방, 고당질) • 잘못된 피부관리 습관(과도한 화장, 압출 등)

2) 감염성 피부질환

① 세균성 피부질환

농가진 (Impetigo)	• 주로 얼굴, 팔다리 등에 나타나는 세균 감염으로 발생한다. • 황색포도상구균 또는 연쇄구균에 감염되어 발생한다. • 수포성 농가진과 비수포성 농가진으로 구분한다. • 전염성이 높아 주의가 필요하다.
모낭염 (Folliculitis)	• 모낭 주변의 피부에 세균 감염으로 발생한다. • 주로 황색포도상구균(Staphylococcus Aureus)에 감염되어 발생한다. • 표재성 모낭염, 심부 모낭염, 괴저성 모낭염 등 다양한 형태가 있다. • 욕조, 사우나 등에서 감염 위험이 높다.
연조직염 (Cellulitis)	• 피부와 피하조직의 세균 감염으로 발생한다. • 주로 연쇄구균(Streptococcus Pyogenes)에 감염되어 발생한다. • 홍반, 부종, 열감 등의 증상이 나타난다. • 심각한 경우 패혈증으로 진행될 수 있다.
봉소염 (Erysipelas)	• 주로 A군 연쇄구균(Streptococcus Pyogenes)에 감염되어 발생한다. • 황색포도상구균(Staphylococcus Aureus)에 의해서도 발생할 수 있다. • 갑작스러운 발열과 함께 붉게 부어오르는 피부 병변이 특징이다. • 주로 얼굴, 다리 등 피부 표면이 넓은 부위에 잘 발생한다. • 경계가 뚜렷하고 융기된 홍반성 병변이 특징적이다. • 피부 표면이 매끄럽고 통증이 동반되는 경우가 많다.
근피증 (Ecthyma)	• 세균이 깊은 피부층까지 침범하여 발생한다. • 주로 연쇄구균(Streptococcus Pyogenes)에 감염되어 발생한다. • 딱지가 생기고 궤양이 발생한다. • 치료가 지연되면 합병증이 발생할 위험이 높다.

② 진균성 피부질환

백선 (Tinea)	• 피부사상균(Dermatophytes)에 감염되어 발생한다. • 원형의 경계가 뚜렷한 홍반성 병변, 가려움증을 증상으로 한다. • 두부 백선 : 두피에 발생하는 백선 • 체부 백선 : 몸통, 사지 등에 발생하는 백선 • 사타구니 백선 : 사타구니 부위에 발생하는 백선 • 손발톱 백선 : 손발톱에 발생하는 백선
무좀 (Athlete's Foot, Tinea Pedis)	• 피부사상균에 감염되어 발생하는 흔한 진균성 피부질환이다. • 발바닥 및 발가락 사이의 홍반성 병변, 인설, 가려움증을 증상으로 한다. • '족부 백선'이라고도 하며, 습한 발에서 발생 빈도가 높다.
칸디다증 (Candidiasis)	• 칸디다 진균(Candida species)에 감염되어 발생한다. • 홍반성 발진, 습진성 병변, 가려움증을 증상으로 한다. • 구강 칸디다증 : 구강 점막에 발생하는 칸디다증 • 질 칸디다증 : 질 점막에 발생하는 칸디다증 • 피부 칸디다증 : 피부에 발생하는 칸디다증

 개념 체크

다음 중 전염성 피부질환인 두부 백선의 병원체는?

① 리케차
② 바이러스
③ 사상균
④ 원생동물

③

③ 바이러스성 피부 질환

단순 포진 바이러스 감염	• 단순 포진 바이러스(헤르페스) 1 · 2형에 감염되어 발생한다. • 주로 입술, 생식기 등에 수포성 병변이 발생한다. • 원재발성 경향이 강하며, 면역저하자에게서 심각한 합병증이 발생할 수 있다.
대상포진	• 수두 바이러스(Varicella–zoster Virus)에 감염되어 발생한다. • 신경절을 따라 편측성으로 발생하는 수포성 발진을 특징으로 한다. • 주로 노인이나 면역저하자에게서 발생하며, 심한 신경통이 동반될 수 있다.
수두	• 수두 바이러스(Varicella–zoster Virus)에 감염되어 발생한다. • 전신에 발생하는 소양감(가려움증)을 동반한 수포성 발진을 특징으로 한다. • 주로 소아에게서 발생하며, 합병증으로 폐렴, 뇌염 등이 발생할 수 있다.
사마귀	• 사람 유두종 바이러스(Human Papilloma Virus)에 감염되어 발생한다. • 피부와 점막에 발생하는 융기된 양상의 병변을 특징으로 한다. • 전염성이 강하며, 자연 소실되기도 하지만 재발이 잦다.
볼거리	• 볼거리 바이러스(Mumps Virus)에 감염되어 발생한다. • 턱 아래 부위의 부종과 통증을 증상으로 한다. • 드물게 뇌수막염, 난소염 등의 합병증이 발생할 수 있다.
홍역 (Measles)	• 홍역 바이러스(Measles Virus)에 감염되어 발생한다. • 발열, 기침, 콧물, 결막염, 특징적인 발진을 특징으로 한다. • 합병증으로 폐렴, 뇌염, 급성 중이염 등이 있다.
풍진 (Rubella)	• 풍진 바이러스(Rubella Virus)에 감염되어 발생한다. • 발열, 발진, 림프절 종대를 증상으로 한다. • 합병증으로 뇌염, 관절염이 있으며, 임신 중 감염 시 선천성 기형이 발생한다.

3) 색소이상증

① 과색소 침착

기저 색소 과다 침착 (Hyperpigmentation)	• 멜라닌 색소 생성량이 증가하여 발생한다. • 국소적 또는 전신적으로 피부가 어두워지는 현상이다. • 피부암, 에디슨병, 임신, 약물 부작용 등으로 발생한다.	
색소반 (Lentigines)	• 국소적인 멜라닌 색소 침착으로 인해 발생한다. • 갈색 또는 검은색의 둥근 반점 형태의 병변이 관찰된다. • 노인성 색소반, 선천성 색소반, 화학적 자극에 의한 색소반 등이 있다.	
	노인성 색소반	• 노인성 반점 : 장기간의 자외선 노출에 의한 색소 침착 • 검버섯 : 노화에 따른 멜라닌 색소 생성 증가
기미 (Chloasma)	• 호르몬 변화에 의해 멜라닌 색소 생성량이 증가하여 발생한다. • 주로 안면부에 불규칙한 갈색 반점의 병변이 관찰된다. • 임신성 기미, 호르몬 치료 후 발생하는 기미 등이 있다.	
후천성 색소 과다증 (Acquired Hyperpigmentation)	• 외부 자극(햇빛, 화학물질)에 의해 멜라닌색소 생성량이 증가하여 발생한다. • 염증 등에 의해서도 발생할 수 있다. • 일광 색소 침착, 화학물질 접촉성 색소 침착, 염증성 색소 침착 등이 있다.	

릴흑피증 (Melasma)	• 호르몬 변화에 의해 멜라닌 색소 생성량이 증가하여 발생한다. • 얼굴에 불규칙한 갈색 반점의 병변이 관찰된다. • 임신, 경구 피임약 복용 시에도 발생할 수 있다.
벌룩 피부염 (Acanthosis Nigricans)	• 인슐린 저항성에 의해 멜라닌 색소가 침착되어 발생한다. • 목, 겨드랑이, 사타구니 등에 검은색 색소가 침착된다. • 비만, 당뇨, 내분비 질환 등과 관련되어 발생한다.

② 저색소 침착

백반증 (Vitiligo)	• 면역 체계의 이상으로 멜라닌 생성 세포(멜라노사이트)가 파괴되어 발생 한다. • 피부에 경계가 뚜렷한 백색 반점이 발생하며, 점차 퍼져나가는 경향이 있다.
알비노증 (Albinism)	• 백피증, 백색증이라고 한다. • 멜라닌 합성 관련 유전자 이상으로 멜라닌 생성에 장애가 발생하는 것이다. • 전신적인 피부, 모발, 눈의 색소 결핍으로 매우 창백한 외모를 증상으로 한다.
색소성 건선 (Pityriasis Alba)	• 건선의 일종으로 만성 염증에 의해 국소적으로 색소가 감소한다. • 경계가 불분명한 백색 또는 분홍색 반점이 발생한다.
피부 섬유종 (Nevus Anemicus)	• 혈관 수축으로 인해 국소적으로 색소가 감소한다. • 피부 표면이 창백한 반점이나 반흔 모양으로 나타난다.

4) 기계적 손상에 의한 피부 질환

외반무지 (Hallux Valgus)	• 엄지발가락이 바깥쪽으로 기울어지는 변형이다. • 관절이 튀어나오며, 통증과 함께 굳은살이 생길 수 있다.
마찰성 수포 (Friction Blister)	• 반복적인 마찰로 인해 피부층 사이에 액체가 차오르는 상태이다. • 수포가 생기고 통증이 있으며, 감염의 위험이 있다.
굳은살 (Callus)	• 반복적인 마찰이나 압박에 의해 피부가 두꺼워지는 현상이다. • 주로 손바닥이나 발바닥에 생기며, 피부가 단단하고 거칠어진다.
티눈 (Corn)	• 굳은살의 한 형태로, 특히 발가락 부위에 생기는 원형의 굳은 피부이다. • 중앙부가 더 두꺼워지며, 통증이 있을 수 있다.
욕창 (Pressure Injury)	• 지속적인 압박에 의해 피부와 조직이 손상되는 상태이다. • 주로 뼈 돌출부위에 생기며, 피부 손상, 괴사, 감염 등이 발생할 수 있다.

5) 온열에 의한 피부 질환

① 화상

1도 화상 (표피 화상)	• 피부가 붉어지고 따끔거리는 증상이 있으며, 수포가 생기지 않는다. • 햇볕에 너무 오래 노출되어 생긴 화상이다.
2도 화상 (진피 화상)	• 피부가 붉고 물집이 생기며, 통증이 심하다. • 뜨거운 물에 덴 경우의 화상이다.
3도 화상 (진피하 화상)	• 피부가 검게 변하고 굳어지며, 신경이 손상되어 통증이 없다. • 불에 직접 닿아 생긴 심각한 화상이다.
4도 화상 (근육/골 화상)	• 피부뿐만 아니라 근육, 뼈까지 손상되어 괴사가 일어난다. • 폭발이나 전기 작용으로 인한 극심한 화상이다.

✔ 개념 체크

화상의 구분 중 홍반, 부종, 통
증뿐만 아니라 수포를 형성하
는 것은?

① 제1도 화상
② 제2도 화상
③ 제3도 화상
④ 중급 화상

②

② 열성 발진(Heat Rash)

- 땀띠 또는 한진(汗疹)이라고도 한다.
- 땀샘이 막혀서 발생하는 작은 발진이다.
- 주로 덥고 습한 환경에서 발생하며, 가려움증을 동반한다.

③ 열성 홍반(Erythema Toxicum)

- 흔한 신생아 피부 질환의 일종으로, 저절로 호전되는 일시적인 피부 반응이다.
- 주로 출생 후 2~4일 사이에 나타나며, 생후 1주일 이내에 자연스럽게 사라진다.
- 붉은 반점이 몸 전체에 퍼져 나타나며, 반점 주변에 작은 혼입물(Papule)이 관찰된다.

6) 한랭에 의한 피부 질환

동상 (Frostbite)	• 추위로 인해 조직이 얼어 손상되는 상태이다. • 피부가 창백해지고 감각이 둔해지며, 심한 경우 괴사가 발생할 수 있다.
저체온증 (Hypothermia)	• 체온이 비정상적으로 낮아지는 상태이다. • 피부가 창백하고 차가워지며, 의식 저하, 근육 경직 등이 나타난다.
냉비증 (Chilblains)	• 추위에 노출된 피부가 붉어지고 부어오르는 상태이다. • 주로 손가락, 발가락, 귀 등에 발생하며 가려움과 통증이 있다.
냉부종 (Cold Edema)	• 추위에 노출되어 발생하는 하지의 부종이다. • 주로 다리나 발에 부종이 생기며, 통증이 동반될 수 있다.
한랭두드러기 (Cold Urticaria)	• 추위에 노출되어 발생하는 두드러기이다. • 피부가 붉게 부어오르고 가려움증이 동반된다.

7) 기타 피부 질환

알레르기	• 특정 물질에 대한 과민반응으로 발생하는 피부질환이다. • 가려움증, 붉은 반점, 부종 등이 나타난다. • 꽃가루, 화장품, 금속 등 알레르기 유발 물질에 노출되어 발생한다.
아토피 피부염	• 유전적 소인과 환경적 요인이 결합된 만성 피부질환이다. • 건조하고 가려운 피부 증상이 특징이다. • 주로 어린이에게 많이 나타나며, 성인까지 지속되기도 한다.
한관종	• 피부 표면에 작은 돌기나 결절이 생기는 양성 종양이다. • 주로 얼굴, 목, 팔 등에 발생하며 심미적 문제를 유발한다. • 제거 수술이 필요한 경우도 있다.
두드러기	• 갑작스럽게 나타나는 붉은 둥근 반점과 부종을 증상으로 한다. • 가려움증이 심하며, 원인이 다양하다(식품, 약물, 스트레스 등). • 대부분 일시적이지만 만성화되기도 한다.
비립종	• 코 주변에 생기는 지방종 형태의 피부 돌출물이다. • 무통성 종괴로 서서히 자라며 미용상 문제를 일으킬 수 있다. • 외과적 절제술로 치료한다.
지루성 피부염	• 두피, 얼굴, 가슴 등에 나타나는 만성 염증성 피부질환이다. • 붉은 비늘 모양의 피부 병변이 특징이다. • 스트레스, 계절 변화 등이 악화요인으로 작용한다.

쥐젖	• 목, 겨드랑이, 눈가, 사타구니 등에 나는 작은 돌기이다. • 마찰, 노화, 유전 등의 이유로 발생한다. • 통증은 없으나 미관상 제거 시술을 받는 경우가 흔하다. • 레이저나 냉동 치료 등으로 제거한다.
습진	• 얼굴, 손, 팔꿈치, 무릎 등에 잘 발생한다. • 붉은 발진, 가려움, 건조함을 주증상으로 하며, 심하면 진물이 나기도 한다. • 알레르기, 수분과의 과도한 접촉, 건조한 피부, 면역 이상 등의 이유로 발생한다. • 보습제, 항염제, 스테로이드 연고 등으로 치료한다.
주사	• 안면부에 주로 발생하는 만성 염증성 피부질환이다. • 붉게 부어오르는 증상이 특징이다. • 스트레스, 호르몬 변화 등이 주요 원인으로 알려져 있다.

주사(酒齇, Rosacea)
• 만성적인 염증성 피부질환으로, 주로 코와 뺨 등 안면부에 발생하며, 붉은 발진, 여드름과 유사한 발진, 구진이나 농포, 부종, 모세혈관 확장, 피부의 자극과 건조함을 동반한다.
• 주로 백인인 성인에게서 자주 나타나며, 온도 변화나 음식의 성분(맵고 자극적인 것) 또는 스트레스에 의해 증상이 악화할 수도 있다고 한다.
• 우리말 이름은 술이나 술지게미를 먹으면 중안부가 붉어지는 것에서 비롯됐고, 영문 이름은 얼굴이 장미꽃의 색처럼 붉어진다는 것에서 비롯됐다.

SECTION

16

출제빈도 상 중 하
반복학습 1 2 3

화장품의 개념

▶ 합격강의

빈출 태그 ▶ #화장품 #피부학 #피부관리

KEYWORD 01 화장품의 개념

1) 화장품의 개념 (빈출)

- 인체를 청결, 미화하여 매력을 더하고 용모를 밝게 변화시키거나 피부·모발의 건강을 유지 또는 증진하기 위해 사용되는 물품이다.
- 인체에 바르거나 뿌리는 등 외용으로 사용되는 제품이다.
- 의약품과 달리 질병의 치료나 예방이 주된 목적은 아니다.

2) 화장품의 사용 목적

청결 유지	피부, 모발, 치아 등을 세정하여 청결을 유지하고 관리하는 목적으로 사용한다.
미화 및 미적 효과	• 용모를 아름답고 매력적으로 변화시키는 효과를 위해 사용한다. • 메이크업, 색조 화장품 등으로 외모를 보정하고 아름답게 변화시킨다.
피부 및 모발 보호	자외선 차단, 보습, 영양 공급을 통해 피부와 모발을 보호 건강하게 유지한다.
피부 및 모발 관리	• 노화, 피부 문제 등을 개선하고 관리하기 위해 사용한다. • 주름 개선, 미백, 탈모 방지 등의 효과를 기대할 수 있다.
향기 제공	향수, 탈취제 등을 통해 개인의 매력적인 향기를 연출한다.

KEYWORD 02 화장품의 요건

1) 화장품의 4대 요건 (빈출)

안전성	• 화장품은 인체에 직접 사용되는 제품이므로 안전성이 가장 중요하다. • 화장품 원료 및 제품 전체가 인체에 유해하지 않아야 한다.
유효성	• 화장품은 표방하는 기능과 효과를 실제로 발휘해야 한다. • 제품 사용 시 피부나 모발에 실제적인 변화와 개선이 있어야 한다.
안정성	• 화장품은 유통기한 내에 품질이 변화 없이 안정적으로 유지되어야 한다. • 성분의 변질이나 분리, 변색 등이 일어나지 않아야 한다.
사용성(적합성)	• 화장품은 사용 목적, 피부 타입, 연령 등에 적합해야 한다. • 사용자의 개인적 특성과 요구사항에 부합해야 한다.

2) 화장품 기재사항

제품명	화장품의 상품명 또는 브랜드명을 기재한다.
제조업자명 및 주소	화장품을 제조한 업체의 명칭과 주소를 기재한다.
책임판매업자명 및 주소	화장품을 판매하는 업체의 명칭과 주소를 기재한다.
제조번호 및 유통기한	제품의 제조일자 및 유통기한을 기재한다.
내용량 및 용량	화장품의 순 내용량 또는 용량을 기재한다.
주요 성분	화장품의 주요 원료 성분을 기재한다.
사용방법	제품의 사용법과 주의 사항 등을 기재한다.
기능성화장품의 경우 기능성 표시	기능성 화장품의 경우 해당 기능을 표시한다.
기타 정보	제품의 특성, 주의 사항, 보관방법 등 기타 정보를 기재한다.

▼ 화장품 기재사항의 범위

화장품
기재사항

화장품의 명칭	상호 및 주소	제조번호	사용기간 또는 개봉 후 사용기간	화장품의 명칭

소용량 및 견본품(5가지)

해당 화장품 제조에 사용된 모든 성분	내용물 용량 또는 중량	해당 경우 '기능성화장품' 이라는 글자	사용시 주의사항	기타 총리령이 정하는 사항

유통기한과 소비기한

• 유통기한은 식품과 화장품을 팔아도 되는 기한인데, 제품의 품질 변화 시점 기준으로 60~70% 앞선 기간으로 설정한다.
• 소비기한은 식품을 먹거나 화장품을 사용해도 되는 기한인데, 제품의 품질 변화 시점 기준으로 80~90% 앞선 기간으로 설정한다.
• 유통기한이나 소비기한은 제품별로 다르니 상시 확인해야 한다.

화장품의 제조

▶ 합격강의

빈출 태그 ▶ #화장품의원료 #화장품제조

KEYWORD 01 | 화장품의 원료 빈출

1) 수성 원료

정제수 (Purified Water)	• 화장품의 주요 용매로 사용되는 가장 기본적인 원료이다. • 불순물이 제거된 고순도의 물로, 화장품의 품질과 안전성에 중요한 요소이다. • 화장품의 점도, 유동성, 안정성 등에 영향을 준다. • 화장품의 주성분으로 많이 사용되며, 수분감과 촉촉함을 제공한다.
에탄올 (Ethanol)	• 화장품에 사용되는 주요 용매 및 살균 목적의 원료이다. • 물과 섞이는 특성으로 인해 용해력이 뛰어나 다양한 화장품 원료를 잘 녹인다. • 항균, 항진균 효과가 있어 화장품의 보존성을 높인다. • 피부 표면에 냉감을 주어 수렴 효과가 있다. • 과도한 사용 시 피부 건조와 자극을 유발할 수 있어 적정량 사용이 중요하다.

2) 유성 원료

① 오일

오일

구분	종류	특징
천연 오일	식물성 오일	• 식물에서 추출한 천연 오일이다. • 영양 공급 및 보습 효과가 있다. 예 올리브유, 아르간오일, 호호바오일, 코코넛오일, 아보카도오일 등
	동물성 오일	• 동물성 지방에서 추출한 천연 오일이다. • 피부 보호와 회복에 좋다. 예 라놀린, 유지방, 어유 등
	광물성 오일	• 지하자원에서 추출한 천연 오일이다. • 피부를 보호하고, 유연성을 증진할 수 있다. 예 미네랄오일, 바셀린 등
합성 오일		• 화학적 방법으로 합성한 인공 오일이다. • 천연 오일보다 가격이 저렴하고 물성을 조절하기 쉽다. 예 실리콘오일, 에스테르오일, 파라핀오일 등

② 왁스

구분	종류	특징
식물성 왁스	카나우바 왁스 (Carnauba)	• 브라질의 카나우바 야자나무 잎에서 추출한 왁스이다. • 경도가 높고 융점이 높아 경화제로 많이 사용된다. • 피부 보호와 유분 조절 효과가 있다.
	칸델릴라 왁스 (Candelilla)	• 멕시코의 칸델릴라 야자나무에서 추출한 왁스이다. • 카나우바 왁스와 유사한 특성을 가지며, 경도와 융점이 높다. • 유화, 피부 보호, 유분 조절 등에 사용된다.
	코코아 버터	• 코코아콩에서 추출한 식물성 지방이다. • 피부에 윤기와 보습감을 주며, 유화제로도 사용한다.
동물성 왁스	라놀린	• 양의 털에서 추출한 천연 왁스이다. • 피부 유사성이 높아 보습, 유연성 향상에 효과적이다. • 유화제, 보습제, 피부 보호제로 활용한다.
	밀랍	• 꿀벌이 만드는 천연 왁스이다. • 경도가 높고 융점이 높아 고체 상태로 사용한다. • 유화, 피부 보호, 유분 조절 등에 이용된다.

③ 합성 원료

구분	종류	특징
고급지방산	• 스테아르산 • 팔미트산 • 올레산	• 에멀전 안정화 및 유화제 역할을 수행한다. • 피부에 영양과 유분을 공급해 결을 부드럽게 한다.
고급알코올	• 세틸알코올 • 스테아릴알코올 • 베헨알코올	• 크림 및 로션의 질감을 개선한다. • 유화 안정성을 높인다. • 피부에 부드러운 감촉을 제공하며, 자극이 적다.
에스테르류	• 이소프로필 미리스테이트 • 트리글리세리드 • 토코페릴 아세테이트	• 피부에 쉽게 흡수되어 부드러운 느낌을 준다. • 보습 효과가 뛰어나며, 피부의 유연성을 높인다. • 향료 및 기타 활성 성분의 전달을 돕는다.

3) 계면활성제

화장품에 사용되는 계면활성제는 물과 기름 사이의 경계면을 활성화하여 유화와 세정 등의 기능을 하는 중요한 원료이다.

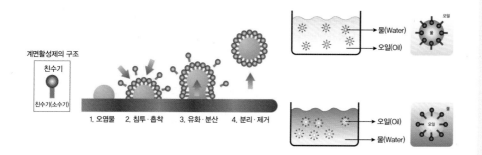

구분	특징	종류
양이온성 계면활성제 (Cationic Surfactant)	• 양이온이 있어 양전하를 띤다. • 살균, 소독 효과가 있다. • 자극이 강하다.	• 린스 • 컨디셔너 • 트리트먼트
음이온성 계면활성제 (Anionic Surfactant)	• 음이온이 있어 음전하를 띤다. • 거품을 형성한다. • 세정력이 강하다.	• 샴푸 • 세안제
양쪽이온성 계면활성제 (Amphoteric Surfactant)	• 양전하·음전하를 모두 띤다. • 세정력이 온화(중간 정도)하다. • 피부에 자극이 적다.	• 유아용 제품 • 민감성 피부용 제품
비이온성 계면활성제 (Nonionic Surfactant)	• 전하를 띠지 않는다. • 유화 작용을 한다. • 자극이 적다.	• 화장품 • 세정제

• 자극성이 높은 순서 : 양이온성 〉음이온성 〉양쪽성 〉비이온성
• 세정력이 높은 순서 : 음이온성 〉양쪽성 〉양이온성 〉비이온성성

4) 보습제

① 특징

• 피부 수분 함량을 높여 피부를 촉촉하게 유지한다.
• 피부 장벽 기능을 강화하여 수분 증발을 방지한다.
• 피부 표면에 수분막을 형성하여 보습 효과를 제공한다.
• 피부 자체의 보습 능력을 높여 지속적인 보습 효과가 있다.

② 종류

천연 보습인자 (Natural Moisturizing Factor, NMF)	• 아미노산(Amino Acids) : 40% • 젖산(Lactic Acid) : 12% • 요소(Urea) : 7% • 기타 : 피롤리돈 카복실산(Pyrrolidone Carboxylic Acid ; PCA), 아미노산(Amino Acids), 콜라겐(Collagen), 키틴(Chitin), 키토산(Chitosan)
고분자중합체	• 하이알루론산(Hyaluronic Acid), • 하이드록시에틸셀룰로스(Hydroxyethyl Cellulose) • 하이드록시프로필메틸셀룰로스(Hydroxypropyl Methylcellulose) • 폴리비닐알코올(Polyvinyl Alcohol) • 폴리비닐피롤리돈(Polyvinylpyrrolidone) • 폴리아크릴산(Polyacrylic Acid) • 폴리아크릴아마이드(Polyacrylamide) • 폴리에틸렌글리콜(Polyethylene Glycol) • 폴리프로필렌글리콜(Polypropylene Glycol)
폴리올	• 글리세린(Glycerin)　　　　　• 프로필렌 글리콜(Propylene Glycol) • 뷰틸렌 글리콜(Butylene Glycol)　• 소르비톨(Sorbitol) • 에리스리톨(Erythritol)　　　　• 자일리톨(Xylitol) • 만니톨(Mannitol)　　　　　　• 락티톨(Lactitol)

5) 방부제

① 역할
- 화장품 내에 미생물의 오염과 증식을 방지하여 제품의 보존성을 높인다.
- 미생물에 의한 변질, 부패, 악취 발생 등을 막아 제품의 품질과 안전성을 유지한다.

② 종류
- 파라벤류 : 메틸파라벤, 에틸파라벤, 프로필파라벤 등
- 이소티아졸리논류 : 메틸이소티아졸리논, 클로로메틸이소티아졸리논 등
- 알코올류 : 벤질알코올, 페녹시에탄올 등
- 기타 : 디하이드로아세트산, 소르브산, 벤조산 등

③ 사용 조건
- 화장품 제형, 사용 목적, 사용량 등에 따라 적절한 방부제를 선택해야 한다.
- 안전성이 검증된 방부제를 사용하되, 과도한 사용은 피해야 한다.
- 피부 자극성, 알레르기 반응 등의 부작용을 최소화하기 위해 저농도로 사용해야 한다.
- 규제 기준을 준수하여 사용량과 조합을 결정해야 한다.

6) 색소

염료 (Dye)	• 화학적으로 합성된 유기 색소이다. • 수용성이 높아 화장품에 쉽게 용해되어 착색이 잘 된다. 예 페놀프탈레인, 에리트로신 등
안료 (Pigment)	• 화합물 또는 천연 물질로 이루어진 불용성 입자이다. • 화장품에 균일하게 분산되어 착색 효과를 낸다. 예 산화티타늄, 산화철, 카본블랙 등

안료 (Pigment)	무기안료 (Inorganic Pigments)	• 광물이나 금속 화합물로 이루어진 안료이다. • 화학적으로 안정하고 내열성, 내광성이 우수하다. • 산화티타늄 : 백색 안료로 가장 많이 사용됨 • 산화철 : 적색, 황색, 갈색 등 다양한 색상을 구현할 수 있음 • 산화크로뮴 : 녹색 계열의 색상 • 산화코발트 : 청색 계열의 색상
	유기안료 (Organic Pigments)	• 유기 화합물로 이루어진 안료이다. • 발색력이 강하고 다양한 색상 구현이 가능하다. • 발색력이 우수하나, 가격이 비싸고 화학적 안정성이 낮은 편이다. • 아조 계열 : 적색, 황색, 주황색 등의 색상 • 프탈로시아닌 계열 : 청색, 녹색 등의 색상 • 안트라퀴논 계열 : 자색, 적색 등의 색상
천연색소 (Natural Colorant)		• 식물, 동물, 미생물 등에서 추출한 천연 유래 색소이다. • 자연 유래 성분이라 안정성이 높지만 착색력이 낮다. 예 카로티노이드, 클로로필, 안토시아닌 등
레이크 (Lake)		• 수용성 염료에 금속염을 결합하여 만든 착색제이다. • 안료와 유사한 특성을 가지면서도 염료의 선명성을 갖추고 있다. • 알루미늄, 칼슘 등의 금속과 결합하여 제조된다.

✅ 개념 체크

유기합성 염모제에 대한 설명 중 옳지 않은 것은?

① 유기합성 염모제 제품은 알칼리성의 제1액과 산화제인 제2액으로 나뉜다.
② 제1액은 산화염료가 암모니아수에 녹아 있다.
③ 제1액의 용액은 산성을 띠고 있다.
④ 제2액은 과산화수소로서 멜라닌색소의 파괴와 산화염료를 산화시켜 발색시킨다.

②

✅ 개념 체크

화장품 성분 중 무기안료의 특성은?

① 내광성, 내열성이 우수하다.
② 선명도와 착색력이 뛰어나다.
③ 유기 용매에 잘 녹는다.
④ 유기 안료에 비해 색의 종류가 다양하다.

①

7) 폴리머

분자량이 크고 여러 개의 단량체가 결합된 고분자 화합물이다.

① 역할

점도 조절	• 화장품의 점도와 유변학적 특성을 조절한다. • 크림, 로션, 젤 등의 제형에 적절한 점도와 유동성을 부여한다.
유화 안정화	• 유화제와 함께 사용되어 유화 시스템의 안정성을 높인다. • 수용성 폴리머는 수상 부분을, 지용성 폴리머는 유상 부분을 안정화한다.
필름 형성	• 피부에 투명하고 균일한 필름을 형성하여 보습과 피부 보호 효과가 있다. • 메이크업 제품에 사용되어 지속력과 내수성을 향상한다.
감촉 개선	폴리머는 부드럽고 매끄러운 감촉을 부여하여 화장품의 사용감을 향상한다.

② 종류

점도 증가제 (점증제)		• 수용성이 높아 수용성 제품에 주로 사용된다. • 점도 증진, 유화 안정화에 효과적이다. ⑩ 아크릴레이트 코폴리머(Acrylate Copolymers), 셀룰로스 유도체(Cellulose Derivatives), 하이드록시프로필메틸셀룰로스, 하이드록시에틸셀룰로스 등
유화 안정화		• 피막 형성제이다. • 점도 증진, 필름 형성, 습윤 효과가 있다. • 수용성 및 친유성 제품에 모두 사용할 수 있다. ⑩ 비닐 폴리머(Vinyl Polymers), 폴리비닐알코올, 폴리비닐피롤리돈 등
고분자 중합체	폴리우레탄 (Polyurethanes)	• 이소시아네이트와 폴리올의 축합 반응으로 제조한다. • 유화 안정화가 뛰어나고, 감촉 개선에 효과적이다. • 수용성 및 유용성 제품에 모두 사용할 수 있다.
	실리콘 폴리머 (Silicone Polymers)	• 실리콘 단량체로 이루어진 폴리머이다. • 피막을 형성해 수분 증발을 억제하고, 감촉이 부드럽다. • 유용성이 높아 주로 에멀전 및 오일 제품에 사용된다.

8) 산화방지제

특징	• 화장품 내 성분의 산화를 억제하여 제품의 안정성과 보존성을 높인다. • 피부에 유해한 자유 라디칼의 생성을 억제하여 피부를 보호한다. • 화장품의 변질, 변색, 냄새 발생 등을 방지하여 제품 품질을 유지한다.
종류	• 비타민 C(Ascorbic Acid) : 강력한 환원력으로 산화를 억제함 • 비타민 E(Tocopherol) : 지용성 항산화제로 피부를 보호함 • 셀레늄(Selenium) : 항산화 효소를 활성화하여 산화를 억제함 • 폴리페놀 화합물(Polyphenol Compounds) : 강력한 항산화 작용으로 피부를 보호함 • BHT, BHA 등의 합성 항산화제 : 안정성이 높고 효과적이나 안전성 논란이 있음

9) 금속이온 봉쇄제

특징	• 화장품에 포함된 철, 구리 등의 금속이온과 결합하여 안정화한다. • 금속이온이 산화촉진제로 작용하는 것을 방지한다. • 화장품의 변질, 변색, 냄새 발생 등을 방지하여 제품의 안정성을 향상한다. • 금속이온에 의해 유발될 수 있는 피부 자극 및 알레르기 반응을 억제한다.

종류	• Citric Acid(구연산)	• Gluconic Acid(글루콘산)
	• Phytic Acid(피틱산)	• Phosphoric Acid(인산)
	• EDTA(Ethylenediaminetetraacetic Acid)	

10) 향료

① 특징

- 화장품에 향취를 부여하여 사용감과 기분을 향상시킨다.
- 제품의 개성과 이미지 구축에 중요한 역할을 한다.
- 천연 또는 합성 성분으로 구성되며, 종류가 다양하다.

② 종류

식물성 향료	• 꽃, 과일, 나무 등 식물에서 추출한 천연 향료이다. • 자연스럽고 부드러운 향취를 제공한다. 예) 라벤더, 장미, 감귤, 바닐라, 편백 등
동물성 향료	• 동물의 분비물에서 추출한 천연 향료이다. • 고급스럽고 깊이 있는 향취를 제공한다. 예) 머스크, 아쿠아, 시베트 등
합성 향료	• 화학적으로 합성된 인공 향료이다. • 장미, 백합, 과일향 등 다양한 향취를 구현할 수 있고 안정성이 높다. 예) BHT, 파라벤 등

11) 기타 주요성분

AHA (Alpha Hydroxy Acids)	• 과일산, 젖산 등의 알파 하이드록시산이다. • 각질 제거, 피부 재생 효과가 있다.
레시틴(Lecithin)	• 대두(콩), 달걀 등에서 추출된 지용성 성분이다. • 피부 장벽 강화, 보습 증진에 도움을 준다.
알부틴(Arbutin)	• 베어베리 추출물에서 유래된 미백 성분이다. • 멜라닌 생성을 억제하여 미백 효과가 있다.
아줄렌(Azulene)	• 캐모마일 추출물에서 유래된 성분이다. • 피부 진정, 항염증 효과가 있어 민감성 피부 제품에 사용된다.
소르비톨(Sorbitol)	• 당알코올의 일종으로 보습 및 점도 조절 효과가 있다. • 천연 유래 성분으로 피부 자극이 적다.
콜라겐(Collagen)	• 피부 구조 단백질로 탄력 증진에 기여한다. • 고분자와 저분자 콜라겐이 사용된다.
레티노산(Retinoid)	• 비타민 A 유도체로 주름 개선에 도움을 준다. • 레티놀, 레티닐 팔미테이트 등이 대표적이다.

1) 가용화(Solubilization)

물에 녹지 않는 유성분을 물에 녹이는 기술이다.

수용성 화장품	• 계면활성제나 유기용매를 이용하여 유성분을 수용성화한 제품이다. • 향수, 미스트, 토너, 아스트린젠트 등의 수용성 제형이 대표적이다.

2) 유화(Emulsion)

성질이 다른 두 가지 이상의 액체를 균일한 상태로 만드는 기술이다.

O/W (Oil in Water)	• 기름 성분이 물속에 미세한 입자 형태로 분산되는 유화 방식이다. • 수용성 제형인 크림, 로션, 에센스 등에 많이 사용되며 피부에 보습감과 산뜻한 느낌을 준다. • 수용성 유화제를 사용하며 일반적으로 친수성이 강하다.
W/O (Water in Oil)	• 물 성분이 기름 속에 미세한 방울 형태로 분산되는 유화 방식이다. • 오일, 바, 스틱 등의 지용성 제형에 적용되며 피부에 유분감과 보호막을 형성한다. • 친유성 유화제를 사용하며 일반적으로 친유성이 강하다.
W/O/W (Water in Oil in Water)	• 물속에 기름이 분산되고, 그 안에 다시 물이 분산된 3중 유화 방식이다. • 수분과 유분을 동시에 함유하여 보습과 유분감을 준다. • 수용성과 친유성 유화제를 함께 사용한다.
O/W/O (Oil in Water in Oil)	• 기름 속에 물이 분산되고, 그 안에 다시 기름이 분산된 3중 유화 방식이다. • 유분감과 보습 효과가 높으며, 친유성 유화제를 주로 사용한다.

3) 분산(Dispersing)

물 또는 오일에 미세한 고체 입자가 계면활성제에 의해서 균일하게 분산되어 있는 상태이다.

현탁액 분산	• 고체 입자가 액체 상태에 분산된 형태이다. • 색상 표현, 피부 보호, 흡수력 증진 등의 효과가 있다. ⑩ 파우더, 선크림, 마스크팩, 파운데이션, 립스틱, 아이섀도 등
콜로이드 분산	• 미세한 입자가 균일하게 분산된 상태이다. • 투명성, 부드러운 감촉, 흡수력 등의 효과가 있다. ⑩ 면도크림, 헤어스프레이 등

▼ 가용화 vs. 유화 vs. 분산

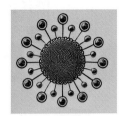
가용화

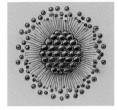
유화

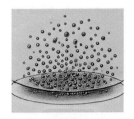
분산

구분	가용화	유화	분산
혼합 매체	계면활성제 (가용화제)	계면활성제 (유화제)	계면활성제 (분산제)
혼합 형태	**물**+오일 → 액상형 (물 〉오일)	**오일**+물 → 로션 · 크림형 (물 〈 오일)	• **액체**+고체 → 메이크업 제품 • **액체**+기체 → 폼(Foam)제 • **액체**+액체 → 유화된 제품
여타 특성	• 유성성분의 함량 이 적다. • 질감이 묽고 산뜻 하다. • 상대적으로 투명 하다.	• 유성성분의 함량이 많다. • 질감이 질고 되직하다. • 상대적으로 불투명하다.	• 일반적으로 분산은 액상 원료에 고 형 원료를 분산한 것이다. • 가용화나 유화로는 만들 수 없는 다 양한 제형의 화장품을 만들 수 있다. • 색상이나 질감을 표현하는 화장품에 쓰 인다.
종류	토너, 향수, 미스트, 아스트린젠트 등	크림, 로션, 에센스, 세럼, 오일 등	파우더, 선크림, 마스크팩, 파운데이션, 립스틱, 아이라이너, 아이섀도, 면도크 림, 헤어무스, 헤어스프레이 등

※ '혼합형태'에서 밑줄을 그은 부분이 베이스가 되는 원료의 상임

화장품의 종류

▶ 합격 강의

KEYWORD 01 화장품의 분류 (빈출)

1) 화장품의 분류

법적 분류	• 「화장품법」에 따라 화장품을 구분한 것이다. • 일반화장품, 기능성화장품, 의약외품으로 분류한다.
사용 부위별 분류	• 피부, 두발, 손톱, 입술 등 사용 부위에 따라 분류한 것이다. • 페이스 메이크업, 보디 케어, 헤어 케어, 네일 케어 등으로 분류한다.
목적에 따른 분류	• 화장품의 사용 목적에 따라 분류한 것이다. • 기초 화장품(클렌징, 토너, 에센스 등), 메이크업 화장품(파운데이션, 아이섀도 등), 색조화장품(립스틱, 네일 폴리시 등), 시술 화장품(마사지크림, 팩 등) 등으로 분류한다.

2) 영양 공급 물질의 종류 (빈출)

효과	영양물
미백	비타민 C, 알부틴, 감초 추출물, 닥나무 추출물, 아스코빌글루코사이드, 나이아신아마이드, 알파-비사보롤, 에틸아스코빌에테르
주름개선	레티놀, 펩타이드, 하이알루론산, 콜라겐
보습·탄력	콜라겐, 엘라스틴, 펩타이드, 하이알루론산, 세라마이드, 스콸렌, 글리세린, 레시틴, 소르비톨, 뷰틸렌글라이콜
진정	캐모마일, 알란토인, 위치하젤, 프로폴리스, 아줄렌, 알로에, 감초 추출물, 당귀 추출물, 아보카도오일
재생	로열젤리, EGF(세포 생성 인자) 아데노신, 알란토인, 병풀 추출물, 엘라스틴
정화(항염)	캄퍼, 설퍼, 클레이, 살리실산, 티트리

3) 화장품의 피부 흡수율 (빈출)

(F) 권쌤의 노하우

화장품의 피부 흡수율은 분자량이 작고, 식물성이고 오일 성분이 많을수록 높아요!

낮다	분자량이 크다 〈 분자량이 작다 광물성 오일 〈 동물성 오일 〈 식물성 오일 수분 〈 오일	높다

※ 분자량은 분자의 크기를 나타내는 지표로, 분자의 상대적인 질량을 의미한다.
※ 분자량이 작은 오일(호호바 오일, 아르간 오일 등)은 피부에 빠르게 침투한다.

1) 기능

① 피부 세정 : 피부 표면의 노폐물, 유분, 메이크업 잔여물 등을 제거하여 피부를 깨끗하게 함
② 피부 보습 : 피부 수분을 공급하고 유지하여 건조한 피부를 개선함
③ 피부 정돈 : 피부의 pH 밸런스를 조절하고 피붓결을 정돈함
④ 피부 보호 : 외부 자극으로부터 피부를 보호하고 피부 장벽을 강화함

2) 종류

① 클렌징 제품 : 클렌징 오일, 클렌징 폼, 클렌징 워터 등
② 토너 · 로션 : 피붓결을 정돈하고 보습 효과를 주는 제품
③ 에센스 · 세럼 : 피부에 집중적인 영양과 활성을 제공하는 제품
④ 크림 · 로션 : 피부 수분을 공급하고 보호하는 제품
⑤ 아이크림 : 눈가 피부를 집중적으로 관리하는 제품
⑥ 마스크팩 : 집중적인 보습과 영양을 공급하는 제품

3) 마스크팩의 종류

필오프 타입	• 마스크팩이 완전히 건조된 상태에서 천천히 벗기면서 제거한다. • 피부에 자극이 적고 부드럽게 제거할 수 있다. • 마스크팩 잔여물이 남을 수 있어 추가적인 세안이 필요하다.
워시오프 타입	• 가장 일반적인 제거 방법이다. • 마스크팩을 얼굴에 붙인 후 미온수로 천천히 씻어내면서 제거한다. • 피부에 자극이 적고 부드럽게 제거할 수 있다.
티슈오프 타입	사용 후 티슈로 닦아 내는 방법이다.
시트 타입	• 마스크팩 시트가 얼굴에 직접 붙는 타입이다. • 마스크팩을 그대로 제거하는 방식이다. • 피부에 직접 닿는 부분이 많아 밀착력이 좋다. • 제거 시 마스크팩 성분이 피부에 남아 있을 수 있다.
패치 타입	• 마스크팩이 특정 부위에 붙는 타입이다. • 눈, 코, 이마 등 특정 부위에만 붙이는 형태이다. • 부위별로 맞춤형 관리가 가능하다. • 전체 얼굴에 붙이는 것보다 사용량이 적다.

✔ 개념 체크

다음 중 기초 화장품의 주된 사용 목적에 속하지 않는 것은?

① 세안
② 피부정돈
③ 피부보호
④ 피부채색

④

KEYWORD 03　기능성 화장품

1) 특징

특정 기능 및 효과 보유	미백, 주름개선, 자외선 차단 등의 기능이 있다.
과학적 근거 필요	• 해당 기능이나 효과에 대한 과학적 근거가 필요하다. • 임상시험 등을 통해 기능성을 입증해야 한다.
엄격한 규제 대상	기능성 화장품은 식약처의 엄격한 심사와 관리 대상이 된다.
높은 안전성 요구	• 기능성 화장품은 피부에 미치는 영향이 크기 때문에, 안전성이 매우 중요하다. • 부작용 가능성이 낮고 피부 자극이 적어야 한다.
상대적으로 높은 가격	기능성 화장품은 원료 및 기술 개발 비용이 더 들기 때문에, 일반 화장품에 비해 상대적으로 가격이 높다.

2) 종류

종류	기능	성분
주름개선	노화로 인한 주름을 개선하고 예방한다.	레티놀, 펩타이드, 하이알루론산 등
미백	기미, 잡티를 개선하고 피부톤을 밝게 한다.	비타민 C, 나이아신아마이드, 멜라닌 생성 억제 성분
자외선 차단	자외선으로부터 피부를 보호한다.	화학적·물리적 자외선 차단제
태닝	피부가 균일하고 곱게 타게 한다.	• 화학적·물리적 자외선 차단제 • 오일류(코코넛 오일, 아르간 오일, 해바라기씨 오일 등)

▼ 기능성 화장품의 범위(화장품법 제2조 제2호)

"기능성화장품"이란 화장품 중에서 다음 각 목의 어느 하나에 해당되는 것으로서 총리령으로 정하는 화장품을 말한다.
가. 피부의 미백에 도움을 주는 제품
나. 피부의 주름개선에 도움을 주는 제품
다. 피부를 곱게 태워주거나 자외선으로부터 피부를 보호하는 데에 도움을 주는 제품
라. 모발의 색상 변화·제거 또는 영양공급에 도움을 주는 제품
마. 피부나 모발의 기능 약화로 인한 건조함, 갈라짐, 빠짐, 각질화 등을 방지하거나 개선하는 데에 도움을 주는 제품

KEYWORD 04　색조 화장품

1) 기능

① 피부 보정 : 피부의 결점을 가리고 균일한 피부톤을 연출하는 기능
② 피부톤업 : 피부의 밝기와 화사함을 높이는 기능

③ 눈매 강조 : 눈을 크고 또렷하게 보이게 해 주는 기능
④ 입술 강조 : 입술의 모양과 색감을 돋보이게 해 주는 기능
⑤ 얼굴 윤곽 연출 : 얼굴의 입체감과 균형을 잡아 주는 기능

2) 종류

분류		기능	제품
베이스 메이크업		피부의 결점을 가리고 피부톤을 균일하게 정리한다.	파운데이션, 컨실러, BB크림, CC크림
포인트 메이크업	색조 메이크업	눈매를 강조하고 또렷하게 연출한다.	아이섀도, 아이라이너, 마스카라, 아이브로
	립 메이크업	입술 색감을 돋보이게 하고 입술 모양을 강조한다.	립스틱, 립글로스, 립라이너
	치크 메이크업	얼굴 윤곽을 연출하고 생기를 부여한다.	블러셔, 하이라이터, 컨투어링

✔ 개념 체크

포인트 메이크업(Point Make-up) 화장품에 속하지 않는 것은?

① 블러셔
② 아이섀도
③ 파운데이션
④ 립스틱

③

KEYWORD 05 | 바디 화장품

1) 기능

① 보습 : 피부에 수분을 공급하고 보호하여 부드럽고 매끄러운 피부를 만듦
② 피부 진정 : 피부를 진정시키고 자극을 완화함
③ 피부 관리 : 피부 노화를 억제하고 피부 건강을 개선함
④ 향기(방향) : 함유된 향료로 기분 좋은 향을 피부에 남겨, 분위기나 기분을 전환할수 있음
⑤ 피부 미백 : 색소 침착을 억제하여 피부를 환하게 밝힘

2) 종류

종류	특징
바디 로션/크림	• 피부 보습과 영양 공급을 위한 제품이다. • 보디 전체에 사용하는 기본적인 보디 케어 제품이다.
바디 오일	• 피부 보습과 윤기 개선을 위한 제품이다. • 마사지 오일로도 사용할 수 있다.
바디 스크럽	• 각질 제거와 피붓결 개선을 위한 제품이다. • 주기적인 사용으로 매끄러운 피부를 만들어 준다.
바디 마사지 크림/젤	• 근육 이완과 혈액순환 개선을 위한 제품이다. • 마사지 시 사용하여 피로 해소에 도움을 준다.
바디 미스트	• 향료를 함유하여 산뜻한 향을 남기는 제품이다. • 전신에 뿌려 향기를 연출한다.

KEYWORD 06 모발 화장품

1) 기능

- 모발 보습 및 영양 공급
- 모발 손상 케어
- 모발 스타일링
- 모발 볼륨 및 윤기 연출
- 두피 관리

2) 종류

① **샴푸 및 린스** : 모발과 두피를 깨끗하게 세정하고 보습해 주는 기본 제품
② **린스(컨디셔너)** : 모발 손상을 집중적으로 케어하는 딥 컨디셔닝 제품
③ **트리트먼트** : 모발에 영양을 공급하고 윤기를 더해 주는 제품
④ **헤어 스프레이/젤** : 스타일링을 도와주고 고정력을 제공하는 제품
⑤ **헤어 로션** : 두피 관리와 모발 볼륨감 향상을 위한 제품

KEYWORD 07 네일 화장품

1) 기능

- 네일 보습 및 영양 공급
- 네일 강화 및 손상 케어
- 네일 큐티클 관리
- 네일 건조 및 고정력 제공

2) 종류

① **네일 에나멜 및 컬러 코트** : 네일에 색상을 입히고 보호하는 기본적인 제품
② **네일 베이스 코트 및 톱 코트** : 네일 컬러의 밀착력과 고정력을 높이는 보조 제품
③ **네일 큐티클 오일 및 크림** : 큐티클을 부드럽게 관리하고 영양을 공급하는 제품
④ **네일 강화제 및 하드너** : 연약하거나 손상된 네일을 강화하는 제품
⑤ **네일 리무버 및 클렌저** : 네일 컬러를 제거하고 네일을 깨끗하게 관리하는 제품

KEYWORD 08 방향 화장품 빈출

1) 기능

- 향기 부여
- 타인에게 호감 전달
- 기분 전환 및 심리적 안정
- 체취 및 냄새 제거

2) 종류

구분	부향률	지속시간	특징
향수 (Perfume)	15% 이상	6~8시간 이상	가장 농축된 형태의 향기 제품으로 오랜 지속력을 지닌다.
오 드 퍼퓸 (Eau de Parfume)	10~15%	4~6시간	향수에 비해 향기 농도가 낮은 제품으로 중간 정도의 지속력을 지닌다.
오 드 투알렛 (Eau de Toilette)	5~10%	3~4시간	향수와 오 드 퍼퓸의 중간 농도로 가벼운 향기를 제공한다.
오 드 콜롱 (Eau de Cologne)	2~5%	1~2시간	향기 농도가 가장 낮고 가벼운 제품으로 상쾌한 향을 선사한다.
바디 스프레이 (샤워 콜롱)	0.5~2%	1시간 미만	향기 지속력은 낮지만 간편하게 사용할 수 있다.

✔ 개념 체크

다음 중 향수의 부향률이 높은 것부터 순서대로 나열된 것은?

① 퍼퓸 〉오 드 퍼퓸 〉오데코롱 〉오 드 투알렛
② 퍼퓸 〉오 드 투알렛 〉오 드 콜롱 〉오 드 퍼퓸
③ 퍼퓸 〉오 드 퍼퓸 〉오 드 투알렛 〉오 드 콜롱
④ 퍼퓸 〉오 드 콜롱 〉오 드 퍼퓸 〉오 드 투알렛

③

부향률(賦香率)

부향률은 향수에서 향료의 '원액'이 차지하는(부담하는) 비율이다. 일반적으로 향수나 디퓨저는 향료와 에탄올을 혼합하여 만드는데, 이때 주성분인 '향료'의 비율이 얼마냐에 따라 발향력과 지속력이 달라진다. 부향률이 높으면 향이 오래 지속되지만, 잔향이 강해 다른 향과 섞이거나 좋지 않은 느낌을 줄 수 있다. 반면 부향률이 낮으면 은은한 향과 분위기를 낼 수 있지만 향이 오래 지속되지 않는다. 따라서 장소나 분위기, 날씨에 따라 방향 화장품을 달리 사용해야 한다.

향수의 노트

톱 노트 (Top Note)	• 특징 : 향수를 뿌린 직후 가장 먼저 느껴지는 향으로, 향수의 첫인상을 결정함 • 지속성 : 분자량이 작고 휘발성이 강한 향료로 구성되어 있어, 10분~1시간 정도 짧게 지속됨 • 대표적인 향 : 시트러스(레몬, 오렌지 등), 허브(민트, 라벤더 등), 그린(풀, 잎, 줄기 등) 계열
미들 노트 (Middle Note)	• 특징 : 톱 노트가 사라진 후 나타나는 향으로, 향수의 핵심적인 향기를 담고 있음 • 지속성 : 톱 노트보다 지속력이 강하며, 30분~2시간 정도 지속됨 • 대표적인 향 : 플로럴(장미, 재스민 등), 프루티(사과, 복숭아 등), 스파이시(계피, 카르다몸 등) 계열
베이스 노트 (Base Note)	• 특징 : 향수의 마지막 단계에 남는 향으로, 향수의 전체적인 분위기와 깊이를 더함 • 지속성 : 가장 지속력이 강하며, 몇 시간에서 하루 종일 은은하게 남음 • 대표적인 향 : 우디(샌달우드, 시더우드 등), 앰버(따뜻하고 달콤한 향), 머스크(부드럽고 파우더리한 향) 계열

1) 아로마 오일 · 에센셜 오일(Essential Oils)

특징	식물의 꽃, 잎, 줄기 등에서 추출한 천연 오일이다.
기능	• 향기 제공 : 심리적, 감정적으로 안정하게 하는 효과가 있음 • 피부 관리 : 항균, 항염, 진정 등의 효과가 있음 • 건강 증진 : 면역력 강화, 스트레스 완화 등의 효과가 있음
종류별 효과	• 티트리 오일 : 항균, 항염, 여드름, 피부 트러블 개선 • 어성초 오일 : 항균, 항염, 여드름, 습진 개선 • 타임 오일 : 항균, 항바이러스, 감염 예방, 피부 재생, 진정 • 레몬 오일 : 항균, 소독, 피부 청결 및 여드름, 피부 밝기와 톤 개선 • 캐모마일 오일 : 피부 진정, 항우울, 민감성 피부 트러블 개선 • 라벤더 오일 : 진정, 수면 개선, 항우울 • 멘톨 오일 : 시원한 느낌, 근육통, 관절통 완화에 효과적

2) 캐리어 오일(Carrier Oils)

특징	• 식물의 씨앗, 열매, 견과류 등에서 추출한 오일이다. • 아로마 오일을 희석한 것이다.
기능	• 피부 보습 : 지용성 영양분을 공급하여 피부 보습 효과가 있다. • 피부 질환 완화 : 항균, 항염, 진정 등의 효과가 있다.
종류별 효과	• 호호바 오일 : 보습, 진정, 항염 효과 • 아몬드 오일 : 비타민 E, 지방산 함유, 보습 및 영양 공급 • 올리브 오일 : 폴리페놀, 비타민 E, 항산화, 보습 • 맥아 오일 : 비타민 E, 불포화지방산, 피부 재생, 노화 방지 • 아보카도 오일 : 지용성 비타민, 지방산, 보습, 피부 재생, 탄력 개선 • 코코넛 오일 : 항균, 항염 효과, 여드름이나 피부 트러블 개선 • 로즈힙 오일 : 비타민 C, 비타민 A, 피부 노화 개선, 색소 침착 개선 • 칼렌듈라 오일 : 항균, 항염, 진정, 보습 민감성 피부에 적합

✔ **개념 체크**

일반적으로 여드름의 발생 가능성이 가장 적은 것은?

① 코코넛 오일
② 호호바 오일
③ 라놀린
④ 미네랄 오일

②

캐리어 오일

캐리어 오일은 베이스 오일(Base Oil)이라고도 하는데, 오일 시술 전에 에센셜 오일과 향료를 희석하는 데 사용된다. 휘발성이 높은 에센셜 오일을 온전하게 피부에 전달(Carry)하는 운반자(Carrier) 역할을 하기 때문에 이러한 이름이 붙었다.

오일의 종류

공부하다 보면 도서에 오일의 종류가 두 번 등장한다는 것을 알 수 있을 것이다. SECTION 17에서는 오일을 '원료'의 시각으로, 추출된 원천에 따라 분류해 '천연 오일─합성 오일'로 나눈 것이다. 한편, SECTION 18에서는 오일을 '기능'의 시각으로, 시술 시 사용되는 목적에 따라 분류해 '에센셜(아로마) 오일─캐리어 오일'로 나눈 것이다.

CHAPTER

02

자연네일 관리

자연네일

▶합격강의

빈출 태그 ▶ #자연네일 #손톱성장 #네일세이프 #네일형태

KEYWORD 01 자연네일의 특성

1) 손톱의 개념과 특징

케라틴의 화학적 조성비
탄소 〉 산소 〉 질소 〉 황 〉 수소

개념		손발가락 끝의 피부가 각질화한 구조이다.
조성		• 경단백질인 케라틴으로 구성된다. • 12~18% 정도의 수분을 함유한다. • 약 0.1~0.3% 정도의 지방을 함유한다.
건강한 손톱의 조건	손톱	• 표면에 균열 · 박리 없이, 균일하고 매끄러워야 한다. • 밝은 분홍색 또는 투명하여야 한다. • 재질이 단단하고 탄력이 있어야 한다. • 손톱 기부는 분홍색을 띠어야 하며, 선명하고 균일해야 한다. • 손톱 성장(길이, 재질, 속도 등)에 이상이 없어야 한다. • 네일 베드에 단단하게 부착되어 있어야 한다.
	손톱 피부	• 건조하거나 갈라지지 않아야 한다. • 염증이나 감염이 없어야 한다.

2) 손톱의 형성 · 발달 · 성장

① 손톱의 형성과 발달

임신 9주	• 태아의 손톱의 성장 부위가 형성된다. • 피부가 내부로 휘어 들어가 손톱의 형성과 성장이 시작된다.
임신 14주	손톱이 나타나기 시작하며, 성장하는 모습을 관찰할 수 있다.
임신 20주	완전한 손톱이 형성된다.

② 성장 방향

• 성장 과정 : 네일 매트릭스에서 네일 세포 형성 → 네일 베드
를 따라 이동 → 네일 보디 방향으로 자라며 점점 각질화
• 전체적 방향 : 네일 루트 → 프리에지

③ 성장 속도

느림	여성	겨울	소지	노인	비임신	손가락 사용 적음
빠름	남성	여름	중지	청소년	임신	손가락 사용 많음

✅ **개념 체크**

손톱의 성장과 관련한 내용 중
옳지 않은 것은?

① 겨울보다 여름에 빨리 자란다.
② 임신기간에는 호르몬의 변
화로 손톱이 빨리 자란다.
③ 피부유형 중 지성피부의 손
톱이 더 빨리 자란다.
④ 연령이 젊을수록 손톱이 더
빨리 자란다.

③

✅ **개념 체크**

일반적인 손발톱의 성장에 관
한 설명 중 옳지 않은 것은?

① 소지 손톱이 가장 빠르게
자란다.
② 여성보다 남성의 경우 성장
속도가 빠르다.
③ 여름철에 더 빨리 자란다.
④ 발톱의 성장 속도는 손톱의
성장 속도보다 ½ 정도 늦다.

①

④ 네일의 두께와 크기 (빈출)

네일의 두께	네일의 크기
매트릭스의 길이로 결정된다.	매트릭스의 크기로 결정된다.
• 얇은 네일 : 매트릭스의 세포 배열 길이가 짧음 • 두꺼운 네일 : 매트릭스의 세포 배열 길이가 깊음	• 작은 네일 : 매트릭스의 세포 크기가 작음 • 큰 네일 : 매트릭스의 세포 크기가 큼

KEYWORD 02   자연네일의 구조

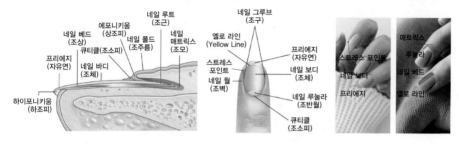

1) 네일의 정면 구조

조체(Nail Body), 조판(Nail Plate)	• 일반적으로 부르는 손톱과 발톱이다. • 단단하고 투명한 죽은 케라틴 세포로 구성된다. • 여러 겹으로 이루어진 각질세포가 3개의 층으로 구성된다. • 신경과 혈관이 없으며 산소가 필요치 않다. • 베드와 멀어질수록 각화 정도가 더해지고 딱딱하다.
프리에지, 자유연 (Free Edge)	• 네일 보디의 끝 부분이다. • 네일만 자라 나와 네일 베드와 분리된다. • 손톱의 형태나 길이를 조절할 수 있는 부분이다.
스트레스 포인트 (Stress Point)	• 네일 보디 양측의 프리에지가 시작되는 부분이다. • 외부의 충격에 의해 쉽게 손상되는 부분이다.

2) 손톱의 내부 구조

조상, 네일 베드 (爪床, Nail Bed)	• 네일 보디가 붙어있는 그 밑 부분의 피부 조직이다. • 혈관과 신경이 분포해 연분홍색으로 보인다. • 네일 보디에 수분과 영양을 공급한다. • 이 위를 따라 손발톱이 성장하고 전진한다.
조근, 네일 루트 (爪根, Nail Root)	• 조직으로 얇고 부드럽다. • 네일의 새로운 세포가 만들어져 나오기 시작하는 곳이다. • 이 부분이 손상되면 네일의 성장 방향이나 형태가 달라진다.
조모, 매트릭스 (爪母, Nail Matrix)	• 네일 루트 밑에 위치한다. • 림프관 · 혈관 · 신경이 분포해, 네일 세포의 생산과 성장 및 대사를 조절한다. • 이 부분이 손상되면 네일이 비정상적으로 자란다.

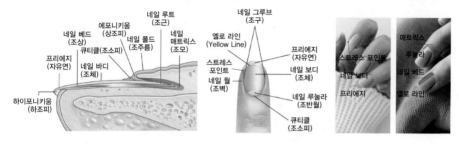

조반월, 루눌라 (爪半月, Lunula)	• 큐티클과 네일 보디 사이에 있는 유백색의 반달형 구조물이다. • 완전히 케라틴화하지 않은 네일 보디의 베이스이다. • 루눌라의 크기나 두께는 손톱의 건강과 무관하다. • 네일 베드와 네일 루트를 연결한다.

▼ 네일의 층과 각질 배열

구분	프리에지	배열
뒷부분	위층	세로배열
중간부분	중간층	가로배열
앞부분	중간층	세로배열

3) 손톱 주변의 피부

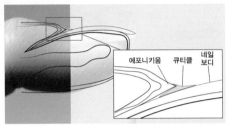

하조피, 하이포키니움 (下爪皮, Hyponychium)	• 프리에지 밑 부분의 부드러운 막이다. • 박테리아와 이물질의 침입을 막는다.
조구, 네일 그루브 (爪丘, Nail Groove)	네일 보디와 네일 폴드 사이에 형성된 고랑이다.
조벽, 네일 월 (爪壁, Nail Wall)	네일 보디 외측의 양 벽이다.
조소피, 큐티클 (爪小皮, Cuticle)	• 에포니키움의 각질화 과정에서 생성되며, 에포니키움 아래, 네일 보디와 에포니키움 사이에 형성된다. • 네일 보디에 단단히 붙어서 자라나, 네일 매트릭스를 병원균으로부터 보호한다. • 미관상 지저분해 보이는 부분은 제거할 수 있으나, 완전 제거는 불가능하다.
상조피, 에포니키움 (上爪皮, Eponychium)	• 네일 보디의 시작점과 루눌라 바로 위에 위치한 조직이다. • 매트릭스를 보호하며, 아래는 끈적한 형질로 구성되어 있다. • 과도하게 자르거나 안쪽이나 위로 밀어 올리면 감염이나 손상이 발생하는데, 에포니키움이 손상되면 네일의 생성과 성장에 장애가 발생한다.
조주름, 네일 폴드 (爪褶, Nail Fold)	• 네일을 잡아 주는 피부 속 주름으로, 단단한 방어막이다. • 네일의 윗부분과 옆선에 맞춰 형성되어 있는 주름이다.
옐로 라인, 스마일라인 (Yellow Line)	• 네일이 네일 베드에서 분리되어 피부가 시작되는 부분으로, 외관상 노란빛을 띤다. • 아래 피부에는 하이포니키움이 있다.

1) 네일숍에서 관리할 수 있는 네일(15종)

한글명	영문명	사진	원인과 증상	관리 방법
교조증	Onychophagy (오니코파지)		• 습관적으로 손톱을 심하게 물어뜯어 발생한다. • 네일을 물어뜯어 크기가 작아지고 표면이 울퉁불퉁해진다.	• 아크릴 네일을 덧댄다. • 노바이트 제품을 사용한다.
조내성증	Onychocryptosis /Ingrown Nail (오니코크립토시스 /인그로운 네일)		• 유전적인 요인으로 발생한다. • 발톱을 너무 짧게 깎거나 둥글게 깎아서 발생한다. • 꽉 끼는 신발을 신어서 발생한다. • 손발톱 양옆 부분이 살로 파고든다. • 심한 경우 염증과 통증이 발생한다.	• 스퀘어형으로 발톱을 다듬는다. • 발톱에 압력이 가해지는 행동을 자제한다. • 인조네일로 내향성 네일을 보정한다. • 심한 경우나 감염된 경우 진료 필요가 필요하다.
거스러미	Hangnail (행네일)		• 물과 세제에 노출되어 피부가 건조해져서 발생한다. • 영양결핍, 물어뜯는 버릇 등도 거스러미를 만드는 데 일조한다. • 네일의 양편의 피부나 네일이 튀어나오는 증상이다.	• 큐티클 니퍼로 조심스럽게 제거한다. • 핫 오일 매니큐어, 파라핀 매니큐어, 큐티클 크림, 오일 등으로 보습한다. • 강제로 제거 시 감염(생인손)의 위험이 있다.
조갑 연화증 (계란껍질 네일)	Onychomalaci /Eggshell Nail (오니코마리 /에그셀 네일)		• 다이어트나 불규칙한 식습관으로 영양 상태가 좋지 않은 경우에 발생한다. • 내과적 질병 또는 신경계통의 이상으로 발생한다. • 손톱 끝이 겹겹이 달걀 껍질 같이 부드럽고 가늘며 하얗게 되어 네일 끝이 휘어진다.	• 네일 강화제를 사용한다. • 인조네일로 보강한다. • 부드러운 파일로 파일링한다.
조갑 종렬증	Onychorrhexis (오니코렉시스)		• 혈액공급에 이상이 생겨서 발생한다. • 손톱의 상해, 잦은 화학 제품 사용으로 인해 발생한다. • 세로로 골이 파여 갈라지거나 부러진다.	인조네일 시술로 손톱을 보호한다.

✔ 개념 체크

부드럽고 가늘며 하얗게 되어 네일 끝이 굴곡지는 질병으로, 다이어트, 신경성 등에서 기인하는 네일 병변으로 옳은 것은?

① 위축된 네일 (Onychatrophia)
② 파란 네일 (Onychocyanosis)
③ 계란껍질 네일 (Onychomalacia)
④ 거스러미 네일(Hang Nail)

③

✔ 개념 체크

다음 중 네일의 병변과 그 원인의 연결이 잘못된 것은?

① 모반점(니버스) – 네일의 멜라닌 색소 작용
② 과잉성장으로 두꺼워진 네일 – 유전, 질병, 감염
③ 고랑 파진 네일 – 아연 결핍, 과도한 푸셔링, 순환계 이상
④ 붉거나 검붉은 네일 – 비타민, 레시틴 부족, 만성질환 등

④

조갑 위축증	Onychatrophia (오니카트로피아)		• 내과적 질병이나 잦은 화학제품 사용으로 네일 매트릭스가 손상되어 발생한다. • 광택이 사라지고 손톱이 작아지면서 부서져 없어진다. • 주로 새끼발톱에서 발견된다.	• 내과적 질병이 원인일 경우 질병을 치료한다. • 부드러운 파일과 푸셔로 조심스럽게 관리한다.
변색된 손톱	Discolored Nail (디스컬러드 네일)		• 네일 폴리시가 착색되어 발생한다. • 질병이나 진균 감염으로 인해 발생한다. • 네일의 색이 황색, 청색, 검푸른색, 자색 등으로 변한다.	• 유색 폴리시로 인한 착색은 베이스 제품을 꼼꼼히 사용함으로써 예방할 수 있다. • 폴리시가 착색된 경우 면봉에 과산화수소를 묻혀 닦아 준다.
흑조증	Nevus (니버스)		• 손톱 표면의 색소 침착으로 인하여 발생한다. • 손톱 표면의 거무스름한 얼룩 현상이 나타난다.	• 네일 폴리시를 바른다. • 손톱이 자라면 저절로 없어진다.
스푼 네일	Koilonychia (코일로니키아), Ski Jump Nail/ Spoon Nail (스키점프손톱/ 스푼손톱)		• 유전적 요인으로 인해 발생한다. • 철분 결핍으로 인한 빈혈 증상 중 하나이다. • 갑상선 부종으로 인해 발생한다. • 손톱 양쪽이 바깥쪽으로 벌어져 가운데 부분이 오목해진다.	• 인조네일 시술을 중단한다. • 심할 경우 진료가 필요하다.
조갑 비대증	Onychauxis (오니콕시스)		• 발톱 내부가 감염되어 발생한다. • 손상, 질병, 상해로 발생한다. • 지나치게 꽉 끼는 신발을 신는 경우에 발생한다. • 손발톱의 과잉성장으로 비정상적으로 두꺼워지고 변색된다.	두꺼워진 부분을 부드럽게 버핑한다.
표피 조막증/ 조갑 익상편	Pterygium (테리지움)		• 유해한 성분이 들어간 제품을 사용하여 발생한다. • 말초신경 장애나 매트릭스의 염증으로 인해 발생한다. • 큐티클 과잉 성장으로 손톱 위로 자라 나온다.	• 조심스럽게 푸셔와 니퍼로 제거 한다. • 핫 오일 매니큐어, 파라핀 매니큐어로 보습한다.

멍든 네일	Hematoma, Bruised Nail (헤마토마, 혈종)		• 네일 보디에 멍이 생겨 발생한 후 네일 베드의 혈액이 응고되어 발생한다. • 네일 보디에 푸른 멍이 반점처럼 나타나 손톱 전체가 검게 변한다.	네일이 잘 고정된 상태라면 시술할 수 있지만, 그렇지 않다면 시술을 할 수 없다.
주름진 네일	Corrugation, Furrow (커러제이션, 퍼로우)		• 세로 골 : 순환기계 이상으로 발생 • 가로 골 : 고열, 임신, 아연 결핍으로 발생 • 손톱의 전체적으로 세로나 가로로 고랑이 파인다.	• 버핑과 강화제로 관리한다. • 인조네일 시술을 할 수 있다.
조갑 청색증	Onychocyanosis (오니코사이아노시스)		• 혈액순환 이상으로 인해 발생한다. • 손톱이 푸르스름하게 변한다.	의사와 상의해야 한다.
백색 반점	White spot, Leuconychia (화이트 스팟, 루코니키아)		• 유전적 요인으로 인해 발생한다. • 매트릭스가 손상되어 발생한다. • 손톱 밑에 공기가 들어가 발생한다. • 손톱에 하얀 반점이 생긴다.	손톱이 자라면 없어진다.

2) 네일숍에서 관리할 수 없는 네일(7종)

한글명	영문명	증상	원인
조갑 탈락증	Onychoptosis (오니콥토시스)	• 손발톱이 빠진다. • 네일의 일부 또는 전체가 손가락에서 주기적으로 떨어져 나간다.	특정 질병, 매독, 고열, 약물 반응, 외상 등의 이유로 발생한다.
조갑 구만증	Onychogryphosis (오니코그라이포시스)	• 네일이 심하게 두꺼워지며 피부 속으로 파고든다. • 손발가락이 밖으로 심하게 휜다.	아직 알려지지 않았다.
조갑 사상균증	Mold (몰드)	• 녹색의 점처럼 보이다가 점차 검게 변한다. • 사상균 감염으로 인해 발생한다.	인조네일 시술 시 습기가 차면 발생한다.
조갑 주위염	Paronychia (파로니키아)	• 손톱 주변이 빨갛게 부어오르며 살이 무른다. • 염증과 고름이 생긴다.	• 손톱 주변 피부의 칸디다 감염증이다. • 위생 처리가 되지 않은 네일 도구들을 사용해서 발생한다.

✔ 개념 체크

네일 도구를 제대로 위생처리 하지 않고 사용했을 때 생기는 질병으로 시술할 수 없는 손톱의 병변은?

① 오니코렉시스(조갑종렬증)
② 오니키아(조갑염)
③ 에그셀 네일(조갑연화증)
④ 니버스(모반점)

②

조갑 진균증	Onychomycosis, Tinea ungium (오니코마이코시스, 백선, 무좀)	• 발톱 모양이 부서지고 하얗게 변한다. • 전염성이 있으며 발바닥 전체, 발가락 사이에 붉은색 물집이 생기고 하얗게 변한다.	진균(곰팡이) 감염으로 발생한다.
조갑염	Onychia (오니키아)	• 네일의 특정 부위가 박리되면서 염증이 생긴다. • 빨갛게 부어 있으며 고름이 형성된다. • 당뇨병 환자에게 잘 발생하며 통증과 종창을 유발한다.	소독하지 않은 도구로 시술하여 상처부위로 박테리아가 침입하여 발생한다.
조갑 박리증	Onycholysis (오니코리시스)	• 네일 베드에서 손톱이 점차 분리된다. • 프리에지에서 발생하여 루눌라까지 번지게 된다.	• 질병이나 내과 질환으로 발생한다. • 하이포니키움이 손상되어 발생한다.

KEYWORD 04 자연네일의 형태

✔ 개념 체크

자연네일의 손톱모양 중 남성 매니큐어에 가장 적합한 형태는?

① 오벌형
② 아몬드형
③ 둥근형
④ 사각형

③

1) 자연네일의 모양

구분	이미지	형태	특징
스퀘어 (사각형)		• 하이포니키움부터 적용할 수 있다. • 프리에지의 사이드 네일이 손상되지 않아야 한다. • 하이포니키움보다 네일보디가 길게 자란 경우에 시술할 수 있다.	• 강한 느낌의 사각형으로 네일의 양끝 모서리 부분이 90°인 모양이다. • 네일 대회에서 기술의 검증을 위해 많이 활용한다.
스퀘어 오프 (모서리가 둥근 사각형)		• 하이포니키움부터 적용할 수 있다. • 프리에지의 사이드 네일이 손상되지 않아야 한다. • 하이포니키움보다 네일보디가 길게 자란 경우에 시술할 수 있다.	• 사각형의 네일 모양에서 양끝 모서리만 부드럽게 파일링한 모양이다. • 비교적 충격에 강해 손끝을 자주 사용하는 사람에게 적합한 네일 모양이다.
라운드 (둥근형)		• 하이포니키움부터 적용할 수 있다. • 스트레스 포인트에 직선을 표현할 수 있다. • 사이드스트레이트 손상이 없어야 한다. • 프리에지가 짧아도 대부분 적용할 수 있다.	• 스트레스 포인트부터 프리에지까지는 직선이지만 프리에지는 둥근 모양이다. • 남녀노소 불문하고, 시술 시 가장 많이 활용되는 대중적인 모양이다.
오벌 (타원형)		• 하이포니키움부터 적용할 수 있다. • 스트레스 포인트부터 곡선으로 연결된다. • 프리에지가 짧아도 적용할 수 있다.	• 스트레스 포인트에서 스트레스 포인트까지 프리에지 전체를 동그랗게 굴린 모양이다. • 부드럽고 우아한 곡선의 여성스러운 모양이다.

| 포인트
(뾰족형) | | 프리에지 길이 최소 3~5mm 이상 이어야 모양의 특징을 나타낼 수 있다. | • 타원형과 유사하나 프리에지의 중심 부분을 뾰족하게 잡고 모서리를 굴려 만든 모양이다.
• 손이 길고 가늘어 보이나 부러지기 쉬운 형태이다. |

2) 형태별 프리에지 모양의 차이

구분	라운드	오벌
스트레스 포인트		
네일 보디		

KEYWORD 05 네일 파일

1) 네일 파일의 개념

네일 파일(Nail File)은 막대형의 네일 연마 도구로 거칠기에 따라 그릿(Grit) 수로 구분하여 사용한다.

2) 파일의 거칠기와 그릿(Grit)

① 그릿의 개념

• 네일 파일의 거칠기를 표현하는 단위이다.
• 사방 1인치인 사각 면적 위에 사용되는 연마제의 양(수)을 표시하는 단위이다.
• 그릿이 높을수록 연마제의 입자가 작은데, 이는 연마제 입자가 작을수록 동일 면적대비 입자가 많이 포함되기 때문이다.

개념 체크

파일의 거칠기 정도를 구분하는 기준은?
① 파일의 두께
② 그릿 숫자
③ 소프트 숫자
④ 파일의 길이

②

② 파일 그릿 수별 용도

구분	용도	표면	연마제 입자
100그릿 이하	인조네일의 두께와 길이 조절할 때 사용한다.		
150~180그릿	• 인조네일의 형태를 잡거나 표면을 정리할 때 사용한다. • 자연네일의 표면을 에칭할 때 사용한다(180그릿 이상 사용).	거칠다	크다
180~240그릿	• 인조네일의 표면을 정리할 때 사용한다. • 자연네일의 형태를 잡거나 표면을 정리할 때 사용한다.	↕	↕
240~400그릿	표면을 부드럽게 정리할 때 사용한다.	부드럽다	작다
400그릿 이상	표면 광택에 사용한다.		

3) 네일 파일의 종류

① 사용 횟수에 따른 구분

일회용 파일	한 번 사용하고 폐기하는 파일이다.
워셔블 파일	소독하여 재사용하는 파일이다.

② 용도에 따른 구분

샌딩 파일 (Sanding File)	• 표면에 연마제가 있고 속에는 스펀지가 들어 있는 파일이다. • 압력과 온도의 전도율을 낮춘 네일 파일이다. • 네일의 표면을 정리하고, 광택을 제거할 때 사용한다.
광택 파일 (Shine File)	• 네일에 광택을 줄 때 사용하는 마무리용 네일 파일이다. • 그릿 수에 따라 광택의 강도를 조절할 수 있다. • 4000그릿 정도를 사용하여, 광택을 강하게 낼 수 있다.
우드 파일 (Wood File)	• 나무 소재의 파일로, 네일 파일 중 두께가 가장 얇다. • 네일 보디와 주변 피부 경계를 섬세하게 파일링하기 좋다. • 프리에지의 모양(셰이프)을 만드는 용도로 사용한다. • 손톱은 3겹의 구조이기 때문에 자연네일 셰이프 시 단방향(한방향)으로 파일링해야 한다.
디스크 파일 (Disk File)	• 네일 파일링 시 프리에지 아래의 거스러미를 제거할 때 사용한다. • 사용하기 편리하도록 그 모양이 다양하다. • 최초 제작 시 둥근 디스크 형태로 만들어 사용되어 디스크 파일로 통칭한다.
디자인 파일 (Design File)	• 컬러풀한 디자인이 프린트된 네일 파일이다. • 네일 파일 중 사용 빈도가 가장 높은 180그릿으로 제작한다. • 일반적으로 일회용으로 제작하는 파일이다.
투웨이 파일 (2 Way File)	• 그릿 수가 다른 2가지 이상의 파일을 하나로 만든 파일이다. • 일반적으로 표면 정리용과 표면 광택용을 하나로 합쳐서 만든다.

SECTION 02 네일 화장물 제거

출제빈도 상 중 하
반복학습 1 2 3

빈출 태그 ▶ #네일화장물제거 #네일화장품

KEYWORD 01 네일 화장물의 개념과 종류

1) 네일 화장물

① 개념 : 네일미용 시술 시 네일에 올리는 모든 재료, 제품, 장식물

② 종류

일반 네일 폴리시	개념	손·발톱에 도포하여 컬러를 부여하는 자연 건조 제품이다.
	종류	• 베이스 코트 : 폴리시의 색상이 손톱에 착색되는 것을 방지함 • 톱 코트 : 일반 네일 폴리시를 보호하고, 광택을 냄
	성분	니트로셀룰로스
젤 네일 폴리시	개념	손·발톱에 도포하여 컬러를 부여하는 램프 건조 제품이다.
	종류	• 베이스 젤 : 밀착력을 높이기 위해 처음에 사용하는 투명한 젤 • 톱 젤 : 젤 네일 폴리시를 보호하고, 광택을 냄 • 소프트 젤 : 리무버나 아세톤으로 제거할 수 있음 • 하드 젤 : 리무버나 아세톤으로 제거할 수 없고, 드릴이나 파일로 갈아내야 함
인조네일	개념	아크릴 네일, 팁 네일, 랩 네일, 젤 네일 중 2가지 이상이 혼합된 네일 제품이다.
	특징	밀착력이 강해 퓨어 아세톤으로 제거해야 한다.

> ✔ 개념 체크
>
> 젤 네일에 관한 설명으로 옳지 않은 것은?
> ① 아크릴릭에 비해 강한 냄새가 없다.
> ② 일반 네일 폴리시에 비해 광택이 오래 지속된다.
> ③ 소프트 젤(Soft Gel)은 아세톤에 녹지 않는다.
> ④ 젤 네일은 하드 젤(Hard Gel)과 소프트 젤(Soft Gel)로 구분된다.
>
> ③

2) 네일 화장물 제거제

① 개념 : 작업된 네일 화장물을 용해시켜 제거하는 제품

② 종류

일반 네일 폴리시리무버 (Nail Polish Remover)	• 아세톤, 에틸아세테이트 성분에 보습성분(오일, 글리세린)이 혼합된 제품이다. • 아세톤 성분이 비교적 적어 백화현상이 덜 일어난다.
젤 네일 폴리시리무버 (Gel Nail Polish Remover)	• 아세톤, 에틸아세테이트 성분에 보습성분(오일, 글리세린)이 혼합된 제품이다. • 일반 네일 폴리시와 비슷하나, 아세톤의 함량이 더 높다. • 아세톤 함량이 높아 백화현상이 나타나며, 피부 보호를 위해 네일 주변 피부에 큐티클 오일을 도포해야 한다. • 경화된 젤 네일을 제거할 때 주로 사용한다.
퓨어 아세톤 (Pure Acetone)	• 100% 아세톤으로만 구성된 제품이다. • 백화현상이 나타나며, 피부 보호를 위해 네일 주변 피부에 큐티클 오일을 도포해야 한다. • 인조네일(젤, 랩, 팁, 아크릴 등)을 제거할 때 사용한다. • 인화성이 있어 사용 시 주의가 필요하다.
논 아세톤 (Non-Acetone) / 아세톤 프리 (Acetone Free)	• 아세톤 성분을 포함하지 않는 대신 메틸아세테이트, 이소프로필미리스테이트, 토코페롤아세테이트 등을 사용한 제품이다. • 아세톤 성분이 없어 제거 시 백화 현상이 나타나지 않는다.

③ 네일 화장물 제거제 사용 시 주의사항
- 호흡기를 보호하기 위해 마스크를 착용해야 한다.
- 인화성 물질로 화기 옆에 두지 않고 자주 환기해야 한다.
- 휘발성이 강한 액체로 과도한 사용은 네일과 피부를 건조하게 할 수 있으니 주의해야 한다.
- 사용 후 자연네일 손상을 방지하기 위해 네일 강화제를 도포해야 한다.
- 주변 피부에 보습을 위해 큐티클 오일과 로션을 바르는 것을 권장한다.

KEYWORD 02   네일 화장물 제거

1) 일반 네일 폴리시 제거

① 손소독	작업자와 고객의 손을 소독한다.
② 장식물 제거	장식물이 있는 경우 우선 제거한다.
③ 전체 제거	탈지면에 일반 네일 폴리시 리무버를 적셔 제거한다.
④ 잔여물 제거	탈지면이나 오렌지 우드스틱에 탈지면을 말아 네일 폴리시 리무버를 적셔 사이사이 꼼꼼하게 한 번 더 제거한다.

2) 젤 네일 폴리시 제거

① 손소독	작업자와 고객의 손을 소독한다.
② 장식물 제거	장식물이 있는 경우 우선 제거한다.
③ 길이 재단	필요시 네일 클리퍼를 사용하여 길이를 조절한다.
④ 두께 제거	150~180 그릿의 네일 파일을 사용하여 자연네일이 손상되지 않게 두께를 줄인다.
⑤ 분진 제거	소독된 네일 더스트 브러시를 사용하여 네일과 네일 주변의 분진을 제거한다.
⑥ 오일 도포	• 네일 주변의 피부를 보호하기 위해 네일 주변의 피부에 큐티클 오일을 도포한다. • 네일 부분에 큐티클 오일이 묻을 경우 해당 부분에 제거제의 효과가 더디거나 없을 수 있다.
⑦ 제거제 적용	젤 네일 폴리시 리무버나 퓨어 아세톤을 탈지면에 적셔 제거할 위치에 올린다.
⑧ 포일 마감	재단된 포일로 아세톤이 휘발되지 않게 감싸준 뒤 7~10분 후 포일을 제거한다.
⑨ 젤 네일 폴리시 제거	큐티클 푸셔, 오렌지 우드스틱을 이용하여 용해된 부분을 큐티클 부분에서 프리에지 방향으로 제거한다.
⑩ 잔여물 제거	자연네일이 손상되지 않게 주의하여, 180그릿 이상 부드러운 파일로 잔여물을 제거한다.
⑪ 표면 정리	샌딩 파일을 이용하여 자연네일의 표면을 다듬는다.

⑫ 프리에지 조형	자연네일용 우드파일을 이용하여 균형이 맞게 프리에지 형태를 잡는다.
⑬ 분진 제거	네일 더스트 브러시를 사용하여 분진을 제거한다.
⑭ 제거 확인	제거 상태를 확인하고 정리한다.
⑮ 보습제 · 오일 도포	아세톤 사용으로 건조해진 네일 주변 피부에 보습제나 오일을 도포한다.

3) 인조네일 제거 🄫빈출

① 손 소독	작업자와 고객의 손을 소독한다.
② 장식물 제거	장식물이 있는 경우 우선 제거한다.
③ 길이 재단	필요시 네일 클리퍼를 사용하여 길이를 조절한다.
④ 두께 제거	• 팁, 랩, 젤 네일 : 150~180그릿의 파일로 자연네일이 손상되지 않게 두께를 줄임 • 아크릴 네일의 : 경도가 높아 100~150그릿의 파일을 사용함
⑤ 분진 제거	소독된 네일 더스트 브러시를 사용하여 네일과 네일 주변의 분진을 제거한다.
⑥ 오일 도포	• 네일 주변의 피부를 보호하기 위해 네일 주변의 피부에 큐티클 오일을 도포한다. • 네일 부분에 큐티클 오일이 묻어 있을 경우 해당 부분에 제거제의 효과가 더디거나 없을 수 있다.
⑦ 제거제 적용	퓨어 아세톤을 탈지면에 적셔 제거할 위치에 올린다.
⑧ 포일 마감	재단된 포일로 아세톤이 휘발되지 않게 감싸주고 7~10분 뒤 포일을 제거한다.
⑨ 인조네일 제거	큐티클 푸셔, 오렌지 우드스틱을 이용하여 용해된 부분을 큐티클 부분에서 프리에지 방향으로 제거한다.
⑩ 잔여물 제거	자연네일이 손상되지 않게 주의하며 180그릿 이상의 부드러운 파일로 잔여물을 제거한다.
⑪ 표면 정리	샌딩 파일을 이용하여 자연네일의 표면을 다듬는다.
⑫ 프리에지 조형	자연네일용 우드파일을 이용하여 균형이 맞게 프리에지 형태를 잡는다.
⑬ 분진 제거	네일 더스트 브러시를 사용하여 분진을 제거한다.
⑭ 제거 확인	제거 상태를 확인하고 정리한다.
⑮ 보습제, 오일 도포	아세톤 사용으로 건조해진 네일 주변 피부에 보습제나 오일을 도포한다.

> **대략적인 순서**
> 손 소독 → 길이 재단 → 두께 제거 → 분진 제거 → 오일 도포 → 제거제 도포 → 포일 마감 → 인조네일 제거 → 잔여물 제거 → 표면 정리 → 자연네일 형태 조형

🄫 권쌤의 노하우

해당 방법은 팁 네일, 랩 네일, 아크릴 네일 등의 인조네일을 제거할 때 사용합니다. 자주 출제되는 부분이니 눈여겨봐야합니다.

다음의 a와 b에 들어갈 말로 알맞은 단어를 바르게 짝지은 것은?

• (a)는 폴리시 리무버나 아세톤을 담아 펌프식으로 편리하게 사용할 수 있다.
• (b)는 아크릴 리퀴드를 덜어 담아 사용할 수 있는 용기이다.

    a   b
① 다크디시 작은 종지
② 디스펜서 다크디시
③ 다크디시 디스펜서
④ 디스펜서 디펜디시

④

4) 네일 화장물 제거를 위해 필요한 재료

디스펜서		• 사용이 편리하도록 뚜껑이 달려 있는 용기이다. • 사용 시 뚜껑을 열고 탈지면을 적시고 사용하지 않을 시 즉시 뚜껑을 닫아 두어야 한다.
탈지면		• 소독 처리된 화장솜이다. • 떼어 내기 쉽도록 손톱 크기에 맞게 잘라서 사용해야 한다.
큐티클 오일		• 제거제의 아세톤 성분으로부터 건조를 막기 위해 사용한다. • 큐티클 부분과 네일 주변 피부에 발라 피부를 보호한다.
알루미늄 포일		• 제거제의 아세톤이 휘발되지 않게 하는 용도로 사용한다. • 알루미늄 포일을 가로×세로 15㎝ 정도로 재단해서 사용한다.

남자들도 손톱 관리를 받나요?
네일 관리는 더 이상 여성의 영역이 아니다. 깔끔하고 건강한 손은 남성에게도 좋은 인상을 줄 수 있다. 네일숍이 처음이라면 기본 관리를 받는 것이 제일 좋다.

관리에는 어떤 것이 있나요?

기본 관리	• 손톱 정리 : 손톱 길이와 모양을 깔끔하게 정돈함 • 큐티클 제거 : 손톱 주변의 굳은살과 큐티클을 제거하여 더욱 깔끔한 인상을 줌 • 손 마사지 : 손의 피로를 풀어주고 혈액순환을 촉진함 • 영양 공급 : 손톱과 피부에 영양을 공급하여 건강하게 가꿔 줌
추가 관리 (선택)	• 연장 : 물어뜯어 망가진 손톱이 예쁘게 잘 자라게 하기 위해 폼을 덧댐 • 강화 : 약한 손톱을 위한 강화 시술을 통해 손톱을 보호함 • 각질 제거 : 거칠어진 손의 각질을 제거하여 더욱 부드럽고 건강한 손으로 가꿔 줌

처음이라 망설여진다면?
• 네일숍 방문 전에 어떤 관리를 받을지 미리 생각해 두거나, 원하는 스타일의 사진을 찾아가는 것도 좋다.
• 네일숍 직원과 상담하여 자신에게 맞는 관리를 추천받는 것이 제일 좋다.

관리 후 유지하는 팁은?
• 보습 : 핸드크림을 사용하여 손의 건조를 방지하고 촉촉함을 유지해 줌
• 손톱 관리 : 손톱깎이와 줄을 이용하여 손톱 길이를 주기적으로 정리하고, 큐티클 오일을 사용하여 큐티클을 관리해 줌
• 보호 : 작업 시 장갑을 착용하여 손과 손톱을 보호해 줌

손톱 발톱 관리

▶ 합격 강의

빈출 태그 ▶ #매니큐어 #패디큐어 #큐티클관리 #기본관리

KEYWORD 01 네일관리 준비 빈출

1) 네일용구와 작업대의 구성

① 네일용구의 일람

작업대		정리 바구니			
매니큐어	페디큐어	소독용기	파일꽂이	개별용기	개별정리
• 팔받침대 • 타월 • 핑거볼 • 위생봉투 • 키친타월	• 발받침대 • 타월 • 족욕기 • 위생봉투 • 키친타월	• 알코올 • 오렌지우드스틱 • 큐티클 니퍼 • 큐티클 푸셔 • 더스트 브러시 • 클리퍼	• 우드 파일 • 샌딩버퍼 • 광택용 파일 • 페디파일 • 180그릿 네일 • 파일	• 탈지면통(대형) • 탈지면통(소형) • 멸균 거즈 • 키친타월 • 스펀지(소형)	• 베이스 코트 • 톱 코트 • 네일 폴리시 • 스킨 소독제 • 지혈제 • 큐티클리무버 • 큐티클 오일 • 폴리시 리무버 • 젤클리너

② 작업대의 구성

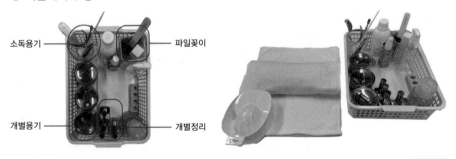

소독용기 ─── ─── 파일꽂이

개별용기 ─── ─── 개별정리

정리바구니	• 바구니의 영역을 소독용기, 파일꽂이, 개별로 정리하는 도구로 구획한다. • 작업자가 편한 방향(오른손잡이의 경우 오른쪽, 왼손잡이의 경우 왼쪽)으로 바구니를 배치한다.
소독용기	알코올 희석액을 용기에 ⅔ 가량 채우고 큐티클 정리 도구를 준비한다.
파일꽂이	일회용 파일을 구비해 꽂아 둔다.
개별 용기	탈지면, 멸균 거즈, 키친 타월 등을 담는 뚜껑 있는 용기를 준비한다.
테이블	수건 위에 키친 타월을 깔고 그 위에 손목 받침대를 준비한다.

2) 주요 용구의 사용법

① 푸셔의 용법

✅ **개념 체크**

푸셔로 큐티클을 밀어 올릴 때 가장 적합한 각도는?

① 15도
② 30도
③ 45도
④ 60도

③

▲ 푸셔의 각도   ▲ 푸셔의 사용방향

사용법	① 소지로 손이 떨리거나 흔들리지 않도록 지지대를 만들어 준다. ② 네일 보디와 푸셔와의 각도를 45° 정도 유지한다. ③ 큐티클 라인을 따라 각도를 유지하며 큐티클 부분의 곡선을 따라 작은 원을 그리듯 둥글려 주며 상하로 가볍게 밀어 준다.
유의 사항	• 푸셔의 각도가 너무 낮을 경우 깊이 들어가 감염의 우려가 있다. • 푸셔의 각도를 너무 높을 경우 네일 보디가 긁힐 수 있다. • 45° 정도의 적정한 각도에 유의하여 작업한다.

② 니퍼의 용법

✅ **개념 체크**

큐티클 정리 및 제거 시 필요한 도구로 알맞은 것은?

① 파일, 톱 코트
② 라운드 패드, 니퍼
③ 샌딩 블록, 핑거볼
④ 푸셔, 니퍼

④

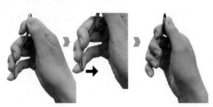 

▲ 니퍼를 잡는 법   ▲ 니퍼 시술의 과정

파지법	① 손바닥 위에 니퍼의 날이 아래로 향하도록 올려놓고 가볍게 쥔다. ② 니퍼 결합 부분의 아래쪽을 검지 마디로 받친다. ③ 니퍼 결합 부분의 위쪽에 엄지를 가볍게 얹어 중심을 잡는다. ④ 중지, 약지, 소지로 니퍼의 손잡이를 움직인다. ⑤ 중지, 약지, 소지와 연결된 니퍼 날만 움직이는 것을 확인한다.
사용법	① 큐티클 부분 라인을 따라 가볍게 움직인다. ② 니퍼의 날로 정리할 선을 잡고 45°를 유지한다. ③ 중지, 약지, 소지와 연결된 니퍼를 움직여 큐티클 부분 라인을 따라 니퍼의 폭의 절반 정도 이동하면서 큐티클을 잘라 낸다. ④ 니퍼의 날을 큐티클 부분의 라인에 맞추어 평행이 되도록 한 후 뒤로 빼듯이 잘라 낸다. ⑤ 큐티클 부분 라인을 따라 정리한다. ⑥ 오른손잡이의 경우 오른쪽에서 왼쪽 방향으로 에포니키움의 ⅔ 부분까지 한 방향으로 움직이며 작업 후 다시 반대 방향으로 나머지 ⅓을 연결하여 잘라 낸다.
유의 사항	• 큐티클 부분과 니퍼 날의 각도를 45° 정도 유지한다. • 니퍼의 각도가 너무 낮을 경우 큐티클을 제거하기 어렵다. • 니퍼의 각도를 너무 높일 경우 네일 보디가 긁힐 수 있다. • 니퍼의 날을 작게 벌리고 움직여야 과도한 제거를 막을 수 있으며 에포니키움의 손상을 줄일 수 있다. • 절단면들이 단차가 없도록 연결하며 니퍼를 움직인다.

KEYWORD 02 — 큐티클 관리

1) 큐티클의 정의

일반적인 정의	하이포니키움과 네일 보디 사이에 반원형으로 죽은 세포층이 쌓인 것이다.
큐티클을 정의하는 다양한 시각	• 에포니키움과 큐티클은 동일한 곳이다. • 에포니키움과 네일 보디 위의 얇은 각질막을 큐티클로 구분하여 분류한다. • 네일 보디가 네일 루트에서 밀려나오면서 생긴 각질표막까지 큐티클이다.

2) 큐티클 관리의 종류

습식	물 사용	• 개념 : 물을 이용하여 큐티클을 부분 연화 후 제거하는 방법 • 관리 도구 : 핑거볼, 물, 큐티클 니퍼
건식	유연제 사용	• 개념 : 큐티클 유연화 제품으로 큐티클을 부분 연화 후 제거하는 방법 • 관리 도구 : 큐티클 유연제, 큐티클 니퍼
	핫크림 사용	• 개념 : 핫 크림을 이용하여 큐티클을 부분 연화 후 제거하는 방법 • 관리 도구 : 크림워머, 크림(로션), 큐티클 니퍼
	드릴 사용	• 개념 : 네일 파일과 드릴기기를 이용하여 큐티클을 부분 제거하는 방법 • 관리 도구 : 파일비트, 네일드릴

KEYWORD 03 — 매니큐어 빈출

1) 수행 순서

손 소독 → 네일 폴리시 제거 → 프리에지 조형 → 표면 정리 → 분진 제거 → 큐티클 연화제 도포(선택) → 큐티클 연화(핑거볼) → 물기 제거 → 큐티클 밀기 → 큐티클 정리 → 중간 손 소독 → 유분기 제거 → 베이스 코트 도포 → 네일 폴리시 도포 → 톱 코트 도포 → 수정

2) 작업 방법

① 손 소독	• 소독제를 탈지면에 적셔 작업자의 양손을 소독한다. • 소독제를 탈지면에 적셔 시술할 손의 손등, 손바닥, 손가락 사이를 소독한다.
② 네일 폴리시 제거	탈지면에 네일 폴리시 리무버를 적셔 기존에 시술된 네일 폴리시를 제거한다.
③ 프리에지 조형	자연네일은 180그릿의 우드 파일로 한 방향으로 파일링한다.
④ 표면 정리	버퍼블록이나 샌딩파일을 이용하여 네일 표면을 정리한다.
⑤ 분진 제거	소독된 더스트 브러시를 이용하여 네일 표면의 분진을 제거한다.
⑥ 큐티클 연화제 도포	큐티클 주변에 큐티클 연화제를 도포한다.
⑦ 큐티클 연화	• 핑거볼에 미온수를 넣어 준비한다. • 핑거볼의 미온수에 손의 손톱마디(말절골) 이상 담근다.

✓ 개념 체크

가장 기본적인 네일 관리법으로 손톱모양 만들기, 큐티클 정리, 마사지, 컬러링 등을 포함하는 네일 관리법은?

① 습식매니큐어
② 페디아트
③ UV 젤네일
④ 아크릴 오버레이

①

✓ 개념 체크

매니큐어 시술에 관한 설명으로 옳지 않은 것은?

① 고객의 취향과 기호에 맞게 손톱 모양을 잡는다.
② 자연손톱 파일링 시 한 방향으로 시술한다.
③ 손톱 질환이 심각할 경우 의사의 진료를 권한다.
④ 큐티클을 죽은 각질이므로 반드시 모두 제거하는 것이 좋다.

④

⑧ 물기 제거	물을 사용한 연화 후 타월로 물기를 제거한다.
⑨ 큐티클 밀기	메탈 푸셔나 오렌지 우드스틱으로 큐티클을 상하로 압력을 가하지 않고 가볍게 밀어 준다.
⑩ 큐티클 정리	큐티클 니퍼로 큐티클을 잘라 준다.
⑪ 중간 손 소독	• 멸균 거즈에 스킨 소독제를 적셔 큐티클 라인과 네일 보디주변, 아랫부분을 소독한다. • 이 과정은 철제 도구로 정리한 큐티클 피부의 감염을 막기 위해 실시한다.
⑫ 유분기 제거	베이스 코트의 밀착력을 높이기 위해 네일 표면의 유분기를 제거한다.
⑬ 베이스 코트 도포	네일 폴리시의 접착력을 높이고 자연네일의 착색 방지를 위해 베이스 코트를 1회 발라 준다.
⑭ 네일 폴리시 도포	유색 네일 폴리시를 2회 도포한다.
⑮ 톱 코트 도포	유색 네일 폴리시 보호와 광택 부여를 위해 톱 코트를 1회 도포한다.
⑯ 수정	오렌지 우드스틱을 사용하여 네일 폴리시를 수정한다.

KEYWORD 04 페디큐어

1) 수행 순서

발 소독 → 네일 폴리시 제거 → 프리에지 조형 → 표면 정리 → 분진 제거 → 큐티클 연화제 도포(선택) → 큐티클 연화(족욕기, 분무기) → 물기 제거 → 큐티클 밀기 → 큐티클 정리 → 중간 발 소독 → 유분기 제거 → 토 세퍼레이터 장착 → 베이스 코트 도포 → 네일 폴리시 도포 → 톱 코트 도포 → 수정

2) 작업 방법

① 발 소독	• 소독제를 탈지면에 적셔 작업자의 양손을 소독한다. • 소독제를 탈지면에 적셔 시술할 발의 발등, 발바닥, 발가락 사이를 소독한다.
② 네일 폴리시 제거	탈지면에 네일 폴리시 리무버를 적셔 기존에 시술된 네일 폴리시를 제거한다.
③ 프리에지 조형	자연네일은 180그릿의 우드 파일로 한 방향으로 파일링한다.
④ 표면 정리	버퍼블록이나 샌딩파일을 이용하여 네일 표면을 정리한다.
⑤ 분진 제거	소독된 더스트 브러시를 이용하여 네일 표면의 분진을 제거한다.
⑥ 큐티클 연화제 도포	큐티클 주변에 큐티클 연화제를 도포한다.
⑦ 큐티클 연화(핑거볼)	족욕기에 미온수를 넣어 준비한다.
⑧ 물기 제거	족욕기의 미온수에 발등 이상이 담기도록 발을 담근다.
⑨ 큐티클 밀기	족욕기가 없을 경우 분무기로 미온수를 분무한다.
⑩ 큐티클 정리	물을 사용한 연화 후 타월로 물기를 제거한다.

왼쪽 사이드바

✔ 개념 체크

습식매니큐어 작업 과정에서 가장 먼저 해야 할 절차는?

① 컬러 지우기
② 손톱 모양 만들기
③ 손 소독하기
④ 핑거볼에 손 담그기

③

✔ 개념 체크

다음은 페디큐어 작업과정을 나열한 것이다. 빈칸에 들어갈 말로 가장 적절한 것은?

손발 소독 – 폴리시 제거 – 길이 및 모양잡기 – ( ) – 큐티클 정리 – 각질 제거하기

① 매뉴얼 테크닉
② 족욕기에 발 담그기
③ 페디파일링
④ 탑코트 바르기

②

✔ 개념 체크

페디파일의 사용 방향으로 가장 적합한 것은?

① 바깥쪽에서 안쪽으로
② 왼쪽에서 오른쪽으로
③ 족문 방향으로
④ 사선 방향으로

③

⑪ 중간 발 소독	메탈 푸셔나 오렌지 우드스틱으로 큐티클을 상하로 압력을 가하지 않고 가볍게 밀어 준다.
⑫ 유분기 제거	베이스 코트의 밀착력을 높이기 위해 네일 표면의 유분기를 제거한다.
⑬ 토 세퍼레이터 장착	작업 공간 확보를 위해 엄지 옆부터 토 세퍼레이터를 끼운다.
⑭ 베이스 코트 도포	네일 폴리시의 접착력을 높이고 자연네일의 착색 방지를 위해 베이스 코트를 1회 발라 준다.
⑮ 네일 폴리시 도포	유색 네일 폴리시를 2회 도포한다.
⑯ 톱 코트 도포	유색 네일 폴리시 보호와 광택 부여를 위해 톱 코트를 1회 도포한다.
⑰ 수정	오렌지 우드스틱을 사용하여 네일 폴리시를 수정한다.

✔ 개념 체크

페디큐어의 시술방법으로 맞는 것은?

① 파고드는 발톱의 예방을 위하여 발톱의 모양은 일자형으로 한다.
② 혈압이 높거나 심장병이 있는 고객은 마사지를 더 강하게 해 준다.
③ 모든 각질 제거에는 콘커터를 사용하여 완벽하게 제거한다.
④ 발톱의 모양은 무조건 고객이 원하는 형태로 잡아 준다.

①

3) 페디큐어 시 절대 해서는 안 되는 것

① 발톱 너무 짧게, 둥글게 자르기

- 발톱을 너무 짧게 자르면 세균 감염 위험이 높아지고, 내성 발톱이 생길 수 있다.
- 둥글게 자르는 것도 내성 발톱의 원인이 될 수 있으니 주의해야 한다.

② 큐티클 과도하게 제거하기

- 큐티클을 과도하게 제거하면 발톱이 약해지고 세균 감염에 취약해질 수 있다.
- 큐티클은 자르기보다는 오일을 발라 부드럽게 밀어내는 것이 좋다.

③ 위생 관리 소홀히 하기

- 발톱 무좀이 있는 경우, 분진이나 조직에 있는 균이 다른 사람에게 전염되지 않도록 위생 관리에 더욱 신경 써야 한다.

④ 젤 네일 무리하게 제거하기

- 젤 네일은 일반 매니큐어보다 유지력이 강하지만, 잘못 제거하면 발톱 손상을 유발할 수 있다.
- 젤 네일을 무리하게 뜯어내거나, 아세톤을 너무 오래 사용하면 발톱이 약해지고 갈라질 수 있다.

⑤ 발톱에 맞지 않는 인조 네일 사용

- 인조 네일은 발톱을 답답하게 만들어 통풍을 막고, 습한 환경을 조성하여 세균 번식을 촉진할 수 있다.
- 특히 발톱 무좀이 있는 경우, 인조 손톱 사용은 증상을 악화시킬 수 있다.
- 인조 손톱을 사용하고 싶다면 발톱에 맞는 크기를 선택하고, 통풍이 잘 되는 재질을 사용하는 것이 좋다.

⑥ 임산부나 당뇨병 환자의 경우

- 임산부나 당뇨병 환자는 발 건강에 더욱 신경 써야 한다.
- 페디큐어 시술 전 전문가와 상담하고, 저자극 제품을 사용하는 것이 좋다.
- 특히 당뇨병 환자는 발에 상처가 생기면 곪거나 썩기 쉬우므로, 페디큐어 시술 시 특히 주의해야 한다.

네일 컬러링

▶합격 강의

✅ 개념 체크

네일 폴리시 작업 방법으로 가
장 적합한 것은?

① 네일 폴리시는 1회 도포가
  이상적이다.
② 네일 폴리시를 섞을 때는
  위아래로 흔들어 준다.
③ 네일 폴리시가 굳었을 때는
  네일 리무버를 혼합한다.
④ 네일 폴리시는 손톱 가장자
  리 피부에 최대한 가깝게
  도포한다.

④

✅ 개념 체크

컬러링의 설명으로 옳지 않은
것은?

① 베이스 코트는 폴리시의 착
  색을 방지한다.
② 폴리시 브러시의 각도는 90
  도로 잡는 것이 가장 적합
  하다.
③ 폴리시는 얇게 바르는 것이
  빨리 건조하고 색상이 오래
  유지된다.
④ 톱 코트는 폴리시의 광택을
  더해 주고 지속력을 높인다.

②

✅ 개념 체크

베이스 코트와 톱 코트의 주된
기능에 대한 설명으로 가장 거
리가 먼 것은?

① 베이스 코트는 손톱에 색소
  가 착색되는 것을 방지한다.
② 베이스 코트는 폴리시가 곱
  게 발리는 것을 도와준다.
③ 톱 코트는 폴리시에 광택을
  더하여 컬러를 돋보이게 한다.
④ 톱 코트는 손톱에 영양을
  주어 손톱을 튼튼하게 한다.

④

KEYWORD 01 | 네일 폴리시와 코트제

1) 일반 네일 폴리시

① 개념 : 흔히 '매니큐어'라고 말하며, 손발톱에 칠하는 유색/무색의 화장품을 가리킴

② 주요 성분

필름 형성제	• 기능 : 피막형성제로, 건조 시 네일 폴리시를 단단하고 광이 나게 함 • 주성분 : 니트로셀룰로스
수지	• 기능 : 피막형성보조제로, 네일 폴리시를 강하고 탄력 있게 함 • 주성분 : 토실라미드, 포름알데히드
가소제	• 기능 : 점도가 높은 피막제의 유연성을 높임 • 주성분 : 디뷰틸 프탈레이트, 구연산, 아세틸 트리뷰틸 시트레이트, 캠퍼
용제	• 기능 : 점도와 건조속도를 조절해 네일 폴리시의 유동성을 높임 • 주성분 : 초산뷰틸, 초산에틸, 조용제(이소프로판올, 에탄올)
클레이	• 기능 : 혼합 성분의 안정성을 유지하여 네일 폴리시의 사용성을 높임 • 주성분 : 유기변성 점토광물 성분
색소	• 기능 : 무기·유기안료를 사용해 다양한 색상 조합을 만들어 냄 • 주성분 : 색상 및 커버력을 위한 성분
자외선 차단제	• 기능 : 내광성과 내열성을 높여, 광선이나 열으로 인해 변색되는 것을 방지함 • 주성분 : 옥시벤존, 옥토클리린

2) 베이스 코트

① 개념 : 착색을 방지하고 발림성을 높이는 제품

② 용법

- 베이스 코트 양 조절 → 베이스 코트 프리에지 도포 → 베이스 코트 네일 보디 도포
- 프리에지 도포 후 네일 보디 전체에 얇고 균일하게 바른다.
- 네일 보강제(Nail Strengthner) 적용 시 베이스 코트 도포 전에 사용한다.

③ 주성분
- 뷰틸아세톤, 톨루엔, 니트로셀룰로스, 나일론
- 뷰틸아세톤 : 점도 조절, 베이스 코트가 얇게 도포되어 발림성을 향상
- 니트로 셀룰로스 : 피막을 형성하여 네일 보디에 착색을 방지하는 역할

3) 톱 코트

① 개념 : 폴리시의 탈락과 손상, 변색을 방지하고 광택을 강하게 하는 제품

② 용법
- 폴리시까지 마무리한 후에 발라야 한다.
- 가볍게 컬러 위에 얹어 두는 느낌으로 브러시가 눌리지 않도록 붓을 50° 이상 세워서 도포한다.
- 네일 표면에 마찰을 일으킬 경우 네일 컬러가 지워지거나 뭉개질 수 있다.
- 용도에 따라 유광제품과 무광제품으로 나뉜다.

③ 주성분 : 니트로셀룰로스, 톨루엔, 알코올, 폴리에스터, 레진, 뷰틸아세톤

KEYWORD 02　네일 컬러링

🄺 권쌤의 노하우

브러시의 각도는 손톱 표면과
45° 이상을 유지해야 합니다.

1) 종류

풀코트 (Full Coat)		네일 보디 전반에 걸쳐 프리에지 끝단 부분부터 사이드 월 부분, 에포니키움 라인 부분까지 꽉 채워 세심하게 컬러링한다.
프렌치 (French)		프리에지 너비와 옐로우 라인의 둥근선에 맞추어 스마일라인을 만들어 컬러링한다.
딥 프렌치 (Deep French)		프렌치 컬러링을 깊게 하는 방법으로, 네일 전체 길이의 상단의 ½ 이상 부분에 스마일라인을 만들어 컬러링한다.
루눌라(하프문) (Half Moon)		루눌라 부분을 제외하고 하는 컬러링 방법으로 루눌라 라인에 맞춰 스마일라인으로 컬러링한다.
헤어라인팁 (Hairline Tip)		네일의 프리에지 끝부분 1mm 정도만 컬러링하지 않는 것으로, 풀 코트 후 프리에지의 끝 부분만 지워 주는 방법으로 컬러링한다.
슬림라인 (Slim Line)		네일이 좁게, 가늘게 보이게 하는 컬러링 방법으로 사이드 월 부분을 1mm 정도 띄워서 컬러링한다.
그러데이션 (Gradation)		• 네일 보디에 위쪽이나 아래쪽 혹은 옆으로 갈수록 컬러가 자연스럽게 변하는 컬러링 방법이다. • 일반적으로 가로형 그러데이션을 많이 한다.

2) 풀코트

① 한 방향 풀코트 컬러링

- 프리에지를 컬러링한다.
- 네일 보디의 왼쪽부터 큐티클 라인을 따라 프리에지 방향으로 내리면서 컬러링한다.
- 큐티클 라인을 따라 조금씩 중첩하며 전체를 반복하여 오른쪽 끝선까지 연결한다.

② 양방향 풀코트 컬러링

- 프리에지를 컬러링한다.
- 네일 보디의 중앙에서 큐티클 라인에 맞춰 올렸다가 내린다.
- 왼쪽 큐티클 라인을 따라 컬러링한다.
- 다시 오른쪽 큐티클 라인을 따라 컬러링한다.
- 연결 부분을 네일 폴리시 브러시로 정리한다.

3) 프렌치

① 한 방향 프렌치 컬러링

- 프리에지를 컬러링한다.
- 왼쪽 월을 ⅓ 지점에서 시작하여 왼쪽에서 오른쪽 방향으로 프리에지의 가로 너비 ½ 지점까지 프렌치 라인을 그린다.
- 이어서 오른쪽 월 ⅓ 지점까지 프렌치 라인을 그린다.

② 양방향 풀 코트 컬러링

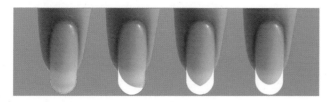

- 프리에지를 컬러링한다.
- 왼쪽 월을 ⅓ 지점에서 시작하여 왼쪽에서 오른쪽 방향으로 프리에지의 가로 너비 ⅔ 지점까지 사선으로 그린다.
- 반대 월 부분에서 오른쪽 월 부분과 높이를 맞춰서 왼쪽 방향으로 프리에지의 가로 너비 ⅓ 지점까지 사선으로 그린다.
- 마주보는 두 사선을 스마일라인을 만들면서 연결한다.

4) 딥프렌치

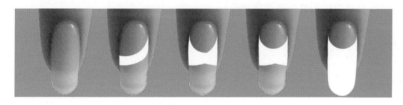

① 한 방향 딥프렌치 컬러링
- 프리에지를 컬러링한다.
- 왼쪽 월을 ⅓ 지점에서 시작하여 왼쪽에서 오른쪽 방향으로 프리에지의 가로 너비 ½ 지점까지 프렌치 그린다.
- 이어서 오른쪽 월 ⅓ 지점까지 프렌치 라인을 그린다.

② 양방향 딥프렌치 컬러링
- 프리에지를 컬러링한다.
- 왼쪽 월을 ⅔ 지점에서 시작하여 왼쪽에서 오른쪽 방향으로 프리에지의 가로 너비 ⅔ 지점까지 사선으로 그린다.
- 반대 월 부분에서 오른쪽 월 부분과 높이를 맞춰서 왼쪽 방향으로 프리에지의 가로 너비 ⅓ 지점까지 사선으로 그린다.
- 마주보는 두 사선을 스마일라인을 만들면서 연결한다.
- 브러시 컬러 라인을 중첩해 가면서 오른쪽 스마일라인 끝까지 프리에지 방향으로 네일 폴리시를 끌어내리며 컬러링을 마무리한다.

개념 체크

손톱의 프리에지 부분을 유색 폴리시로 칠해주는 컬러링 테크닉은?
① 프렌치 매니큐어(French Manicure)
② 핫오일 매니큐어(Hot Oil Manicure)
③ 레귤러 매니큐어(Regular Manicure)
④ 파라핀 매니큐어(Paraffin Manicure)

①

✔ 개념 체크

그러데이션 기법의 컬러링에 대한 설명으로 옳지 <u>않은</u> 것은?

① 색상 사용의 제한이 없다.
② 스펀지를 사용하여 시술할 수 있다.
③ UV 젤의 적용 시에도 활용할 수 있다.
④ 일반적으로 큐티클 부분으로 갈수록 컬러링 색상이 자연스럽게 진해지는 기법이다.

④

5) 그러데이션

- 스펀지에 화이트 폴리시와 베이스 코트를 이용해 그러데이션 컬러를 만든다.
- 팔레트에 스펀지를 가볍게 두드려서 그러데이션 상태를 확인한다.
- 스펀지로 프리에지를 컬러링한다.
- 프리에지 부분은 화이트 컬러로 루눌라 부분은 베이스 코트 부분이 닿게 아래에서 위로 스펀지로 두드리며 네일 길이의 ⅔지점까지 그러데이션을 형성한다.
- 같은 방식으로 프리에지에서부터 ⅓ 지점 정도까지 2회 도포하며 자연스럽게 그러데이션을 형성한다.

▼ 네일아트 시 추가로 익혀 두면 좋은 기술

스탬핑	미리 제작된 스탬프 도구나 스티커를 활용해 정교하고 반복적인 패턴을 손쉽게 구현할 수 있다.
스펀지	스펀지를 사용해 여러 색상을 겹쳐 칠하는 방법으로, 자연스러운 텍스처와 입체감을 연출할 수 있다.
드로잉	미세한 브러시를 사용해 직접 패턴이나 디자인을 그리는 기술로, 자신만의 독창적인 네일 아트를 완성할 수 있다.
네거티브 스페이스	일부 영역은 네일 래커를 바르지 않고 자연 손톱을 그대로 남겨 대비 효과를 주는 기법으로, 미니멀하면서도 세련된 느낌을 연출한다.
컬러 블록	손톱을 여러 구역으로 분할한 뒤 각기 다른 색상을 채워 넣어 선명한 대비와 기하학적 패턴을 연출하는 기법이다.

CHAPTER

03

네일아트

네일의 색채와 디자인

▶ 합격강의

빈출 태그 ▶ #기초배색 #기초디자인

KEYWORD 01 기초 색채 배색

1) 색의 지각

태양광

빛의 흡수 · 반사

수용(지각)

- 빛(Light) : 물체에 닿아 반사되거나 투과되어 눈에 들어오는 전자기파(가시광선)
- 물체(Object) : 빛을 반사하거나 흡수하는 물질
- 눈(Eye) : 빛을 감지하고 신호로 변환하여 뇌로 전달하는 감각기관

① 빛(Light)

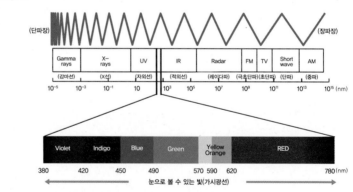

(단파장)

Gamma rays	X-rays	UV	IR	Radar	FM	TV	Short wave	AM
(감마선)	(X선)	(자외선)	(적외선)	(레이다파)	(극초단파)	(초단파)	(단파)	(중파)

10^{-5} 10^{-3} 10^{-1} 10 10^3 10^5 10^7 10^9 10^{11} 10^{13} 10^{15} (nm)

(장파장)

Violet	Indigo	Blue	Green	Yellow Orange	RED

380   420   450   490   570 590   620   780 (nm)

눈으로 볼 수 있는 빛(가시광선)

특징	• 파장의 길이에 따라 자외선, 가시광선, 적외선으로 나뉜다. • 진동수와 파장과 같은 물리량으로 판별한다. • 직진, 반사, 굴절, 회절, 간섭 등의 파동성과 입자성을 띤다.
가시광선	• 인간의 눈으로 감지할 수 있는 전자기파의 범위이다. • 사람이 색으로 인식하는 파장의 범위는 대략 380~780㎚이다. • 빨강, 주황, 노랑, 초록, 파랑, 남색, 보라색 등의 다양한 색상으로 인식된다.
가시광선 이외의 빛	• 적외선은 열선이라고도 하며, 가시광선보다 파장이 긴 빛이다. • 자외선은 가시광선보다 파장이 짧은 빛이다.

② 물체(Object)

- 특정한 파장의 빛을 반사하거나 흡수하여 색을 나타내는 물질이다.
- 물리적 성질(표면의 질감, 색상, 투명도)에 따라 빛의 반사 · 흡수 방식이 달라진다.
- 물체는 주위의 빛과 상호작용하여 다양한 색을 자아낸다.

③ 눈(Eye)

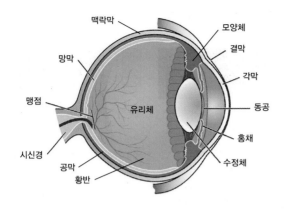

색 지각의 과정
빛 → 각막 → 수정체 → 유리체
→ 망막 → 시세포 → 시신경 → 뇌

눈	카메라	역할
각막 (Cornea)	카메라 주 렌즈	• 빛을 굴절시켜 눈 안으로 들어오는 빛의 경로를 조정한다. • 외부 자극에 민감하게 반응해 안구를 보호한다.
홍채 (Iris)	조리개	• 동공의 크기를 조절한다. • 들어오는 빛의 양을 조절한다.
수정체 (Lens)	카메라 추가 렌즈	• 각막에서 굴절된 빛이 다시 굴절되는 곳으로, 수정체가 있어야 망막에 상이 맺힌다. • 모양체에 의해 그 두께가 조절되어 초점을 정확하게 맞출 수 있다.
망막 (Retina)	카메라 이미지 센서 (필름)	• 빛을 감지하는 세포가 있다. – 원추세포(원뿔세포) : 색을 감지함 – 간상세포(막대세포) : 명암을 인식함 • 빛을 전기 신호로 변환한다. • 신호는 뇌로 전달되어 시각적으로 처리한다.
뇌 (Brain)	프로세서 (사진 현상 과정)	• 눈에서 전달된 신호는 뇌에서 처리된다. • 대뇌에서 적절한 이미지로 변환된다.

2) 색의 요소

색상 (Hue)	• 색상의 종류를 나타내는 요소이다. • 빨강, 파랑, 노랑 등 특정 색의 이름으로 구분한다. • 색의 근본적인 속성이다. 예) 빨강, 파랑, 노랑, 초록 등
명도 (Brightness / Lightness)	• 색의 밝고 어두운 정도를 나타내는 요소이다. • 빛의 양에 의해 결정된다. • 색이 얼마나 밝거나 어두운지를 나타내며, 동일한 색상도 명도에 따라 다른 인상을 나타낸다. 예) 밝은 노랑, 어두운 파랑 등
채도 (Saturation / Chroma)	• 색의 순수함이나 강도를 나타내는 요소이다. • 색이 얼마나 선명하고 강한지를 나타낸다. • 채도가 높을수록 색이 더 선명하고 강하며, 채도가 낮을수록 색이 흐릿하고 회색에 가까워진다. 예) 강렬한 빨강, 흐릿한 파랑 등

✓ 개념 체크

눈의 구조와 카메라의 구조 중 역할이 유사한 것을 바르게 연결한 것은?
① 수정체 – 조리개
② 각막 – 렌즈 본체
③ 홍채 – 필름
④ 망막 – 조리개

②

✓ 개념 체크

색의 3요소 중 사람의 눈이 가장 민감하게 반응하는 것은?
① 명도
② 톤
③ 색상
④ 채도

③

✓ 개념 체크

색상에 대한 설명으로 틀린 것은?
① 유채색만이 갖는 속성
② 빛의 파장 차이로 다르게 보이는 속성
③ 무채색만이 갖는 속성
④ 다른 색과 구별하기 위한 색의 요소

③

3) 색의 분류

무채색(Achromatic color)	유채색(Chromatic color)
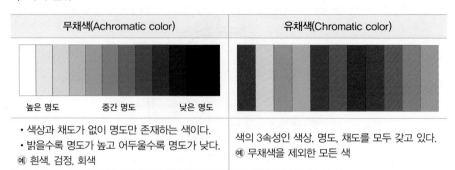 높은 명도 　 중간 명도 　 낮은 명도	
• 색상과 채도가 없이 명도만 존재하는 색이다. • 밝을수록 명도가 높고 어두울수록 명도가 낮다. 예 흰색, 검정, 회색	색의 3속성인 색상, 명도, 채도를 모두 갖고 있다. 예 무채색을 제외한 모든 색

4) 색의 혼합

① 혼합방식

가법혼합(Additive Color Mixture)	감법혼합(Subtractive Color Mixture)
• 색광혼합 : 빛의 혼합으로 색을 만드는 방법 • 가산혼합 · 가법혼합 : 색을 섞을수록 점점 밝아짐 • 모든 1차색을 혼합하면 흰색이 된다. 예 TV 화면, 컴퓨터 모니터	• 색료혼합 : 색소나 물감의 혼합으로 색을 만드는 방법 • 감산혼합 · 감법혼합 : 색을 섞을수록 점점 어두워짐 • 모든 1차색을 혼합하면 검정색이 된다. 예 그림 물감, 프린터 잉크

✔ 개념 체크

감법혼색의 3원색으로 가장 적합한 것은?

① 마젠타, 그린, 옐로
② 마젠타, 그린, 블루
③ 마젠타, 시안, 옐로
④ 레드, 그린, 블루

③

② 혼합 전후의 색상

구분	개념	가법혼합	감법혼합
1차색 (Primary Colors)	다른 색을 혼합하여 만들 수 없는 기본색	• 빨강 • 초록 • 파랑	• 빨강 • 노랑 • 파랑
2차색 (Secondary Colors)	1차색끼리 혼합하여 만든 색	• 빨강 + 초록 = 노랑 • 빨강 + 파랑 = 마젠타 • 초록 + 파랑 = 시안	• 빨강 + 노랑 = 주황 • 빨강 + 파랑 = 보라 • 노랑 + 파랑 = 초록
3차색 (Tertiary Colors)	1차색과 2차색을 혼합하여 만든 색	• 빨강 + 노랑 = 주황 • 노랑 + 초록 = 연두	• 빨강 + 주황 = 다홍 • 노랑 + 초록 = 연두

③ 색의 혼합과 보색(Complementary Colors)

• 색상환에서 서로 마주 보는 색이다.
• 혼합하면 무채색(흰색, 회색, 검은색)을 만드는 색이다.

5) 색의 대비

두 가지 색을 가까이 배치했을 때 두 가지 색의 차이가 커 보이는 현상으로, 동시대비와 계속대비(계시대비)로 나뉜다.

동시대비	색상대비	• 두 가지 이상의 색을 이웃하여 놓고 동시에 볼 때 일어나는 색의 대비 현상이다. • 같은 색을 다른 색상 위에 올려놓았을 때 두 색이 서로의 영향을 받아 색상 차이가 나 보이는 것이다. • 색상 · 명도 · 채도 · 연변 · 면적대비가 있다.
	명도대비	같은 색을 각각 다른 명도 위에 올려놓았을 때 서로의 영향을 받아 명도가 다르게 보이는 현상이다.
	채도대비	채도가 다른 두 색을 대비시켰을 때 색이 더 선명해 보이거나 탁해 보이는 현상이다.
	연변대비	• 나란히 단계적으로 균일하게 채색되어 있는 색의 경계부분에서 일어나는 현상이다. • 인접색이 저명도인 경계부분은 더 밝아 보이고, 고명도인 경계부분은 더 어두워 보인다. • 유채색의 배열에서도 나타난다.
	면적대비	같은 색이라 하더라도 면적에 따라서 채도와 명도가 달라 보이는 현상이다.
	한난대비	차가운 색과 따뜻한 색이 함께 있을 때 두 색의 온도차가 더 크게 느껴지는 색의 대비 현상이다.
	보색대비	색상환에서 마주 보는 색으로 두 색을 가까이 두었을 때 각각의 색이 더욱 선명해 보이는 현상이다.
계시대비		어떤 색을 계속해서 본 후에 다른 색을 보면, 앞 색의 영향에 의해 뒤의 색이 다르게 보이는 현상이다.

6) 색의 배색

① 배색의 개념

배색은 두 가지 이상의 색을 알맞게 섞어 조화롭게 배치하는 것이다.

② 배색의 요소

주조색   강조색 보조색

- 주조색 : 전체 색의 약 70% 이상을 차지하는 색
- 보조색 : 주조색을 보조하는 색으로 전체 색의 20% 정도를 차지하는 색
- 강조색 : 시각적으로 활기를 불어넣는 색으로, 10% 이내의 면적을 차지하는 색

③ 배색의 유형

도미넌트 배색(좌)과
그러데이션 배색(우)

✔ 개념 체크

톤온톤 배색에 대한 내용으로
가장 올바르지 않은 것은?

① 동일 색상에 채도 차이를
변화시켜주는 배색이다.
② 2색 이상의 사용으로 일정
한 질서 속에 반복되는 효과
에 의해 조화되는 배색이다.
③ 유사 색상에 명도 차이를
변화시켜주는 배색이다.
④ 동일 색상에 명도나 채도
차이를 변화시켜 주는 배색
이다.

②

✔ 개념 체크

미국의 색채학자 파버 비렌이
탁색계를 '톤'이라고 부르던 것
에서 유래한 배색기법은?

① 토널 배색
② 톤 온 톤 배색
③ 비콜로르 배색
④ 톤 인 톤 배색

①

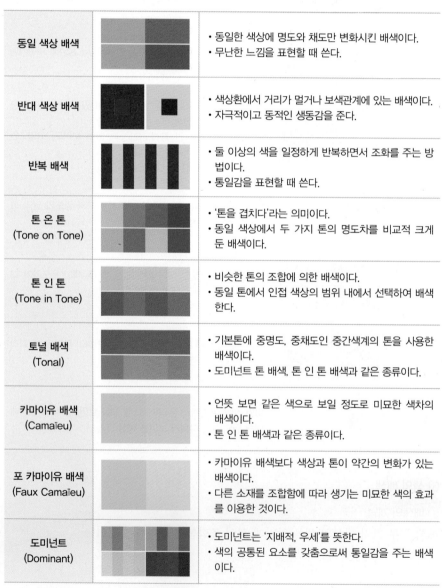

동일 색상 배색		• 동일한 색상에 명도와 채도만 변화시킨 배색이다. • 무난한 느낌을 표현할 때 쓴다.
반대 색상 배색		• 색상환에서 거리가 멀거나 보색관계에 있는 배색이다. • 자극적이고 동적인 생동감을 준다.
반복 배색		• 둘 이상의 색을 일정하게 반복하면서 조화를 주는 방법이다. • 통일감을 표현할 때 쓴다.
톤 온 톤 (Tone on Tone)		• '톤을 겹치다'라는 의미이다. • 동일 색상에서 두 가지 톤의 명도차를 비교적 크게 둔 배색이다.
톤 인 톤 (Tone in Tone)		• 비슷한 톤의 조합에 의한 배색이다. • 동일 톤에서 인접 색상의 범위 내에서 선택하여 배색한다.
토널 배색 (Tonal)		• 기본톤에 중명도, 중채도인 중간색계의 톤을 사용한 배색이다. • 도미넌트 톤 배색, 톤 인 톤 배색과 같은 종류이다.
카마이유 배색 (Camaïeu)		• 언뜻 보면 같은 색으로 보일 정도로 미묘한 색차의 배색이다. • 톤 인 톤 배색과 같은 종류이다.
포 카마이유 배색 (Faux Camaïeu)		• 카마이유 배색보다 색상과 톤이 약간의 변화가 있는 배색이다. • 다른 소재를 조합함에 따라 생기는 미묘한 색의 효과를 이용한 것이다.
도미넌트 (Dominant)		• 도미넌트는 '지배적, 우세'를 뜻한다. • 색의 공통된 요소를 갖춤으로써 통일감을 주는 배색이다.

세퍼레이션 (Separation)		• 세퍼레이션은 '분리, 격리'를 뜻한다. • 접하게 되는 색과 색 사이에 다른 한 색을 분리색으로 삽입하는 배색이다.
콘트라스트 (Contrast)		• 콘트라스트는 '대조'를 뜻한다. • 반대색을 조합함으로써 배색을 뚜렷하게 하는 효과를 이용한 것이다.
액센트 (Accent)		• 액센트는 '강조, 돋보임, 두드러짐, 눈에 띔'을 뜻한다. • 배색에 대조색을 소량 덧붙임으로써 전체 상태를 돋보이도록 하는 배색이다.
그러데이션 (Gradation)		한 방향으로 점진적인 변화를 나타내는 배색이다.
레피티션 (Repetition)		• 레피티션은 '반복, 되풀이'를 뜻한다. • 두 색 이상을 사용하여 일정한 질서를 가진 조화로운 배색이다.
비콜로르 (Bicolore)		강한 두 가지 색을 사용한 배색법이다.
트리콜로 (Tricolore)		세 가지 색을 이용하여 긴장감을 주기 위한 배색법이다.

✅ 개념 체크

다음 중 그러데이션 배색을 설명한 내용으로 옳지 <u>않은</u> 것은?

① 단계적인 변화의 배색이다.
② 자연스러운 리듬감을 줄 수 있는 배색이다.
③ 채도와 명도 순으름나 이루어지는 점진적 배색이다.
④ 저명도에서 고명도로 점진적인 변화의 배색이다.

③

KEYWORD 02 기초 디자인

1) 디자인의 개념

실용성이 있으면서 아름다운 모습을 갖추도록 도형 · 색채 · 재료 등을 조합하여 의상 · 제품 · 작품 · 건축물 등을 설계하거나 도안하는 일이다.

2) 네일아트의 형태적 요소

네일아트의 형태에 선, 면, 명암이 모여 조화로운 도안을 구성한다.

① 점(Spot)
• 기하학에서 점은 눈에 보이지 않는 본질이다.
• 점은 모든 형태적 요소의 기본이 되는데, 점이 모여 선이 되고, 선이 모여 면이 된다.

② 선(Line)
- 선의 요소 : 네일아트 시 적용되는 헤어라인 등
- 선의 종류

수평선	높이보다 폭을 강조함으로써 안정감과 평화롭고 조용한 느낌을 준다.
수직선	높이와 안정감, 중량감을 강조할 때 쓴다.
사선	• 주의력을 집중시키는 효과가 있다. • 율동적이며 운동감을 나타낸다.
곡선	• 섬세하고 부드러운 느낌을 준다. • 우아하고 낭만적이며 여성스러움/자연스러움을 표현한다.

③ 면(Plane)
- 면의 특징
  - 점의 확대나 선이 이동한 자취로 면은 형태를 생성하는 요소이다.
  - 질감이나 거리감, 색 등을 표현할 수 있다.
  - 면은 점과 선으로 구성되는 것으로 세 개 이상의 점들이 연결된 변이다.
  - 2차원의 평면 구성 및 3차원의 입체 형태 등 다양이다.
- 면의 요소 : 네일 보디에 그려지는 도안에 관련된 부분

④ 명암
- 명암의 효과 : 네일 윗면에 입체감을 부여하는 효과가 있음
- 명암의 요소 : 폴리시의 색상, 장식물의 색상

3) 색(Color)

감정 및 분위기 표현	• 색상은 감정과 분위기를 전달하는 데 큰 영향을 준다. • 따뜻한 색상(빨강, 주황)은 활기차고 에너지를 주며, 차가운 색상(파랑, 초록)은 차분하고 안정감을 준다.
조화와 균형	• 네일아트에서 색상이 조화를 이루어야 전체적인 균형을 유지할 수 있다. • 조화로운 색상 조합은 더 세련되고 자연스러운 느낌을 준다. • 보색이나 유사색을 조합함으로써 조화로운 룩을 완성할 수 있다.
스타일과 개성 표현	• 색상을 통해 개인의 스타일과 개성을 표현할 수 있다. • 네일아트에서 색상 선택은 개인의 취향과 스타일에 따라 변화한다. • 창의성을 발휘할 수 있는 기회를 제공한다.

4) 질감(Texture)

매트 (Matte)	• 빛 반사가 없는 평면적인 질감으로, 부드럽고 균일한 표면을 제공한다. • 무광 톱 코트, 파일링
글로시 (Glossy)	• 빛을 반사하여 윤기가 나는 질감, 피부나 입술에 생기와 촉촉함을 부여한다. • 톱 코트, 젤 폴리시
글리터링 (Glittering)	• 반짝이는 입자가 포함되어 있어 화려하고 눈에 띄는 효과를 주는 질감이다. • 펄이 들어간 폴리시
루미네이슨스 (Luminescence)	• 부드러운 빛을 반사하여 자연스럽고 건강한 광택을 주는 질감이다. • 네일에 생기를 더하고, 자연스러운 윤기를 강조한다.

5) 디자인 요소의 상징적 의미

디자인 요소			상징적 의미
점			최소의 형태, 울림, 절대적, 순수, 확고, 중심
선	직선	수직선	높이와 도전, 중력, 고상함과 위엄
		수평선	넓이와 폭, 안정감
		사선	불안정함, 운동감, 흥미로움, 역동성
		지그재그선	예민함, 분주함, 날카로움, 경쾌
		방사선	확산, 집결, 분산, 집중
	곡선	기하학 곡선	우아, 고상, 매력, 젊음, 탄력적, 긴장, 이완
		나선	무한, 복잡, 변화, 역동, 생명력, 공상
각과 면		원, 둔각	완성, 자유로움, 영원함
		삼각, 예각	힘, 창의적, 역동적, 하늘, 피라미드, 우주, 신, 불
		사각, 직각	단단함, 소속감, 공간, 폐쇄, 안정감

6) 디자인 원리 (빈출)

조화 (Harmony)	두 개 이상의 디자인 요소가 서로 분리되지 않고 균형을 이룬 상태이다.
통일과 변화 (Unity & Variety)	• 디자인에 미적 질서와 형식을 부여하는 기본 원리이다. • 요소 간의 반복과 연속 또는 변화로 디자인 대상에 흥미와 재미를 부여한다.
균형 (Balance)	시각적 무게감을 조화롭게 조합함으로써 작품의 안정감과 긴장감 사이의 균형을 유지할 수 있다.
강조와 대비 (Contrast)	• 분리, 대비, 배치, 색채에 의해 표현된다. • 집중 유도에 효과적이며, 대비는 강조와 변화의 효과를 꾀할 수 있다. • 질적·양적으로 대립되는 현상으로 유동적이고 강렬한 이미지이다.
율동 (Rhythm)	비슷한 모양들이 일정한 규칙, 질서를 유지할 때 나타나는 시각적 운동감이다.

일반 네일 폴리시 아트

▶합격 강의

빈출 태그 ▶ #폴리시아트, #마블아트, #젤네일, #통젤네일

KEYWORD 01 일반 네일 폴리시 아트의 유형

1) 직접적인 표현 기법

- 네일 폴리시를 사용하여 직접적인 도안에 따라 네일 보디 위에 디자인하는 기법 이다.
- 폴리시 브러시와 네일 폴리시용 세필 브러시, 라이너 브러시, 닷툴 등의 도구를 이용한다.

2) 간접적인 표현 기법

- 음각된 디자인 판에 네일 폴리시를 얇게 남겨 도장처럼 찍어 표현하는 기법이다.
- 폴리시의 물성의 움직임으로 표현하는 마블디자인 기법이다.

KEYWORD 02 마블 아트

1) 마블의 개념

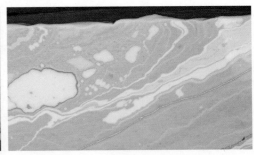

- 마블(Marble)은 본디 대리석 또는 대리암을 가리키는 말이다.
- 대리암의 독특한 무늬를 뜻하는 '마블', 이것을 표현하는 기법인 '마블링'은 이 'Marble'에서 유래한 것이다.

2) 워터 마블(Water Marble)

개념과 특징	• 물 위에 일반 네일 폴리시나 유성 물감을 떨어뜨려 만든 무늬로 네일을 덮어 표현하는 기법이다. • 물과 폴리시의 우연한 움직임에 의한 디자인을 표현할 수 있다.
디자인 만들기	① 긴 도구 끝에 양면테이프 등 접착재료를 사용하여 네일 팁을 고정한다. ② 용기에 5㎝ 이상의 높이로 물을 담는다. ③ 용기의 중심에 네일 폴리시를 떨어뜨려 번짐 막을 정리한다. ④ 용기의 중심에 네일 폴리시를 반복적으로 떨어뜨려 원하는 디자인으로 성형한다. ⑤ 원의 중심에서 외각의 방향으로 마블 선을 돌려 그어 준다.
디자인 찍어내기	① 원하는 마블 디자인을 확인한다. ② 마블 디자인 위에 네일 팁을 45° 각도로 천천히 눌러 물속에 유지한다. ③ 물의 표면에 남아있는 폴리시의 막을 다른 도구를 이용하여 정리 한다. ④ 물의 표면이 깨끗해진 것을 확인한 후 네일 팁을 꺼내 준다. ⑤ 기포 및 디자인을 확인하고 물기 건조 후 톱 코트를 발라 마무리한다.

3) 폴리시 마블

개념과 특징	• 폴리시 위에 폴리시를 올려 마블을 표현하는 기법이다. • 퍼짐과 유연한 컬러의 움직임으로 일반 네일 폴리시, 젤 네일 폴리시 모두에 적용할 수 있다.
주제선정	① 폴리시 마블로 표현이 적절한 디자인을 표현 주제를 선정한다. ② 폴리시 마블 디자인을 위한 도구와 재료를 준비한다. ③ 디자인 참고 자료를 활용하여 폴리시 마블의 디자인을 스케치한다. ④ 네일 팁에 일반 폴리시 마블 디자인을 실습한다.
시행	① 베이스 코트를 도포한다. ② 일반 네일 폴리시를 풀코트로 도포한다. ③ 마블 위치에 흰색 폴리시를 올려 위치를 잡는다. ④ 흰색 폴리시가 마르기 전에 닷 툴 등으로 폴리시를 당겨 디자인을 표현한다. ⑤ 톱 코트로 마무리한다.

마블 아트를 할 때 사용하기 좋은 색 조합
클래식하고 우아한 조합

블랙–화이트	• 깔끔하고 세련된 느낌을 주는 조합이다. • 블랙 컬러를 포인트로 사용하여 시크함을 더할 수 있다.
누드–골드	• 은은하고 고급스러운 느낌을 주는 조합이다. • 누드톤은 어떤 피부색에도 잘 어울리며, 골드 컬러는 화려함을 더해 준다.
핑크–실버	• 사랑스럽고 여성스러운 느낌을 주는 조합이다. • 핑크는 따뜻하고 부드러운 느낌을 주며, 실버는 시원하고 반짝이는 느낌을 더해 준다.

트렌디하고 개성 있는 조합

블루–네온 핑크	• 강렬하고 톡톡 튀는 느낌을 주는 조합이다. • 여름철에 특히 잘 어울리며, 개성을 드러내고 싶을 때 좋다.
그린–옐로	• 싱그러운 느낌을 주는 조합이다. • 봄이나 여름에 잘 어울리며, 자연스러운 분위기를 연출할 수 있다.
퍼플–오렌지	• 신비롭고 몽환적인 느낌을 주는 조합이다. • 파티 메이크업과 잘 어울리며, 독특한 분위기를 연출할 수 있다.

젤 네일 폴리시 아트

▶ 합격강의

빈출 태그 ▶ #디자인 #네일디자인 #마블링

브러시 타입 젤

통 젤 타입

KEYWORD 01 베이스 젤

1) 베이스 젤의 개념
젤 네일 컬러링의 지속성을 높이기 위해서 얇고 균일하게 도포하는 제품이다.

2) 베이스 젤의 특징
- 유동성과 점성을 동시에 띠는데, 점성이 작하 제거 용액으로 제거하기 쉽다.
- 자외선이나 가시광선에 반응하는 라이트 큐어드 젤(Light Cured Gel)이다.
- 브러시 타입의 젤과 통 젤로 구분한다.

3) 베이스 젤의 용법

- 베이스 젤의 밀착력을 높이기 위해 도포 전에 표면을 샌딩파일로 다듬고, 프라이머를 도포한다.
- 프리에지를 전체적으로 도포 후 네일 보디에 얇게 도포한다.
- 양을 조절하여 프리에지에 도포한다.
- 네일 보디에 펴바른 다음에 젤 램프로 큐어링한다.

KEYWORD 02 젤 네일의 본 시술

1) 젤 네일 폴리시의 개념
- 자연적으로 건조되지 않고 빛에 반응하여 경화되는 젤 형태의 폴리시이다.
- 하드 젤, 소프트 젤, 젤 네일 폴리시, 베이스 젤, 톱 젤 등으로 구분된다.

2) 젤 네일 폴리시의 특징
- 아크릴레이트와 우레탄의 혼합물이다.
- 올리고머 분자구조를 갖고 있는 액상형태의 콜로이드 입자가 입체 그물 모양으로 서로 이어져 있으며 그 공간에 물과 같은 액체가 채워져 있다.

• 촉매제 빛에 노출 시 용액 속의 콜로이드입자가 약간의 탄성과 견고성을 띠는 고체나 반고체의 상태로 경화된다.

3) 선 마블링 아트

특징	화이트와 레드 컬러의 젤을 이용하여 가로세로의 조화로운 프렌치 격자무늬의 마블을 표현한다.
순서	• 베이스 젤을 도포한 후 큐어링한다. • 미경화된 젤을 제거한다. • 8칸의 세로선을 그리기 위해 손톱 위에 공간을 구획한다. • 4개의 붉은 세로선을 그린 후 4개의 흰 가로선을 그린다. • 젤 브러시를 이용해 윗부분을 왼쪽에서 오른쪽으로 닦아 프렌치 모양을 만든다. • 가로를 5등분하기 위해 세필 브러시로 $\frac{3}{5}$ 위치에 왼쪽에서 오른쪽으로 마블을 표현한다. • $\frac{1}{5}$ 위치에 왼쪽에서 오른쪽으로 마블을 표현한다. • $\frac{4}{5}$ 위치에 오른쪽에서 왼쪽으로 마블을 표현한다. • $\frac{2}{5}$ 위치에 오른쪽에서 왼쪽으로 마블 표현한 후 큐어링한다. • 톱 젤을 도포한 후 큐어링한다.

4) 부채꼴 마블링 아트

특징	화이트와 레드 컬러의 젤을 이용하여 원과 곡선을 이용한 부채꼴 무늬의 조화로운 마블을 표현한다.
순서	• 베이스 젤을 도포한 후 큐어링한다. • 미경화된 젤을 제거한다. • 레드 젤 폴리시를 풀코트로 도포한 후 큐어링한다. • 4개의 원을 흰색으로 표현하고 사이사이에 레드 컬러를 채운다. • 중앙을 직선으로 위에서 아래로 마블을 표현한다. • 우측을 3등분하기 위해 중앙선과 우측 프리에지 라인을 곡선으로 위에서 아래로 반으로 나누는 마블을 표현한다. • 반으로 나눠진 마블을 다시 각각 ½로 중앙을 나누는 마블을 표현한다. • 좌측도 동일하게 마블을 표현한 후 큐어링한다. • 톱 젤을 도포한 후 큐어링한다.

KEYWORD 03 톱 젤

1) 톱 젤의 개념
젤 네일 컬러링의 지속성을 높이기 위해서 얇고 균일하게 도포하는 제품이다.

2) 유광 톱 젤과 무광 톱 젤의 특징

유광	• 빛을 반사해 윤이 나고 반짝인다. • 미경화젤이 생기는 톱 젤과 미경화젤이 남지 않는 노와이퍼 톱 젤이 있다.
무광	• 빛을 반사하지 않아 매트한 벨벳의 질감을 낸다. • 톱 젤과 다른 독특한 색감을 낸다. • 따뜻한 느낌을 내서 주로 겨울철에 선호된다. • 톱 젤에 매트한 느낌을 내는 성분을 잘 섞어 준 후 도포한다. • 코팅되지 않아 오염물질이 쉽게 묻는다.

3) 톱 젤의 용법
• 프리에지를 전체적으로 도포 후 네일 보디에 얇게 도포한다.
• 양을 조절하여 프리에지에 도포한다.
• 네일 보디에 펴바른 다음에 젤 램프로 큐어링한다.

4) 톱 젤 도포의 목적

① 네일 디자인 보호
• 스크래치 방지 : 톱 젤은 네일 폴리시나 아트를 외부 충격으로부터 보호하여 스크래치가 생기는 것을 방지함
• 변색 방지 : 젤 네일의 색상이 변색되는 것을 방지함
• 유지력 강화 : 젤 네일의 지속력을 높여 더 오랫동안 깔끔한 네일 아트를 유지할 수 있도록 도와줌

② 광택 및 마무리 효과
• 광택 부여 : 톱 젤은 네일 표면에 광택을 더해 더욱 빛나고 아름다운 네일 아트를 완성함
• 매끄러운 표면 : 톱 젤은 네일 표면을 매끄럽게 만들어 더욱 깔끔하고 완성도 높은 네일 아트를 연출함

SECTION 04

통 젤 네일 폴리시 아트

출제빈도 상 (중) 하
반복학습 1 2 3

▶ 합격 강의

빈출 태그 ▶ #통젤 #젤아트 #브러시의종류

KEYWORD 01 네일 폴리시 디자인 도구

1) 점 표현 도구

도트 봉		• 다양한 크기의 원형 철제 팁으로 이루어져 있다. • 점을 만들기 위한 도구이다. • 점을 정확하게 표현할 수 있다.
오렌지 우드스틱		• 큐티클을 밀거나 이물질을 제거할 때 사용한다. • 점을 찍을 때도 사용한다.

2) 선 표현 도구

• 라이너는 선을 그리기 위한 브러시로 길이에 따라 숏, 미디움, 롱 라이너로 분류한다.
• 두께에 따라서도 분류하지만 네일아트를 위한 브러시는 세필브러시를 주로 사용한다.
• 세필 브러시가 휘었을 경우 뜨거운 물에 담갔다가 빼서 결을 다듬어 음지에서 말리면 휘어진 부분을 일부 복구할 수 있다.

숏 라이너		디자인을 하거나 세밀한 작업을 할 때 사용한다.
미디움 라이너		숏 라이너와 롱 라이너의 중간형으로 디자인 작업이나 선을 그릴 때 사용한다.
롱 라이너		긴 선을 한 번에 그릴 때 사용하며, 탄성에 따라 직선 곡선을 자유롭게 그릴 수 있다.

3) 면 표현 도구

스퀘어 브러시		각이 있는 네모 형태의 납작한 브러시로, 큰 면을 채우는 데 사용한다.
미들 브러시		스퀘어 브러시의 작은 형태로, 더 세밀한 작업이 필요할 때 사용한다.

라운드 브러시		끝이 둥근 납작한 브러시로, 곡선을 만들거나 닦아낼 때 사용한다.
사선 브러시		끝이 사선인 납작한 브러시로, 선을 가진 면을 만들거나 닦아낼 때 사용한다.
그러데이션 브러시		길고 짧은 브러시 모가 섞여 있는 브러시로, 그러데이션을 쉽게 만들기 위해 사용한다.

4) 통 젤 네일 폴리시의 종류

반투명 컬러 통 젤		• 안료를 적게 혼합한 젤 폴리시이다. • 투명성이 있어 배경이 비쳐 보이는(See-through)디자인을 표현할 때 사용한다. • 투명 젤에 컬러를 섞어 사용하기도 한다.
스컬프처 통 젤		• 큰 점성으로 젤의 퍼짐이 매우 적은 젤이다. • 젤을 도포하는 형태대로 디자인이 표현된다.
컬러 통 젤		• 다양한 컬러의 젤 폴리시가 통에 담겨진 형태이다. • 병 형의 젤 네일 폴리시보다 점도가 높다.
글리터 통 젤		• 투명 젤에 다양한 크기의 글리터를 혼합하여 만든 젤이다. • 가는 글리터의 경우 라인 표현도 가능하다.

KEYWORD 02 **통 젤 네일 폴리시 아트**

1) 통 젤 네일 폴리시의 특성

• 일반 젤 네일 폴리시보다 점도가 높아 통으로 된 용기에 담겨 있다.
• 점도가 높아 세밀한 그림을 그려도 색상 표현이 비교적 정확하다.

2) 페인팅 브러시를 이용한 통 젤 네일 폴리시 아트

디자인 특징	• 페인팅 브러시를 이용하여 다양한 방향의 컬러 그라데이션을 표현할 수 있다. • 연출에 따라 질감 표현도 가능하다.

순서	① 베이스 젤을 도포한 후 큐어링한다. ② 다색 컬러가 잘 표현되도록 흰색 풀코트를 도포하고 큐어링한다. ③ 디자인에 맞게 컬러 통 젤을 페인팅 브러시로 부분적으로 도포한다. ④ 페인팅 브러시로 경계 부분을 톡톡 두드려 연결하고 큐어링한다. ⑤ 톱 젤을 도포한 후 큐어링한다.

3) 선을 이용한 통 젤 네일 폴리시 아트

디자인 특징	가로세로로 반복된 규칙적인 선의 배열로 체크무늬를 표현할 수 있다.
순서	① 베이스 젤을 도포한 후 큐어링한다. ② 디자인 계획에 맞는 컬러를 풀코트로 도포한 후 큐어링한다. ③ 젤 네일 브러시로 체크 디자인을 표현한 후 큐어링한다. ④ 골드, 실버, 컬러 등을 라이너로 체크무늬를 표현한 후 큐어링한다. ⑤ 톱 젤을 도포한 후 큐어링한다.

통젤 네일 폴리시 아트의 패턴 · 색상 최신 트렌드(2025년)

패턴

플라워	• 깔끔하고 세련된 느낌을 주는 조합이다. • 블랙 컬러를 포인트로 사용하여 시크함을 더할 수 있다.
체크	• 깅엄 체크 : 작고 규칙적인 체크 패턴으로, 경쾌하고 발랄한 느낌을 줌 • 타탄 체크 : 다양한 색상의 선으로 이루어진 체크 패턴으로, 클래식하고 세련된 느낌을 줌 • 하운즈투스 체크 : 날카로운 이빨 모양의 체크 패턴으로, 시크하고 도시적인 느낌을 줌
기하학	• 스트라이프 : 가로 또는 세로 줄무늬를 활용하여 깔끔하고 세련된 느낌을 줌 • 도트 : 다양한 크기의 점을 활용하여 귀엽고 발랄한 느낌을 줌 • 다이아몬드 : 마름모 모양을 활용하여 세련되고 고급스러운 느낌을 줌
특수	• 마블 : 워터마블, 스톤 마블 • 글리터 : 다양한 크기의 글리터 입자를 사용하여 화려하고 반짝이는 효과를 줌 • 홀로그램 : 빛에 따라 다양한 색깔을 내는 홀로그램 필름을 사용하여 신비로운 느낌을 줌

색상

파스텔	• 연핑크, 연보라, 연하늘색 등 • 은은하고 부드러운 파스텔톤은 여성스럽고 사랑스러운 느낌을 줌
네온	• 네온 핑크, 네온 그린, 네온 옐로우 등 • 밝고 톡톡 튀는 네온 컬러는 개성 넘치고 트렌디한 느낌을 줌
어스	• 베이지, 브라운, 올리브 그린 등 • 자연스러운 어스 컬러는 따뜻하고 편안한 느낌을 줌
메탈릭	• 골드, 실버, 로즈 골드 등 • 메탈릭 컬러는 화려하고 세련된 느낌을 줌

MEMO

CHAPTER

04

인조네일 관리

인조네일 분류

▶ 합격강의

빈출 태그 ▶ #인조네일 #스퀘어 #실기과제

KEYWORD 01   인조네일의 구조

1) 미용사(네일) 실기 시험에서의 스퀘어

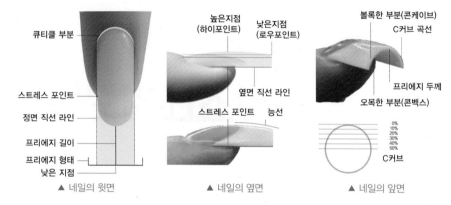

▲ 네일의 윗면   ▲ 네일의 옆면   ▲ 네일의 앞면

① 윗면

큐티클 부분	• 인조네일에서 가장 얇은 부분이다. • 네일이 얇고 자연스럽게 파일링되어야 한다.
정면 직선 라인	• 프리에지 끝에서 네일 옆면을 따라 일직선을 이룬다. • 네일 폼의 적용과 네일 파일링과 관련이 있다.
프리에지 길이	스마일라인 중심에서 인조네일 중심까지의 거리가 0.5~1cm가 되도록 조형한다.
프리에지 형태	프리에지 앞면이 일직선을 이루고 모서리가 직각이 되도록 파일링한다.

② 측면

능선	옆에서 보았을 때 자연스러운 아치형을 이루어야 한다.
높은 지점 (하이포인트)	• 능선의 가장 높은 부분으로 하이 포인트라 한다. • 높은 지점을 중심으로 상하좌우로 완만한 곡선을 이룬다. • 자연네일에서는 스트레스 포인트보다 큐티클 라인쪽으로 뒤쳐 있지만, 인조네 일에서는 스트레스포인트와 동일한 위치에 형성돼 있다.
낮은 지점	능선의 낮은 부분으로 큐티클이 있는 부분과 프리에지 부분이다.
옆면 직선 라인	• 프리에지 단면과 직각을 이루도록 파일링한다. • 네일 폼의 적용과 네일 파일링과 관련이 있다.

③ 앞면

프리에지 두께	프리에지의 단면 두께로 0.5~1cm로 균일하게 형성돼 있다.
C 커브 곡선	• 20~40%의 곡률로 커브를 형성한다. • 네일 폼의 적용과 네일 파일링과 관련이 있다.
볼록한 부분 (콘케이브)	• 콘케이브의 곡률이 동일하고 일정하게 파일링돼야 한다. • C커브의 바깥쪽의 네일 폼 시술과 파일링과 관계 있다.
오목한 부분 (콘벡스)	• 콘벡스의 곡률이 동일하고 일정하게 파일링돼야 한다. • C커브의 안쪽의 네일 폼 시술과 파일링과 관계 있다.

KEYWORD 02 인조네일의 분류

1) 팁 네일 (Tip with Wrap)

① 개념 : 네일 팁으로 길이를 연장하거나 오버레이하는 시술의 총칭

② 팁 네일 시술의 명칭

팁 위드 파우더		+ 필러 파우더
팁 위드 랩	네일 팁	+ 네일 랩
팁 위드 아크릴		+ 아크릴
팁 위드 젤		+ 젤

③ 프렌치 팁 네일 시술의 명칭

프렌치 팁 위드 파우더		+ 필러 파우더
프렌치 팁 위드 랩	프렌치 네일 팁	+ 네일 랩
프렌치 팁 위드 아크릴		+ 아크릴
프렌치 팁 위드 젤		+ 젤

2) 랩 네일

① 개념 : 네일 랩으로 길이를 연장하거나 오버레이하는 시술의 총칭

② 랩 네일 시술의 명칭

네일 랩 익스텐션	네일 랩을 사용해 길이를 연장하는 시술이다.
네일 랩 오버레이	네일 랩을 사용해 오버레이 하는 시술이다.

3) 아크릴과 젤네일의 중합반응

① 모노머(Monomer)와 폴리머(Polymer)

모너머	올리고머	폴리머
단량체로 한 개의 분자로 구성된다.	2개 이상의 분자가 연결된 그물구조이다.	다량체로, 고분자 중합반응이 완료된 상태이다.

② 아크릴 중합 반응

• 개념 : 액상의 아크릴 리퀴드(Acrylic Liquid-monomer)와 분말 성분의 아크릴 파우더(Acrylic Powder-polymer)를 혼합했을 때 일어나는 중합반응(Polymerization)으로, 이 반응이 발생하면 경화가 시작되며 고분자의 아크릴 수지가 됨

• 반응물과 생성물

반응물	아크릴 리퀴드(모노머)와 아크릴 파우더(폴리머)이다.
화학중합 개시제	카탈리스트(촉매제)의 함유 여부에 따라 굳는 속도가 조절된다.
생성물	완성된 아크릴 네일(폴리머)이다.

③ 광중합반응

젤 네일의 성분과 광중합 개시제가, 빛과 반응해 광중합반응(Photopolymerization)을 시작하면 경화되어 고분자의 폴리머가 된다.

올리고머	소프트젤(저분자)와 하드젤(중분자)로 점성이 있고 반응이 완료되지 않은 물질이다.
폴리머	• 빛의 반응에 의해서 고체로 변화된 물질이다. • 완성된 젤네일이 이에 해당한다.
광중합 개시제	• 광원으로부터 에너지를 흡수하여 중합반응을 개시하는 물질이다. • 젤에 첨가된 광중합 개시제에 따라 젤 램프의 종류가 달라진다.

팁 네일

▶ 합격 강의

빈출 태그 ▶ #팁연장 #팁위드랩 #팁위드파우더

KEYWORD 01 · 팁 네일

1) 네일 팁의 특징과 종류

① 개념과 특징

- 자연네일의 길이를 연장하는 데 사용하는 인조 손톱이다.
- 크기에 따라 1~10까지 호수가 정해져 있다.
- 플라스틱, 아세테이트, 나일론 등의 재질로 되어 있다.

② 네일 팁의 종류

- 형태에 따른 종류

| 스퀘어 | 스퀘어오프 | 라운드 | 오벌 | 포인트 | 내로우 |

- 웰의 형태에 따른 구분

웰이 없음		하프 웰	풀 웰
라운드 형태의 네일 팁 윗 라인	오벌 형태의 네일 팁 윗 라인		
라운드	오벌	자연스럽지만 웰이 좁아 풀 웰에 비해 견고함이 부족하다.	부자연스럽지만 웰이 넓어 하프 웰에 비해 견고하다.

③ 네일 팁 선택 방법

- 각진 네일인 경우 : 하프 웰 네일 팁 선택
- 아래로 향한 네일인 경우 : 일자 네일 팁 선택
- 넓적한 네일인 경우 : 끝이 좁아지는 내로우 네일 팁 선택
- 위로 올라가는 네일인 경우 : 옆선에 커브가 있는 네일 팁 선택
- 일반적인 경우 : 한 사이즈 큰 팁으로 크기를 조절해서 사용

✓ 개념 체크

다음 중 네일 팁의 재질이 아닌 것은?

① 아세테이트
② 플라스틱
③ 아크릴
④ 나일론

③

✓ 개념 체크

네일 팁에 대한 설명으로 옳지 않은 것은?

① 네일 팁 접착 시 손톱의 ½ 이상 커버해서는 안된다.
② 네일 팁은 손톱의 크기에 너무 크거나 작지 않은 가장 잘 맞는 사이즈의 팁을 사용한다.
③ 웰 부분의 형태에 따라 풀 웰(Full Well)과 하프 웰(Half Well)이 있다.
④ 자연 손톱이 크고 납작한 경우 커브타입의 팁이 좋다.

④

✓ 개념 체크

네일 팁의 사용에 관한 설명으로 가장 적절한 것은?

① 팁 접착부에 공기가 들어갈수록 손톱의 손상을 줄일 수 있다.

② 팁 부착 시 유지력을 높이기 위해 모든 네일에 하프 웰팁을 적용한다.

③ 팁 부착 시 네일팁이 자연네일의 ½ 이상 덮어야 유지력을 높일 수 있다.

④ 팁을 선택할 때에는 자연네일의 사이즈와 같거나 한 사이즈 큰 것을 선택한다.

④

네일 웰의 개념과 시술

• 네일 웰의 개념 : 네일 접착제를 바르는 곳
• 웰 시술의 범위

임의로 정하는 웰
임의로 정하는 웰의 정지선

네일 접착제 도포부
네일 접착제가 넘지 말아야 할 선

• 웰과 팁

		특징	웰의 정지선(포지션 스톱)과 자연네일의 프리에지 단면이 맞추어 접착되어 더 단단하다.
웰이 있는 팁		부착 시 주의사항	네일 팁 접착 전 형태에 따라 갈아내거나 잘라서 사용한다.
웰이 없는 팁		특징	• 일반적으로 접착되는 부분을 최소화할 때 사용한다. • 프리에지 부분에만 접착하기 때문에 하프 웰에 비해 팁 턱을 ½ 정도만 제거해도 자연스럽다. • 자연네일의 프리에지 길이 정도인 하프 웰의 네일 팁의 ½ ~⅓ 정도로 접착한다. • 자연네일 위에 네일 팁이 얹어져 있는 느낌으로 접착되어 불안정하다.
		부착 시 주의사항	• 자연네일의 프리에지 길이 정도인 하프 웰의 네일 팁의 ½ ~ ⅓ 정도로 접착한다. • 네일 팁이 자연네일과 접착되는 부분이 적기 때문에 조절하지 않는 것이 적절하다.

2) 팁 네일 재료

① 팁 네일 도구

팁 커터		• 인조네일 팁의 길이를 조절하기 위한 도구이다. • 네일 팁과 팁 커터가 90°가 되도록 재단한다.
네일 가위		• 네일 랩과 네일 폼을 재단하는 가위를 총칭한다. • 네일 폼은 두께가 두꺼워 가위가 쉽게 무뎌지기 때문에 가능하면 네일 랩 전용 가위를 따로 사용하는 것을 권장한다.
네일 클리퍼		• 네일 랩의 길이를 재단하거나 형태를 조형할 때 사용한다. • 네일 랩의 두께가 형성된 이후에, 네일 클리퍼로 프리에지를 한 번에 자르면 깨질 수 있기 때문에 조금씩 나눠서 잘라야 한다.

② 필러 파우더(Filler Powder)

• 자연네일 보강 시 손상된 부분을 메우거나 두께를 보강하기 위해 네일 접착제와 함께 사용한다.
• 점성이 낮고 부드러운 스틱 타입의 네일 접착제와 함께 사용하여야 더욱 투명하고 견고해진다.

③ 네일 랩(Nail Wrap)

- 가공된 직물 소재로 만들어진 원단으로 파이버 글라스, 실크, 리넨 등이 있다.
- 자연네일을 보강하거나, 인조네일 위에 덧붙여 견고하게 하거나, 길이를 연장하는 데 쓴다.

파이버 글라스 (Fiber Glass)		• 인조 유리섬유로 짠 직물이다. • 실크에 비해서 조직이 느슨하여 접착제가 잘 스며들며, 투명하고 광택이 우수하다.
실크 (Silk)		• 가장 많이 사용하는 재료다. • 명주실로 짠 직물로 조직이 얇아 부드럽고 가볍다.
리넨 (Linen)		• 아마 식물의 줄기에서 얻은 실로 짠 직물이다. • 천의 조직이 성기며, 두껍고 투박하다.

④ 네일 접착제

- 공기 중의 수분을 흡수하여 굳는 이온중합체이다.
- 주요 성분 : 시아노 아크릴산염(Cyanoacrylate)

스틱 글루 (Stick Glue)	점성	• 액체와 가까운 젤의 형태(가장 작은 점성)이다. • 가장 투명하고 부드러워 라이트 글루(Light Glue)라고 한다.
	용법	손으로 눌러 네일 접착제를 떨어트려 사용한다.
	용도	네일 팁 접착, 네일 랩 고정, 스톤 접착, 필러 파우더와 혼용한다.
투웨이 글루 (2Way Glue)	점성	젤의 형태로, 점성이 중간 정도이다.
	용법	• 상단에 마개를 열어 손으로 눌러 네일 접착제를 떨어트려 사용한다. • 뚜껑에 부착된 브러시를 사용하여 도포한다. • 스틱 글루 방식과 브러시 글루 방식의 2가지 종류가 있다.
	용도	네일 팁 접착, 두께 보강, 네일 랩 코팅, 스톤 접착용으로 사용한다.
브러시 글루 (Brush Glue)	점성	젤의 형태로 중간 정도 점성이다.
	용법	뚜껑에 부착되어있는 브러시를 사용하여 도포한다.
	용도	네일 팁 접착, 두께 보강, 네일 랩 고정, 스톤 접착용으로 사용한다.
파츠 글루 (Parts Glue)	점성	끈끈한 젤의 형태로, 점성이 가장 강하다.
	용법	튜브 타입으로 손으로 눌러 짜서 사용한다.
	용도	큰 스톤 접착, 네일 파츠와 네일 액세서리 접착용으로 사용한다.

접착제의 점성

- 점성이 작음
  - 얇게 도포되며 빠르게 건조된다.
  - 잘 흘러내려 시술이 어렵다.
- 점성이 큼
  - 접착력과 보존력이 우수하다.
  - 네일 액세서리 등을 부착하는 용도로 많이 사용된다.
  - 제거가 어렵다.
  - 미관상 네일 접착제가 보일 수 있다.

⑤ 경화 촉진제(글루 드라이)
- 네일 접착제를 좀 더 빠르게 건조시킨다.
- 주요 성분 : 뷰테인(Butane), 프레온(Freon), 에탄올(Ethanol), 아세톤(Acetone)

스프레이 (가스)	• 일반적으로 가스를 포함하고 있으며, 고르게 분사되어 작업에는 효율적이나 눈과 호흡기에 부작용을 유발할 수 있다. • 얼굴에 분사되지 않게 각별히 주의해야 하며, 인화성 물질로 직사광선이 없고 통풍이 잘되는 곳에 보관해야 한다.
스프레이 액체	• 가스를 포함하지 않는 제품이다. • 가스를 포함한 제품보다 비교적 안전하나, 고르게 분사되지 않고 작업 시 뭉침 현상이 나타난다.
스포이트	• 눈과 호흡기에 자극이 비교적 덜하다. • 양 조절이 어렵고 공기 중에 노출되어 쉽게 변질될 수 있다.
브러시	• 눈과 호흡기에는 비교적 자극을 덜 주고 양 조절도 용이하다. • 브러시가 쉽게 굳는다.

KEYWORD 02 팁 위드 파우더(풀 커버 팁)

1) 수행 순서

손 소독 → 프리에지 조형 → 자연네일 표면 정리 → 분진 제거 → 네일 팁 선택 → 큐티클 라인 조형 → 커브 확인 → 자연네일 표면 채우기 → 표면 조형 및 정리 → 네일 팁 접착 → 네일 팁 재단 → 프리에지 형태 조형

2) 작업 방법

① 손 소독	• 소독제를 탈지면에 적셔 작업자의 양손을 소독한다. • 소독제를 탈지면에 적셔 시술할 손의 손등, 손바닥, 손가락 사이를 소독한다.
② 프리에지 조형	• 자연네일은 180그릿의 우드 파일로 한 방향으로 파일링한다. • 파일링 시 1mm 길이의 라운드 형태로 변경한다.
③ 표면 정리 및 광택 제거	인조네일의 접착력을 높이기 위해 버퍼블록이나 샌딩파일을 이용하여 네일 표면을 정리한다.
④ 풀 커버 팁 선택	자연네일의 형태에 맞는 팁을 선택한다.
⑤ 큐티클 라인 조형	자연네일의 큐티클라인과 인조네일 팁 윗부분의 모양을 동일하게 조형한다.
⑥ 커브 확인	자연네일 표면의 커브와 풀 커버 팁의 커브를 확인한다.
⑦ 자연네일 표면 채우기	• 네일 접착제와 필러 파우더를 사용하여 자연네일 표면의 커브를 풀커버 팁과 동일하게 채워 준다. • 경화 촉진제를 네일 팁에서 10cm 이상의 거리에서 약하게 분사하여 네일을 고정한다.
⑧ 표면 조형 및 정리	인조네일용 파일로 표면을 조형하고 정리한 후 분진을 제거한다.

⑨ 네일 팁 접착	• 자연네일 중심부와 풀 커버 팁의 가장자리에 브러시 글루(젤 글루)를 도포한다. • 자연네일의 큐티클라인에 팁을 맞추고 아래로 지긋이 눌러 주면서 부착한다. • 경화 촉진제를 네일 팁에서 10㎝ 이상의 거리에서 약하게 분사하여 고정한다.
⑩ 네일 팁 재단	네일 팁과 팁 커터의 각도가 90°가 되도록 두고 재단한다.
⑪ 프리에지 형태 조형	인조네일용 파일로 프리에지 형태를 스퀘어 형태로 조형한다.

3) 풀 웰 네일 팁 접착 방법

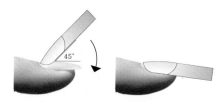

• 네일 접착제가 넘치지 않게 접착한다.
• 기포가 생기지 않게 큐티클 라인에서 천천히 아래로 접착한다.

✓ 개념 체크

자연손톱에 인조 팁을 붙일 때 유지하는 가장 적합한 각도는?

① 35°
② 45°
③ 90°
④ 95°

②

KEYWORD 03 팁 위드 파우더(내추럴 팁, 프렌치 팁)

1) 수행 순서

손 소독 → 프리에지 조형 → 자연네일 표면 정리 → 분진 제거 → 네일 팁 선택 → 네일 팁 접착 → 네일 팁 재단 → 네일 팁 턱 제거 → 표면 채우기 → 표면 조형 및 정리 → 분진 제거 → 코팅 → 광택 → 오일

2) 작업 방법

① 손 소독	• 소독제를 탈지면에 적셔 작업자의 양손을 소독한다. • 소독제를 탈지면에 적셔 시술할 손의 손등, 손바닥, 손가락 사이를 소독한다.
② 프리에지 조형	• 자연네일은 180그릿의 우드 파일로 한 방향으로 파일링한다. • 파일링 시 1mm 길이의 네일팁과 동일한 형태로 변경한다.
③ 자연네일 표면 정리	인조네일의 접착력을 높이기 위해 버퍼블록이나 샌딩파일을 이용하여 네일 표면을 정리한다.
④ 분진 제거	소독된 더스트 브러시를 이용하여 네일 표면의 분진을 제거한다.
⑤ 네일 팁 선택	자연네일의 형태에 맞는 팁을 선택한다.
⑥ 네일 팁 접착	• 인조네일의 웰 부분에 글루를 도포하고 웰 부분에 프리에지에 맞춘다. • 네일을 아래에서 위로 올려주며 부착 후 경화 촉진제를 10~15㎝ 거리에서 도포한다.
⑦ 네일 팁 재단	네일 팁과 팁 커터의 각도가 90°가 되도록 두고 재단한다.

✓ 개념 체크

네일 팁 접착 방법의 설명으로 옳지 않은 것은?

① 네일 팁 접착 시 자연네일의 ½이상 덮지 않는다.
② 올바른 각도의 팁 접착으로 공기가 들어가지 않도록 유의한다.
③ 손톱과 네일 팁 전체에 프라이머를 도포한 후 접착한다.
④ 네일 팁 접착할 때 5~10초 동안 누르면서 기다린 후 팁의 양쪽 꼬리부분을 살짝 눌러 준다.

③

⑧ 네일 팁 턱 제거	• 자연네일의 손상에 주의한다. • 자연네일과 자연스럽게 연결되도록 180그릿 이상의 파일로 네일 팁 턱을 제거한다. • 프렌치 팁의 경우 팁 턱 제거는 하지 않는다.
⑨ 표면 채우기	• 네일 접착제와 필러 파우더를 사용하여 자연네일과 네일 팁 사이의 공간을 채워 준다. • 경화 촉진제를 네일 팁에서 10㎝ 이상의 거리에서 약하게 분사하여 고정한다.
⑩ 표면 조형 및 정리	인조네일용 파일로 스퀘어 형태를 조형하고, 표면을 정리한다.
⑪ 분진 제거	알코올 소독된 더스트 브러시로 표면 정리 시 생긴 분진을 위에서 아래로 제거한다.
⑫ 코팅	• 두께를 만들고 광택을 내기 위해 브러시 글루(젤 글루) 전체 도포한다. • 경화 촉진제를 네일 팁에서 10㎝ 이상의 거리에서 약하게 분사하여 고정한다.
⑬ 광택	샌딩과 광택용 파일로 인조네일의 표면에 광택을 낸다.
⑭ 오일	큐티클 오일로 큐티클라인과 네일 주변 피부에 유분을 보충한다.

3) 하프 웰 네일 팁 접착 방법

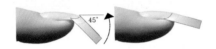

• 네일 접착제가 넘치지 않게 접착한다.
• 기포가 생기지 않게 프리에지 라인에서 천천히 아래로 접착한다.

KEYWORD 04 　팁 위드 랩 빈출

1) 수행 순서

손 소독 → 프리에지 조형 → 자연네일 표면 정리 → 분진 제거 → 네일 팁 선택 → 네일 팁 접착 → 네일 팁 재단 → 네일 팁 턱 제거 → 표면 채우기 → 표면 조형 및 정리 → 분진 제거 → 네일 랩 재단 → 네일 랩 접착 → 네일 랩 고정 → 네일 랩 턱 제거 → 광택 → 오일

2) 작업 방법

① 손 소독	• 소독제를 탈지면에 적셔 작업자의 양손을 소독한다. • 소독제를 탈지면에 적셔 시술할 손의 손등, 손바닥, 손가락 사이를 소독한다.
② 프리에지 조형	• 자연네일은 180그릿의 우드 파일로 한 방향으로 파일링한다. • 파일링 시 1mm 길이의 라운드 형태로 변경한다.
③ 자연네일 표면 정리	인조네일의 접착력을 높이기 위해 버퍼블록이나 샌딩파일을 이용하여 네일 표면을 정리한다.

권쌤의 노하우

팁 위드 랩은 실기 시험에 출제되는 부분입니다.

개념 체크

팁 위드 랩 시술 시 사용하지 않는 재료는?
① 글루 드라이
② 실크
③ 젤 글루
④ 아크릴 파우더

④

④ 분진 제거	알코올 소독된 더스트 브러시로 표면 정리 시 생긴 분진을 위에서 아래로 제거한다.
⑤ 네일 팁 선택	자연네일의 형태에 맞는 팁을 선택한다.
⑥ 네일 팁 접착	• 인조네일의 웰 부분에 글루를 도포하고 웰 부분에 프리에지에 맞춘다. • 네일을 아래에서 위로 올려주며 부착 후 경화 촉진제를 10~15cm 거리에서 도포한다.
⑦ 네일 팁 재단	네일 팁과 팁 커터의 각도가 90°가 되도록 두고 재단한다.
⑧ 네일 팁 턱 제거	• 자연네일의 손상에 주의한다. • 자연네일과 자연스럽게 연결되도록 180그릿 이상의 파일로 네일 팁 턱을 제거한다. • 프렌치 팁의 경우 팁 턱 제거는 하지 않는다.
⑨ 표면 채우기	• 네일 접착제와 필러 파우더를 사용하여 자연네일과 네일 팁 사이의 공간을 채워 준다. • 경화 촉진제를 네일 팁에서 10cm 이상의 거리에서 약하게 분사하여 고정한다.
⑩ 표면 조형 및 정리	인조네일용 파일로 스퀘어 형태를 조형하고, 표면을 정리한다.
⑪ 분진 제거	알코올 소독된 더스트 브러시로 표면 정리 시 생긴 분진을 위에서 아래로 제거한다.
⑫ 네일 랩 재단	접착 할 부분의 면적에 맞춰 네일 랩을 재단한다.
⑬ 네일 랩 접착	• 큐티클 라인에서 약 1mm 띄우고 자연네일과 네일 팁 부분을 알맞게 커버하도록 부착한다. • 네일 랩이 비틀어지거나 구겨지거나 들뜨지 않게 부착한다.
⑭ 네일 랩 고정	• 스틱 글루로 네일랩을 고정하고 경화 촉진제를 네일 팁에서 10cm 이상의 거리에서 약하게 분사하여 고정한다. • 스틱 글루는 점성이 낮아 쉽게 퍼질 수 있기 때문에 한 번에 많이 눌러 사용하지 말고 조금씩 눌러 사용해야 한다.
⑮ 네일 랩 턱 제거	인조네일용 파일을 사용해 인조네일보다 큰 네일 랩 부분과 네일 랩 턱을 제거한다.
⑯ 코팅	• 두께를 만들고 광택을 내기 위해 브러시 글루(젤 글루) 전체 도포한다. • 경화 촉진제를 네일 팁에서 10cm 이상의 거리에서 약하게 분사하여 고정한다.
⑰ 광택	샌딩과 광택용 파일로 인조네일의 표면에 광택을 낸다.
⑱ 오일	큐티클 오일로 큐티클라인과 네일 주변 피부에 유분을 보충한다.

3) 네일 랩 재단 방법

네일 랩 재단   네일 랩 부착   네일 랩 고정

완 재단		네일에 접착 전 내일 랩을 완전히 재단하는 방법이다. ① 접착하고자 하는 상하 길이를 측정한 후 약간 넉넉한 길이로 재단한다. ② 자연네일의 스트레스 포인트 양쪽 옆면의 폭을 측정하고 약간 여유를 주고 좌우를 재단한다. ③ 자연네일의 스트레스 포인트를 중심으로 사다리꼴로 재단한다. ④ 자연네일의 큐티클 라인을 확인하고 네일 랩을 큐티클 라인의 곡선과 동일하게 재단한다. ⑤ 자연네일의 큐티클 라인에서 0.1∼0.2㎝ 정도 남기고 접착한다.
반 재단		네일에 접착 전 한쪽 면을 재단하고 접착 후 나머지 면을 재단하는 방법이다. ① 접착하고자 하는 상하 면적을 측정한 후 약간 넉넉한 길이로 재단한다. ② 자연네일의 큐티클 라인 한쪽 면의 곡선을 확인하고 큐티클 라인 한쪽 면의 곡선과 동일하게 사다리꼴로 재단한다. ③ 자연네일의 큐티클 라인에서 0.1∼0.2㎝ 정도 남기고 한쪽 면을 접착한다. ④ 접착 후 큐티클 라인의 나머지 한쪽 면을 큐티클 라인과 동일하게 사다리꼴로 재단한다.

4) 광택용 파일 사용법

① 광택용 파일의 후면 부분으로 균일하게 표면 전체를 파일링한다.
② 정면 A부분이 B와 C부분과 연결되도록 광택용 파일로 전면부를 문질러서 광택을 낸다.
③ 왼쪽 B부분이 A부분과 연결되도록 광택용 파일 전면부를 문질러서 광택을 낸다.
④ 오른쪽 C부분을 A부분과 연결되도록 광택용 파일 전면부를 문질러서 광택을 낸다.
⑤ 팁 위드 랩의 표면을 광택용 파일 전면부로 전체적으로 문질러서 광택을 낸다.

팁 위드 랩 vs. 팁 위드 파우더	
팁 위드 랩	• 팁 부착 후 네일 랩을 덧 입혀 견고하게 만드는 작업 방법이다. • 네일 팁 턱 제거 후 매끄럽게 연결했다면, 필러 파우더를 사용할 수 있다.
팁 위드 파우더	팁 부착 후 필러 파우더로 견고하게 만드는 작업 방법이다.

랩 네일

▶합격강의

빈출 태그 ▶ #실크익스텐션 #랩익스텐션 #실크연장

KEYWORD 01 랩 네일 빈출

1) 용어의 차이

랩 네일 (Wrap Nail)	• 네일 랩과 필러 파우더, 네일 접착제를 적용하여 자연네일의 길이를 연장하고 조형하거나 자연네일 보강, 찢어진 네일을 보수하는 것이다. • 네일 랩 익스텐션이라고 한다. • 실크를 많이 사용하기 때문에 실크 익스텐션이라고도 한다.
네일 랩 (Nail Wrap)	• 섬유로 가공된 직물 소재로 만들어진 원단이다. • 네일 랩은 실크, 리넨, 파이버 글라스 등을 총칭하는 단어이다.

2) 네일 랩(Nail Wrap)

• 가공된 직물 소재로 만들어진 원단으로 파이버 글라스, 실크, 리넨 등이 있다.
• 자연네일을 보강하거나, 인조네일 위에 덧붙여 견고하게 하거나, 길이를 연장하는 데 쓴다.

파이버 글라스 (Fiber Glass)		• 인조 유리섬유로 짠 직물이다. • 실크에 비해서 조직이 느슨하여 접착제가 잘 스며들며, 투명하고 광택이 우수하다. • 조직의 짜임새가 듬성듬성하므로 올이 풀리거나 틀어진다.
실크 (Silk)		• 가장 많이 사용하는 재료다. • 명주실로 짠 직물로 조직이 얇아 부드럽고 가볍다. • 접착해도 섬유 조직이 과하게 드러나지 않아 자연스럽다.
리넨 (Linen)		• 아마 식물의 줄기에서 얻은 실로 짠 직물이다. • 천의 조직이 성기며, 두껍고 투박하다. • 굵은 소재의 천으로 짜여 있어 다른 소재에 비해 강하고 오래 유지된다. • 접착하면 섬유의 조직이 비치기 때문에 잘 사용하지 않는다.

---

3) 네일 랩 재단 방법의 분류

구분	짧은 재단	긴 재단
완재단		
	• 스트레스 포인트부터 자연네일보다 넓게 사다리꼴로 네일 랩을 재단한다. • 네일 랩 접착 전에 재단한다.	
반재단		
	• 큐티클 라인 한쪽 면의 곡선과 동일하게 사다리꼴로 재단한다. • 네일 랩의 한쪽 면을 재단하고 접착 후 나머지 면을 재단한다.	

권쌤의 노하우

랩 네일은 실기시험의 빈출요소입니다. 필기시험 때 가볍게 알아 두고 가자구요.

KEYWORD 02 　랩 네일 빈출

1) 수행 순서

손 소독 → 프리에지 조형 → 자연네일 표면 정리 → 분진 제거 → 네일 랩 재단 → 네일 랩 접착 → 네일 랩 고정 → 클리퍼 조형 → 표면 채우기 → 전체 조형 및 정리 → 코팅 → 광택 → 오일

개념 체크

랩 네일에 대한 설명으로 옳지 않은 것은?

① 네일 랩은 큐티클 라인에서 1mm 정도 남기고 접착한다.
② 네일 랩을 사용하여 길이를 연장하는 방법을 네일 랩 익스텐션이라고 한다.
③ 찢어진 네일을 보강하는 방법을 래핑이라고 한다.
④ 길이를 연장하는 경우 네일 랩을 1장만 사용하면 얇을 수 있어 2장을 사용하여 두께를 늘린다.

④

2) 작업 방법

① 손 소독	• 소독제를 탈지면에 적셔 작업자의 양손을 소독한다. • 소독제를 탈지면에 적셔 시술할 손의 손등, 손바닥, 손가락 사이를 소독한다.
② 프리에지 조형	• 자연네일은 180그릿의 우드 파일로 한 방향으로 파일링한다. • 파일링 시 1mm 길이의 라운드 형태로 변경한다.
③ 자연네일 표면 정리	인조네일의 접착력을 높이기 위해 버퍼블록이나 샌딩파일을 이용하여 네일 표면을 정리한다.
④ 분진 제거	알코올 소독된 더스트 브러시로 표면 정리 시 생긴 분진을 위에서 아래로 제거한다.
⑤ 네일 랩 재단	• 자연네일은 접착할 부분의 면적에 맞춰 재단한다. • 스트레스 포인트 아랫부분은 만들 인조네일보다 더 크게 재단한다.

⑥ 네일 랩 접착	• 큐티클 라인에서 약 1mm 띄우고 자연네일에 알맞게 커버하도록 부착한다. • 네일 랩이 비틀어지거나 구겨지거나 들뜨지 않게 부착해야 한다.
⑦ 네일 랩 고정	• 스틱 글루로 네일랩을 고정하고 경화 촉진제를 네일 팁에서 10cm 이상의 거리에서 약하게 분사하여 고정해야 한다. • 스틱 글루는 점성이 낮아 쉽게 퍼질 수 있기 때문에 한 번에 많이 눌러 사용하지 말고 조금씩 눌러 사용해야 한다.
⑧ 클리퍼 조형	• 네일 클리퍼를 사용해 스퀘어 형태에 맞게 자른다. • 부러질 수 있기 때문에 조금씩 조심히 잘라야 한다.
⑨ 표면 채우기	• 네일 접착제와 필러 파우더를 사용하여 자연네일과 네일 팁 사이의 공간을 채운다. • 경화 촉진제를 네일 팁에서 10cm 이상(~15cm)의 거리에서 약하게 분사하여 고정한다.
⑩ 전체 조형 및 정리	인조네일용 파일로 스퀘어 형태를 조형하고, 표면을 정리한다.
⑪ 코팅	• 두께를 만들고 광택을 내기 위해 브러시 글루(젤 글루)를 전체적으로 도포한다. • 경화 촉진제를 네일 팁에서 10cm 이상의 거리에서 약하게 분사하여 고정한다.
⑫ 광택	샌딩과 광택용 파일로 인조네일의 표면에 광택을 낸다.
⑬ 오일	큐티클 오일로 큐티클라인과 네일 주변 피부에 유분을 보충한다.

3) 네일 랩 사용 시 두께 조절 방법

구분	방법	네일 접착제 도포부위	필러 파우더 도포부위
1차	스트레스 포인트부터 연장된 프리에지 부분에 네일 접착제를 도포하고 필러 파우더를 적용한다.		
2차	자연네일의 ½부터 연장된 프리에지 부분까지 네일 접착제를 도포하고 필러 파우더를 적용한다.		
3차	큐티클 아래부터 연장된 프리에지 부분까지 네일 접착제를 도포하고 필러 파우더를 적용한다.		

4) 커브를 만드는 방법

손으로 커브를 만드는 방법	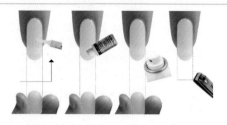
	네일 랩을 길게 재단하여 네일 랩을 손으로 잡아 C커브를 처음부터 만든다.
짧게 재단해서 만드는 방법	
	네일 랩을 짧게 재단하여 손으로 잡지 않고 C커브를 만든다.

5) 네일 랩의 형태 조형 시 주의사항

- 네일 파일로 강하게 비비게 되면 접착된 네일 랩이 갈릴 수 있으므로 네일 랩이 손상되지 않게 주의해야 한다.
- 프리에지 형태 조형 시 과도하게 남아있는 여분의 네일 랩은 클리퍼를 사용하여 제거하되 이후 네일 파일 작업을 고려하여 사용해야 한다.
- 네일 파일을 사용하여 너무 많이 갈게 되면 두께가 얇아져 깨질 수 있으므로 두께를 고려하여 적절하게 파일링해야 한다.
- 랩 네일은 광택용 파일 전 네일 랩의 손상 방지와 광택 효과를 높이기 위해 브러시 글루를 도포해야 한다.
- 자연네일 표면을 파일 작업할 경우 한 곳을 오래 비비면 열감이 느껴지므로 주의해야 한다.
- 네일 랩의 두께를 만드는 네일 접착제와 필러 파우더는 아크릴에 비해 강도가 낮으므로 파일이 과하게 거친 제품은 삼가야 한다.

젤 네일

▶ 합격 강의

빈출 태그 ▶ #네일폼 #젤네일 #젤연장 #젤원톤스컬프처

KEYWORD 01 | 네일 폼

1) 네일 폼의 개념

자연네일에서 인조네일을 만드는 토대가 되는 틀로, 아크릴이나 젤을 사용하여 프리에지를 연장하는 경우에 사용한다.

2) 네일 폼의 종류

종이 폼	• 일반적으로 많이 사용되는 폼의 재질로 아크릴 작업 시 보편적으로 사용된다. • 부착 면에 접착제가 도포되어 있어 접착이 편리하다.
비닐 폼	• 젤을 이용하는 경우에 많이 사용한다. • 젤 램프 사용 시 라이트의 빛이 종이 폼을 통과하지 못하므로 프리에지 뒷면이 큐어링 되지 않는 단점이 보완된 폼이다. • 탄성 때문에 종이폼을 더 선호한다.
메탈 폼	• 금속판을 얇게 만들어 사용하는 폼이다. • 종이와 다르게 폼의 커브를 만들어 주면 메탈이 고정되어 편리하다. • 재단하여 손에 맞추어 사용하기 어렵다. • 메탈 소재이므로 반영구적으로 사용할 수 있다.

3) 네일 폼의 적용 방법

• 적용 시 주의사항
- 손톱, 손가락, 손의 전체적인 방향과 형태를 고려하여 적용한다.
- 자연네일과 네일 폼 사이가 틈이 있어서는 안 되며, 네일 폼을 자연네일과 수평이 되도록 적용해야 한다.

• 적용 순서

종이 폼 준비하기 → 종이 폼 뒷면에 스티커 붙이기 → 종이 폼 재단하기 → 종이 폼 C커브 만들기 → 인조 손에 네일 폼을 장착하기

※ 일반적으로 인조네일의 C커브는 20~40% 정도이다.

1) 젤 네일제의 특성
- 소량의 모너머(아크릴 리퀴드)를 이용해 액상으로 만들어 낸 것이다.
- 램프의 빛이 촉매제가 되어 램프의 빛을 통과하면 매우 강하게 응집하여 단단하게 굳어 '라이트 큐어드(Light Cured)'라는 말이 붙는다.

2) 젤의 특성
- 큐어링 전까지는 상온에서는 형태를 자유자재로 만들 수 있다.
- 액상이라 유동성이 있어 셀프레벨링(Self-leveling)이 된다.
- 아크릴 제품에 비해 부드러워 파일링이 쉽다.
- 냄새가 없어 어디서나 사용이 간편하다.
- 투명도가 높고 광택이 오래 유지되며 착용감이 가볍다.
- 리프팅이 잘 일어나지 않는다.
- 친환경적인 제품이다.
- 작업 시간이 매우 단축된다.

1) 젤 램프의 개념과 유형
① 개념 : 젤을 경화시키는 UV, LED 전구가 빛을 발산하여 라이트 큐어드 젤을 굳히는 기기

② 유형

구분	UV 램프	LED 램프
파장	UVA 자외선 파장 약 320~400㎚	가시광선 파장 약 400~700㎚
수명	램프 교체 (대부분 1,000시간)	반영구적 (40,000~120,000시간)
특징	자외선 차단제 사용을 권장한다.	자외선 차단제를 사용하지 않는다.

2) 젤 램프 시술 시 주의사항
① 젤 경화에 미치는 주요 요인
- 젤 램프의 종류(LED, UV)와 상태(사용 시간, 파손 상태, 잔여물 접착 등)
- 젤의 종류와 두께(하드 젤, 소프트 젤)
- 경화 시간과 네일의 위치
- 젤 투명도(클리어 젤, 컬러 젤)

레벨링(Leveling)
'Level'은 '단계, 수준'이라는 뜻 말고도 '평평하게 하다, 고르다'라는 뜻이 있다. 이는 점성이 있는 다른 제품과 달리 유동성이 강한 젤의 특성을 나타내는 것으로 뭉쳐서 요철을 만들지 않고 잘 퍼져 '스스로 수평을 맞춤'을 의미한다.

✓ **개념 체크**

UV젤 네일의 설명으로 옳지 않은 것은?
① 젤은 끈끈한 점성을 가지고 있다
② 파우더와 믹스됐을 때 단단해진다.
③ 네일 리무버로 제거되지 않는다.
④ 투명도와 광택이 뛰어나다.

②

✓ **개념 체크**

젤 램프와 관련한 설명으로 옳지 않은 것은?
① LED램프는 400~700㎚ 정도의 파장을 사용한다.
② UV램프는 UVA 파장 정도를 사용한다.
③ 젤 네일에 사용되는 광선은 자외선과 적외선이다.
④ 젤 네일의 광택이 떨어지거나 경화 속도가 떨어지면 램프를 교체하는 것이 좋다.

③

- 네일 폼의 투명도(투명, 불투명)

② 젤 램프 시술 시 손의 배치

- 램프 위치가 윗부분에만 장착된 기기가 있으므로 사용 전 램프의 위치와 개수 등을 확인해야 한다.
- 네일의 옆면과 앞면 등 빛이 닿지 않는 부위가 발생하여 미경화될 수 있으므로 젤이 도포된 네일 전체가 잘 경화되도록 램프 안쪽으로 손을 바르게 두고 주의하며 경화한다.

KEYWORD 04 젤 스컬프처 빈출

1) 수행 순서

손 소독 → 프리에지 조형 → 자연네일 표면 정리 → 분진 제거 → 종이 폼 재단 → 네일 폼 장착 → 젤 본더 도포(전처리제) → 베이스 젤 도포 → 큐어링 → 클리어 젤 적용 → 큐어링 → 네일 폼 제거 → 전체 조형 및 표면 정리 → 분진 제거 → 톱 젤 도포 → 큐어링 → 미경화 젤 제거 → 오일

2) 작업 방법

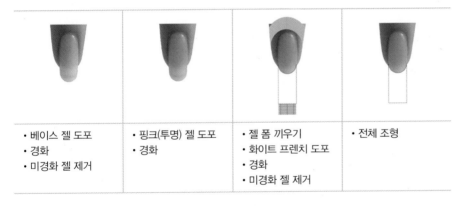

• 베이스 젤 도포 • 경화 • 미경화 젤 제거	• 핑크(투명) 젤 도포 • 경화	• 젤 폼 끼우기 • 화이트 프렌치 도포 • 경화 • 미경화 젤 제거	• 전체 조형

① 손 소독	• 소독제를 탈지면에 적셔 작업자의 양손을 소독한다. • 소독제를 탈지면에 적셔 시술할 손의 손등, 손바닥, 손가락 사이를 소독한다.
② 프리에지 조형	• 자연네일은 180그릿의 우드 파일로 한 방향으로 파일링한다. • 파일링 시 1mm 길이의 라운드 형태로 변경한다.
③ 자연네일 표면 정리	베이스젤의 접착력을 높이기 위해 버퍼블록이나 샌딩파일을 이용하여 네일 표면을 정리한다.
④ 분진 제거	알코올 소독된 더스트 브러시로 표면 정리 시 생긴 분진을 위에서 아래로 제거한다.
⑤ 종이 폼 재단	옐로 라인에 맞게 네일 폼을 재단한다.
⑥ 네일 폼 장착	네일 폼이 손톱과 일직선상에 올바르게 위치하도록 부착한다.

⑦ 젤 본더 도포 (전처리제)	• 젤 본더를 자연네일 표면에 도포한다. • 본더가 혼합된 베이스 젤도 있기 때문에 생략할 수 있다.
⑧ 베이스 젤 도포	자연네일에 베이스 젤 1회 소량을 얇게 도포한다.
⑨ 큐어링	젤 램프 기기에 30초간 큐어링한다.
⑩-1 클리어 젤 적용	프리에지 부분 젤 스퀘어 형태로 도포 → 큐어링 → 프리에지 작업 2회 진행 → 네일 베드 부분에 젤 도포 후 큐어링 → 큐티클 부분 젤 도포 후 큐어링 → 하이포인트 부분 젤 도포 후 자연스럽게 연결
⑩-2 젤 프렌치 스컬프처 적용	자연네일에 핑크 젤 도포 → 큐어링 → 미경화 젤을 제거 → 스마일라인이 정확히 나올 수 있도록 파일 작업 → 스마일라인이 완료되면 네일 폼 적용 → 화이트 젤을 올리고 프리에지 라인을 따라 스마일라인을 성형 → 스퀘어 형태로 도포 → 큐어링 → 프리에지 부분 클리어 젤 도포 → 큐어링 → 네일 전체 클리어 젤 도포 후 자연스럽게 연결
⑪ 큐어링	젤 램프 기기에 클리어 젤을 60초간 큐어링한다.
⑫ 미경화 젤 제거	젤 클렌저를 사용하여 미경화 젤을 제거한다.
⑬ 네일 폼 제거	네일 폼의 앞쪽을 모아 아래로 내리고 윗부분을 뜯어서 제거한다.
⑭ 전체 조형 및 표면 정리	• 인조네일용 파일로 형태를 만들고 표면을 정리한다. • 알코올 소독된 더스트 브러시로 표면 정리 시 생긴 분진을 위에서 아래로 제거한다.
⑮ 분진 제거	알코올 소독된 더스트 브러시로 표면 정리 시 생긴 분진을 위에서 아래로 제거한다.
⑯ 톱 젤 도포	• 톱 젤을 1회 도포한다. • 투명감과 광택을 더하기 위해 프리에지 뒷면에도 도포할 수 있다.
⑰ 큐어링	젤 램프에 60초간 큐어링한다.
⑱ 미경화 젤 제거	젤 클렌저로 미경화 젤을 제거한다.
⑲ 오일	큐티클 오일로 큐티클라인과 네일 주변 피부에 유분을 보충한다.

3) 경화(큐어링) 시 주의사항

과도한 경화	히트 스파이크 (Heat Spike)	• 네일과 네일 베드를 결합하는 조직을 태우는 것이다. • 네일 박리증과 같은 질병을 발생시킬 수 있다. • 조직을 태우는 히팅(Heating) 현상으로 인하여 네일 보디와 네일 베드에 열이 발생해 네일에 손상이 갈 수 있다.
	젤의 과도한 수축	• 1회에 많은 양의 젤을 경화할 경우 젤의 균열과 기포를 유발한다. • 젤의 수축(최고 25%까지)과 내구성이 저하된다.
	변색	• 장기간에 걸친 오버 큐어링은 변색과 부서지기 쉬운 상태가 된다. • 젤이 햇빛이 들어오는 창가나 강렬한 램프에 노출되지 않도록 주의해야 한다.
부족한 경화		• 미경화된 젤과의 접촉은 알레르기와 같은 부작용을 일으킬 수 있다. • 젤이 굳지 않고 리프팅이 빨리 발생할 경우는 램프를 교체해야 한다.
체크 포인트		• 스트레스 포인트 양옆이 정확하게 젤을 도포했는지 확인해야 한다. • 스트레스 포인트 양옆이 완전히 경화됐는지 확인해야 한다.

SECTION 05

아크릴 네일

출제빈도 상 중 하
반복학습 1 2 3

▶ 합격 강의

빈출 태그 ▶ #아크릴프렌치스컬프처 #아크릴연장

KEYWORD 01 아크릴 네일의 개념과 특징

1) 아크릴 네일의 개념

- 아크릴 재료로 손발톱을 꾸미거나 교정하는 시술이다.
- 손발톱 모양의 보정이 가능해 내성발톱이나 교조증을 교정할 수 있다.

2) 아크릴 네일의 시술환경

- 리바운드 현상으로 핀치를 넣어도 원래 형태로 돌아가려는 성질이 있다.
- 온도와 습도에 민감하여 온도가 높거나 습도가 낮을수록 빨리 굳고 온도가 낮거나 습도가 높을수록 잘 굳지 않아 깨지거나 들뜸이 발생할 수 있다.
- 아크릴 리퀴드와 파우더 혼합하면 약 40초 이후 굳기 시작하면 약 3분이면 굳는데, 완벽히 굳기까지 24~48시간 정도 소요된다.
- 경도는 젤 네일보다 강하지만 작업 시 숙련된 테크닉이 필요하다.
- 아크릴 네일은 퓨어 아세톤으로 제거할 수 있다.

3) 아크릴 네일의 시술환경

① 적합한 온도 : 22~25℃
② 적합한 네일의 산도 : pH 4.5~5.5
③ 환기 : 아크릴 리퀴드와 아세톤의 특유의 냄새에 장시간 노출 시 두통을 유발하기에 환기시설이 필요

KEYWORD 02 아크릴 재료

1) 아크릴 리퀴드(모노머, Acrylic Liquid-monomer)

① 개념 : 주성분인 E.M.A, M.M.A에 첨가제를 투입하여 만든 액체
② 역할 : 강도 및 경화 속도를 조절함
③ E.M.A와 M.M.A

E.M.A (Ethyl Ethacrylate)	• 리퀴드의 주성분 화장품과 의약품 등에 사용된다. • 강도가 약하고 경화 속도가 늦으며 원료의 가격이 비싸다.
M.M.A (Methyl Ethacrylate)	• 미국 FDA의 규제 물질, 독성이 있어 현재에는 사용이 금지됐다. • 지속적인 사용 시 손톱에 치명적인 손상을 초래한다. • 강도가 강하고 경화 속도가 빠르며 원료비의 가격이 싸다.

개념 체크

아크릴릭 시술 시 바르는 프라이머에 대한 설명으로 옳지 않은 것은?

① 단백질을 화학작용으로 녹인다.
② 아크릴릭 네일이 손톱에 잘 부착되도록 도와준다.
③ 피부에 닿으면 화상을 입힐 수 있다.
④ 충분한 양으로 여러 번 도포해야 한다.

④

개념 체크

아크릴릭 시술 시 핀칭(Pinching)을 하는 주된 이유는?

① 리프팅(Lifting)방지에 도움이 된다.
② C커브에 도움이 된다.
③ 하이 포인트 형성에 도움이 된다.
④ 에칭(Etching)에 도움이 된다.

②

2) 아크릴 파우더(폴리머, Acrylic Powder-polymer)

- 주성분은 리퀴드와 마찬가지로 E.M.A 또는 M.M.A로 구성된다.
- 단독으로는 경화되지 않고 모노머인 아크릴 리퀴드와 결합하여 경화된다.
- 파우더는 습기에 약하므로 건조한 곳에 보관해야 한다.

3) 카탈리스트(Catalyst, 촉매체)

화학 중합 개시제로 양의 함유량에 따라 굳는 속도를 조절할 수 있다.

KEYWORD 03 아크릴 브러시

1) 브러시의 특성

- 재질은 일반적으로 족제빗과 동물이나 담비의 꼬리털을 사용해 가격이 비싸다.
- 세이블과 합성모를 섞거나 천연모와 합성모 혼합 제품도 사용한다.
- 좋은 브러시는 붓끝이 뾰족하게 잘 모아지고 갈라지지 않고 가지런한 것이다.

2) 브러시 모의 구조와 명칭

Back
Belly
Tip

- 팁(Tip) : 정교한 라인 등의 미세 작업 시 사용
- 벨리(Belly) : 편평하게 펼 때 사용하는 부위
- 백(Back) : 길이를 정리할 때나 아크릴 볼의 움직임을 멈추게 할 때 눌러 사용

3) 브러시의 사용법

사용 각도에 따라 아크릴 혼합 볼(믹스처 볼)의 크기를 다르게 만들어 활용할 수 있음

작은 볼 만들기	중간 볼 만들기	큰 볼 만들기
직각으로 사용한다.	45° 정도의 각으로 사용한다.	30° 정도의 각으로 사용한다.

1) 수행 순서

손 소독 → 프리에지 조형 → 자연네일 표면 정리 → 분진 제거 → 종이 폼 재단 → 네일 폼 장착 → 네일 프라이머 도포 → 아크릴 적용 → 네일 폼 제거 → 핀치 넣기 → 전체 조형 및 표면 정리 → 분진 제거 → 광택 → 오일

2) 작업 방법

① 손 소독	• 소독제를 탈지면에 적셔 작업자의 양손을 소독한다. • 소독제를 탈지면에 적셔 시술할 손의 손등, 손바닥, 손가락 사이를 소독한다.
② 프리에지 조형	• 자연네일은 180그릿의 우드 파일로 한 방향으로 파일링한다. • 파일링 시 1mm 길이의 라운드 형태로 변경한다.
③ 자연네일 표면 정리	인조네일의 접착력을 높이기 위해 버퍼블록이나 샌딩파일을 이용하여 네일 표면을 정리한다.
④ 분진 제거	알코올 소독된 더스트 브러시로 표면 정리 시 생긴 분진을 위에서 아래로 제거한다.
⑤ 종이 폼 재단	옐로 라인에 맞게 네일 폼을 재단한다.
⑥ 네일 폼 장착	네일 폼이 손톱과 일직선상에 올바르게 위치하도록 부착한다.
⑦ 네일 프라이머 도포	네일 프라이머를 자연네일 표면에 소량 도포한다.
⑧-1 아크릴 원톤 스컬프처 적용	• 클리어 볼을 프리에지 부분에 올려 스퀘어 형태로 조형한다. • 클리어 볼을 하이포인트 부분에 올려 스퀘어 부분과 자연스럽게 연결한다. • 클리어 볼을 큐티클 부분에 올려 자연스럽게 연결한다. • 부족한 부분을 확인하며 전체 연결하며 다듬는다.
⑧-2 아크릴 프렌치 스컬프처 적용	• 화이트 볼을 프리에지 부분에 올려 스마일라인을 만들고 스퀘어 형태로 조형한다. • 클리어 볼을 하이포인트 부분에 올려 스퀘어 부분과 자연스럽게 연결한다. • 클리어 볼을 큐티클 부분에 올려 자연스럽게 연결한다. • 부족한 부분을 확인하며 전체 연결하며 다듬는다.
⑨ 네일 폼 제거	네일 폼의 앞쪽을 모아 아래로 내리고 윗부분을 뜯어서 제거한다.
⑩ 핀치 넣기	아크릴이 완전 굳기 전 사이드 스트레이트 부분을 3~5초 간 엄지손톱으로 지긋이 눌러 주며 핀칭한다.
⑪ 전체 조형 및 표면 정리	인조네일용 파일로 스퀘어 형태를 조형하고, 표면을 정리한다.
⑫ 분진 제거	알코올 소독된 더스트 브러시로 표면 정리 시 생긴 분진을 위에서 아래로 제거한다.
⑬ 광택	샌딩과 광택용 파일로 인조네일의 표면에 광택을 낸다.
⑭ 오일	큐티클 오일로 큐티클라인과 네일 주변 피부에 유분을 보충한다.

3) 아크릴 프렌치 스컬프처

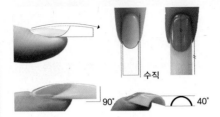

- 직사각형의 스퀘어 형태
- 네일 보디와 1:1 비율의 화이트 프렌치
- 20~40% 커브

4) 스마일라인 만드는 방법

아크릴볼 잡기			프렌치라인 잡기	스퀘어 잡기
아크릴 볼을 프리에지 라인에 올린다.	우측 프렌치 라인에 올린 아크릴 볼을 밀어서 올린다.	좌측 프렌치 라인에 올린 아크릴 볼을 밀어서 올린다.	위쪽에서 아크릴 브러시 팁 부분으로 프렌치 라인을 잡아 준다.	남은 아크릴 볼을 쓸어내려 길이와 스퀘어 모양을 잡아 준다.

5) 핀치 넣기

모양 잡기	커브 만들기
아크릴 프렌치 스컬프처 모양을 잡는다.	아크릴이 완벽히 굳기 전에 엄지손톱 양쪽으로 스트레스 포인트 부분에 핀치를 넣어 C커브를 만든다.

SECTION 06 인조네일 보수

출제빈도 상 중 하
반복학습 1 2 3

빈출 태그 ▶ #네일보수 #리페어 #인조네일보수

KEYWORD 01 네일의 보수

1) 네일의 보수의 필요성

모든 인조네일은 일정 시간이 경과하면 네일 베드로부터 수분이 발생하는데, 보수를 정기적으로 하지 않으면 균열이나 부러짐의 현상이 발생할 수 있다. 따라서 약 2~3주의 간격을 두고 손상된 네일 시술물의 표면 정리와 보수가 필요하게 된다.

2) 인조네일의 조기 손상 원인 (빈출)

• 전 처리(프리퍼레이션) 작업이 미흡하게 된 경우
• 보수시기를 놓쳐 자연네일이 과도하게 자라나올 경우
• 과도하게 길이를 연장하여 무게 중심이 변화한 경우
• 잘못된 인조네일 구조로 조형하여 파일링한 경우
• 부주의하게 관리한 경우(물에 너무 오래 담금, 손톱으로 떼어 냄 등)
• 큐티클 주변에 네일용 접착제가 묻었을 경우
• 시술 시 기포가 들어갔을 경우
• 네일 접착제와 필러 파우더의 혼합 비율이 적절하지 않을 경우
• 가까운 거리에서 과도하게 경화 촉진제를 사용하여 네일 접착제의 표면만 건조한 경우
• 네일 접착제의 품질이 떨어지거나 오래된 글루를 사용한 경우
• 마무리 작업 시 프리에지 부분에 글루를 바르지 않은 경우
• 큐티클 정리 시 큐티클 오일과 미온수를 사용하고 이를 충분히 제거하지 못한 경우

3) 손상의 원인

변색 (Discoloration)	• 전체 또는 일부의 색이 변하는 현상이다. – 일상생활에서 자외선에 과도하게 노출된 경우 – 인조네일의 적절한 보수 시기를 놓쳐 자연네일의 손상이 생긴 경우 – 유통기한이 경과한 네일 화장물을 사용하거나 품질이 좋지 못한 네일 화장물을 사용한 경우 – 위생 처리된 도구를 사용하지 않아 세균이 번식되어 손톱의 병변이 생긴 경우 – 큐티클 정리 시 큐티클 오일과 미온수를 사용하고 이를 충분히 제거하지 못해 곰팡이나 세균이 생긴 경우 – 외부적인 압력으로 충격이 가해진 경우 – 젤 램프에 너무 오랜 시간 큐어링한 경우

✓ 개념 체크

새로 성장한 손톱과 아크릴 네일 사이의 공간을 보수하는 방법으로 옳은 것은?

① 들뜬 부분은 니퍼나 다른 도구를 이용하여 강하게 뜯어낸다.
② 손톱과 아크릴 네일 사이의 턱을 거친 파일로 강하게 파일링한다.
③ 아크릴 네일 보수 시 프라이머를 손톱과 인조네일 전체에 바른다.
④ 들뜬 부분을 파일로 갈아내고 손톱 표면에 프라이머를 바른 후 아크릴 화장물을 올려 준다.

④

깨짐 (Crack)	• 충격이 가해졌을 때 어느 한 부분에 금이 가는 현상이다. 　－ 인조네일을 너무 얇게 올렸을 경우 　－ 아크릴 네일이 낮은 온도에서 충격을 받은 경우 　－ 외부적인 압력으로 충격이 가해진 경우
부러짐 (Breading)	• 충격이 가해졌을 때 어느 한 부분이 부서지는 현상이다. 　－ 보수시기를 놓쳐 네일이 너무 긴 경우 　－ 부적절한 파일작업이나 과도한 파일작업으로 인한 경우 　－ 네일 접착제와 필러 파우더의 혼합 비율이 적절하지 않을 경우 　－ 외부적인 압력으로 충격이 가해진 경우
벗겨짐 (Peeling)	• 자연네일의 프리에지 부분에서 랩이 일어나는 현상이다. 　－ 자연네일의 유분과 수분이 부족한 경우 　－ 인조네일의 길이를 조절하기 위해 네일 클리퍼를 너무 깊게 넣어 잘라 네일 　　 랩과 자연네일 사이에 틈이 생겨 벗겨지는 경우
곰팡이 (Fungus)	• 자연 손톱과 인조 손톱 사이에 습기가 스며들어 생겨나는 현상이다. 　－ 들뜸 현상을 방치한 경우 　－ 아크릴 보수 작업 시 들뜬 부분을 충분히 제거하지 않고 그 위에 아크릴을 　　 올린 경우 　－ 아크릴을 제거해야 할 시기에 제거하지 않고 계속 보수 작업만 했을 경우 　　 (자연네일에서 자생하는 수분으로 인해 발생됨) 　－ 장갑을 착용하지 않고 물을 많이 사용한 경우

4) 인조네일 보수 시 주의사항

- 네일 폴리시가 도포된 경우 논 아세톤 네일 폴리시리무버를 사용하여 제거한다.
- 큐티클 정리 시 보수할 부분에 큐티클 오일은 사용하지 않고 건식 케어를 진행한다.
- 인조네일이 약 30% 이상 없어졌거나 네일 팁이 부러졌을 경우는 보수 작업을 하지 않고 제거 후 새로 시술을 진행한다.
- 인조네일과 자연네일 사이에 곰팡이가 생긴 경우 인조네일 제거 후 의사의 진찰을 받도록 권유한다.

✔ 개념 체크

인조네일을 보수하는 이유로 옳지 않은 것은?

① 깨끗한 네일 미용의 유지
② 녹황색균의 방지
③ 인조네일의 견고성 유지
④ 인조네일의 원활한 제거

④

KEYWORD 02 | 팁 네일, 팁 위드 랩 보수

1) 수행 순서

손 소독 → 경계 제거 → 네일 표면 정리 → 분진 제거 → 표면 채우기 → 전체 조형 및 표면 정리 → 분진 제거 → 코팅 → 광택 → 오일

2) 작업 방법

① 손 소독	• 소독제를 탈지면에 적셔 작업자의 양손을 소독한다. • 소독제를 탈지면에 적셔 시술할 손의 손등, 손바닥, 손가락 사이를 소독한다.

② 경계 제거	• 인조네일의 들뜬 부분만 인조네일 니퍼와 인조네일용 파일(180그릿)로 자연네일이 손상되지 않도록 들뜬 부위를 한쪽 방향으로 제거한다. • 인조네일용 파일(180그릿)로 자연네일과 인조네일 경계선의 들뜬 부분만 파일링한다.
③ 네일 표면 정리	네일 표면 전체를 고르게 샌딩한다.
④ 분진 제거	알코올 소독된 더스트 브러시로 표면 정리 시 생긴 분진을 위에서 아래로 제거한다.
⑤ 표면 채우기	• 네일 접착제와 필러 파우더로 자연네일과 네일 팁 사이의 공간을 채운다. • 경화 촉진제를 네일 팁에서 10㎝ 이상의 거리에서 약하게 분사하여 고정한다.
⑥ 전체 조형 및 표면 정리	인조네일용 파일로 형태를 만들고 표면을 정리한다.
⑦ 분진 제거	알코올 소독된 더스트 브러시로 표면 정리 시 생긴 분진을 위에서 아래로 제거한다.
⑧ 코팅	• 두께를 늘리고 광택을 내기 위해 브러시 글루(젤 글루)를 전체적으로 도포한다. • 경화 촉진제를 네일 팁에서 10㎝ 이상의 거리에서 약하게 분사하여 고정한다.
⑧ 광택	샌딩과 광택용 파일로 인조네일의 표면에 광택을 낸다.
⑨ 오일	큐티클 오일로 큐티클라인과 네일 주변 피부에 유분을 보충한다.

KEYWORD 03 아크릴 네일 보수 빈출

1) 수행 순서

손 소독 → 경계 제거 → 네일 표면 정리 → 분진 제거 → 프라이머 → 아크릴 볼 올리기 → 핀칭 → 전체 조형 및 표면 정리 → 분진 제거 → 광택 → 오일

2) 작업 방법

① 손 소독	• 소독제를 탈지면에 적셔 작업자의 양손을 소독한다. • 소독제를 탈지면에 적셔 시술할 손의 손등, 손바닥, 손가락 사이를 소독한다.
② 경계 제거	• 인조네일의 들뜬 부분만 인조네일 니퍼와 인조네일용 파일(180그릿)로 자연네일이 손상되지 않도록 들뜬 부위를 한쪽 방향으로 제거한다. • 인조네일용 파일(180그릿)로 자연네일과 인조네일 경계선의 들뜬 부분만 파일링한다.
③ 네일 표면 정리	네일 표면 전체를 고르게 샌딩한다.
④ 분진 제거	알코올 소독된 더스트 브러시로 표면 정리 시 생긴 분진을 위에서 아래로 제거한다.
⑤ 프라이머	네일 프라이머를 소량 도포한다.

✓ 개념 체크

UV 젤 스컬프처 보수 방법으로 가장 적합하지 않은 것은?

① UV젤과 자연네일의 경계 부분을 파일링 한다.
② 투웨이 젤을 이용하여 두께를 만들고 큐어링 한다.
③ 파일링 시 너무 부드럽지 않은 파일을 사용한다.
④ 거친 네일 표면 위에 UV젤 톱 코트를 바른다.

②

⑥ 아크릴 볼 올리기	• 아크릴 볼을 자라나온 부분에 올려 연결한다. • 아크릴 볼을 하이 포인트 부분에 올리며 단차를 맞추며 연결한다. • 아크릴 볼을 작게 만들어 부족한 부분을 채워 준다.
⑦ 핀칭	아크릴이 완전 굳기 전 사이드 스트레이트 부분을 3~5초간 엄지손톱으로 지긋이 눌러 주며 핀칭한다.
⑧ 전체 조형 및 표면 정리	인조네일용 파일로 형태를 만들고 표면을 정리한다.
⑨ 분진 제거	알코올 소독된 샌딩용 · 광택용 더스트 브러시로 표면 정리 시 생긴 분진을 위에서 아래로 제거하고 파일로 인조네일의 표면에 광택을 낸다.
⑩ 광택	샌딩용 · 광택용 파일로 인조네일의 표면에 광택을 낸다.
⑪ 오일	큐티클 오일로 큐티클라인과 네일 주변 피부에 유분을 보충한다.

KEYWORD 04 젤 네일 보수 빈출

1) 수행 순서

손 소독 → 경계 제거 → 네일 표면 정리 → 분진 제거 → 본더 도포 → 베이스 젤 도포 및 큐어링 → 젤 네일 적용 및 큐어링 → 전체 조형 및 표면 정리 → 분진 제거 → 톱 젤 도포 및 큐어링 → 오일

2) 작업 방법

① 손 소독	• 소독제를 탈지면에 적셔 작업자의 양손을 소독한다. • 소독제를 탈지면에 적셔 시술할 손의 손등, 손바닥, 손가락 사이를 소독한다.
② 경계 제거	• 인조네일의 들뜬 부분만 인조네일 니퍼와 인조네일용 파일(180그릿)로 자연네일이 손상되지 않도록 들뜬 부위를 한쪽 방향으로 제거한다. • 인조네일용 파일(180그릿)로 자연네일과 인조네일 경계선의 들뜬 부분만 파일링한다.
③ 네일 표면 정리	네일 표면 전체를 고르게 샌딩한다.
④ 분진 제거	알코올 소독된 더스트 브러시로 표면 정리 시 생긴 분진을 위에서 아래로 제거한다.
⑤ 본더 도포	젤 네일 본더를 자라나온 부분에 도포한다.
⑥ 베이스 젤 도포 및 큐어링	자연네일과 인조네일에 베이스젤을 1회 도포한 후 큐어링한다.
⑦ 젤 네일 적용 및 큐어링	• 자라 나온 부분에 클리어젤을 올려 채우며 연결하고 큐어링한다. • 1~2회 부족한 부분을 채워주며 자연스럽게 연결하고 큐어링한다. • 젤 클렌저를 사용하여 미경화 젤을 제거한다.
⑧ 전체 조형 및 표면 정리	인조네일용 파일로 형태를 만들고 표면을 정리한다.
⑨ 분진 제거	알코올 소독된 더스트 브러시로 표면 정리 시 생긴 분진을 위에서 아래로 제거한다.
⑩ 톱 젤 도포 및 큐어링	• 톱 젤을 1회 도포하고 큐어링한다. • 젤 클렌저를 사용하여 미경화 젤을 제거한다.
⑪ 오일	큐티클 오일로 큐티클라인과 네일 주변 피부에 유분을 보충한다.

자연네일 보강

▶ 합격강의

빈출 태그 ▶ #자연네일보강

KEYWORD 01 자연네일 보강

1) 자연네일 보강의 개념
① 자연네일 : 손톱과 발톱에 아무것도 도포되지 않은 내추럴한 상태의 네일
② 자연네일 보강 : 약해지거나 손상되거나 찢어진 네일을 다양한 네일 재료로 보강
   하는 것

2) 보강이 필요한 자연네일

약해진 자연네일	손상된 자연네일	찢어진 자연네일
육안으로 보았을 때는 큰 손상은 없으나 탄성이 없고 두께가 얇아 약해진 상태이다.	자연네일 표면이 뜯겨나가 손상되어 있는 상태이다.	자연네일이 물리적 충격으로 찢어진 상태이다.

3) 보강 시술의 분류

네일 랩	네일 랩, 네일 접착제, 필러 파우더를 적용하여 자연네일을 보강한다.
아크릴	아크릴 브러시를 사용하여 아크릴 파우더와 아크릴 리퀴드를 혼합 후 자연네일을 보강한다.
젤	젤 베이스 젤, 클리어 젤, 톱 젤을 젤 램프에 경화하여 자연네일을 보강한다.

> **✔ 개념 체크**
>
> 자연네일을 오버레이하여 보강할 때 사용할 수 없는 재료는?
>
> ① 실크
> ② 아크릴
> ③ 젤
> ④ 파일
>
> ④

4) 보강의 범위

전체 보강	• 자연네일을 전체적으로 보강하는 방법이다. • 전체적으로 약해진 자연네일에 사용하는 방법이다. • 찢어지거나 손상된 경우에도 적용한다.
부분 보강	• 부분적으로 손상되거나 찢어진 자연네일을 중심으로 보강하는 방법이다. • 좁은 부분의 보강과 넓은 부분의 보강을 포함한다.

1) 네일 랩을 이용한 보강법의 특징

- 네일 랩은 네일 접착제와 함께 사용하여 자연네일을 보강하고, 손상 정도에 따라서 필러 파우더를 함께 적용할 수 있다.
- 찢어진 자연네일의 경우에는 네일 접착제로 찢어진 네일을 붙이고 네일 랩을 적용하면 아크릴이나 젤 화장물보다 리프팅될 가능성이 적다.
- 네일 랩은 찢어진 부분을 단단히 연결하기 때문에 찢어진 자연네일의 경우에는 네일 랩이 가장 효과적이다.

2) 수행 순서

손 소독 → 보강 부위 접착 → 네일 표면 정리 → 분진 제거 → 네일 랩 재단 → 네일 랩 접착 → 네일 랩 고정 → 표면 채우기 → 전체 조형 및 정리 → 코팅 → 광택 → 오일

3) 작업 방법

① 손 소독	• 소독제를 탈지면에 적셔 작업자의 양손을 소독한다. • 소독제를 탈지면에 적셔 시술할 손의 손등, 손바닥, 손가락 사이를 소독한다.
② 보강 부위 접착	• 찢어진 부분에 네일 접착제를 도포한다. • 오렌지 우드스틱을 사용하여 찢어진 부분을 붙인다. • 경화 촉진제를 10~15㎝ 거리에서 약하게 분사한다.
③ 네일 표면 정리	네일 표면 전체를 고르게 샌딩한다.
④ 분진 제거	알코올 소독된 더스트 브러시로 표면 정리 시 생긴 분진을 위에서 아래로 제거한다.
⑤ 네일 랩 재단	• 자연네일의 큐티클 부분부터 프리에지까지 상하길이를 측정한다. • 자연네일의 양쪽 옆면을 손톱으로 눌러 가로 폭을 측정한다.
⑥ 네일 랩 접착	자연네일의 큐티클 라인에서 약 0.1~0.2㎝ 정도 남기고 네일 랩을 접착한 후, 네일 랩이 들뜨지 않게 눌러 부착한다.
⑦ 네일 랩 고정	네일 랩에 스틱 글루가 충분히 흡수되도록 도포하여 고정한다.
⑧ 표면 채우기	네일 접착제와 필러 파우더를 사용하여 네일 랩의 두께를 늘려 주고 경화 촉진제를 10~15㎝ 거리에서 도포한다.
⑨ 전체 조형 및 정리	인조네일용 파일로 스퀘어 형태를 조형하고, 표면을 정리한다.
⑩ 코팅	• 두께를 만들고 광택을 내기 위해 브러시 글루(젤 글루) 전체 도포한다. • 경화 촉진제를 네일 팁에서 10㎝ 이상의 거리에서 약하게 분사하여 고정한다.
⑪ 광택	샌딩과 광택용 파일로 인조네일의 표면에 광택을 낸다.
⑫ 오일	큐티클 오일로 큐티클라인과 네일 주변 피부에 유분을 보충한다.

1) 아크릴을 보강법의 특징

- 아크릴은 한 번에 두께를 늘릴 수 있다.
- 손상된 부분의 범위가 크고 손톱의 두께와 경도를 보강해야 하는 경우에 적용한다.
- 찢어진 자연네일의 경우 네일 접착제를 사용하여 찢어진 부위를 붙이고 작업한다.
- 리프팅을 막기 위해 표면의 광택을 제거하고 전 처리제를 도포한다.
- 아크릴은 네일 화장물 중 가장 단단하고 건조나 경화 후에도 수축 및 변형이 없으므로 보강이 필요한 자연네일 중 내향성 네일의 적용에 효과적이다.

2) 수행 순서

손 소독 → 보강 부위 접착 → 네일 표면 정리 → 분진 제거 → 네일 프라이머 도포 → 아크릴 적용 → 핀치 넣기 → 전체 조형 및 정리 → 광택 → 오일

3) 작업 방법

① 손 소독	• 소독제를 탈지면에 적셔 작업자의 양손을 소독한다. • 소독제를 탈지면에 적셔 시술할 손의 손등, 손바닥, 손가락 사이를 소독한다.
② 보강 부위 접착	• 찢어진 부분에 네일 접착제를 도포한다. • 오렌지 우드스틱을 사용하여 찢어진 부분을 붙인다. • 경화 촉진제를 10~15cm 거리에서 약하게 분사한다.
③ 네일 표면 정리	네일 표면 전체를 고르게 샌딩한다.
④ 분진 제거	알코올 소독된 더스트 브러시로 표면 정리 시 생긴 분진을 위에서 아래로 제거한다.
⑤ 네일 프라이머 도포	네일 프라이머를 소량 도포한다.
⑥ 아크릴 적용	• 아크릴 볼을 자연네일의 ⅓ 부분에 올려 프리에지까지 연결한다. • 아크릴 볼을 자연네일의 ⅔ 부분에 올려 양쪽으로 펴서 연결한다. • 아크릴 볼을 큐티클 부분에 올려 전체를 자연스럽게 연결한다.
⑦ 핀치 넣기	아크릴이 완전 굳기 전 사이드 스트레이트 부분을 3~5초간 엄지손톱으로 지긋이 눌러 주며 핀칭한다.
⑧ 전체 조형 및 정리	• 인조네일용 파일로 형태를 만들고 표면을 정리한다. • 알코올 소독된 더스트 브러시로 표면 정리 시 생긴 분진을 위에서 아래로 제거한다.
⑨ 광택	샌딩과 광택용 파일로 인조네일의 표면에 광택을 낸다.
⑩ 오일	큐티클 오일로 큐티클라인과 네일 주변 피부에 유분을 보충한다.

✔ 개념 체크

아크릴릭 보수 과정에 관한 설명 중 옳지 않은 것은?

① 심하게 들뜬 부분은 파일과 니퍼를 적절히 사용하여 세심히 잘라내고 경계가 없도록 파일링한다.
② 새로 자라난 손톱 부분에 에칭을 주고 프라이머를 바른다.
③ 적절한 양의 비드로 큐티클 부분에 자연스러운 라인을 만든다.
④ 새로 비드를 얹은 부위는 파일링이 필요하지 않다.

④

1) 젤 네일을 이용한 자연네일 보강의 특징

- 젤은 잘 퍼지는 성질이 있기 때문에 빠른 시간에 자연네일을 보강하거나, 자연네일의 손상을 사전예방할 때에 효과적이다.
- 많을 양을 올리게 되면 경화 시 네일 베드가 뜨거워질 수 있으므로 양을 적절히 조절해야 한다.
- 찢어진 자연네일의 경우 네일 접착제를 사용하여 찢어진 부위를 붙이고 작업해야 한다.
- 자연네일의 상태에 따라 경화 후에 경도가 강한 하드 젤과 부드러운 소프트 젤 선택해서 적용해야 한다.

2) 수행 순서

손 소독 → 보강 부위 접착 → 네일 표면 정리 → 분진 제거 → 본더 도포 → 베이스 젤 도포 및 큐어링 → 젤 적용 및 큐어링 → 전체 조형 및 정리 → 탑 젤 적용 및 큐어링 → 오일

3) 작업 방법

① 손 소독	• 소독제를 탈지면에 적셔 작업자의 양손을 소독한다. • 소독제를 탈지면에 적셔 시술할 손의 손등, 손바닥, 손가락 사이를 소독한다.
② 보강 부위 접착	• 찢어진 부분에 네일 접착제를 도포한다. • 오렌지 우드스틱을 사용하여 찢어진 부분을 붙인다. • 경화 촉진제를 10~15cm 거리에서 약하게 분사한다.
③ 네일 표면 정리	네일 표면 전체를 고르게 샌딩한다.
④ 분진 제거	알코올 소독된 더스트 브러시로 표면 정리 시 생긴 분진을 위에서 아래로 제거한다.
⑤ 본더 도포	젤 네일 본더를 도포한다.
⑥ 베이스 젤 도포 및 큐어링	베이스 젤을 도포하고 큐어링 30초 후 미경화 젤을 제거한다.
⑦ 젤 적용 및 큐어링	• 젤 네일을 자연네일의 ⅓ 부분에 올려 프리에지까지 연결하고 큐어링한다. • 젤 네일을 자연네일의 ⅔ 부분에 올려 양쪽으로 펴서 연결하고 큐어링한다. • 젤 네일을 큐티클 부분에 올려 전체를 자연스럽게 연결하고 큐어링한다. • 젤 네일 클렌저로 미경화 젤을 제거한다.
⑧ 전체 조형 및 정리	• 인조네일용 파일로 형태를 만들고 표면을 정리한다. • 알코올 소독된 더스트 브러시로 표면 정리 시 생긴 분진을 위에서 아래로 제거한다.
⑨ 톱 젤 적용 및 큐어링	톱 젤 도포 및 큐어링 60초 후 미경화 젤을 제거한다.
⑩ 오일	큐티클 오일로 큐티클라인과 네일 주변 피부에 유분을 보충한다.

네일 화장물 적용 마무리

▶ 합격강의

빈출 태그 ▶ #마무리관리 #미경화젤 #광택 #네일강화제 #큐티클오일

KEYWORD 01 일반 네일 폴리시 마무리

1) 일반 네일 폴리시 건조 방법

물리적 건조	건조 팬	• 많은 양의 공기에 노출되도록 하는 방법이다. • 기기에 내장된 팬을 돌려 바람을 일으킨다.
화학적 건조	스프레이형	• 용제의 휘발을 촉진하는 제품을 직접 분사 또는 도포하는 방법이다. • 컬러링이 마무리된 후 일반 네일 폴리시의 표현에 뿌리면 건조를 촉진한다. • 분사 시 컬러링 표면에서 10~15㎝ 정도 떨어져서 균일한 양이 분사되도록 사용한다.
	도포형	• 용제의 휘발을 높이는 제품을 직접 분사 또는 도포하는 방법이다. • 일반적으로 드라이 오일이라 지칭한다. • 스포이트 타입 또는 브러시타입이 있다. • 드롭하거나 브러시로 네일 주변에 올리면 자연 확산되는 제품이다.

2) 일반 네일 폴리시 마무리 수행 순서

① 컬러제의 잔여물 제거	오렌지 우드스틱	• 오렌지 우드스틱에 소량의 탈지면을 감고 네일 폴리시리무버를 묻힌다. • 오렌지 우드스틱의 탈지면 입자가 나오지 않도록 정리한다. • 네일 주변의 벗어난 컬러를 정리한다.
	멸균 거즈	• 거즈를 엄지손가락에 감고, 작업이 용이하도록 남은 거즈는 손바닥으로 감싸서 고정한다. • 거즈를 감은 엄지손가락에 폴리시리무버를 묻힌다. • 네일 주변의 벗어난 컬러를 정리한다.
② 건조	폴리시 건조기	• 네일이 서로 닿지 않도록 네일 폴리시 건조기기에 조심해서 넣는다. • 팬에서 나오는 바람을 이용해 건조를 촉진한다. • 네일 폴리시 건조기기의 설정시간이 끝나거나 일정시간이 흐른 후 손을 꺼내 준다.
	스프레이형 건조제	• 폴리시 건조 촉진제를 사용하기 전 위아래로 가볍게 흔든다. • 컬러링 된 네일과 10~15㎝ 정도 거리가 떨어진 상태에서 네일 폴리시 건조 촉진제를 가볍게 분사한다.
	드라이 오일	• 스포이트형 드라이 : 오일을 한 방울 떨어뜨림 • 브러시형 드라이 오일 : 네일 주변에 가볍게 올림

✓ 개념 체크

네일 기본 관리 작업과정으로 옳은 것은?
① 손 소독하기 → 프리에지 모양 만들기 → 네일 폴리시 제거하기 → 큐티클 정리하기 → 컬러도포하기 → 마무리하기
② 손 소독하기 → 네일 폴리시 제거하기 → 프리에지모양 만들기 → 큐티클 정리하기 → 컬러도포하기 → 마무리하기
③ 손 소독하기 → 프리에지모양 만들기 → 큐티클 정리하기 → 네일 폴리시 제거하기 → 컬러도포하기 → 마무리하기
④ 프리에지모양 만들기 → 네일 폴리시 제거하기 → 마무리하기 → 손 소독하기

②

개념 체크

젤 네일 폴리시 마무리 작업 시 작업자의 필요 지식으로 옳지 않은 것은?

① 젤 와이퍼는 사용 시 네일 표면에 잔여물이 남지 않는 것을 사용한다.
② 젤 클렌저는 미경화젤을 닦아내는 용제로 알코올 성분이다.
③ 톱 젤 도포 후 네일 주변과 피부 주변의 잔여 젤을 제거하고 경화한다.
④ 톱 젤 경화 후 피부에 넘친 톱 젤을 제거할 시에는 니퍼로 정리한다.

④

개념 체크

에탄올이 주성분으로 미경화 젤을 제거할 때 사용하는 재료는?

① 오일
② 젤 클린저
③ 아세톤
④ 글리세린

②

KEYWORD 02 젤 네일 폴리시 마무리

1) 젤 클렌저

- 젤 네일 폴리시의 끈적임을 제거하는 액상 제품이다.
- 젤 네일 경화 후 미경화된 잔여물과 네일 표면의 이물질, 먼지 등을 제거하는 데 사용한다.
- 디스펜서에 덜어 와이퍼를 사용하여 적용한다.

2) 젤 와이퍼

- 펄프, 스펀지, 패브릭 재질 등으로 만들어진 얇은 티슈 형태의 일회용 제품이다.
- 젤 클렌저를 묻혀 컬러링 된 젤 네일 폴리시 표면을 마찰하여 제거하는 데 사용한다.
- 사용 시 네일 표면에 잔여물이 남지 않는 것이 좋다.

3) 수행 순서

① 미경화 젤 제거	• 젤 와이퍼에 젤 클렌저를 묻혀 네일 표면에 남아있는 미경화 젤을 제거한다. • 젤 클렌저의 양이 너무 많지 않도록 조절한다. • 네일의 사이드와 프리에지, 아랫부분까지 닦아 준다.
② 젤 컬러 표면 정리	• 젤 컬러가 도포된 네일 표면의 정리가 필요한 부위를 확인한다. • 높은 그릿의 네일 파일로 젤 네일 컬러가 손상되지 않도록 네일 표면을 다듬는다. • 네일 더스트 브러시를 이용해 파일링 후 남아 있는 분진과 이물질을 깨끗하게 제거한다.
③ 톱 젤 도포	• 분진 및 이물질이 네일 표면에 남았는지 확인한다. • 네일 폴리시 브러시에 톱 젤을 덜어낸다. • 프리에지에 톱 젤을 도포한다. • 네일 폴리시 브러시에 넉넉하게 톱 젤의 양을 조절한다. • 브러시의 각도는 손톱 표면과 45° 이상을 유지하며 도포한다.
④ 주변 정리	• 오렌지 우드스틱에 소량의 탈지면을 감고 젤 클렌저를 묻힌다. • 탈지면의 입자가 나오지 않도록 손으로 정리한다. • 네일 주변과 피부 주변의 잔여 톱 젤을 제거한다. • 젤 램프 기기로 경화한다.
⑤ 미경화 젤 제거	• 젤 와이프에 젤 클렌저를 묻혀 미경화 젤을 제거한다. • 젤 클렌저가 피부에 흐르거나 부족하지 않도록 양을 조절한다. • 네일의 프리에지와 네일 아랫면과 옆을 확인하고 닦아 준다.

KEYWORD 03 인조네일 마무리

1) 광택 파일

팁 네일, 아크릴 네일, 랩 네일의 표면에 네일 파일로 광택을 낸다.

2) 수행 순서

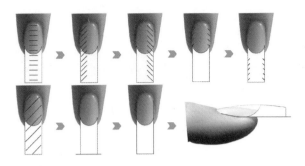

① 샌딩	• 180~240그릿의 샌딩 파일로 네일의 표면을 요철을 제거한다. • 프리에지의 표면을 파일링한다. • 네일 표면을 전체적으로 파일링한다. • 네일 피부 주변의 옆면을 파일링한다.
② 광택	• 400그릿 이상의 광택 파일을 선택하여 네일 표면에 광택을 낸다. • 프리에지의 표면을 파일링한다. • 네일 표면을 전체적으로 파일링한다. • 네일 피부 주변을 섬세하게 파일링한다.
③ 분진 제거	• 네일 더스트 브러시로 분진을 제거한다. • 작업한 네일 주변의 분진을 확인한다. • 네일 더스트 브러시로 분진을 전체적으로 쓸어 준다. • 네일의 표면과 옆면, 프리에지의 아랫부분까지 깨끗하게 정리한다.

KEYWORD 04 네일 작업 마무리

1) 네일 강화제 적용

• 자연네일 관리 마무리 시 사용한다.
• 네일 강화제로 프리에지를 도포한다.
• 네일 표면에 큐티클 라인에 유의하며 전체적으로 도포한다.
• 자연네일에 얇게 1~2회 도포하고 주기적으로 사용한다.

2) 큐티클 오일 적용

• 큐티클 오일은 네일의 건조를 막거나 생활 속 수분보호를 위한 코팅 효과가 있다.
• 큐티클 오일을 적절한 양으로 덜어 큐티클 부분과 네일 주변에 도포한다.
• 네일과 네일 주변의 남는 양의 오일은 정리하여 마무리한다.

3) 냉 · 온 타월 적용

• 계절에 따라 냉 · 온 타월을 선택한다.
• 고객의 손을 모아 냉 · 온 타월로 두 손을 감싸 가볍게 누르며 오염물을 제거한다.

타월의 효과		
온 타월	**냉 타월**	
• 각질 제거 • 마사지 · 팩 효과 증대 • 영양물 흡수 촉진	• 부기 완화 • 피부 진정	• 열감 진정 • 모공 수축

4) 보습제 적용

- 보습 효과가 있는지 성분을 확인한다.
- 스테로이드 성분을 확인한다.
- 화학첨가물보다는 천연추출물이 들어있는 보습제를 선택한다.
- 보습제를 도포한다.

> 작업자의 손에서 로션을 손 위에 2~3회 펌핑하여 손바닥으로 마주 문질러 예열하기 → 손등 · 발등, 종아리에 도포하기 → 손 · 발가락에 도포하기 → 손 · 발가락 관절을 당겨 주기 → 손 · 발목 돌리기 → 손 · 발바닥에 도포하기

5) 네일 주변 유분기 제거

네일 주변의 유분기를 멸균 거즈와 오렌지 우드스틱을 이용하여 네일 표면과 주변에 남아있는 유분기를 제거한다.

> 오렌지 우드스틱에 탈지면 감기 → 네일 폴리시 리무버를 묻히기 → 네일 표면의 유분기를 제거하기 → 네일 주변의 잔여 유분기를 제거하기

KEYWORD 05 작업 후 정리

1) 작업 후의 사후 처리 과정

- 작업이 끝나면 즉시 테이블과 소도구들을 위생적으로 처리한다.
- 사용한 폐기물의 처리 후에 환기를 한다.
- 네일화장품 및 제품을 정돈한다.

2) 작업 마무리의 순서

① 네일 작업대 정리하기	• 키친타월 잔여물을 버린다. • 네일 도구를 소독한다.	• 네일 파일을 버린다. • 네일 서비스를 준비한다.
② 네일 폴리시 정리하기	• 네일 폴리시를 닦는다.	• 네일 폴리시를 정리한다.
③ 비품 정리하기	• 사용 물품을 구분한다. • 소모품을 확인한다.	• 제품을 정돈한다. • 스팀타월을 세탁한다.
④ 폐기물 정리하기	• 위생봉지를 폐기한다.	• 쓰레기를 폐기한다.

CHAPTER

05

공중위생관리

▶ 합격 강의

KEYWORD 01　공중보건의 개념 빈출

1) 윈슬로우의 정의

공중보건학은 지역사회 조직화를 통해 질병을 예방하고, 수명을 연장하며, 신체적 · 정신적 · 사회적 건강을 증진하는 것을 목적으로 하는 과학이자 실천 분야이다.

2) 특징

① 질병 예방과 건강 증진 : 공중보건학의 목적은 질병을 예방하고 건강을 증진하는 것임
② 지역사회 접근 : 공중보건학은 지역사회 전체를 대상으로 함
③ 학제적 접근 : 의학, 사회학, 심리학 등 다양한 학문 분야를 아우름
④ 실천 중심 : 단순한 이론이 아니라 실제적인 실천 활동을 강조함
⑤ 전인적 건강 : 신체적, 정신적, 사회적 건강을 모두 포괄함

3) 공중보건학의 범위

환경보건 분야	환경위생, 환경오염, 산업보건, 식품위생
질병관리 분야	감염병 관리, 역학, 기생충 관리, 성인병 관리, 비감염병 관리
보건관리 분야	보건행정, 모자보건, 가족보건, 노인보건, 보건영양, 보건교육, 의료정보, 응급치료, 사회보장제도, 의료보호제도, 보건통계, 정신보건, 가족관리

KEYWORD 02　건강과 보건수준 빈출

1) WHO(세계보건기구)의 건강의 정의

건강은 단순히 질병이나 허약함이 없는 상태가 아니라, 신체적 · 정신적 · 사회적으로 완전히 안녕한 상태를 의미한다.

윈슬로우(Charles-Edward Amory Winslow)

• 공중보건학자
• 예일대학교 공중보건학 교수 (1915~1945)
• 미국 공중보건협회(APHA) 회장(1920~1921)
• 미국 공중보건학회(ASPH) 초대 회장(1941~1942)

✓ 개념 체크

다음 중 공중보건학의 개념과 가장 유사한 의미를 갖는 표현은?

① 치료의학
② 예방의학
③ 지역사회의학
④ 건설의학

③

✓ 개념 체크

공중보건사업의 개념상 그 관련성이 가장 적은 내용은?

① 가족계획 및 모자보건사업
② 검역 및 예방접종사업
③ 결핵 및 성병관리사업
④ 선천이상자 및 암환자의 치료

④

2) 보건 수준 지표

① 인구통계

조출생률 **(Crude Birth Rate)**	• 일정 기간의 총 출생아 수를 해당 기간의 평균 총 인구로 나눈 값이다. • 산식 : (출생아 수 / 총 인구) × 1,000 • 전체 인구 규모에 대한 출생 수준을 나타낸다. • 연령 구조의 영향을 받는다. • 국가 간 비교가 가능하다.
일반출생률 **(General Fertility** **Rate)**	• 가임기 여성(15~49세) 1,000명당 출생아 수이다. • 산식 : (출생아 수 / 15~49세 여성 인구) × 1,000 • 여성 가임 인구에 대한 출생 수준을 나타낸다. • 연령 구조의 영향을 적게 받는다. • 출산력을 보다 직접적으로 반영한다.

② 사망통계

조사망률	• 일정 기간의 총 사망자 수를 해당 기간의 평균 총 인구로 나눈 값이다. • 산식 : (사망자 수 / 총 인구) × 1,000 • 전체 인구 규모 대비 사망 수준을 나타낸다.
연령별 사망률	• 특정 연령층의 사망자 수를 해당 연령층 인구로 나눈 값이다. • 산식 : (특정 연령층 사망자 수 / 해당 연령층 인구) × 1,000 • 연령별 사망 수준을 파악할 수 있다.
영아사망률	• 출생 1년 이내 사망한 영아 수를 해당 기간의 총 출생아 수로 나눈 값이다. • 산식 : (1세 미만 사망자 수 / 총 출생아 수) × 1,000 • 영유아 보건 수준을 나타내는 대표적인 지표
비례 사망 지수	• 50세 이상 사망자수를 대입해 인구 고령화 수준을 간접적으로 보여 주는 지표로 활용한다. • 산식 : (특정 연령대 사망자 수 / 전체 사망자 수) × 100
기대수명	• 출생 시의 평균 생존 기간을 나타낸다. • 전반적인 건강 수준을 종합적으로 보여 준다. • 완전생명표 작성을 통해 산출한다. • 완전생명표 : 연령별 사망률, 생존확률, 기대수명을 산출한 것

한 지역이나 국가의 보건 수준을
나타내는 3대 지표
• 영아 사망률
• 평균 수명
• 비례 사망 지수

국내 암 사망률 순위
• 1위 : 폐암
• 2위 : 간암
• 3위 : 대장암
• 4위 : 췌장암
• 5위 : 위암

KEYWORD 03 질병 빈출

1) WHO(세계보건기구)의 질병의 정의

질병(Disease)은 신체 구조나 기능의 장애로 인해 발생하는 병리적 상태이다.
① 병리적 변화 : 신체 구조나 기능의 비정상적인 변화
② 기능 장애 : 일상생활이나 활동에 지장을 주는 상태
③ 원인 요인 : 병원체, 유전, 환경 등 질병의 발생 원인

2) 질병의 3가지 요인

병원체 (Agent)	• 병인 • 바이러스, 박테리아, 기생충 등 병원체의 특성 • 병원체의 독성, 감염력, 전파력 등
숙주 (Host)	• 개인의 면역력, 영양 상태, 유전적 감수성 등 • 연령, 성별, 기저 질환 유무 등 개인의 특성
환경 (Environment)	• 물, 공기, 토양 등 물리적 환경 요인 • 사회경제적 수준, 생활습관, 직업 등 사회환경 요인 • 기후, 기온, 계절 등 자연환경 요인

3) 병원체 요인

생물학적 요인	• 바이러스, 세균, 곰팡이, 기생충 등 • 병원체의 독성, 전염력, 내성 등
물리적 요인	• 방사선, 자외선, X선, 감마선 등의 전자기 방사선 • 온도, 기계적 손상, 전기, 소음, 진동 등
화학적 요인	화학물질, 독성물질, 방사선 등
사회학적 요인	• 스트레스 • 외상성 경험 : 신체적, 정서적, 성적 학대, 전쟁, 재난, 사고 등의 경험, 외상 후 스트레스 장애(PTSD) • 심리사회적 요인 : 가족 갈등, 대인관계 문제, 사회적 고립, 소외감 등 • 정신병리 : 불안, 우울, 강박, 정신질환 등 • 유전적, 신경생물학적 요인 : 약물, 알코올 남용 • 인지적 요인 : 비합리적 신념, 부적응적 사고방식, 지각 및 정보처리의 왜곡

4) 숙주적 요인

생물학적 요인	• 유전적 요인 : 유전자 변이나 유전적 소인 • 생리적 요인 : 신체 기능의 이상이나 노화 과정
사회학적 요인	• 사회경제적 요인 : 빈곤, 교육 수준, 직업 등 사회경제적 상황 등 • 생활습관 : 식이, 운동, 흡연, 음주 등의 생활습관 등 • 문화적 요인 : 문화적 가치관이나 행동 양식

5) 환경적 요인

기후 및 계절적 환경	온도, 습도, 강수량 등의 변화가 질병 발생률 및 전파 양상에 영향을 준다.
지리적 환경	지역, 기후, 지형 등의 특성이 특정 질병의 발생 분포와 연관된다.
사회경제적 환경	생활수준, 영양 상태, 주거 환경이 질병 발생과 중증도에 영향을 준다.

1) 인구 증가

인구증가	• 인구증가 = 자연증가 + 사회증가 • 인구증가 = (출생률 − 사망률) + (유입률 − 유출률)
자연증가	• 자연증가 = 출생률 − 사망률 • 출생률이 사망률보다 높으면 자연증가가 발생한다.
사회증가	• 사회증가 = 순 이동률(순 유입률) = 유입률 − 유출률 • 지역 간 인구 이동으로 인한 인구 변화를 의미한다. • 유입률이 유출률보다 높으면 사회증가가 발생한다.

2) 인구 증가의 문제

양적 문제	• 3P : 인구(Population), 빈곤(Poverty), 공해(Pollution) • 3M : 기아(Malnutrition), 질병(Morbidity), 사망(Mortality)	
질적 문제	• 교육 및 보건 수준의 저하 • 환경 및 자원 문제	• 사회 계층화 심화 • 문화적 정체성 약화

3) 인구 피라미드 (빈출)

유형	피라미드	특징
피라미드형		• 14세 이하 인구가 65세 이상 인구의 2배를 초과 • 인구 증가형 • 후진국형
종형		• 14세 이하 인구가 65세 이상 인구의 2배 정도 • 인구정지형 • 이상형
항아리형		• 14세 이하 인구가 65세 이상 인구의 2배 이하 • 인구감소형 • 선진국형

개념 체크

생산인구가 유입되는 도시형
으로, 생산인구가 전체 인구의
50% 이상을 차지하는 인구 구
성 형태는?

① 피라미드형
② 항아리형
③ 종형
④ 별형

④

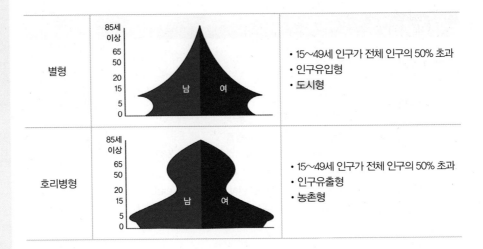

별형	85세 이상 65 50 20 15 5 0 남 여	• 15~49세 인구가 전체 인구의 50% 초과 • 인구유입형 • 도시형
호리병형	85세 이상 65 50 20 15 5 0 남 여	• 15~49세 인구가 전체 인구의 50% 초과 • 인구유출형 • 농촌형

4) 고령사회의 기준

고령화 사회 (Aging Society)	전체 인구 중 65세 이상 노인 인구의 비율이 7% 이상인 사회
고령사회 (Aged Society)	전체 인구 중 65세 이상 노인 인구의 비율이 14% 이상인 사회
초고령사회 (Super-aged Society)	전체 인구 중 65세 이상 노인 인구의 비율이 20% 이상인 사회

질병관리

▶ 합격강의

빈출 태그 ▶ #역학 #질병 #병원체

KEYWORD 01   역학

1) 역학의 정의

• 질병, 건강 상태, 건강 관련 사건의 분포와 결정 요인을 연구하는 학문이다.
• 개인과 집단의 건강 수준을 이해한다.
• 질병의 원인을 파악한다.
• 질병 예방과 건강 증진을 목적으로 한다.

2) 역학의 역할

• 질병의 발생률, 유병률, 사망률 등 질병의 분포를 파악한다.
• 질병의 위험 요인과 결정 요인을 규명한다.
• 질병의 확산 과정 및 전파 경로를 분석한다.
• 질병 예방 및 건강 증진을 위한 전략을 수립한다.

3) 감염병의 발생 단계

병원체 → 병원소 → 병원소에서 병원체 탈출 → 병원체의 전파 → 새로운 숙주로 침입 → 감수성 있는 숙주의 감염

KEYWORD 02   병원체

1) 병원체의 개념

인체나 생물체에 질병을 일으킬 수 있는 미생물이다.

2) 병원체의 종류

구분	호흡기계	소화기계	피부 점막계
바이러스	인플루엔자, 코로나, 호흡기 세포융합(RSV), 아데노	로타, 노로, 엔테로, 아스트로	단순 포진, 수두, 사람 유두종, 우두, 에이즈, 일본 뇌염, 광견병
리케차	발진열, 큐열	발진열	발진열, 발진티푸스, 발진열, 쯔쯔가무시

세균	폐렴연쇄구균, 레지오넬라 폐렴균, 마이코플라즈마 폐렴균	살모넬라균, 대장균, 클로스트리듐 디피실레균, 캄필로박터균(식중독 유발)	포도상구균, 연쇄구균, 임질, 파상풍, 페스트, 매독
진균	아스페르길루스 곰팡이, 크립토코쿠스 곰팡이	칸디다균(칸디다증 유발)	백선균, 칸디다균, 아스페르길루스 곰팡이(피부 진균증)
원충류	폐포자충(폐포자충 폐렴)	지아르디아증, 크립토스포리디움, 아메바성 이질 유발)	주혈흡충(피부 침입 및 피부 병변 유발)

KEYWORD 03 병원소 빈출

1) 병원소(Reservoir, 病原巢)의 개념

병원체가 정상적으로 살아가며 증식할 수 있는 생물학적 환경이다.

2) 병원소의 종류

① 인간 병원소(Human Reservoir)

인간이 병원체의 주요 생존처이며, 병원체가 인간 내부에서 증식할 수 있는 경우이다.

건강 보균자 (Healthy Carrier)	• 병원체에 감염됐지만 임상증상이 없는 상태로 병원체를 지속적으로 배출하는 보균자이다. • 외관상 건강해 보이지만 실제로는 병원체를 보유하고 있는 경우이다. 예 대장균 O157 보균자, 장티푸스 보균자 등
잠복기 보균자 (Incubatory Carrier)	• 감염됐지만 아직 증상이 발현되지 않은 상태의 보균자이다. • 잠복기 동안 병원체를 배출할 수 있어 타인에게 전파될 수 있다. 예 에이즈 바이러스 잠복기, 말라리아 잠복기 등
회복기 보균자 (Convalescent Carrier)	• 질병에서 회복된 상태이지만 여전히 병원체를 배출하는 보균자이다. • 증상은 소실됐지만 균 배출이 지속되는 경우이다. 예 장티푸스 회복기 보균자, 디프테리아 회복기 보균자 등

② 동물 병원소(Animal Reservoir)

동물이 병원체의 주요 생존처이며, 병원체가 동물 내부에서 증식할 수 있는 경우이다.

• 포유류(Mammalia)

동물	병원체
소, 양, 염소	브루셀라증, 탄저, 결핵, 큐열 등
돼지	브루셀라증, 결핵, 일본 뇌염, 크로이츠펠트–야콥병, 살모넬라증, 포크 바이러스성 설사병, 트리히넬라증 등
말, 낙타	말 바이러스성 뇌염, 탄저 등
개, 고양이	광견병, 톡소플라즈마증, 피부사상균증

야생 고양이, 너구리	광견병, 라임병, 렙토스피라증
늑대, 여우	광견병, 탄저, 견과독
쥐	렙토스피라증, 쥐 공격성 바이러스, 출혈열, 폐쇄성 호흡기 증후군
다람쥐	라임병, 바베시아증
토끼	야토병
박쥐	광견병, 에볼라 출혈열, 코로나19

• 절지동물(Arthropoda)

동물	병원체
모기	말라리아, 뎅기열, 지카 바이러스 감염증, 치쿤구니야열, 황열
진드기	라임병, 중증열성혈소판감소증후군(SFTS), 발진열, 신증후군출혈열, 쯔쯔가무시증
파리	장티푸스, 콜레라, 이질, 결핵, 파라티푸스, 트리코마
이	발진열, 피로스병, 재귀열
빈대	쯔쯔가무시증, 발진열, 페스트, 트리파노소마병
바퀴벌레	살모넬라증, 이질 장티푸스, 장염, 포도상구균 감염증, 폐렴
벼룩	페스트, 발진열

③ 환경 병원소(Environmental Reservoir)
토양, 물, 공기 등의 비생물적 환경이 병원체의 주요 생존처인 경우이다.

토양	• 파상풍균, 탄저균, 유행성출혈열 바이러스 등이 토양에서 생존할 수 있다. • 감염된 동물의 배설물로 오염된 토양이 병원체 전파 경로가 될 수 있다.
물	• 콜레라균, 장티푸스균, 지카 바이러스 등이 물을 통해 전파된다. • 오염된 식수나 수영장수가 감염 경로가 될 수 있다.
공기	• 결핵균, 폐렴균, 바이러스 등이 먼지 입자에 부착되어 전파될 수 있다. • 특히 건조한 환경에서 병원체가 먼지와 함께 공기 중으로 퍼질 수 있다.

3) 병원소로부터 병원체 탈출 경로

호흡기계	• 기침과 재채기 → 결핵균, 인플루엔자 바이러스, SARS–CoV–2 • 호흡 중 방출된 비말/객담 → 결핵균, 폐렴구균
소화기계	• 구토 → 노로바이러스, 로타바이러스 • 대변 → 장티푸스균, 이질균, 살모넬라균 • 침 분비 → 폴리오바이러스, 엔테로바이러스
생식기관	• 성 접촉 → 임질균, 매독균, HIV, HPV • 체액 배출 → HIV, B형 간염 바이러스, 헤르페스 바이러스
상처	• 피부 접촉 → 화농성 연쇄구균, 포도상구균, 연조직 감염균 • 혈액 노출 → B형 간염 바이러스, C형 간염 바이러스, HIV 등

주사기 수혈	수혈 → B형 간염 바이러스, C형 간염 바이러스, HIV 등
곤충의 흡혈	• 모기 : 말라리아, 뎅기열, 지카 바이러스 등 • 진드기 : 라임병, 발진열, 크리미안–콩고 등 • 빈대 : 쯔쯔가무시병, 발진열 등

KEYWORD 04　전파

1) 직접전파

접촉 전파	감염된 사람이나 동물과 피부나 점막을 직접 접촉하면서 병원체가 전파 된다. 예 매독, 홍역, 수두 등의 전파
비말 전파	감염된 사람이 기침, 재채기 등을 통해 배출한 비말이 다른 사람의 호흡 기에 직접 들어가면서 전파된다. 예 인플루엔자, 코로나19, 결핵 등의 전파
수직 전파	감염된 임산부에서 태아나 신생아로 직접 병원체가 전파된다. 예 HIV, B형 간염, 풍진 등의 수직 전파
성 접촉 전파	성 접촉을 통해 감염된 사람에게서 병원체가 직접 전파된다. 예 HIV, 매독, 임질 등의 성 접촉 전파

2) 간접전파

매개체 전파	모기, 진드기, 파리 등의 벡터가 병원체를 옮기면서 전파된다. 예 말라리아, 뎅기열, 라임병 등의 매개체 전파
공기 전파	감염된 사람이 배출한 에어로졸이나 먼지가 공기 중에 떠다니다가 다른 사람에게 흡입되어 전파된다. 예 결핵, 홍역, 수두 등의 공기 전파
오염된 물/식품 전파	오염된 물이나 식품을 섭취하면서 병원체가 전파된다. 예 콜레라, 장티푸스, 살모넬라 등의 수인성 전파
오염된 환경 전파	감염된 사람이나 동물의 분비물로 오염된 환경(표면, 기구 등)을 통해 병 원체가 전파된다. → '개달물(介達物)을 통한 개달전염(介達傳染)' 예 노로바이러스, C형 간염, 성홍열 등의 환경 전파

KEYWORD 05　면역 빈출

1) 면역의 종류

① 선천적 면역

개인, 인종, 종족에 따라 습득되는 면역력이다.

② 후천적 면역 (반출)

인공	능동	• 백신 접종을 통해 능동적으로 형성되는 면역이다. • 백신 내의 약화된 병원체로 인해 면역 체계가 스스로 항체를 생산하게 된다.
	수동	• 항체를 직접 주입하여 즉각적으로 면역력을 얻는 방식이다. • 주로 응급 상황이나 면역력이 약한 사람에게 사용된다.
자연	능동	• 실제 병원체에 감염되어 스스로 면역력을 획득하는 경우이다. • 자연 감염을 통해 형성되는 능동적인 면역 반응이 이에 해당한다.
	수동	• 출생 전 모체로부터 항체를 받는 면역이다. • 태반을 통해 모체의 항체가 태아에게 전달되는 경우가 이에 해당한다.

• 인공능동면역

생균백신	약독화된 생병원체를 사용하여 실제 감염과 유사한 면역 반응을 유도한다. ⑩ 홍역, 볼거리, 풍진 백신(MMR), 경구 폴리오 백신(OPV), BCG 백신(결핵)
사균백신	열이나 화학물질로 비활성화한 병원체를 사용하여 면역 반응을 유도한다. ⑩ 인플루엔자 백신, 콜레라 백신, A형 간염 백신, 광견병 백신, 경피 폴리오 백신(IPV)
순화독소	병원체가 분비하는 독소를 무독화하여 사용, 독소에 대한 항체를 형성한다. ⑩ 디프테리아 백신, 파상풍 백신

• 자연능동면역

영구면역	일생 동안 지속되는 강력한 면역 반응을 나타내는 경우이다. ⑩ 홍역, 볼거리, 풍진, 수두, 파상풍
일시면역	일정 기간만 면역력이 유지되는 경우이다. ⑩ 독감(인플루엔자), 폐렴, 장티푸스, 콜레라, 말라리아

✓ 개념 체크

장티푸스, 결핵, 파상풍 등의 예방접종은 어떤 면역인가?

① 인공 능동면역
② 인공 수동면역
③ 자연 능동면역
④ 자연 수동면역

①

2) 출생 후 주요 감염병 접종 시기

B형 간염	출생 직후, 1개월, 6개월
BCG(결핵)	생후 4주 이내 신생아
DTP(DTaP)	• 디프테리아(Diphtheria), 백일해(Tetanus), 파상풍(Pertussis) • 2, 4, 6, 15~18개월, 만 4~6세
폴리오(IPV)	2, 4, 6개월, 만 4~6세
HIB(뇌수막염)	2, 4, 6개월, 12~15개월
MMR(홍역)	12개월, 만 4~6세
폐렴구균	2, 4, 6개월, 12~15개월
수두	12개월
일본뇌염(생백신)	12~36개월 1~2차
로타바이러스(RV)	생후 2~6개월 영아

감염병

▶ 합격강의

빈출 태그 ▶ #법정감염병 #기생충 #검역

KEYWORD 01 법정감염병

1) 제1급 감염병(17종)

- 생물테러감염병 또는 치명률이 높거나 집단 발생의 우려가 커서 발생 또는 유행 즉시 신고하여야 하고, 음압격리와 같은 높은 수준의 격리가 필요한 감염병을 말한다.
- 갑작스러운 국내 유입 또는 유행이 예견되어 긴급한 예방·관리가 필요하여 질병관리청장이 보건복지부장관과 협의하여 지정하는 감염병을 포함한다.
- 종류

에볼라바이러스병, 마버그열, 라싸열, 크리미안콩고출혈열, 남아메리카출혈열, 리프트밸리열, 두창, 페스트, 탄저, 보툴리눔독소증, 야토병, 신종감염병증후군, 중증급성호흡기증후군(SARS), 중동호흡기증후군(MERS), 동물인플루엔자 인체감염증, 신종인플루엔자, 디프테리아

2) 제2급 감염병(21종)

- 전파가능성을 고려하여 발생 또는 유행 시 24시간 이내에 신고하여야 하고, 격리가 필요한 감염병을 말한다.
- 갑작스러운 국내 유입 또는 유행이 예견되어 긴급한 예방·관리가 필요하여 질병관리청장이 보건복지부장관과 협의하여 지정하는 감염병을 포함한다.
- 종류

결핵(結核), 수두(水痘), 홍역(紅疫), 콜레라, 장티푸스, 파라티푸스, 세균성이질, 장출혈성대장균감염증, A형 간염, 백일해(百日咳), 유행성이하선염(流行性耳下腺炎), 풍진(風疹), 폴리오(소아마비), 수막구균 감염증, B형 헤모필루스인플루엔자, 폐렴구균 감염증, 한센병, 성홍열, 반코마이신내성황색포도알균(VRSA) 감염증, 카바페넴내성장내세균목(CRE) 감염증, E형 간염

3) 3급 감염병(28종)

- 그 발생을 계속 감시할 필요가 있어 발생 또는 유행 시 24시간 이내에 신고하여야 하는 감염병을 말한다.
- 갑작스러운 국내 유입 또는 유행이 예견되어 긴급한 예방·관리가 필요하여 질병관리청장이 보건복지부장관과 협의하여 지정하는 감염병을 포함한다.

• 종류

파상풍(破傷風), B형 간염, 일본뇌염, C형 간염, 말라리아, 레지오넬라증, 비브리오패혈증, 발진티푸스, 발진열(發疹熱), 쯔쯔가무시증, 렙토스피라증, 브루셀라증, 공수병(恐水病), 신증후군출혈열(腎症侯群 出血熱), 후천성면역결핍증(AIDS), 크로이츠펠트−야콥병(CJD) 및 변종크로이츠펠트−야콥병(vCJD), 황열, 뎅기열, 큐열(Q熱), 웨스트나일열, 라임병, 진드기매개뇌염, 유비저(類鼻疽), 치쿤구니야열, 중증 열성혈소판감소증후군(SFTS), 지카바이러스 감염증, 엠폭스(Mpox), 매독(梅毒)

4) 4급 감염병(23종)

• 제1급 감염병부터 제3급 감염병까지의 감염병 외에 유행 여부를 조사하기 위하여 표본감시 활동이 필요한 감염병을 말한다.
• 질병관리청장이 지정하는 감염병을 포함한다.
• 종류

인플루엔자, 회충증, 편충증, 요충증, 간흡충증, 폐흡충증, 장흡충증, 수족구병, 임질, 클라미디아감염증, 연성하감, 성기단순포진, 첨규콘딜롬, 반코마이신내성장알균(VRE) 감염증, 메티실린내성황색포도알균 (MRSA) 감염증, 다제내성녹농균(MRPA) 감염증, 다제내성아시네토박터바우마니균(MRAB) 감염증, 장관 감염증, 급성호흡기감염증, 해외유입기생충감염증, 엔테로바이러스감염증, 사람유두종바이러스 감염증, 코로나 19 감염증

5) 기타 감염병 분류

① 인수공통감염병

개념	사람과 동물 간 전파되는 병원체에 의해 발생되는 감염병이다.
종류	광견병, 탄저병, 브루셀라병, 결핵, 큐열, 렙토스피라증, 신증후군출혈열, 조류독감(AI), 돼지인플루엔자, 보빈해면양뇌증(BSE), 중증열성혈소판감소증후군(SFTS), 지카바이러스 감염증, 라임병

② 성매개감염병

개념	주로 성접촉을 통해 전파되는 감염병이다.
종류	에이즈(HIV/AIDS), 성기 헤르페스, 임질, 클라미디아 감염증, 매독, 성기 사마귀, 트리코모나스 감염증, B형 간염, C형 간염

KEYWORD 02 주요 감염병의 특징

1) 호흡계

결핵	• 만성 기침, 객혈, 체중 감소, 피로감 등을 증상으로 한다. • 장기간 항결핵약물 치료가 필요하다. • 투베르쿨린 검사로 감염 여부를 확인한다.
홍역	• 발열, 발진, 기침, 콧물, 결막염 등을 증상으로 한다. • 합병증으로 폐렴, 뇌염 등이 발생할 수 있다.

유행성 이하선염 (볼거리)	• 귀밑의 이하선(침샘 중 귀밑샘) 부종이 특징이다. • 발열, 두통, 근육통 등의 증상을 특징으로 한다.
디프테리아	• 목 부위에 가성막 형성, 호흡곤란을 증상으로 한다. • 독소에 의한 합병증이 발생할 수 있다.
백일해	• 지속적인 발작성 기침이 특징이다. • 합병증으로 폐렴, 뇌증 등이 발생할 수 있다.
인플루엔자 (독감)	• 갑작스러운 고열, 근육통, 두통, 피로감 등을 증상으로 한다. • 합병증으로 폐렴, 심부전 등이 발생할 수 있다.
폐렴	• 다양한 병원체에 의해 발생한다. • 기침, 객담(가래), 호흡곤란, 발열 등을 증상으로 한다. • 세균성, 바이러스성, 곰팡이성 등 다양한 원인이 있다.
호흡기세포융합 바이러스(RSV)	• 영유아에게서 주로 발생한다. • 기침, 콧물, 발열, 천명(쌕쌕거림) 등을 증상으로 한다. • 폐렴, 기관지염 등의 합병증이 발생할 수 있다.

2) 소화계

폴리오 (소아마비)	• 주로 어린이에게서 발생하며, 마비 증상을 특징으로 하므로 '소아마비'라고 한다. • 백신으로 예방할 수 있다.
장티푸스	• 살모넬라 장티푸스균에 감염되어 발생한다. • 발열, 두통, 복통, 설사 등을 증상으로 한다. • 오염된 식수나 음식물을 통해 감염된다. • 항생제 치료가 필요하다.
콜레라	• 비브리오 콜레라균에 감염되어 발생한다. • 심한 설사와 탈수가 특징이다. • 오염된 식수나 음식물을 통해 감염된다. • 항생제 치료와 수분 보충이 중요하다.
이질	• 시겔라균에 감염되어 발생한다. • 혈성 설사, 복통, 발열을 증상으로 한다. • 주로 오염된 식수나 음식물을 통해 감염된다. • 항생제 치료가 필요하다.

KEYWORD 03 　감염병의 매개

1) 포유동물 매개

광견병 (공수병)	• 광견병 바이러스에 감염된 동물(개, 늑대, 여우 등)에 물리거나 긁힐 때 전파된다. • 물에 대한 공포감, 과흥분, 경련, 혼수 등 중추신경계 증상이 특징이다.
탄저병	• 탄저균에 감염된 동물(소, 양, 염소 등)과 접촉, 오염된 고기 섭취 시 전파된다. • 피부병변, 폐렴, 패혈증 등 다양한 임상 양상이 관찰된다.

렙토스피라증	• 설치류(쥐, 고양이 등)의 소변에 오염된 물이나 토양에 접촉 시 전파된다. • 발열, 두통, 근육통, 구토, 설사 등 비특이적 증상이 특징이다. • 간 및 신장 기능 장애, 황달, 출혈 등의 합병증이 발생할 수 있다.

2) 절지동물 매개

페스트	• 매개체 : 쥐벼룩 • 증상 : 림프절 종창, 폐렴, 패혈증 등 • 특징 : 치사율이 높은 중증 감염병임
발진티푸스	• 매개체 : 이 • 증상 : 발열, 두통, 발진 등 • 특징 : 중증 감염 시 신경계 및 심혈관계 합병증이 발생함
말라리아	• 매개체 : 말라리아 모기 • 증상 : 발열, 오한, 두통, 구토 등 • 특징 : 뇌말라리아 등의 합병증이 발생할 수 있음
쯔쯔가무시	• 매개체 : 털진드기 • 증상 : 발열, 발진, 림프절 종대 등 • 특징 : 중증 감염 시 폐렴, 뇌수막염 등의 합병증이 발생함
뎅기열	• 매개체 : 흰줄숲모기 • 증상 : 발열, 근육통, 관절통, 발진 등 • 특징 : 출혈열 등의 중증 합병증이 발생할 수 있음
라임병	• 매개체 : 참진드기 • 증상 : 발열, 발진, 관절통 등 • 특징 : 신경계 및 심장 합병증이 발생할 수 있음
출혈열	• 매개체 : 설치류, 진드기 등 • 증상 : 발열, 출혈, 쇼크 등 • 특징 : 치사율이 높은 중증 감염병임
일본뇌염	• 매개체 : 작은빨간집모기 • 증상 : 발열, 두통, 의식 저하, 경련 등 • 특징 : 신경계 합병증이 발생하고, 사망률이 높음

KEYWORD 04 기생충 질환 빈출

1) 선충류

① 특징
• 선형(線形)의 동물로, 몸이 실 모양으로 길쭉하다.
• 주로 소화기관(장관) 내부에 기생하며 토양 내에서 발육한다.
• 개인 위생과 식수 관리 등을 불량하게 하여 전파된다.

회충	• 길이 15~35cm 정도의 큰 선충이다. • 주로 소장에 기생하며, 성충이 장관 내에 서식한다. • 배란과 수정이 이루어져 충란이 배출되고, 토양에서 발육한다. • 증상으로는 복통, 설사, 영양실조 등이 나타날 수 있다.
편충	• 성충 암컷의 길이는 8~13mm 정도이다. • 가려움증, 복통, 불면증 등의 증상이 나타날 수 있다.
요충	• 성충 암컷의 길이는 3~5cm 정도이다. • 주로 소장에 부화하여, 맹장과 상행결장에 기생한다. • 항문 주변으로 이동하여 산란한다. • 복통, 설사, 빈혈, 항문소양증 등의 증상이 나타날 수 있다. • 산란과 동시에 감염능력이 있어 집단감염이 잘 일어난다.
유구조충	• 소장에 기생하는 선충이다. • 성충 암컷의 길이는 1~2cm 정도이다. • 소장 점막에 부착하여 혈액을 섭취한다. • 철결핍성 빈혈, 복통, 설사 등의 증상이 나타날 수 있다.
십이지장충	• 십이지장과 공장에 기생하는 선충이다. • 성충 암컷의 길이는 2~3mm 정도이다. • 토양에서 유충이 발육하여 피부를 통해 침입한다. • 복통, 설사, 흡수장애 등의 증상이 나타날 수 있다. • 면역저하자에게서 심각한 전신감염으로 이어질 수 있다.
말레이 사상충	• 폐동맥에 기생하는 선충이다. • 성충 암컷의 길이는 20~35mm 정도이다. • 주로 민물 달팽이를 통해 감염되며, 사람은 우연숙주이다. • 주요 증상으로 신경계 증상(두통, 경부강직, 마비 등)이 있다. • 드물지만 치명적일 수 있는 질환이다.

2) 흡충류

① 특징

• 몸이 납작하고 원반 모양이다.
• 몸 표면에 빨판 구조가 있어 숙주에 단단히 달라붙을 수 있어 숙주의 몸에 달라붙어 기생한다.

② 종류

간흡충	• 경로 : 쇠우렁이(제1 중간숙주) → 잉어, 붕어, 피라미(제2 중간숙주) → 사람 • 증상 : 만성 간염, 간암 등의 간 질환
폐흡충	• 경로 : 조개류(제1 중간숙주) → 가재, 게(제2 중간숙주) → 사람 • 증상 : 폐렴, 각혈, 흉막삼출 등의 폐 질환
요코가와흡충	• 경로 : 다슬기, 조개(제1 중간숙주) → 은어, 붕어(제2 중간숙주) → 사람 • 증상 : 복통, 설사, 위장관 출혈 등의 장 질환

✓ 개념 체크

기생충 중 집단감염이 잘 되기 쉬우며 예방법으로 식사 전 손 씻기, 항문 주위의 청결유지 등을 필요로 하는 것에 해당되는 기생충은?

① 회충
② 십이지장충
③ 요충
④ 촌충

③

✓ 개념 체크

민물 가재를 날것으로 먹었을 때 감염되기 쉬운 기생충 질환은?

① 회충
② 간디스토마
③ 폐디스토마
④ 편충

③

✓ 개념 체크

기생충과 인체 내 기생 부위의 연결이 잘못된 것은?

① 구충증 – 폐
② 간흡충증 – 간의 담도
③ 요충증 – 직장
④ 폐흡충 – 폐

①

3) 조충류

① 특징

- 몸이 긴 테이프 모양이다.
- 두부(머리)에 갈고리나 흡반이 있어 숙주의 소화기관에 단단히 부착되어 기생한다.

② 종류

무구조충	• 경로 : 소 → 사람 • 증상 : 복통, 설사, 구토, 체중감소 등의 소화기 증상 • 특징 : 장폐색, 장천공 등의 심각한 합병증이 발생할 수 있음
유구조충	• 경로 : 돼지 → 사람 • 증상 : 복통, 설사, 구토, 체중감소 등의 소화기 증상 　– 간낭미충증 : 간 비대, 복통, 발열 등 　– 뇌낭미충증 : 두통, 경련, 의식장애 등
광절열두조충	• 경로 : 물벼룩(제1 중간숙주) → 송어, 연어, 숭어, 농어(제2 중간숙주) → 사람 • 증상 : 복통, 설사, 위장관 출혈 등의 장 질환

KEYWORD 05 　검역

1) 개념

검역(檢疫, Quarantine)은 감염병을 예방하기 위한 조치로, 우리나라로 들어오거나 외국으로 나가는 사람, 운송수단 및 화물에 대해 전염병의 유무를 진단·검사·소독하는 절차이다.

2) 검역의 목적과 근거

① 목적과 근거법령(검역법 제1조)

> 이 법은 우리나라로 들어오거나 외국으로 나가는 사람, 운송수단 및 화물을 검역(檢疫)하는 절차와 감염병을 예방하기 위한 조치에 관한 사항을 규정하여 국내외로 감염병이 번지는 것을 방지함으로써 국민의 건강을 유지·보호하는 것을 목적으로 한다.

② 검역에 대한 국가의 책무(검역법 제3조)

국가는 검역감염병이 국내외로 번지는 것에 신속하게 대처하기 위한 대응 방안을 수립하여야 한다.

③ 검역에 대한 국민의 권리·의무(검역법 제3조의2)

- 국민은 검역감염병 발생상황, 예방 및 관리 등에 대한 정보와 대응 방법을 알 권리가 있다.
- 국민은 검역감염병으로 격리 등을 받은 경우 이로 인한 피해를 보상받을 수 있다.
- 국민은 검역감염병이 국내외로 번지는 것을 막기 위한 국가와 지방자치단체의 시책에 적극 협력하여야 한다.

3) 검역의 대상

① 운송수단 : 자동차, 선박, 항공기, 열차 등
② 화물(공산품, 농산물, 축산물, 수산물, 식품 등)과 수하물
③ 생물 : 사람, 동물, 식물, 병원체(검역감염병)
④ 방사능에 오염된 것

▼ 검역감염병(검역법 제2조 제1호)

대상	• 국내 유입 시 전국적인 유행이 우려되는 감염병 • 검역 조치를 통해 효과적으로 차단할 수 있는 감염병 • 세계보건기구(WHO)가 지정한 국제적 공중보건 위기상황 유발 가능성이 있는 감염병
감시 기간	• 콜레라 : 120시간(5일) • 페스트 : 144시간(6일) • 황열 : 144시간(6일) • 중증 급성호흡기 증후군(SARS) : 240시간(10일) • 동물인플루엔자 인체감염증 : 240시간(10일) • 신종인플루엔자 : 최장 잠복기(7일) • 중동 호흡기 증후군(MERS) : 14일 • 에볼라바이러스병 : 21일

4) 검역의 방법

• 서류 검사 : 검역 신청서 및 첨부 서류의 적정성 여부 검사
• 임상 검사 : 검역 대상의 건강 상태, 증상 등을 확인
• 정밀 검사 : 병리 조직학적, 분자생물학적, 혈청학적 검사 등
• 격리 : 감염병 의심 대상이나 감염된 대상을 일정 기간 동안 격리하여 전파를 차단
• 소독 : 감염병 오염 가능성이 있는 물품이나 장소 소독

가족 및 노인보건

▶ 합격 강의

빈출 태그 ▶ #가족보건 #모자보건 #노인보건

KEYWORD 01 가족보건

1) WHO(세계보건기구)의 가족보건의 정의
가족 구성원 개개인의 건강과 복지를 증진하고, 가족 간의 상호작용과 가족 기능을 강화하여 가족 전체의 건강과 안녕을 도모하는 것이다.

2) 가족계획의 필요성
- 가족 내 건강한 상호작용과 기능은 개인의 신체적, 정신적, 사회적 건강에 긍정적 영향을 준다.
- 가족의 건강한 생활습관과 환경은 지역사회와 국가 전체의 건강 수준 향상으로 이어진다.

3) 내용
- 가족 구성원 개개인의 신체적, 정신적, 사회적 건강을 증진한다.
- 임신, 출산, 육아 등의 가족생활주기 전반에 걸쳐 건강을 관리한다.
- 가족 간 상호작용과 의사소통 증진을 통해 가족기능을 강화한다.
- 가족의 건강한 생활양식 및 환경을 조성한다.
- 가족의 권리와 책임 및 자원 활용 등에 대해 교육하고 지원한다.

4) 방법
- 임신, 출산, 육아 등 가족의 생활주기별 보건의료 서비스를 제공한다.
- 가족 구성원 개개인의 건강관리 및 건강증진 교육을 실시한다.
- 가족 간 의사소통과 상호작용 증진을 위한 가족 상담 및 교육 프로그램을 운영한다.
- 가족의 건강한 생활양식 및 환경 조성을 위한 지역사회 자원을 연계한다.
- 가족의 건강권과 책임, 자원 활용 등에 대한 정보를 제공한다.
- 취약계층 가족에 대한 보건의료, 복지, 교육 등 통합적 지원 체계를 구축한다.

KEYWORD 02 　모자보건

1) WHO(세계보건기구)의 모자보건의 정의
임산부, 출산부, 산욕부 및 영유아의 건강과 복지를 보호하고 증진하는 것이다.

2) 모자보건의 필요성
- 임신, 출산, 양육은 여성과 아동의 생명과 건강에 직결되는 중요한 시기이다.
- 모자보건 관리를 통해 산모와 영유아의 건강을 증진하고, 사망률을 낮출 수 있다.
- 건강한 미래 세대 육성을 위해 모자보건 관리는 필수적이다.
- 여성과 아동의 건강권 보장 및 삶의 질 향상에 기여한다.

3) 내용
- 산전 관리, 안전한 분만, 산후 관리 등 임신 및 출산을 관리한다.
- 신생아 관리, 예방접종, 성장발달 모니터링 등 신생아 및 영유아를 관리한다.
- 가족계획 및 피임 서비스를 제공한다.
- 취약계층 모자 대상 보건의료 서비스를 지원한다.

4) 방법
- 산전 진찰, 산후 관리 등 임신 · 출산 전 과정에서 의료서비스를 제공한다.
- 신생아 집중치료, 영유아 건강검진 등의 영유아 건강관리 체계를 구축한다.
- 가족계획 및 피임 상담, 피임기구 보급 등의 가족보건 서비스를 제공한다.
- 취약계층 모자 대상 보건의료, 영양, 교육 등의 통합적 지원 체계를 마련한다.
- 지역사회 기반 모자보건 관리 체계를 구축하고, 지원 인프라를 확충한다.

KEYWORD 03 　노인보건

1) WHO(세계보건기구)의 노인보건의 정의
노화와 관련된 건강 문제를 예방하고 관리하며, 노인의 건강과 삶의 질을 증진하는 것이다.

2) 노인보건의 필요성
- 전 세계적으로 인구 고령화가 빠르게 진행되어 노인 인구가 증가하고 있다.
- 노인의 건강 및 의료 수요가 급증하고 있어 이에 대한 대책이 필요하다.
- 노인의 건강한 삶을 지원하고 사회적 부담을 줄이기 위해 노인보건을 강화해야 한다.

3) 내용

- 노화에 따른 질병(만성질환, 장애, 치매 등)을 예방 및 관리한다.
- 노인의 기능적(신체적, 정신적, 사회적 기능) 능력을 유지 및 증진한다.
- 노인 친화적 보건의료체계를 구축하고, 지역사회를 기반으로 한 돌봄 체계를 마련한다.
- 보건의료, 사회서비스 등 노인의 자립적인 생활을 지원한다.
- 노인의 권리를 보호하고 사회참여를 증진한다.

4) 방법

- 개별접촉으로 건강검진, 예방접종, 건강교육 등의 예방적 건강관리 서비스를 제공한다.
- 만성질환 관리, 재활 서비스, 돌봄 서비스 등의 포괄적 의료 · 돌봄 서비스를 제공한다.
- 노인 친화적 시설 및 환경을 조성하여 지역사회 기반 통합 돌봄 체계를 구축한다.
- 노인 권리 보장 및 사회활동 지원을 통해 사회참여 기회를 확대한다.

개념 체크

지역사회에서 노인층 인구에 가장 적절한 보건교육 방법은?

① 신문
② 집단교육
③ 개별접촉
④ 강연회

③

5) 노령화의 문제

건강 문제	• 만성질환, 장애, 치매 등의 발생으로 돌봄 필요성이 증대됐다. • 노인 질환으로 인해 신체적 · 정신적 기능과 자립성이 저하한다.
경제적 문제	소득 감소, 의료비 지출 증가로 인해 가족 부양에 대한 부담이 증가한다.
사회적 문제	• 고립감, 소외감, 우울증 등 정신건강 문제가 발생한다. • 사회참여 기회 부족으로 인한 역할 상실이 발생한다.

우리나라 보건정책의 법적 근거

- 가족보건 : 아동복지법 제4조(국가와 지방자치단체의 책무)
  - 국가와 지방자치단체는 아동의 안전 · 건강 및 복지 증진을 위하여 아동과 그 보호자 및 가정을 지원하기 위한 정책을 수립 · 시행하여야 한다.
  - 국가와 지방자치단체는 장애아동의 권익을 보호하기 위하여 필요한 시책을 강구하여야 한다.
- 모자보건 : 모자보건법 제3조(국가와 지방자치단체의 책임)
  - 국가와 지방자치단체는 모성과 영유아의 건강을 유지 · 증진하기 위한 조사 · 연구와 그 밖에 필요한 조치를 하여야 한다.
  - 국가와 지방자치단체는 모자보건사업에 관한 시책을 마련하고 모성과 영유아의 보호자에게 적극적으로 홍보하여 국민보건 향상에 이바지하도록 노력하여야 한다.
- 노인보건 : 노인복지법 제4조(보건복지증진의 책임)
  - 국가와 지방자치단체는 노인의 보건 및 복지증진의 책임이 있으며, 이를 위한 시책을 강구하여 추진하여야 한다.
  - 국가와 지방자치단체는 규정에 의한 시책을 강구함에 있어 법률에 규정된 기본이념이 구현되도록 노력하여야 한다.
  - 노인의 일상생활에 관련되는 사업을 경영하는 자는 그 사업을 경영함에 있어 노인의 보건복지가 증진되도록 노력하여야 한다.

SECTION
05

환경보건

출제빈도 상 중 하
반복학습 1 2 3

빈출 태그 ▶ #환경보건 #기후 #산업보건

▶합격강의

KEYWORD 01 환경보건

1) WHO(세계보건기구)의 환경보건의 정의

- 인간의 건강과 안녕에 영향을 미치는 물리적 · 화학적 · 생물학적 요인을 파악하고 평가하며, 이를 통제하는 것을 목적으로 하는 학문 분야이다.
- 대기 · 물 · 토양 · 폐기물 · 화학물질 · 방사선 등 다양한 환경 요인이 인체에 미치는 영향을 연구하고, 이를 바탕으로 환경 관리 정책을 수립하여 인간의 건강과 안녕을 증진하고, 지속가능한 환경을 조성하는 것이 환경보건의 핵심적인 목표이다.

KEYWORD 02 기후 빈출

1) 기후의 3대 요소

✔ 개념 체크

다음 중 기후의 3대 요소는?
① 기온-복사량-기류
② 기온-기습-기류
③ 기온-기압-복사량
④ 기류-기압-일조량

②

기온	• 기후를 결정하는 가장 중요한 요소 • 실내 쾌적 기온 : 18±2℃	
기습 (습도, 강수)	• 공기 중에 포함된 수증기량을 나타내는 지표 • 실내 쾌적 기습(습도) : 40~70%	
기류 (바람)	기류는 공기의 움직임을 나타내는 지표	
	쾌적한 기류	• 실외 : 일반적으로 바람의 속도가 1~5㎧ 정도인 경우 • 실내 : 일반적으로 0.1~0.5㎧ 사이의 속도가 적절함 • 0.1~0.3㎧ : 공기를 부드럽게 순환시켜 쾌적감을 느낄 수 있는 기류 • 0.3~0.5㎧ : 실내에서는 약간 강한 편으로 실내 공기를 더욱 효과적으로 순환시킬 수 있지만, 지나치면 냉감을 느낌
	불감 기류	• 0.1㎧ 미만 : 완전히 정지된 상태로 느껴지는 수준 • 0.2㎧ : 가벼운 공기의 움직임을 겨우 감지할 수 있는 수준 • 0.5㎧ : 피부에 약간의 공기의 움직임을 느낄 수 있는 수준

2) 기후요소와 체감온도

- 기후요소 중 인간의 체온 조절에 중요한 요소에는 '기온, 기습, 기류, 복사열'이 있다.
- 다양한 요인들이 복합적으로 작용하여 실제 느껴지는 온도를 나타내는 지표를 '체감온도'라고 한다.

3) 보건적 실내온도와 습도

실내온도	병실	21±2℃
	거실	18±2℃
	침실	15±1℃
온도별 실내습도	15℃	70~80%
	18~20℃	60~70%
	24℃이상	40~60%

4) 불쾌지수(Discomfort Index)

개념	기온과 상대습도를 고려하여 실내 또는 실외 환경의 열적 불쾌감을 나타내는 지수
공식	불쾌지수(DI) = 0.72 × (T_d + T_w) + 40.6
범위와 상태	• DI < 68 : 쾌적　　　　　• 68 ≤ DI < 75 : 다소 불쾌 • 75 ≤ DI < 80 : 불쾌　　　• 80 ≤ DI : 매우 불쾌

불쾌지수와 관련된 사항

• **RH(Relative Humidity)** : 상대습도

$$RH(\%) = \frac{현재\ 수증기량}{포화수증기량} \times 100$$

• **건구온도(T_d)** : 온도계의 구부를 공기 중에 직접 노출시켜 측정하는 온도

• **습구온도(T_w)** : 온도계의 구부를 물에 적신 얇은 천으로 감싼 후에 측정하는 온도

$$T_w = T_d - 0.4 \times (T_d - 10) \times (1 - \frac{RH}{100})$$

KEYWORD 03　대기오염

1) 대기의 조성

질소(N_2)		• 구성비 : 약 78.09% • 공기의 주성분으로 연소와 호흡에 직접 관여하지 않는다.
산소(O_2)		• 구성비 : 약 20.93% • 생물의 호흡에 필수적인 기체로, 연소 반응에 필요하다.
아르곤(Ar)		• 구성비 : 약 0.93% • 비활성 기체로 화학적으로 매우 안정하다.
이산화탄소(CO_2)		• 구성비 : 약 0.04% • 식물의 광합성에 필요하며, 과도하게 증가하면 온실효과를 일으킨다.
기타 성분	메테인(CH_4)	• 농도 : 약 1.8ppm • 강력한 온실가스로 지구온난화의 주요 원인이다.
	일산화탄소(CO)	• 농도 : 약 0.1ppm • 무색 · 무취의 독성 기체로, 연소 과정에서 발생한다.
	미량기체	수증기(H_2O), 네온(Ne), 헬륨(He), 크립톤(Kr), 제논(Xe), 수소(H_2) 등

실내공기질 관리법

다중이용시설, 신축되는 공동주택 및 대중교통 차량의 실내공기질을 알맞게 유지하고 관리함으로써 그 시설을 이용하는 국민의 건강을 보호하고 환경상의 위해를 예방함을 목적으로 한다.

2) 기체로 발생할 수 있는 질병

일산화탄소 중독	• 산소보다 먼저 헤모글로빈과 결합하여 산소 공급을 방해하므로 매우 위험하다. • 자동차 배기가스, 가정용 난방기구, 공장 등에서 발생된다. • 밀폐된 공간에서 축적되면 중독 사고의 위험이 있다.
질소 중독	• 감압병, 잠함병(잠수병)과 같이 압력이 급격히 감소할 때 발생한다. • 주로 잠수부나 고공 비행을 한 사람에게서 나타난다. • 피부 발진 및 가려움증, 관절 통증 및 근육 경련, 호흡 곤란, 두통, 어지럼증, 구토, 설사, 의식 저하, 혼수 등의 증상이 발생한다.
군집독	• 실내 공간에 수용 인원이 초과되는 경우 각종 오염물질과 열이 축적되어 군집독 현상이 발생한다. • 이산화탄소 중독, 산소 부족, 열 중독, 두통, 어지럼증, 구토, 피부 발진 등의 증상이 발생한다.

3) 대기 오염물질

1차 오염 물질	질소산화물 (NOx)	• 질소와 산소가 결합한 화합물로 대표적인 1차 오염물질이다. • 자동차, 발전소, 산업시설에서 주로 배출된다. • 호흡기 질환, 산성비, 광화학스모그를 유발한다.
	황산화물 (SOx)	• 황과 산소가 결합한 화합물로 주로 연료의 연소 시 발생한다. • 산성비, 가시거리 악화, 호흡기 질환을 유발한다. • 특히 석탄 연소 시 다량 배출된다.
	일산화탄소 (CO)	• 탄소와 산소가 1:1로 결합한 무색 · 무취의 기체이다. • 자동차, 난방, 산업공정 등에서 배출된다. • 혈액 내 헤모글로빈과 결합하여 질식을 유발한다.
	미세먼지 (PM10, PM2.5)	• 입자의 크기가 $10\mu m$, $2.5\mu m$ 이하인 먼지이다. • 자동차, 건설현장, 산업공정 등에서 배출된다. • 호흡기 질환, 심혈관 질환을 유발한다.
	염화불화탄소 (CFC)	• 인위적으로 제조되어 대기 중으로 직접 배출되는 화학물질이다. • 에어컨의 냉매로 쓰이며 프레온(Freon)이라고도 한다. • 대기 중에서 안정적으로 존재한다. • 성층권의 오존층을 파괴하는 주요 원인 물질로 알려져 있다.
2차 오염 물질	오존 (O_3)	• 질소산화물과 휘발성유기화합물의 광화학반응으로 생성된다. • 강한 산화력으로 인해 호흡기 질환을 유발한다. • 식물의 광합성을 저해하여 작물 피해를 초래한다.
	황산염 (SO_4^{2-})	• 황산화물이 산화되어 생성된 입자상 물질이다. • 산성비, 가시거리 악화, 호흡기 질환을 유발한다.
	질산염 (NO_3^-)	• 질소산화물이 산화되어 생성된 입자상 물질이다. • 산성비, 가시거리 악화, 호흡기 질환을 유발한다.

4) 대기오염 현상

산성비	• 황산화물(SOx)과 질소산화물(NOx)이 대기 중에서 산화되어 황산과 질산을 형성하고, 이것이 강수에 녹아 내리는 현상이다. • 호수와 강, 토양, 건물 등에 피해를 준다. • 생태계 파괴, 작물 피해, 건물 부식 등을 일으킨다.

황사	• 중국 내륙 지역의 황토 등이 편서풍을 타고 한반도로 유입되는 현상이다. • 미세먼지(PM10, PM2.5) 농도가 매우 높아진다. • 호흡기 질환, 안구 자극, 농작물 피해 등을 일으킨다.
열섬 현상	• 도시 지역에서 건물, 도로, 아스팔트 등 인공 구조물이 열을 흡수하고 방출하여 주변보다 온도가 높아지는 현상이다. • 에너지 사용 증가, 열 스트레스 유발, 대기오염 심화 등의 문제를 야기한다.
광화학 스모그	• 질소산화물(NOₓ)과 휘발성유기화합물(VOCs)이 태양빛에 의해 광화학반응을 일으켜 오존(O_3)을 생성하는 현상이다. • 눈 · 코 · 목 자극, 호흡곤란 등의 건강 문제를 유발한다. • 식물 생장 저해, 가시거리 악화 등의 환경 문제를 초래한다.
기온역전	• 정상적인 대기 상태에서는 지표면에서 높이가 상승할수록 온도가 낮아지는데, 기온역전 시 야간에 지표면이 빠르게 냉각되면 지표면 부근의 공기가 차가워진다. → 상대적으로 상층부의 공기가 더 따뜻해지는 현상이 발생한다. • 기온역전이 발생하면 대기 중 오염물질이 확산되지 못하고 지표면 부근에 갇힌다. • 대기오염 농도가 급격히 높아지는 현상이 나타난다. • 주로 겨울철 안정된 고기압하에서 많이 발생하며, 대도시 지역에서 나타난다.

5) 대기오염물질 기준 농도와 측정법

종류	기준 농도	측정법
이산화황(SO_2)	• 1시간 평균 기준 : 0.15ppm 이하 • 24시간 평균 기준 : 0.05ppm 이하 • 연간 평균 0.02ppm 이하	자외선 형광법
일산화탄소(CO)	8시간 평균 9ppm 이하	비분산적외선 분석법
이산화질소(NO_2)	연간 평균 0.03ppm 이하	화학발광법
미세먼지(PM10)	연간 평균 50μg/㎥ 이하	• 베타선 흡수법 • 중량법
초미세먼지(PM2.5)	연간 평균 15μg/㎥ 이하	
오존(O_3)	8시간 평균 0.06ppm 이하	자외선 광도법
납(Pb)	연간 평균 0.5μg/㎥ 이하	• 원자흡수분광법 • 유도결합 플라즈마 질량분석법
벤젠	연간 평균 3μg/㎥ 이하	• 가스크로마토그래피법 • 고성능 액체크로마토그래피법

KEYWORD 04 수질오염

1) 수질오염의 개념

물의 물리적, 화학적, 생물학적 특성이 변화하여 물의 본래 용도나 기능을 저해하는 상태로 수생생태계의 건강성이 손상되어 수서생물의 생육이나 생식에 악영향을 미치는 상태이다.

2) 수질오염의 지표

DO (용존산소량)	• 물속에 녹아 있는 산소의 양을 나타내는 지표이다. • 수생생물 서식에 필수적이며, 값이 낮을수록 오염이 심각함을 나타낸다.
BOD (생물학적 산소요구량)	• 미생물에 의해 유기물이 분해될 때 필요한 산소량을 나타내는 지표이다. • 유기물 오염도를 반영하며, 값이 클수록 오염이 심각함을 나타낸다. • 하천, 호수 등의 수질 관리 기준으로 활용된다.
COD (화학적 산소요구량)	• 산화제에 의해 유기물이 산화될 때 필요한 산소량을 나타내는 지표이다. • BOD에 비해 더 광범위한 유기물 오염을 반영한다. • 산업폐수 등의 유기물 오염도 측정에 활용한다. • 값이 클수록 오염이 심각함을 나타낸다.
SS (부유물질)	• 물 속에 떠있는 입자상 물질의 양을 나타내는 지표이다. • 탁도와 관련되며, 수생태계에 악영향을 줄 수 있다.
pH (수소이온농도, 산도)	• 물의 산성도 또는 염기도를 나타내는 지표이다. • pH 7은 중성, 7 미만은 산성, 7 초과는 염기성을 나타낸다. • 수생 생태계에 적합한 pH 범위는 6.5~8.5이다.
대장균	• 대장균의 개체수를 나타내는 지표이다. • 주로 음용수, 수영장, 하천 등의 위생 상태를 평가하는 데 사용한다. • 대장균수가 많다는 것은 분변 오염이 심각하다는 것을 의미한다.

3) 물의 화합물 오염

수은	• 미나마타병 • 두통, 피로감, 시야 장애, 감각 이상, 운동 실조, 발음 장애 등
카드뮴	• 이타이이타이병(골연화증) • 구토, 설사, 복통, 신장 기능 저하, 골연화증
납	• 납 중독, 납 중독성 뇌병증 • 두통, 복통, 구토, 변비, 신경계 증상(운동실조, 사지마비 등)
크로뮴	• 크로뮴 중독 • 피부 자극, 구토, 설사, 복통, 신장·간 기능 저하
비소	• 비소 중독, 비소 중독성 피부병 • 구토, 설사, 복통, 피부 색소 침착, 신경계 증상(감각 이상, 마비 등)

4) 상수 처리

취수 및 전처리	• 원수 취수 : 하천, 호수, 지하수 등에서 원수를 취수함 • 침사지 : 큰 입자성 물질을 제거함 • 혼화지 : 응집제 주입 후 약품과 물이 잘 혼합되도록 함 • 응집/침전 : 응집제에 의해 작은 입자가 뭉쳐 큰 플록이 되어 침전함 • 여과 : 침전 후 남은 부유물질을 모래 여과기로 제거함
정수 처리	• 소독 : 염소, 오존 등으로 병원성 미생물을 제거함 • 활성탄 여과 : 유기물, 냄새, 맛을 제거함 • 이온교환 : 경도를 낮추고, pH를 조정함 • 막여과 : 바이러스, 박테리아 등을 제거함

✔ 개념 체크

다음 중 하수에서 용존산소(DO)가 아주 낮다는 의미는?

① 수생식물이 잘 자랄 수 있는 물의 환경이다.
② 물고기가 잘 살 수 있는 물의 환경이다.
③ 물의 오염도가 높다는 의미이다.
④ 하수의 BOD가 낮은 것과 같은 의미이다.

③

✔ 개념 체크

수질오염의 지표로 사용하는 '생물학적 산소요구량'을 나타내는 용어는?

① BOD
② DO
③ COD
④ SS

③

✔ 개념 체크

수돗물로 사용할 상수의 대표적인 오염지표는? (단, 심미적 영향물질은 제외함)

① 탁도
② 대장균수
③ 증발잔류량
④ COD

②

배수 및 송수	• 배수지 : 정수된 물을 저장함 • 가압펌프 : 물을 가압하여 배수함 • 배수관로 : 가정 및 기관으로 물을 공급함
수질 관리	• 잔류 염소 농도를 관리함 • pH, 탁도, 색도 등 수질을 모니터링함 • 배수관로 세척, 소독 등을 관리함

5) 하수 처리

취수 및 전처리	스크린 여과와 모래 등 중량 물질을 침전시킴
1차 처리 (기계적 처리)	침전지에서 부유물질이 가라앉아 제거됨
2차 처리 (생물학적 처리)	• 생물학적 처리로, 미생물이 유기물을 분해·산화함 • 활성슬러지법, 활성오니법, 생물막법 등의 방식으로 처리함
3차 처리 (고도 처리)	• 인, 질소 등 영양물질을 제거함 • 여과, 흡착, 막 분리 등의 방식으로 처리함
소독 및 방류	• 최종적으로 염소 소독 등으로 병원성 미생물을 제거함 • 처리된 물은 하천, 바다 등으로 방류함

✔ 개념 체크

도시 하수처리에 사용되는 활성오니법의 설명으로 가장 옳은 것은?

① 상수도부터 하수까지 연결되어 정화시키는 법
② 대도시 하수만 분리하여 처리하는 방법
③ 하수 내 유기물을 산화시키는 호기성 분해법
④ 쓰레기를 하수에서 걸러내는 법

③

6) 경도

물에 녹아 있는 칼슘이온(Ca^{2+})과 마그네슘이온(Mg^{2+})의 농도를 나타내는 지표

경수 (센물)	일시적 경수	• 탄산칼슘($CaCO_3$)과 탄산마그네슘($MgCO_3$)이 녹아 있는 물이다. • 열을 가하거나 pH를 높이면 이들 이온들이 침전되어 경도가 낮아진다. • 비누 사용 시 거품이 잘 나지 않으나, 비누를 충분히 사용하면 거품이 생긴다.
	영구적 경수	• 황산칼슘($CaSO_4$)과 황산마그네슘($MgSO_4$)이 녹아 있는 물이다. • 열을 가해도 이온들이 침전되지 않는다. • 비누 사용 시 거품이 잘 생기지 않고, 비누를 많이 사용해도 거품이 잘 생기지 않는다. • 이온 교환기나 역삼투 처리 등으로 제거하기 어렵다.
연수 (단물)		• 경수와 반대로 칼슘, 마그네슘 이온이 거의 없는 물이다. • 이온 교환 장치나 역삼투 처리를 통해 경수를 연수로 만들 수 있다. • 비누 사용 시 거품이 풍부하게 생기고, 세탁이나 요리에 적합하다.

1) 천장의 높이 : 일반적으로 $2.4 \sim 2.7$m

2) 자연조명, 창

- 창문은 가능한 한 남향이나 동 · 서향으로 내는 것이 좋다.
- 창의 면적은 바닥면적의 $14 \sim 20\%(\frac{1}{7} \sim \frac{1}{5})$ 정도가 적절하다.
- 창문의 높이는 바닥에서 $0.8 \sim 1.2$m 정도가 적절하다.

✓ **개념 체크**

주택의 자연조명을 위한 이상적인 주택의 방향과 창의 면적은?

① 남향, 바닥면적의 $\frac{1}{7} \sim \frac{1}{5}$

② 남향, 바닥면적의 $\frac{1}{5} \sim \frac{1}{2}$

③ 동향, 바닥면적의 $\frac{1}{10} \sim \frac{1}{7}$

④ 동향, 바닥면적의 $\frac{1}{5} \sim \frac{1}{2}$

①

3) 인공조명

유형	특징
직접조명	조명기구에서 빛이 직접 공간으로 향하는 방식이다.
간접 조명	조명기구에서 나온 빛이 천장이나 벽면에 반사되어 간접적으로 공간을 밝히는 방식이다.
반간접 조명	• 직접 조명과 간접 조명의 중간 형태이다. • 조명기구에서 나온 빛의 일부는 직접 공간으로 향하고, 일부는 천장이나 벽면에 반사되어 비친다.

4) 작업장 적정 조명 기준

구분	초정밀	정밀	보통
조도	$1,000 \sim 2,000$ℓx	$500 \sim 1,000$ℓx	$300 \sim 500$ℓx
색온도	$5,000 \sim 6,500$K	$4,000 \sim 6,500$K	$3,500 \sim 4,500$K

1) 산업피로

① 개념
작업 수행 능력이 감소하고, 작업에 대한 동기와 흥미가 저하되며, 정신적, 신체적 증상(두통, 어지럼증, 근육통 등)이 나타나는 피로 상태이다.

② 원인
장시간 노동, 작업 강도 증가, 불규칙한 작업 스케줄, 열악한 작업 환경 등이 있다.

③ 종류

신체적 피로	근육통, 관절통, 두통, 어지러움, 피로감, 졸음 등
정신적 피로	집중력 저하, 기억력 저하, 판단력 저하, 반응 시간 지연

✓ **개념 체크**

조도불량, 현휘가 과도한 장소에서 장시간 작업하면 눈에 긴장을 강요함으로써 발생되는 불량 조명에 기인하는 직업병은?

① 안정피로
② 근시
③ 원시
④ 안구진탕증

①

안정피로
눈에 피로가 누적되어, 원래라면 피로를 느끼지 않을 정도의 사용에도 눈이 쉽게 피로해지는 증상

감정적 피로	우울감, 불안감, 짜증, 무관심, 감정 기복 등
사회적 피로	의사소통의 어려움, 사회적 상호작용 회피 등

④ 산업피로의 대책

- 작업 시간 관리
- 작업 강도 조절
- 작업 환경 개선
- 근로자 건강관리
- 교육 및 훈련 강화

2) 산업재해

① 원인

인적 요인	• 부주의, 실수, 무경험 • 피로, 스트레스, 음주 등 근로자 상태	• 안전수칙 미준수, 안전의식 결여 • 부적절한 작업 방법이나 습관
환경적 요인	• 위험한 기계, 설비, 공구 등 • 위험물질, 유해 요인 노출	• 부적절한 작업 환경(온 · 습도, 조명, 소음 등) • 비상 대응 체계 미흡
기타 요인	• 관리 감독 부실 • 위험 요인 사전 파악 및 개선 미흡 • 작업 공간 및 작업 방식 부적절	• 안전 교육 및 훈련 부족 • 안전 관리 체계 및 제도 미비

② 산업재해 관련 지표

산업재해 발생률	• 근로자 100명당 발생한 재해 건수를 나타내는 지표 • 산식 : (재해 건수 / 근로자 수) × 100
재해 강도율	• 100명의 근로자가 1년 동안 손실한 근로일수를 나타내는 지표 • 산식 : (근로손실일수 / 근로자 수) × 100
재해 도수율	• 100만 시간 근로 시 발생한 재해 건수를 나타내는 지표 • 산식 : (재해 건수 / 총 근로시간) × 1,000,000
사망만인율	• 10만 명의 근로자 중 사망한 근로자 수를 나타내는 지표 • 산식 : (사망자 수 / 근로자 수) × 100,000
업종별 재해율	• 특정 업종의 재해 발생 수준을 나타내는 지표 • 산식 : (해당 업종 재해 건수 / 해당 업종 근로자 수) × 100

③ 하인리히의 재해 비율(1 : 29 : 300의 법칙)

개념	중대 재해 1건당 경미한 부상 29건, 무상해 사고 300건이 발생한다는 비율이다.
의의	• 중대 재해를 예방하기 위해서는 경미한 부상과 무상해 사고에 주목해야 한다. • 경미한 부상과 무상해 사고를 예방하면 중대 재해도 예방할 수 있다. • 사고는 연쇄적으로 발생하므로, 사소한 사고에 대한 관심과 예방이 중요하다.

④ 소음허용 한계

2시간 작업 시 소음 한계치	4시간 작업 시 소음 한계치	8시간 작업 시 소음 한계치
91dB(A) 이하	88dB(A) 이하	85dB(A) 이하

SECTION 06 식품위생

출제빈도 상 중 하
반복학습 1 2 3

▶합격강의

빈출 태그 ▶ #식품위생 #식중독 #독

KEYWORD 01 식품위생

1) WHO(세계보건기구)의 식품위생의 정의
식품을 안전하고 건전하며 영양가가 있는 상태로 생산, 가공, 보관, 유통, 조리 및 소비되도록 하는 모든 조건과 수단이다.

2) 식품위생법의 의의
식품으로 인하여 생기는 위생상의 위해(危害)를 방지하고 식품영양의 질적 향상을 도모하며 식품에 관한 올바른 정보를 제공함으로써 국민 건강의 보호 · 증진에 이바지함을 목적으로 한다(식품위생법 제1조).

3) 식품위생법에서 정의하는 식품위생
'식품위생'이란 식품, 식품첨가물, 기구 또는 용기 · 포장을 대상으로 하는 음식에 관한 위생을 말한다(식품위생법 제2조 제1항).

KEYWORD 02 식품위생관리

1) 해썹(HACCP, Hazard Analysis and Critical Control Point, 위해요소중점관리 기준)
식품의 생산, 가공, 조리, 유통 등 전 과정에서 발생할 수 있는 위해요소를 사전에 분석하고, 그 위해요소를 효과적으로 관리할 수 있는 중요 관리점(Critical Control Point)을 설정하여 식품의 안전성을 확보하는 예방적 위생관리 시스템이다.

✅ 개념 체크

일반적으로 식품의 부패(Putre faction)란 무엇이 변질된 것인가?
① 비타민
② 탄수화물
③ 지방
④ 단백질

④

2) 식품의 변질

변질 (變質)	• 식품의 품질이나 영양가가 저하되는 현상이다. • 화학적 반응, 미생물 작용, 효소 활성 등에 의해 발생한다. • 단백질의 변성 등이 대표적인 사례이다. • 변패(變敗), 산패(酸敗), 부패(腐敗), 발효(醱酵) 등이 있다.
변패	• 식품의 외관, 질감, 향미 등이 변화하는 현상이다. • 미생물, 효소, 화학반응 등 다양한 요인에 의해 발생한다. • 과일, 채소, 유제품 등에서 주로 발생한다.

산패	• 지방이나 유지의 산화에 의한 현상이다. • 식품의 향미와 품질이 저하되는 것이 특징이다. • 튀김유, 견과류, 유지 등에서 주로 발생한다.
부패	• 주로 세균에 의해 발생하는 변질 현상이다. • 단백질이 분해되어 악취가 발생하는 것이 특징이다. • 육류, 어류 등에서 주로 일어나는 현상이다.
발효	• 미생물이 식품 성분을 분해하여 새로운 물질을 생성하는 현상이다. • 치즈, 술, 김치 등 발효식품에서 의도적으로 일어나는 변화이다. • 미생물 대사산물에 의해 향미, 질감 등이 변화한다.

3) 식품의 보존방법

물리적 처리법	저온처리	• 냉장/냉동 처리하는 방법이다. • 저온에서 식품의 미생물 증식과 화학적 반응을 억제하여 보존한다. • 냉장(0~10℃), 냉동(-18℃ 이하)으로 구분한다. • 육류, 수산물, 유제품 등에 널리 사용한다.
	열처리	• 가열을 통해 식품 내 미생물을 사멸시켜 보존하는 방법이다. • 살균(70~100℃), 멸균(121℃ 이상) 등으로 구분한다. • 통조림, 레토르트 식품 등에 활용한다.
	건조처리	• 식품 내 수분을 제거하여 미생물 증식을 억제하는 방법이다. • 열풍건조, 동결건조, 감압건조 등의 방법을 사용한다. • 곡물, 과일, 채소 등에 적용한다.
	방사선 조사	• 감마선이나 전자선을 조사하여 미생물을 살균하는 방법이다. • 식품의 저장성을 향상할 수 있다. • 육류, 채소, 향신료 등에 활용한다.
	포장처리	• 식품을 공기, 빛, 습기 등으로부터 차단하여 보존하는 방법이다. • 진공포장, 가스치환포장, 활성포장 등의 방법을 사용한다. • 다양한 식품에 적용 가능하다.
화학적 처리법	염장	• 식품에 소금을 첨가하여 수분활성도를 낮추어 보존하는 방법이다. • 미생물 증식을 억제하고 효소 작용을 억제한다. • 육류, 어류, 채소 등에 적용한다.
	훈연	• 식품을 연기에 노출시켜 보존하는 방법하는 방법이다. • 연기 속의 페놀, 유기산 등이 미생물 생장을 억제한다. • 육류, 어류 등에 사용한다.
	첨가물 사용	• 식품 보존을 위해 인위적으로 화학물질 첨가하는 방법이다. • 산화방지제, 방부제, 방충제 등이 대표적이다. • 다양한 식품에 적용할 수 있다.
	pH 조절	• 식품의 산성도(pH)를 조절하여 보존하는 방법이다. • 유기산 첨가, 발효 등을 통해 pH를 낮춘다. • 식초, 김치 등에 활용한다.
	저수분 처리	• 식품의 수분 함량을 낮춰 미생물 생장을 억제하는 방법이다. • 농축, 건조, 동결건조 등의 방법을 사용한다. • 건조식품, 분말식품 등에 적용한다.

화학적 처리법	설탕 처리법	• 설탕을 첨가하여 식품의 수분활성도를 낮추는 방법이다. • 미생물 생장을 억제하여 보존성을 높일 수 있다. • 잼, 과일통조림, 건과류 등에 사용한다.
	가스 저장법	• 식품을 특정 가스에 노출하여 저장하는 방법이다. • 이산화탄소, 질소, 아르곤 등의 가스를 사용한다. • 호흡 억제, 미생물 증식 억제 등의 효과가 있다. • 신선 과일, 채소, 육류 등에 적용한다.
생물학적 처리법	발효	• 젖산균, 효모 등의 미생물을 이용하여 식품을 발효시키는 방법이다. • 발효 과정에서 생성되는 유기산, 알코올 등이 식품을 보존한다. • 대표적으로 김치, 치즈, 와인, 된장 등이 있다.
	숙성	• 식품을 일정 기간 숙성시켜 품질을 향상하는 방법이다. • 미생물 작용으로 향미, 조직감 등의 변화가 일어난다. • 치즈, 햄, 와인 등의 숙성 과정에 활용한다.
	유산균 첨가	• 유산균을 식품에 첨가하여 보존성을 높이는 방법이다. • 유산균이 생성하는 유기산이 미생물 증식을 억제한다. • 요구르트, 프로바이오틱 제품 등에 활용한다.
	박테리오신 첨가	• 박테리오신이라는 항균성 단백질을 식품에 첨가하는 방법이다. • 병원성 세균의 생장을 선택적으로 억제한다. • 치즈, 육가공품 등에 적용한다.

KEYWORD 03 식중독 빈출

1) 식중독의 개념

병원성 미생물, 독 물질 등으로 오염된 식품을 섭취함으로써 발생하는 급성 질병이다.

2) 분류

① 세균성 식중독

개념 체크

식품을 통한 식중독 중 독소형
식중독은?

① 포도상구균 식중독
② 살모넬라균에 의한 식중독
③ 장염 비브리오 식중독
④ 병원성 대장균 식중독

①

감염형 식중독	살모넬라 식중독	• 잠복기 : 12~72시간 • 감염 경로 : 오염된 달걀, 육류, 유제품 섭취 • 증상 : 구토, 설사, 복통, 발열 등의 위장관 증상
	장염비브리오 식중독	• 잠복기 : 12~72시간 • 감염 경로 : 오염된 해산물 섭취 • 증상 : 급성 설사, 복통, 구토, 발열 등
	병원성 대장균 식중독	• 잠복기 : 1~10일 • 감염 경로 : 오염된 식품 및 물 섭취 • 증상 : 수양성 설사, 복통, 발열, 구토 등
독소형 식중독	포도상구균 식중독	• 잠복기 : 1~6시간 • 원인 : 독소를 생성하는 포도상구균 감염 • 증상 : 구토, 설사, 복통 등의 위장관 증상

독소형 식중독	보툴리누스 식중독	• 잠복기 : 12~72시간 • 원인 : 보툴리눔 독소 섭취 • 증상 : 복시, 구음장애, 호흡곤란 등 신경학적 증상 • 특징 : 식중독 중 치사율이 가장 높음(5~10%)
	웰치균 식중독	• 잠복기 : 6~24시간 • 원인 : 웰치균 감염 • 증상 : 복통, 설사, 구토, 발열 등의 위장관 증상

② 기타 식중독

바이러스성 식중독	노로바이러스 식중독	• 잠복기 : 12~48시간 • 원인 : 오염된 식품 섭취, 환자와의 접촉 • 증상 : 구토, 설사, 복통, 발열 등
	로타바이러스 식중독	• 잠복기 : 1~3일 • 원인 : 오염된 물, 식품 섭취 • 증상 : 설사, 구토, 복통, 발열 등
화학성 식중독	중금속 중독	• 잠복기 : 수분~수시간 • 원인 : 중금속 함유 식품 섭취 • 증상 : 구토, 설사, 두통, 근육경련 등
	농약 중독	• 잠복기 : 수분~수시간 • 원인 : 농약 오염 식품 섭취 • 증상 : 두통, 구토, 설사, 근육경련 등
곰팡이성 식중독	곰팡이 독소 중독	• 잠복기 : 수분~수시간 • 원인 : 곰팡이 독소 오염 식품 섭취 • 증상 : 구토, 설사, 두통, 어지럼증 등

중금속(Heavy Metal)
비중이 물보다 큰(4 이상) 금속으로, 수은 · 납 · 카드뮴 · 크로뮴이 대표적이다.

3) 자연독

구분	종류	독성물질
식물성	버섯	무스카린(Muscarine), 아마니타(Amatoxin), 파롤린(Phallodin)
	감자	솔라닌(Solanine)
	목화씨	고시폴(Gossypol)
	독미나리	시큐톡신(Cicutoxin)
	맥각	에르고톡신(Ergotoxine)
	매실	아미그달린(Amygdalin)
동물성	복어	테트로도톡신(Tetrodotoxin)
	섭조개, 대합	삭시톡신(Saxitoxin)
	모시조개, 굴, 바지락	베네루핀(Venerupin)

SECTION
07

보건행정

출제빈도 상 중 하
반복학습 1 2 3

빈출 태그 ▶ #보건 #보건소

▶합격 강의

KEYWORD 01 보건행정

1) 보건행정의 정의

WHO	보건행정은 개인, 가족, 지역사회의 건강을 증진하고 보호하기 위해 다양한 보건의료 자원을 계획, 조직, 지휘, 통제하는 과정이다.
미국 보건복지부	보건행정은 보건의료 체계의 효과적이고 효율적인 운영을 위해 관리, 기획, 정책 수립, 재정 관리, 인력 관리 등의 기능을 수행하는 분야이다.
한국 보건행정학회	보건행정은 보건의료 분야의 계획, 조직, 인사, 지휘, 통제 등의 관리 기능을 수행하여 국민 건강 증진을 도모하는 학문이자 실천 분야이다.

2) 보건행정의 특성

① 공공성 : 국민 건강 증진을 목적으로 하는 공공부문의 행정임
② 포괄성 : 개인 · 가족 · 지역사회 전체의 건강 문제를 다루며, 질병 예방, 건강 증진, 보건의료 서비스 제공 등 다양한 기능을 수행함
③ 전문성 : 보건의료, 역학, 사회복지, 경영학 등 다양한 학문 분야의 지식과 기술이 요구됨
④ 상호의존성 : 다른 분야(교육, 복지, 환경 등)와 밀접한 관련이 있음

3) 보건기획 과정

전제 → 예측 → 목표설정 → 구체적 행동계획

4) 보건행정기관

① 중앙 보건행정조직

보건복지부	특징	• 국민의 보건과 복지에 관한 정책을 총괄하는 중앙행정기관이다. • 보건의료와 사회복지 분야의 최고 정책결정기관이다. • 보건의료, 사회복지, 인구, 가족, 아동, 노인, 장애인 등 광범위한 분야를 관장한다.
	역할	• 보건의료 정책 및 제도를 수립한다. • 국민건강증진 및 질병예방 사업을 계획 및 추진한다. • 의약품, 의료기기 등 의료관련 품목을 관리한다. • 국민연금, 건강보험 등 사회보장제도를 운영한다. • 저소득층, 노인, 장애인 등 취약계층 지원 정책을 수립한다. • 보건복지 관련 법령을 제 · 개정 및 감독한다. • 보건복지 관련 통계를 생산하고 정보를 관리한다.

식품 의약품 안전처	특징	• 식품, 의약품, 화장품, 의료기기 등 국민 생활과 밀접한 제품의 안전관리를 담당한다. • 국무총리 산하 기관으로, 식품과 의약품 분야의 전문성을 갖춘 기관이다. • 식품 · 의약품 안전정책을 수립하고 관련 법령을 제 · 개정하는 역할을 수행한다.
	역할	• 식품, 의약품, 화장품, 의료기기 등의 안전기준을 마련하고 관리한다. • 식품 · 의약품 등의 허가, 검사, 시험, 검정 등 안전관리 업무를 수행한다. • 식품 · 의약품 등의 부작용 모니터링하고 리콜 조치를 한다. • 식품 · 의약품 등의 안전성 및 유효성을 평가한다. • 식품 · 의약품 관련 정보를 수집하고 제공한다. • 식품 · 의약품 관련 법령을 제 · 개정하고, 행정처분을 내린다.

② 지방 보건행정조직

시 · 도 보건행정조직	• 시 · 도 보건복지국(과) 또는 보건정책관실 등 • 시 · 도 단위의 보건의료 정책을 수립 및 시행한다. • 보건소 및 보건지소 등 하위기관을 관리 · 감독한다.
시 · 군 · 구 보건행정조직	• 보건소 : 시 · 군 · 구 보건행정조직 • 지역주민의 보건의료 및 건강증진 서비스를 제공한다. • 보건지소, 보건진료소 등 하위기관을 관리한다. • 지역 보건의료계획을 수립 및 시행한다.
보건지소 및 보건진료소	• 보건지소 : 읍 · 면 단위의 보건행정 조직 • 보건진료소 : 리 단위의 도서 · 벽지의 보건행정 조직 • 보건소 관할하에 있는 지역 의료기관이다. • 의사가 근무하지 않는 오지나 도서 · 벽지에 설치한다. • 간호사가 주로 근무하며 기초적인 의료서비스를 제공한다.

③ 보건소의 주요 업무

지역보건 및 건강증진 사업	• 지역주민 건강증진 및 질병예방 프로그램을 운영한다. • 예방접종, 건강검진, 건강교육 등을 실시한다. • 모자보건, 노인보건, 정신보건 등의 특화 사업을 추진한다.
감염병 예방 및 관리	• 감염병의 발생을 감시하고, 예방 대책을 수립한다. • 역학조사를 실시하고, 환자를 관리한다. • 방역소독, 예방접종 등의 감염병 예방 활동을 한다.
공중보건 위생관리	• 식품위생, 공중위생업소를 관리한다. • 환경보건 및 수질관리 업무를 수행한다.
응급의료 체계 구축	• 응급의료기관을 지정 및 관리한다. • 응급의료정보센터를 운영한다.
보건의료 행정지원	• 보건소 내 진료 및 검사 업무를 수행한다. • 보건의료인력 관리 및 교육을 실시한다.

1) 사회보장제도의 개념

국민의 생활 안정과 복지 증진을 위해 마련된 제도이다.

2) 사회보장제도의 유형과 특징

사회보험	국민연금	노령, 장애, 사망에 대비한 소득보장
	건강보험	질병, 부상에 대한 의료비 지원
	고용보험	실업급여 지원, 직업능력개발 등
	산재보험	업무상 재해에 대한 보상 및 재활 지원
공공부조	국민기초생활보장제도	생계, 의료, 주거 등 지원
	긴급복지지원제	갑작스러운 위기상황에 대한 지원
	장애인연금	중증장애인의 생활안정을 위한 현금 지원
서비스	보육서비스	어린이집, 유치원 등 육아 지원
	노인장기요양보험	노인의 돌봄 서비스 제공
	장애인활동지원	장애인의 자립생활을 위한 활동 보조
기타	아동수당	만 7세 미만 아동에게 지급하는 현금 지원
	양육수당	어린이집, 유치원 등 이용하지 않는 아동에게 지급

국민건강보험제도
• 구 의료보험 제도
• 1988년 지방 시행, 1989년 전국적 시행으로 국내 거주하는 국민(외국인 포함)이 건강보험 가입자 또는 피부양자가 됐다.

KEYWORD 01 소독

1) 소독(Disinfectant, 消毒)의 정의

질병을 일으키는 병원체(세균, 바이러스 등)를 죽이거나 제거하여 물건이나 장소를 깨끗하게 만드는 과정이다.

2) 소독 용어

멸균	병원성 또는 비병원성 미생물 및 포자를 가진 것을 전부 사멸하게 하거나 제거한다.
살균	유해한 병원 미생물을 물리 · 화학적 작용에 의해 생활력을 파괴하여 감염의 위험성을 제거하는 조작으로, 포자(아포)는 잔존할 수 있다.
소독	사람에게 유해한 병원 미생물을 물리 · 화학적 작용에 의해 생활력을 파괴시켜 감염의 위험성을 제거하는 조작으로 포자(아포)는 파괴하지 못한다.
방부	병원성 미생물의 발육과 그 작용을 제거하거나 정지시켜서 음식물의 부패나 발효를 방지한다.

※ 소독의 세기 : 멸균 〉 살균 〉 소독 〉 방부

3) 소독에 미치는 요인

온도	• 온도가 높을수록 소독 효과가 향상된다. • 대부분의 병원균은 높은 온도에 취약하다. • 열에 의한 단백질 변성, 세포막 파괴 등으로 사멸된다.
시간	• 충분한 접촉 시간이 확보되어야 소독이 완료된 것이다. • 병원균 종류에 따라 필요한 최소 접촉 시간이 상이하다. • 시간이 길수록 소독 효과가 향상된다.
수분	• 적정 수분 조건이 유지되어야 소독 효과가 발휘된다. • 건조한 환경에서는 소독력이 저하된다. • 어느 정도의 수분이 있어야 화학소독제가 원활히 작용한다.
유기물 농도	• 유기물(혈액, 분비물 등)이 많으면 소독제 활성이 저하된다. • 유기물이 소독제와 반응하면 소독력이 저하된다. • 철저한 세척이 선행되어야 효과적으로 소독할 수 있다.

B 권쌤의 노하우

소독은 매우 자주 출제되는 부분입니다!

✓ 개념 체크

소독과 멸균에 관련된 용어 해설 중 옳지 않은 것은?

① 살균 : 생활력을 가지고 있는 미생물을 여러 가지 물리 · 화학적 작용에 의해 급속히 죽이는 것을 말한다.
② 방부 : 병원성 미생물의 발육과 그 작용을 제거하거나 정지시켜서 음식물의 부패나 발효를 방지하는 것을 말한다.
③ 소독 : 사람에게 유해한 미생물을 파괴하여 감염의 위험성을 제거하는 비교적 강한 살균작용으로 세균의 포자까지 사멸하는 것을 말한다.
④ 멸균 : 병원성 또는 비병원성 미생물 및 포자를 가진 것을 전부 사멸 또는 제거하는 것을 말한다.

③

4) 소독제의 농도

퍼센트(%)	• 백분율을 나타내는 단위 • 소독액 100mL 속에 포함된 소독제의 양
퍼밀(‰)	• 천분율을 나타내는 단위 • 소독액 1,000mL 속에 포함된 소독제의 양
피피엠(ppm)	• 백만분율을 나타내는 단위 • 소독액 1,000,000mL 속에 포함된 소독제의 양

5) 소독제의 조건

살균력	• 다양한 세균, 바이러스, 곰팡이 등을 효과적으로 사멸시킬 수 있어야 한다. • 미생물에 대한 광범위한 살균력을 갖추어야 한다.
안전성	• 소독제는 사용자와 환경에 대한 독성이 낮아야 한다. • 피부 자극, 눈 자극, 호흡기 자극 등이 최소화되어야 한다.
사용 편의성	• 소독제는 사용이 간편하고 조작이 쉬워야 한다. • 부식성이 낮아 기구나 표면에 손상을 주지 않아야 한다.
경제성	• 소독제의 가격이 적절하고 경제적이어야 한다. • 소량으로도 효과적인 소독이 가능해야 한다.
안정성	• 소독제는 장기간 보관 시에도 살균력이 유지되어야 한다. • 온도, 습도 등 환경 변화에 안정적이어야 한다.
환경친화성	• 소독제는 환경오염이 적고 생분해가 잘되어야 한다. • 폐기 과정에서 2차 오염을 일으키지 않아야 한다.

6) 소독의 작용 기전

산화	차아염소산나트륨(차아염소산), 과산화수소, 오존 등
가수분해	알코올, 과산화수소, 과초산 등
단백질 응고	알코올, 포름알데히드, 글루타르알데히드 등
탈수	알코올, 포름알데히드, 글루타르알데히드 등
효소 비활성화	알코올, 페놀, 암모늄화합물 등
중금속염 형성	승홍수, 염화수은, 질산은 등
핵산 작용	자외선, 방사선, 포르말린, 에틸렌옥사이드
삼투성 변화	암모늄화합물, 페놀, 차아염소산나트륨(차아염소산) 등

KEYWORD 02 물리적 소독법 빈출

1) 건열에 의한 방법

화염멸균법	• 직접 불꽃을 이용하여 미생물을 소독하는 방법이다. • 실험실 기구, 주사기, 메스 등의 소독에 사용한다. • 기구 표면만 소독되므로 내부 오염은 제거되지 않는다. • 기구 손상의 가능성이 있다.
소각법	• 폐기물을 고온에서 완전히 태워 없애는 방법이다. • 의료폐기물, 실험실 폐기물 등의 처리에 사용한다.
직접건열 멸균법	• 고온의 건조한 열을 직접 미생물에 가하여 살균하는 방법이다. • 170~180℃에서 1~2시간 처리한다. • 유리기구, 금속기구, 건조된 약물 등에 적용한다.

2) 습열에 의한 방법

자비소독법	• 100℃ 끓는 물에 담가 15~20분간 가열하는 방법이다. • 포자형성균에는 효과적이지 않다. • 소독효과 증대를 위해 석탄산(5%), 탄산나트륨(1~2%), 붕소(2%), 크레졸 비누액(2~3%) 등을 넣기도 한다.
고압증기 멸균법	• 가장 널리 사용되는 멸균 방법이다. • 고온고압 증기를 이용하여 미생물을 사멸시키는 방법이다. 　– 10lbs(파운드) : 115℃에서 25~30분 　– 15lbs(파운드) : 121℃에서 20~25분 　– 20lbs(파운드) : 126℃에서 10~15분 • 포자형성균을 포함한 모든 미생물을 완전히 사멸시킬 수 있다.
저온소독법	• 63~65℃에서 30분간 가열한다. • 우유, 과일 주스 등 식품의 병원성 미생물을 사멸시켜 안전하게 섭취할 수 있도록 한다. • 1860년대 프랑스의 루이 파스퇴르가 개발한 저온 살균 방법이다.
증기 소독법	• 물이 끓는 수증기를 이용하여 미생물을 사멸시키는 방법이다. • 100℃에서 30분간 소독 처리한다.
간헐 멸균법	• 내열성 저장 용기에 넣어 매일 약 15분에서 20분 동안 3일 연속으로 100℃로 끓이는 방법이다. • 나머지 시간 동안에는 상온 보관한다. • 1900년대 통조림, 식품 캔 멸균을 위해 사용했다.

3) 무가열에 의한 방법

일광 소독법	• 태양의 자외선(UVB, UVC)으로 미생물의 DNA를 파괴하는 방법이다. • 일반적으로 UVC 영역(200~290㎚)이 가장 살균력이 강하다.
자외선 살균법	• UVB(290~320㎚) 파장의 자외선을 이용하여 미생물의 DNA를 파괴하는 방법이다. • 공기, 물, 기구 및 용기 표면 살균에 사용한다. • 자외선 노출 시간이 중요하며 그늘진 부분은 살균할 수 없다.
방사선 살균법	• 감마선, X선 등의 방사선을 이용하여 미생물의 DNA를 파괴하는 방법이다. • 의료기구, 식품, 화장품 등의 살균에 사용한다. • 포자형성균을 포함한 모든 미생물을 완전히 사멸시킨다. • 복잡한 시설과 장비가 필요하여 비용이 높다.

🅁 권쌤의 노하우

일반적인 도구 소독 시 열을 가하면 안 되는 도구는 세척 후 자외선 소독기에 소독하고 열을 가해도 되는 경우 자비소독이나 일광소독을 실시합니다!

자비(煮沸)
자비는 펄펄 끓는(沸) 물에 삶는다(煮)는 뜻이다.

고압증기멸균장치

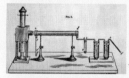

존 틴달에 의해 1860년에 개발된 간헐멸균법(Tyndallization) 장치
※ 출처 : WIKIMEDIA

초음파 살균법	• 20~100㎑의 고주파 초음파를 이용하여 미생물을 사멸시키는 방법이다. • 액체 및 고체 표면 살균에 사용한다.
세균여과법	• 미세 공극을 가진 여과막을 통과시켜 미생물을 제거한다. • 혈청, 주사액, 안약, 수액 등의 무균 처리에 사용한다. • 0.2~0.45μm 크기의 공극을 가진 멤브레인 필터를 사용한다. • 바이러스는 세균보다 작아 제거하기 어렵다.

KEYWORD 03 화학적 소독법 빈출

1) 소독제에 의한 방법

권쌤의 노하우

화학적 소독법과 물리적 소독법은 꼭 농도와 사용처를 외워 가야 합니다!

석탄산 (Phenol)	• 페놀이라고 하며 모든 소독제의 지표로 사용한다. • 강력한 살균력을 가지며, 단백질을 응고시키는 성질이 있다. • 일반적으로 3% 농도로 희석하여 사용한다. • 독성이 있어 인체에 사용하지 않는다. • 금속을 부식시키는 성질이 있고 포자에는 효과가 없다. • 고무제품, 가구, 의류 소독에 사용한다.
크레졸 (Cresol)	• 석탄산보다 살균력이 강하며, 지방 용해력이 있다. • 이·미용실 바닥청소나 도구 소독 시 3% 농도로 희석하여 사용한다. • 피부에 자극은 없지만 냄새가 매우 강하다.
승홍수 (HgCl₂)	• 강력한 살균력과 소독력을 가지며, 단백질을 응고시킨다. • 일반적으로 0.1% 농도로 희석하여 사용한다. • 독성이 강하고 금속을 부식시키므로 인체나 금속에 부적합하다.
염소 (Chlorine)	• 강력한 산화력으로 인한 살균 및 소독 효과가 우수하다. • 자극적인 냄새가 나며 잔류성이 크다. • 상·하수 소독, 식수 처리, 수영장 소독, 표백제, 살균제 등에 사용한다.
에탄올 (Ethanol)	• 단백질 변성 작용 및 세포막 파괴 작용으로 강력하게 살균한다. • 일반적으로 70% 농도로 사용한다. • 피부 소독, 의료기구 소독, 이·미용 기구 소독 등에 사용한다.
과산화수소 (Hydrogen Peroxide)	• 산화력이 강해 세균, 바이러스, 곰팡이 등을 효과적으로 제거한다. • 3% 농도로 주로 사용한다. • 포자형성균에 효과가 있다. • 자극이 적고 창상 소독, 치과 처치, 표면 소독, 식품 살균 등에 사용한다.
생석회 (Calcium Oxide)	• 강알칼리성으로 단백질을 응고시켜 살균 효과가 있다. • 산화칼슘 98% 이상의 백색 가루(표백분)의 형태이다. • 하수처리, 토양 소독, 병원 폐기물 소독 등에 사용한다.
포르말린 (Formalin)	• 강력한 살균 및 소독 효과를 가지며, 단백질을 응고시킨다. • 일반적으로 36% 포름알데히드 수용액으로 쓴다. • 포자형성균에 효과가 있다. • 병리 표본 고정, 조직 보존, 살균 및 소독 등에 사용한다.
머큐로크롬 (Mercurochrome)	• 항균 및 창상 치료 효과가 있는 염료 성분이다. • 2% 수용액으로 주로 사용한다. • 피부 소독, 창상 치료, 상처 소독 등에 사용한다.

2) 가스에 의한 방법

포름알데히드 (Formaldehyde)	• 강력한 살균 및 소독 효과가 있다. • 주로 밀폐된 공간에서 가스 형태로 사용한다. • 바이러스, 세균, 곰팡이, 아포 등 다양한 미생물을 사멸시킨다. • 인체에 유해하므로 철저한 안전 관리가 필요하다.
오존 (Ozone, O_3)	• 산화력이 강력한 기체이다. • 세균, 바이러스, 곰팡이 등을 효과적으로 사멸시킨다. • 공기 중이나 물에 오존을 주입하여 소독을 진행한다. • 인체에 유해하므로 사용 후 충분한 환기가 필요하다.
에틸렌옥사이드 (Ethylene Oxide, E.O.)	• 약 50℃ 이하의 저온에서도 소독할 수 있다. • 세균, 바이러스, 곰팡이, 아포 등 다양한 미생물을 사멸시킨다. • 포장재나 기구의 내부까지 깊이 침투하여 소독이 가능하다. • 적정 농도(450~1200mg/L)와 처리 시간(1~6시간)이 필요하다. • 인체에 매우 유해한 물질이므로 안전 관리가 매우 중요하다.

> **권쌤의 노하우**
>
> E.O(에틸렌옥사이드)는 저온살
> 균에 사용하는 기체로 파스퇴르
> 가 발명했어요!

3) 비누

역성비누	• 음이온 계면활성제인 일반비누와는 반대로 양이온 계면활성제인 비누이다. • 세균, 바이러스, 곰팡이 등 다양한 미생물을 효과적으로 제거한다. • 세척력, 살균력, 소독력이 우수하여 의료기관, 식품 산업 등에 사용된다. • 피부 자극이 적고 안전성이 높은 편이다.
약용비누	• 비누에 석탄산, 살리실산, 황 등의 약제를 혼합한 것이다. • 살균 및 소독 효과가 있다. • 항염증, 항진균, 항균 효과가 있어 여드름, 건선, 습진 등에 사용한다.

KEYWORD 04 미용기구 위생 · 소독

1) 도구 및 환경 소독

가위, 칼, 트위저	• 사용 후 즉시 세척하여 소독한다. • 70% 알코올 용액에 10~15분간 담그거나 끓는 물에 5~10분간 소독한다.
브러시, 빗	• 세제와 미온수로 깨끗이 세척한 뒤 70% 알코올 용액에 30분 이상 담그거나 자외선 소독기로 소독한다. • 건조 시 음지에서 브러시모가 아래로 향하게 해서 말린다.
타월, 가운	• 세탁기로 세탁하고 고온에서 건조한다. • 세탁 시 락스나 차아염소산나트륨 등의 소독제를 함께 사용한다.
스펀지, 퍼프	• 사용 후 세제와 미온수로 깨끗이 세척하고 자외선 소독기로 소독한다. • 주기적으로 교체해야 한다.
유리제품 (거울, 병 등)	• 세제와 물로 깨끗이 닦은 뒤 70% 알코올 용액이나 락스 희석액(1:100)으로 추가 소독한다. • 건열멸균기를 사용한다.

기구함, 작업대 등 환경 소독	세제와 물로 깨끗이 세척한 뒤 락스 희석액(1:100)으로 닦는다.
전체적인 주의 사항	• 소독 후 완전히 건조해야 한다. • 소독제 사용 시 반드시 환기해야 한다. • 기구나 물품 간 교차 오염이 되지 않도록 주의해야 한다.

2) 대상물에 따른 소독 방법

대상물	소독 방법
화장실, 쓰레기통	석탄산, 크레졸, 생석회
대소변, 배설물, 토사물	소각법, 석탄산, 크레졸, 생석회
의류, 침구류, 모직	일광 소독, 자비 소독, 증기 소독, 석탄산, 크레졸
유리, 목죽제품, 도자기류	자비 소독, 증기 소독, 석탄산, 크레졸
플라스틱, 고무, 가죽	석탄산, 역성비누, 에틸렌옥사이드, 포르말린
환자	석탄산, 크레졸, 역성비누, 승홍수
병실	석탄산, 크레졸, 포르말린

▼ 소금과 식초의 소독 원리

소금과 식초도 소독제만큼의 효과는 없지만, 식품의 저장이나 일상에서는 뛰어난 살균력을 발휘한답니다.

구분	소금(염화나트륨)	식초(아세트산 수용액)
특징	• 삼투압 현상 : 소금은 삼투압 현상을 이용하여 세균의 수분을 빼앗아 성장을 억제함 • 상처 소독 : 소금물은 상처 부위의 세균을 제거하고 염증을 완화하는 데 도움을 줄 수 있음	• 단백질 변성 : 아세트산은 세균의 단백질을 변성시켜 살균 효과를 나타냄 • 곰팡이 억제 : 식초는 세균의 성장을 억제하는 효과도 있음
용법	고농도(포화 수용액)일 때 효과가 좋다.	0.5~5% 수용액으로 사용한다.
주의 사항	농도가 너무 높으면 피부에 자극을 줄 수 있으므로 적절한 농도로 사용하는 것이 중요하다.	식초는 산성이므로 금속을 부식시킬 수 있으며, 특정 물질과 반응하여 유해 물질을 생성할 수 있으므로 주의해야 한다.

미생물

▶ 합격강의

빈출 태그 ▶ #세균 #바이러스

KEYWORD 01 미생물

1) 미생물의 개념
- 매우 작아서 육안으로 관찰할 수 없는 0.10㎜ 이하의 미세한 생물체이다.
- 세균, 곰팡이, 리케차, 미코플라스마, 바이러스, 효모, 원생동물 등이 포함된다.

2) 미생물의 크기

곰팡이 〉 효모 〉 스피로헤타 〉 세균 〉 리케차 〉 바이러스

3) 미생물 연구의 역사

보일	• 생물체의 자연발생설을 반박하고 생물체의 유전체 재생산을 주장했다. • 이를 통해 생물학 발전의 토대를 마련했다.
레벤 후크	현미경 개발을 통해 세균, 원생동물 등 미생물을 최초로 관찰했다.
스팔란차니	자연발생설을 반박하고 미생물의 존재와 역할을 입증했다.
리스터	• 외과 수술 시 세균 감염을 줄이기 위해 소독법을 개발하여 수술 후 사망률을 크게 낮추었다. • 외과 수술의 안전성을 높이고 무균 수술법의 기반을 마련했다.
제멜바이스	• 산원에서 의사들의 손 씻기로 인한 산모 사망률 감소를 주장했다. • 병원 내 감염 예방의 중요성을 강조, 의료진의 위생관리 필요성을 제시했다.
제너	• 두창 예방 접종법을 개발하여 전 세계적으로 두창 퇴치에 기여했다. • 백신 개발의 시초가 됐으며, 예방 의학의 발전에 큰 영향을 끼쳤다.
파스퇴르	• 1864년 발효와 부패에 미생물이 관여한다는 사실을 밝혔다. • 1885년 광견병 백신을 개발하여 미생물 질병 예방의 기반을 마련했다. • 저온 멸균법, 간헐 멸균법, 고압 증기 멸균법, 건열 멸균법 등을 고안했다.

KEYWORD 02 미생물의 종류

1) 세균(Bacteria)
바이러스보다 크지만 현미경으로 관찰해야 하는 가장 작은 단세포이다.

구균	세포 모양이 공모양인 세균 예 포도상구균, 연쇄상구균, 폐렴구균, 임질균, 수막구균
간균	세포 모양이 막대모양인 세균 예 대장균, 결핵균, 탄저균, 클로스트리디움 속 세균, 살모넬라균
나선균	세포 모양이 나선형인 세균 예 비브리오균, 나선균속, 트레포네마균, 헬리코박터균, 보렐리아균

2) 바이러스(Virus)

- 세포 구조가 없고 유전물질(DNA 또는 RNA)과 단백질로만 구성되어 숙주 세포 내에서만 증식할 수 있는 기생체이다.
- 크기가 매우 작아 광학현미경 대신 전자현미경으로 관찰해야 한다.
- 바이러스 내의 유전물질에 따라 DNA형 바이러스·RNA형 바이러스, 기생하는 숙주에 따라 동물바이러스·식물바이러스·세균바이러스로 구분한다.

▼ 바이러스의 종류

종류	질병
DNA형 바이러스	파르보 바이러스, 파포바 바이러스, 하데노 바이러스, 헤르페스 바이러스 등
RNA형 바이러스	인플루엔자 바이러스, 홍역 바이러스, 일본뇌염 바이러스, 광견병 바이러스, 풍진 바이러스 등
동물 바이러스	인플루엔자 바이러스, 에이즈 바이러스(HIV), 홍역 바이러스, 폴리오 바이러스 등
식물 바이러스	담배모자이크 바이러스, 감자바이러스, 토마토 잎말림 바이러스, 벼멸구 바이러스 등
세균 바이러스	T4 박테리오파지, λ(람다) 파지, M13 파지, 포도상구균 파지 등

3) 리케차(Rickettsia)

- 세균과 바이러스의 중간 크기의 미생물이다.
- 세포 내 기생체로, 숙주 세포 내에서만 증식할 수 있다.

종류	질병
발진열군 리케차	발진열, 지중해 점상열, 일본 점상열
발진티푸스군 리케차	발진티푸스, 유행성 발진티푸스, 유행열
Q열 리케차	Q열
쯔쯔가무시	쯔쯔가무시(유행열)

4) 진균

진핵생물, 세포벽 존재, 포자 형성, 호기성 대사의 특징이 있다.

표재성 진균	피부와 그 부속기관을 감염시키는 진균이다. 예 백선균, 칸디다 등

피하성 진균	피하조직을 감염시키는 진균이다. 예 마이세토마, 크로모블라스토미코시스 등
심재성 진균	내부 장기를 감염시키는 진균이다. 예 히스토플라즈마증, 콕시디오이데스진균증 등

5) 미코플라스마(Mycoplasma)

특징	• 세포벽이 없는 세균으로 가장 작은 자율생존 세균이다. • 항생제 내성이 높고 배양이 어렵다.
종류	• Mycoplasma Pneumoniae : 폐렴 유발균 • Mycoplasma Genitalium : 비임균성 요도염 유발균

6) 클라미디아(Chlamydia)

특징	• 세포 내부기생체로 독립적인 생존이 불가능하다. • 세포 내에서만 증식하며 세포 밖에서는 비활성 상태로 존재한다.
종류	• Chlamydia Trachomatis : 성병, 트라코마 유발 • Chlamydia Pneumoniae : 폐렴 유발

7) 스피로헤타(Spirochetes)

특징	• 나선형 구조의 그람음성 세균이다. • 운동성이 강하고 숙주 침투력이 높다.
종류	• Treponema Pallidum : 매독 유발 • Borrelia Burgdorferi : 라임병 유발 • Leptospira : 렙토스피라증 유발

> **그람음성균**
> 덴마크의 세균학자 한스 그람이 고안한 그람염색으로써 미생물을 구분할 때, 염색시약의 색을 유지하지 못하는 미생물의 부류이다.

8) 효모

• 단세포성 진핵생물로, 세포의 모양이 구형이나 계란형이다.
• 빵효모, 맥주효모, 발효, 생물공학 등에 산업적으로 이용한다.

9) 곰팡이(진균류)

특징	• 다세포성 진핵생물로 균사체(Hypha)라는 가늘고 긴 실 모양의 구조로 되어 있다. • 식품 발효, 의약품 생산, 토양 분해 등에 활용된다.
종류	푸른곰팡이(Penicillium), 아스퍼길루스(Aspergillus)

10) 원생동물

특징	• 단세포 진핵생물로 동물과 유사한 특징을 가진다. • 다양한 감염성 질환(아메바성 이질, 말라리아, 톡소플라즈마증 등)을 유발한다.
종류	아메바, 트리코모나스, 트립라노소마, 레이시아, 크립토스포리디움 등

1) 산소의 필요에 따른 분류

개념 체크

산소가 있어야만 잘 성장할 수 있는 균은?

① 호기성균
② 혐기성균
③ 통기혐기성균
④ 호혐기성균

①

호기성 세균	산소가 필요하여 산소 존재하에서만 생장할 수 있는 세균이다. 예) 녹농균, 결핵균, 백일해균 등
혐기성 세균	• 산소가 없어야만 생장할 수 있는 세균이다. • 산소가 있으면 생장할 수 없거나 사멸한다. 예) 파상풍, 보툴리누스, 클로스트리디움속 세균, 박테로이데스속 세균 등
통성혐기성 세균	• 산소가 있으면 호기성, 없으면 혐기성으로 생장할 수 있는 세균이다. • 산소가 있으면 호기성 호흡을, 없으면 발효나 혐기성 호흡을 한다. 예) 대장균, 폐렴구균, 포도상구균 등

2) 온도에 따른 분류

저온균	• 0~20℃의 낮은 온도에서 잘 자라는 세균이다. • 극지방, 심해, 빙하 등 저온 환경에서 발견된다. 예) 아르티코모나스속, 알트로모나스속
중온균	20~45℃의 온도 범위(실온)에서 잘 자라는 세균이다. 예) 일반적인 환경에서 가장 흔하게 발견되는 세균이다.
고온균	• 45~80℃의 높은 온도에서 잘 자라는 세균이다. • 온천, 화산 지대, 발전소 등의 고온 환경에서 발견된다. 예) 바실루스속, 아퀴팩스속
초고온성균	• 80℃ 이상의 극한 고온 환경에서 자라는 세균이다. • 주로 해저 온천, 화산 주변, 온천 등에서 서식한다. 예) 피로코쿠스속, 서로로버스속

3) pH에 따른 분류

권쌤의 노하우

대부분의 세균은 중성균이고, pH 5.0 이하에서는 생육이 저하됩니다.

호염기성 세균	pH 7 이상의 염기성 환경에서 잘 자라는 세균이다. 예) 바실루스속, 나트로노모나스속
중성균	pH 6~8 정도의 중성 환경에서 잘 자라는 세균이다. 예) 대부분의 일반적인 세균
호산성 세균	pH 5 이하의 산성 환경에서 잘 자라는 세균이다. 예) 황산화세균, 히스토플라즈마
극호산성 세균	pH 3 이하 극도의 강산성 환경에서 자라는 세균이다. 예) 티오박터리움속, 아시도바실루스속

4) 유익한 미생물 분류

박테리아	• 유산균 : 요구르트, 치즈 등의 발효에 사용되며 장내 건강에 도움을 줌 • 프로바이오틱스 : 장내 유익균을 증식시켜 장 건강을 증진함 • 질소 고정 박테리아 : 토양 내 질소 고정에 도움을 줌
진균	• 효모 : 빵, 술, 치즈 등의 발효에 사용됨 • 버섯 : 식용 버섯은 영양가가 높고 약효가 있음 • 곰팡이 : 페니실린 등 항생제 생산에 이용됨
고세균	• 메탄 생성균 : 가축의 소화기관에서 메탄 생산에 기여함 • 염생 고세균 : 염전에서 소금 생산에 관여함
원생생물	토양에서 유해 미생물을 먹이로 하여 토양 정화에 기여함

5) 미생물의 증식 곡선

지연기 (Lag Phase)	• 미생물이 새로운 환경에 적응하는 단계이다. • 세포 크기가 증가하고 대사 활동이 활발해진다.
대수증식기 (Exponential Phase)	• 미생물이 가장 빠르게 증식하는 단계이다. • 세포 분열이 지속적으로 일어나 개체수가 지수적으로 증가한다. • 환경 조건이 최적일 때 이 단계가 나타난다.
정지기 (Stationary Phase)	• 증식 속도가 감소하여 개체수가 일정하게 유지되는 단계이다. • 영양분 고갈, 대사 산물 축적 등으로 생장이 멈춘다.
쇠퇴기 (Decline Phase)	• 환경 악화로 미생물이 사멸하기 시작하는 단계이다. • 사멸률이 증식률을 초과하여 개체수가 감소한다.
사멸기 (Death Phase)	• 거의 모든 미생물이 사멸하여 개체수가 극도로 감소하는 단계이다. • 일부 내성 세포만 생존할 수 있다.

6) 미생물의 증식

영양소	• 탄소, 질소, 인, 황 등의 영양소가 충분할 때 가장 빠르게 증식한다. • 영양소 부족 시 생장이 느려지고 사멸률이 증가한다.
수분	• 적정 수분 함량이 유지되어야 미생물 활동이 활발하다. • 50~80% 수분 함량이 가장 좋은 것으로 알려져 있다. • 과도한 건조 또는 습윤 상태는 미생물 생장을 억제한다.
온도	• 일반적으로 20~40℃에서 가장 빠른 증식을 보인다. • 온도가 높거나 낮을수록 생장이 느려진다.

공중위생관리법규

▶합격강의

빈출 태그 ▶ #법령 #공중위생관리

KEYWORD 01 공중위생관리법

1) 목적
이 법은 공중이 이용하는 영업의 위생관리 등에 관한 사항을 규정함으로써 위생수준을 향상시켜 국민의 건강증진에 기여함을 목적으로 한다.

2) 정의
① **공중위생영업** : 다수인을 대상으로 위생관리서비스를 제공하는 영업으로서, 숙박업 · 목욕장업 · 이용업 · 미용업 · 세탁업 · 건물위생관리업을 말함
② **숙박업** : 손님이 잠을 자고 머물 수 있도록 시설 및 설비 등의 서비스를 제공하는 영업을 말함
③ **목욕장업** : 물로 목욕을 할 수 있는 시설 및 설비 등의 서비스나 맥반석 · 황토 · 옥 등을 직접 또는 간접 가열하여 발생되는 열기 또는 원적외선 등을 이용하여 땀을 낼 수 있는 시설 및 설비 등의 서비스를 손님에게 제공하는 영업을 말함
④ **이용업** : 손님의 머리카락 또는 수염을 깎거나 다듬는 등의 방법으로 손님의 용모를 단정하게 하는 영업을 말함
⑤ **미용업** : 손님의 얼굴, 머리, 피부 및 손톱 · 발톱 등을 손질하여 손님의 외모를 아름답게 꾸미는 영업을 말함
⑥ **세탁업** : 의류 기타 섬유제품이나 피혁제품 등을 세탁하는 영업을 말함
⑦ **건물위생관리업** : 공중이 이용하는 건축물 · 시설물 등의 청결유지와 실내공기정화를 위한 청소 등을 대행하는 영업을 말함

KEYWORD 02 영업의 신고 및 폐업

1) 영업신고
① 공중위생영업을 하고자 하는 자는 공중위생영업의 종류별로 보건복지부령이 정하는 시설 및 설비를 갖추고 시장 · 군수 · 구청장에게 신고하여야 한다.
② **첨부서류** : 영업시설 및 설비개요서, 위생교육 수료증, 면허증 원본, 임대차 계약서, 신분증
③ 신고서를 제출받은 시장 · 군수 · 구청장은 행정정보의 공동이용을 통하여 건축물대장, 토지이용계획확인서, 면허증을 확인해야 한다.

④ 보건복지부령이 정하는 중요한 사항을 변경하고자 하는 때에도 시장·군수·구청장에게 신고하여야 한다.

▼ 이·미용업 시설기준

- 미용기구는 소독을 한 기구와 소독을 하지 아니한 기구를 구분하여 보관할 수 있는 용기를 비치하여야 한다.
- 소독기·자외선살균기 등 미용기구를 소독하는 장비를 갖추어야 한다.
- 공중위생영업장은 독립된 장소이거나 공중위생영업 외의 용도로 사용되는 시설 및 설비와 분리(벽이나 층 등으로 구분하는 경우) 또는 구획(칸막이·커튼 등으로 구분하는 경우)되어야 한다.

▼ 변경신고 사항

- 영업소의 명칭 또는 상호
- 미용업 업종 간 변경 또는 추가
- 영업장 면적의 3분의 1 이상의 증감
- 대표자의 성명 또는 생년월일
- 영업소의 소재지

권쌤의 노하우

'미용업 업종 간 변경 또는 추가'는 다음의 경우를 말하는 거예요.
- 한 미용업을 다른 미용업으로 바꿀 때
- 기존의 미용업에 별도로 다른 미용업을 추가할 때

2) 폐업

① 공중위생영업의 신고를 한 자(이하 공중위생영업자)는 공중위생영업을 폐업한 날부터 20일 이내에 시장·군수·구청장에게 신고하여야 한다.

② 이용업 또는 미용업의 신고를 한 자의 사망으로 이 법에 의한 면허를 소지하지 아니한 자가 상속인이 된 경우에는 그 상속인은 상속받은 날부터 3개월 이내에 시장·군수·구청장에게 폐업신고를 하여야 한다.

③ 시장·군수·구청장은 공중위생영업자가 「부가가치세법」 제8조에 따라 관할 세무서장에게 폐업신고를 하거나 관할 세무서장이 사업자등록을 말소한 경우에는 보건복지부령으로 정하는 바에 따라 신고 사항을 직권으로 말소할 수 있다.

④ 시장·군수·구청장은 직권말소를 위하여 필요한 경우 관할 세무서장에게 공중위생영업자의 폐업여부에 대한 정보 제공을 요청할 수 있다. 이 경우 요청을 받은 관할 세무서장은 「전자정부법」 제36조 제1항에 따라 공중위생영업자의 폐업여부에 대한 정보를 제공하여야 한다.

3) 영업의 승계

① 공중위생영업자가 그 공중위생영업을 양도하거나 사망한 때 또는 법인의 합병이 있는 때에는 그 양수인·상속인 또는 합병 후 존속하는 법인이나 합병에 의하여 설립되는 법인은 그 공중위생영업자의 지위를 승계한다.

② 민사집행법에 의한 경매, 「채무자 회생 및 파산에 관한 법률」에 의한 환가나 국세징수법·관세법 또는 「지방세징수법」에 의한 압류재산의 매각 그 밖에 이에 준하는 절차에 따라 공중위생영업 관련시설 및 설비의 전부를 인수한 자는 이 법에 의한 그 공중위생영업자의 지위를 승계한다.

③ ① 또는 ②의 규정에 불구하고 이용업 또는 미용업의 경우에는 이 법에 의한 면허를 소지한 자에 한하여 공중위생영업자의 지위를 승계할 수 있다.

④ ① 또는 ②의 규정에 의하여 공중위생영업자의 지위를 승계한 자는 1월 이내에 보건복지부령이 정하는 바에 따라 시장·군수 또는 구청장에게 신고하여야 한다.

KEYWORD 03 │ 영업자 준수사항

1) 이 · 미용업자(공중위생영업자)의 위생관리의무

- 점빼기 · 귓볼뚫기 · 쌍꺼풀수술 · 문신 · 박피술 그 밖에 이와 유사한 의료행위를 하여서는 아니 된다.
- 피부미용을 위하여 「약사법」에 따른 의약품 또는 「의료기기법」에 따른 의료기기를 사용하여서는 아니 된다.
- 미용기구 중 소독을 한 기구와 소독을 하지 아니한 기구는 각각 다른 용기에 넣어 보관하여야 한다.
- 1회용 면도날은 손님 1인에 한하여 사용하여야 한다.
- 영업장안의 조명도는 75럭스 이상이 되도록 유지하여야 한다.
- 영업소 내부에 미용업 신고증 및 개설자의 면허증 원본을 게시하여야 한다.
- 영업소 내부에 최종지급요금표를 게시 또는 부착하여야 한다.
- 신고한 영업장 면적이 66제곱미터 이상인 영업소의 경우 영업소 외부에도 손님이 보기 쉬운 곳에 「옥외광고물 등 관리법」에 적합하게 최종지급요금표를 게시 또는 부착하여야 한다. 이 경우 최종지급요금표에는 일부항목(5개 이상)만을 표시할 수 있다.
- 3가지 이상의 미용서비스를 제공하는 경우에는 개별 미용서비스의 최종 지급가격 및 전체 미용서비스의 총액에 관한 내역서를 이용자에게 미리 제공하여야 한다. 이 경우 미용업자는 해당 내역서 사본을 1개월간 보관하여야 한다.
- 이용업자는 이용업소표시등을 영업소 외부에 설치해야 한다.

2) 공중위생영업자의 불법카메라 설치 금지

공중위생영업자는 영업소에 「성폭력범죄의 처벌 등에 관한 특례법」 제14조 제1항에 위반되는 행위에 이용되는 카메라나 그 밖에 이와 유사한 기능을 갖춘 기계장치를 설치해서는 아니 된다.

3) 이 · 미용기구의 소독기준 및 방법

① 일반기준(공중위생관리법 시행규칙 별표3)
- 자외선소독 : 1㎠당 85㎼ 이상의 자외선을 20분 이상 쬐어 줌
- 건열멸균소독 : 100℃ 이상의 건조한 열에 20분 이상 쐬어 줌
- 증기소독 : 100℃ 이상의 습한 열에 20분 이상 쐬어 줌
- 열탕소독 : 100℃ 이상의 물속에 10분 이상 끓여 줌
- 석탄산수소독 : 석탄산수(석탄산 3%, 물 97%의 수용액)에 10분 이상 담가 둠
- 크레졸소독 : 크레졸수(크레졸 3%, 물 97%의 수용액)에 10분 이상 담가 둠
- 에탄올소독 : 에탄올수용액(에탄올이 70%인 수용액)에 10분 이상 담가 두거나 에탄올수용액을 머금은 면 또는 거즈로 기구의 표면을 닦아 줌

② 공통기준(보건복지부 고시)
- 소독을 한 기구와 소독을 하지 아니한 기구로 분리하여 보관한다.

- 소독 전에는 브러시나 솔을 이용하여 표면에 붙어 있는 머리카락 등의 이물질을 제거한 후, 소독액이 묻어있는 천이나 거즈를 이용하여 표면을 닦아 낸다.
- 사용 중 혈액이나 체액이 묻은 기구는 소독하기 전, 흐르는 물에 씻어 혈액 및 체액을 제거한 후 소독액이 묻어있는 일회용 천이나 거즈를 이용하여 표면을 닦아 물기를 제거한다.

▼ 기타 사항

- 각 손님에게 세탁된 타월이나 가운(덧옷)을 제공하여야 하며, 한번 사용한 타월이나 가운(덧옷)은 사용 즉시 구별이 되는 용기에 세탁 전까지 보관하여야 한다.
- 사용한 타월이나 가운(덧옷)은 세제로 세탁한 후 건열멸균소독 · 증기소독 · 열탕소독 중 한 방법을 진행한 후 건조하거나, 0.1% 차아염소산나트륨용액(유효염소농도 1000ppm)에 10분간 담가 둔 후 세탁하여 건조하기를 권장한다.
- 혈액이 묻은 타월, 가운(덧옷)은 폐기하거나 0.1% 차아염소산나트륨 용액(유효염소농도 1000ppm)에 10분간 담가 둔 후 세제로 세탁하고 열탕소독(100℃ 이상의 물속에 10분 이상 끓여 줌)을 실시한 후 건조하여 재사용해야 한다.
- 스팀타월은 사용 전 80℃ 이상의 온도에서 보관하고, 사용 시 적정하게 식힌 후 사용하고 사용 후에는 타월 및 가운(덧옷)과 동일한 방법으로 소독한다.

③ 기구별 소독기준

기구명	위험도	소독 방법
• 가위 • 바리캉 · 클리퍼 • 푸셔 • 빗	피부감염 및 혈액으로 인한 바이러스 전파우려	• 표면에 붙은 이물질과 머리카락 등을 제거한다. • 위생티슈 또는 소독액이 묻은 천이나 거즈로 날을 중심으로 표면을 닦는다. • 마른 천이나 거즈를 사용하여 물기를 제거한다.
• 토우 세퍼레이터 • 라텍스 • 퍼프 • 해면	감염매체의 전달이나 자체 감염 우려	• 천을 이용하여 표면의 이물질을 닦아 낸다. • 세척 후 소독액에 10분 이상 담근 후 흐르는 물에 헹구고 물기를 제거한다. • 자외선 소독 후 별도의 용기에 보관한다.
브러시 (화장 · 분장용)	감염매체의 전달이나 자체 감염 우려	• 표면의 이물질을 제거한다. • 세척제를 사용하여 세척한다. • 자외선 소독 후 별도의 용기에 보관한다.

④ 영업종료 후

이물질 등을 제거하고 일반기준에 의해 소독작업 후, 별도의 용기에 보관하여 위생적으로 관리하여야 한다.

KEYWORD 04 면허

1) 면허발급

- 이용사 또는 미용사가 되고자 하는 자는 다음에 해당하는 자로서 보건복지부령이 정하는 바에 의하여 시장 · 군수 · 구청장의 면허를 받아야 한다.
  - 전문대학 또는 이와 같은 수준 이상의 학력이 있다고 교육부 장관이 인정하는 학교에서 이용 또는 미용에 관한 학과를 졸업한 자

- 「학점인정 등에 관한 법률」제8조에 따라 대학 또는 전문대학을 졸업한 자와 같은 수준 이상의 학력이 있는 것으로 인정되어 같은 법 제9조에 따라 이용 또는 미용에 관한 학위를 취득한 자
- 고등학교 또는 이와 같은 수준의 학력이 있다고 교육부 장관이 인정하는 학교에서 이용 또는 미용에 관한 학과를 졸업한 자
- 초·중등교육법령에 따른 특성화고등학교, 고등기술학교나 고등학교 또는 고등기술학교에 준하는 각종 학교에서 1년 이상 이용 또는 미용에 관한 소정의 과정을 이수한 자
- 「국가기술자격법」에 의한 이용사 또는 미용사의 자격을 취득한 자

2) 면허 결격 사유
- 아래에 해당하는 자는 이용사 또는 미용사의 면허를 받을 수 없다.
  - 피성년후견인
  - 「정신건강증진 및 정신질환자 복지서비스 지원에 관한 법률」제3조 제1호에 따른 정신질환자
  - 공중의 위생에 영향을 미칠 수 있는 감염병환자로서 보건복지부령이 정하는 자
  - 마약 기타 대통령령으로 정하는 약물 중독자
  - 면허가 취소된 후 1년이 경과되지 아니한 자

3) 기타 사항
- 면허증을 발급받은 사람은 다른 사람에게 그 면허증을 빌려주어서는 아니 되고, 누구든지 그 면허증을 빌려서는 아니 된다.
- 누구든지 면허증을 빌려주거나 빌리는 금지된 행위를 알선하여서는 아니 된다.

4) 면허증 재발급 신청 사유
- 면허증을 잃어버린 경우
- 면허증이 헐어서 사용하지 못하는 경우
- 면허증의 기재사항이 변경된 경우

5) 면허취소와 정지
① 시장·군수·구청장은 이용사 또는 미용사가 다음에 해당하는 때에는 그 면허를 취소하거나 6월 이내의 기간을 정하여 그 면허의 정지를 명할 수 있다.

면허 취소	면허 정지
• 피성년후견인 • 「정신건강증진 및 정신질환자 복지서비스 지원에 관한 법률」제3조 제1호에 따른 정신질환자(다만, 전문의가 이용사 또는 미용사로서 적합하다고 인정하는 사람은 그러하지 아니함) • 마약 기타 대통령령으로 정하는 약물 중독자 • 「국가기술자격법」에 따라 자격이 취소된 때 • 이중으로 면허를 취득한 때(나중에 발급받은 면허) • 면허정지처분을 받고도 그 정지 기간에 업무를 한 때	• 면허증을 다른 사람에게 대여한 때 • 「국가기술자격법」에 따라 자격정지처분을 받은 때(「국가기술자격법」에 따른 자격정지처분 기간에 한정) • 「성매매알선 등 행위의 처벌에 관한 법률」이나 「풍속영업의 규제에 관한 법률」을 위반하여 관계 행정기관의 장으로부터 그 사실을 통보받은 때

② 규정에 의한 면허취소 · 정지처분의 세부적인 기준은 그 처분의 사유와 위반의 정도 등을 감안하여 보건복지부령으로 정한다.

KEYWORD 05 업무 빈출

1) 업무의 범위

① 규정에 의한 이용사 또는 미용사의 면허를 받은 자가 아니면 이용업 또는 미용업을 개설하거나 그 업무에 종사할 수 없다. 다만, 이용사 또는 미용사의 감독을 받아 이용 또는 미용 업무의 보조를 행하는 경우에는 그러하지 아니하다.

② 이용 및 미용의 업무는 영업소 외의 장소에서 행할 수 없다. 다만, 보건복지부령이 정하는 특별한 사유가 있는 경우에는 그러하지 아니하다.

③ ①의 규정에 의한 이용사 및 미용사의 업무범위와 이용 · 미용의 업무보조 범위에 관하여 필요한 사항은 보건복지부령으로 정한다.

▼ 업무 보조 범위

- 이 · 미용 업무를 위한 사전 준비에 관한 사항
- 이 · 미용 업무를 위한 기구제품 등의 관리에 관한 사항
- 영업소의 청결 유지 등 위생관리에 관한 사항
- 그 밖에 머리감기 등 이 · 미용 업무의 보조에 관한 사항

▼ 특별한 사유

- 질병 고령 장애나 그 밖의 사유로 영업소에 나올 수 없는 자에 대하여 이용 또는 미용을 하는 경우
- 혼례나 그 밖의 의식에 참여하는 자에 대하여 그 의식 직전에 이용 또는 미용을 하는 경우
- 사회복지시설에서 봉사활동으로 이용 또는 미용을 하는 경우
- 방송 등의 촬영에 참여하는 사람에 대하여 그 촬영 직전에 이용 또는 미용을 하는 경우
- 특별한 사정이 있다고 시장 · 군수 · 구청장이 인정하는 경우

KEYWORD 06 행정지도감독

1) 보고 및 출입 · 검사

① 특별시장 · 광역시장 · 도지사(이하 시 · 도지사) 또는 시장 · 군수 · 구청장은 공중위생관리상 필요하다고 인정하는 때에는 공중위생영업자에 대하여 필요한 보고를 하게 하거나 소속공무원으로 하여금 영업소 · 사무소 등에 출입하여 공중위생영업자의 위생관리의무이행 등에 대하여 검사하게 하거나 필요에 따라 공중위생영업장부나 서류를 열람하게 할 수 있다.

② 시 · 도지사 또는 시장 · 군수 · 구청장은 공중위생영업자의 영업소에 법령에 따라 설치가 금지되는 카메라나 기계장치가 설치됐는지를 검사할 수 있다. 이 경우 공중위생영업자는 특별한 사정이 없으면 검사에 따라야 한다.

③ ②의 경우에 시 · 도지사 또는 시장 · 군수 · 구청장은 관할 경찰관서의 장에게 협조를 요청할 수 있다.

④ ②의 경우에 시 · 도지사 또는 시장 · 군수 · 구청장은 영업소에 대하여 검사 결과에 대한 확인증을 발부할 수 있다.

⑤ ① 및 ②의 경우에 관계공무원은 그 권한을 표시하는 증표를 지녀야 하며, 관계인에게 이를 내보여야 한다.

⑥ ① 및 ②의 규정을 적용함에 있어서 「관광진흥법」 제4조에 따라 등록한 관광숙박업의 경우에는 해당 관광숙박업의 관할행정기관의 장과 사전에 협의하여야 한다. 다만, 보건위생관리상 위해요인을 방지하기 위하여 긴급한 사유가 있는 경우에는 그러하지 아니하다.

2) 영업의 제한

시 · 도지사 또는 시장 · 군수 · 구청장은 공익상 또는 선량한 풍속을 유지하기 위하여 필요하다고 인정하는 때에는 공중위생영업자 및 종사원에 대하여 영업시간 및 영업행위에 관한 필요한 제한을 할 수 있다.

3) 위생지도 및 개선명령

- 시 · 도지사 또는 시장 · 군수 · 구청장은 다음의 어느 하나에 해당하는 자에 대하여 보건복지부령으로 정하는 바에 따라 기간을 정하여 그 개선을 명할 수 있다.
  - 공중위생영업의 종류별 시설 및 설비기준을 위반한 공중위생영업자
  - 위생관리의무 등을 위반한 공중위생영업자

4) 영업소의 폐쇄

① 시장 · 군수 · 구청장은 공중위생영업자가 다음의 어느 하나에 해당하면 6월 이내의 기간을 정하여 영업의 정지 또는 일부 시설의 사용중지를 명하거나 영업소 폐쇄 등을 명할 수 있다.

- 영업신고를 하지 아니하거나 시설과 설비기준을 위반한 경우
- 변경신고를 하지 아니한 경우
- 지위승계신고를 하지 아니한 경우
- 공중위생영업자의 준수사항을 지키지 아니한 경우
- 불법 카메라나 기계장치를 설치한 경우
- 영업소 외의 장소에서 이용 또는 미용 업무를 한 경우
- 보고를 하지 아니하거나 거짓으로 보고한 경우 또는 관계 공무원의 출입, 검사 또는 공중위생영업 장부 또는 서류의 열람을 거부 · 방해하거나 기피한 경우
- 개선명령을 이행하지 아니한 경우
- 「성매매알선 등 행위의 처벌에 관한 법률」, 「풍속영업의 규제에 관한 법률」, 「청소년 보호법」, 「아동 · 청소년의 성보호에 관한 법률」, 「의료법」 또는 「마약류 관리에 관한 법률」을 위반하여 관계 행정기관의 장으로부터 그 사실을 통보받은 경우

② 시장·군수·구청장은 다음의 어느 하나에 해당하는 경우로서 신분증의 위·변조 또는 도용으로 청소년인 사실을 알지 못했거나 폭행 또는 협박으로 청소년임을 확인하지 못한 사정이 인정되는 때에는 보건복지부령으로 정하는 바에 따라 해당 행정처분을 면제할 수 있다.
- 공중위생영업자가 영업자의 준수사항을 위반한 경우
- 공중위생영업자가 「청소년 보호법」을 위반한 경우

③ 시장·군수·구청장은 영업정지처분을 받고도 그 영업정지 기간에 영업을 한 경우에는 영업소 폐쇄를 명할 수 있다.

④ 시장·군수·구청장은 다음의 어느 하나에 해당하는 경우에는 영업소 폐쇄를 명할 수 있다.
- 공중위생영업자가 정당한 사유 없이 6개월 이상 계속 휴업하는 경우
- 공중위생영업자가 「부가가치세법」 제8조에 따라 관할 세무서장에게 폐업신고를 하거나 관할 세무서장이 사업자등록을 말소한 경우
- 공중위생영업자가 영업을 하지 아니하기 위하여 영업시설의 전부를 철거한 경우

⑤ 행정처분의 세부기준은 그 위반행위의 유형과 위반 정도 등을 고려하여 보건복지부령으로 정한다.

⑥ 시장·군수·구청장은 공중위생영업자가 규정에 의한 영업소폐쇄명령을 받고도 계속하여 영업을 하는 때에는 관계공무원으로 하여금 해당 영업소를 폐쇄하기 위하여 다음의 조치를 하게 할 수 있으며, 신고를 하지 아니하고 공중위생영업을 하는 경우에도 또한 같다.
- 해당 영업소의 간판 기타 영업표지물의 제거
- 해당 영업소가 위법한 영업소임을 알리는 게시물 등의 부착
- 영업을 위하여 필수불가결한 기구 또는 시설물을 사용할 수 없게 하는 봉인

⑦ 시장·군수·구청장은 영업소를 봉인을 한 후 봉인을 계속할 필요가 없다고 인정되는 때와 영업자등이나 그 대리인이 해당 영업소를 폐쇄할 것을 약속하는 때 및 정당한 사유를 들어 봉인의 해제를 요청하는 때에는 그 봉인을 해제할 수 있으며, 위법한 영업소임을 알리는 게시물 등의 제거를 요청하는 경우에도 또한 같다.

5) 과징금처분

① 시장·군수·구청장은 규정에 의한 영업정지가 이용자에게 심한 불편을 주거나 그 밖에 공익을 해할 우려가 있는 경우에는 영업정지 처분에 갈음하여 1억원 이하의 과징금을 부과할 수 있다. 다만, 「성매매알선 등 행위의 처벌에 관한 법률」, 「아동·청소년의 성보호에 관한 법률」, 「풍속영업의 규제에 관한 법률」, 「마약류 관리에 관한 법률」 또는 이에 상응하는 위반행위로 인하여 처분을 받게 되는 경우를 제외한다.

② 규정에 의한 과징금을 부과하는 위반행위의 종별·정도 등에 따른 과징금의 금액 등에 관하여 필요한 사항은 대통령령으로 정한다.

③ 시장·군수·구청장은 규정에 의한 과징금을 납부하여야 할 자가 납부기한까지 이를 납부하지 아니한 경우에는 대통령령으로 정하는 바에 따라 과징금 부과처분을 취소하고, 영업정지 처분을 하거나 「지방행정제재·부과금의 징수 등에 관한 법률」에 따라 이를 징수한다.

④ ①의 규정에 의하여 시장·군수·구청장이 부과·징수한 과징금은 해당 시·군·구에 귀속된다.

⑤ 시장·군수·구청장은 과징금의 징수를 위하여 필요한 경우에는 다음의 사항을 기재한 문서로 관할 세무관서의 장에게 과세정보의 제공을 요청할 수 있다.

- 납세자의 인적사항
- 사용목적
- 과징금 부과기준이 되는 매출금액

6) 행정제재처분효과의 승계

① 공중위생영업자가 그 영업을 양도하거나 사망한 때 또는 법인의 합병이 있는 때에는 종전의 영업자에 대하여 위반을 사유로 행한 행정제재처분의 효과는 그 처분기간이 만료된 날부터 1년간 양수인·상속인 또는 합병후 존속하는 법인에 승계된다.

② 공중위생영업자가 그 영업을 양도하거나 사망한 때 또는 법인의 합병이 있는 때에는 위반을 사유로 하여 종전의 영업자에 대하여 진행중인 행정제재처분 절차를 양수인·상속인 또는 합병 후 존속하는 법인에 대하여 속행할 수 있다.

③ ①과 ②에도 불구하고 양수인이나 합병 후 존속하는 법인이 양수하거나 합병할 때에 그 처분 또는 위반사실을 알지 못한 경우에는 그러하지 아니하다.

7) 같은 종류의 영업 금지

① 불법카메라 설치 금지, 「성매매알선 등 행위의 처벌에 관한 법률」·「아동·청소년의 성보호에 관한 법률」·「풍속영업의 규제에 관한 법률」·「청소년 보호법」 또는 「마약류 관리에 관한 법률」(이하 「성매매알선 등 행위의 처벌에 관한 법률」 등')을 위반하여 폐쇄명령을 받은 자(법인인 경우에는 그 대표자를 포함)는 그 폐쇄명령을 받은 후 2년이 경과하지 아니한 때에는 같은 종류의 영업을 할 수 없다.

② 「성매매알선 등 행위의 처벌에 관한 법률」 등 외의 법률을 위반하여 폐쇄명령을 받은 자는 그 폐쇄명령을 받은 후 1년이 경과하지 아니한 때에는 같은 종류의 영업을 할 수 없다.

③ 「성매매알선 등 행위의 처벌에 관한 법률」 등의 위반으로 폐쇄명령이 있은 후 1년이 경과하지 아니한 때에는 누구든지 그 폐쇄명령이 이루어진 영업장소에서 같은 종류의 영업을 할 수 없다.

④ 「성매매알선 등 행위의 처벌에 관한 법률」 등 외의 법률의 위반으로 폐쇄명령이 있은 후 6개월이 경과하지 아니한 때에는 누구든지 그 폐쇄명령이 이루어진 영업장소에서 같은 종류의 영업을 할 수 없다.

8) 이용업소표시등의 사용제한

누구든지 시·군·구에 이용업 신고를 하지 아니하고 이용업소표시등을 설치할 수 없다.

9) 위반사실 공표

시장·군수·구청장은 행정처분이 확정된 공중위생영업자에 대한 처분 내용, 해당 영업소의 명칭 등 처분과 관련한 영업 정보를 대통령령으로 정하는 바에 따라 공표하여야 한다.

10) 청문

보건복지부장관 또는 시장·군수·구청장은 다음의 어느 하나에 해당하는 처분을 하려면 청문을 하여야 한다.

- 이용사와 미용사의 면허취소 또는 면허정지
- 영업정지명령, 일부 시설의 사용중지명령 또는 영업소 폐쇄명령

✔ 개념 체크

다음 중 청문을 실시하여야 할 경우에 해당되는 것은?

① 영업소의 필수불가결한 기구의 봉인을 해제하려 할 때
② 폐쇄명령을 받은 후 폐쇄명령을 받은 영업과 같은 종류의 영업을 하려 할 때
③ 벌금을 부과 처분하려 할 때
④ 영업소 폐쇄명령을 처분하고자 할 때

④

KEYWORD 07 업소의 위생등급

1) 위생서비스수준의 평가

① 시·도지사는 공중위생영업소(관광숙박업의 경우를 제외)의 위생관리수준을 향상시키기 위하여 위생서비스평가계획을 수립하여 시장·군수·구청장에게 통보하여야 한다.
② 시장·군수·구청장은 평가계획에 따라 관할지역별 세부평가계획을 수립한 후 공중위생영업소의 위생서비스수준을 평가하여야 한다.
③ 시장·군수·구청장은 위생서비스평가의 전문성을 높이기 위하여 필요하다고 인정하는 경우에는 관련 전문기관 및 단체로 하여금 위생서비스평가를 실시하게 할 수 있다.
④ 위생서비스평가의 주기·방법, 위생관리등급의 기준 기타 평가에 관하여 필요한 사항은 보건복지부령으로 정한다.

평가의 주기	2년
방법	• 평가계획에 따라 관할 지역별 세부평가계획을 수립한 후 평가한다. • 관련 전문기관 및 단체로 하여금 위생서비스평가를 실시할 수 있다.
위생관리 등급	• 최우수업소 : 녹색 등급 • 우수업소 : 황색 등급 • 일반관리대상업소 : 백색 등급

✔ 개념 체크

공중위생영업소 위생관리 등급의 구분에 있어 최우수업소에 내려지는 등급은 다음 중 어느 것인가?

① 백색 등급
② 황색 등급
③ 녹색 등급
④ 청색 등급

③

2) 위생관리등급 공표

① 시장·군수·구청장은 보건복지부령이 정하는 바에 의하여 위생서비스평가의 결과에 따른 위생관리등급을 해당 공중위생영업자에게 통보하고 이를 공표하여야 한다.

② 공중위생영업자는 규정에 의하여 시장·군수·구청장으로부터 통보받은 위생관리등급의 표지를 영업소의 명칭과 함께 영업소의 출입구에 부착할 수 있다.

③ 시·도지사 또는 시장·군수·구청장은 위생서비스평가의 결과 위생서비스의 수준이 우수하다고 인정되는 영업소에 대하여 포상을 실시할 수 있다.

④ 시·도지사 또는 시장·군수·구청장은 위생서비스평가의 결과에 따른 위생관리등급별로 영업소에 대한 위생감시를 실시하여야 하는데, 이 경우 영업소에 대한 출입·검사와 위생감시의 실시주기 및 횟수 등 위생관리등급별 위생감시기준은 보건복지부령으로 정한다.

3) 공중위생감시원

권쌤의 노하우

공중위생감시원과 명예공중위생감시원의 차이는 구분해 주셔야 합니다!

① 관계공무원의 업무를 행하게 하기 위하여 특별시·광역시·도 및 시·군·구(자치구에 한함)에 공중위생감시원을 둔다.

② 규정에 의한 공중위생감시원의 자격·임명·업무범위 기타 필요한 사항은 대통령령으로 정한다.

- 다음 어느 하나에 해당하는 소속 공무원 중에서 공중위생감시원으로 임명한다.
  - 위생사 또는 환경기사 2급 이상의 자격증이 있는 사람
  - 「고등교육법」에 따른 대학에서 화학·화공학·환경공학 또는 위생학 분야를 전공하고 졸업한 사람 또는 법령에 따라 이와 같은 수준 이상의 학력이 있다고 인정되는 사람
  - 외국에서 위생사 또는 환경기사의 면허를 받은 사람
  - 「1년 이상 공중위생 행정에 종사한 경력이 있는 사람

- 시·도지사 또는 시장·군수·구청장은 위에 해당하는 사람만으로는 공중위생감시원의 인력확보가 곤란하다고 인정되는 때에는 공중위생 행정에 종사하는 사람 중에서 공중위생 감시에 관한 교육훈련을 2주 이상 받은 사람을 공중위생 행정에 종사하는 기간 동안 공중위생감시원으로 임명할 수 있다.

- 공중위생감시원의 업무
  - 시설 및 설비의 확인
  - 공중위생영업 관련 시설 및 설비의 위상상태 확인·검사
  - 공중위생영업자의 위생관리 의무 및 영업자준수사항 이행 여부 확인
  - 공중위생영업소의 영업의 정지, 일부 시설의 사용중지 또는 영업소 폐쇄명령 이행 여부의 확인
  - 위생교육 이행 여부의 확인

4) 명예공중위생감시원

① 시·도지사는 공중위생의 관리를 위한 지도·계몽 등을 행하게 하기 위하여 명예공중위생감시원을 둘 수 있다.

② ①의 규정에 의한 명예공중위생감시원의 자격 및 위촉방법, 업무범위 등에 관하여 필요한 사항은 대통령령으로 정한다.

- 명예공중위생감시원은 시·도지사가 다음에 해당하는 자 중에서 위촉한다.
  - 공중위생에 관한 지식과 관심이 있는 자
  - 소비자단체, 공중위생관련 협회 또는 단체의 소속 직원 중에서 당해 단체 등의 장이 추천하는 자
- 명예공중위생감시원의 업무
  - 공중위생감시원이 행하는 검사대상물의 수거 지원
  - 법령 위반행위에 대한 신고 및 자료 제공
  - 그 밖에 공중위생에 관한 홍보 계몽 등 공중위생관리업무와 관련하여 시·도지사가 따로 정하여 부여하는 업무
- 시·도지사는 명예감시원의 활동 지원을 위하여 예산의 범위 안에서 시·도지사가 정하는 바에 따라 수당 등을 지급할 수 있다.
- 명예감시원의 운영에 관하여 필요한 사항은 시·도지사가 정한다.

5) 공중위생 영업자단체의 설립

공중위생영업자는 공중위생과 국민보건의 향상을 기하고 그 영업의 건전한 발전을 도모하기 위하여 영업의 종류별로 전국적인 조직을 가지는 영업자단체를 설립할 수 있다.

KEYWORD 08 위생교육

1) 위생교육

① 공중위생영업자는 매년 위생교육을 받아야 한다.
② 규정에 의하여 신고를 하고자 하는 자는 미리 위생교육을 받아야 한다. 다만, 보건복지부령으로 정하는 부득이한 사유로 미리 교육을 받을 수 없는 경우에는 영업개시 후 6개월 이내에 위생교육을 받을 수 있다.
③ ① 및 ②에 따른 위생교육을 받아야 하는 자 중 영업에 직접 종사하지 아니하거나 2 이상의 장소에서 영업을 하는 자는 종업원 중 영업장별로 공중위생에 관한 책임자를 지정하고 그 책임자로 하여금 위생교육을 받게 하여야 한다.
④ ①~③에 따른 위생교육은 보건복지부장관이 허가한 단체 또는 공중위생영업자단체가 실시할 수 있다.
⑤ ①~④에 따른 위생교육의 방법·절차 등에 관하여 필요한 사항은 보건복지부령으로 정한다.

위생교육

- 미용업 위생교육은 매년 3시간 받아야 하며, 영업신고 전에 받아야 한다.
- 위생교육 미수료시 60만원의 과태료 처분을 받는다(200만원 이하의 과태료 처분).
- 2025년 기준으로 20만원의 과태료 처분을 받는다.

KEYWORD 09 처벌

1) 벌칙

1년 이하의 징역 또는 1천만원 이하의 벌금	• 신고를 하지 아니하고 공중위생영업(숙박업은 제외)을 한 자 • 영업정지명령 또는 일부 시설의 사용중지명령을 받고도 그 기간중에 영업을 하거나 그 시설을 사용한 자 또는 영업소 폐쇄명령을 받고도 계속하여 영업을 한 자
6월 이하의 징역 또는 500만원 이하의 벌금	• 변경신고를 하지 아니한 자 • 공중위생영업자의 지위를 승계한 자로서 규정에 의한 신고를 하지 아니한 자 • 건전한 영업질서를 위하여 공중위생영업자가 준수하여야 할 사항을 준수하지 아니한 자
300만원 이하의 벌금	• 다른 사람에게 이용사 또는 미용사의 면허증을 빌려주거나 빌린 사람 • 이용사 또는 미용사의 면허증을 빌려주거나 빌리는 것을 알선한 사람 • 다른 사람에게 위생사의 면허증을 빌려주거나 빌린 사람 • 위생사의 면허증을 빌려주거나 빌리는 것을 알선한 사람 • 면허의 취소 또는 정지 중에 이용업 또는 미용업을 한 사람 • 면허를 받지 아니하고 이용업 또는 미용업을 개설하거나 그 업무에 종사한 사람

2) 양벌규정

① 법인의 대표자나 법인 또는 개인의 대리인, 사용인, 그 밖의 종업원이 그 법인 또는 개인의 업무에 관하여 제20조의 위반행위를 하면 그 행위자를 벌하는 외에 그 법인 또는 개인에게도 해당 조문의 벌금형을 과(科)한다.

② 다만, 법인 또는 개인이 그 위반행위를 방지하기 위하여 해당 업무에 관하여 상당한 주의와 감독을 게을리하지 아니한 경우에는 그러하지 아니하다.

3) 과태료

300만원 이하의 과태료	• 규정에 의한 보고를 하지 아니하거나 관계공무원의 출입 · 검사 기타 조치를 거부 · 방해 또는 기피한 자 • 개선명령에 위반한 자 • 이용업 신고를 하지 아니하고 이용업소표시등을 설치한 자
200만원 이하의 과태료	• 이용업소의 위생관리 의무를 지키지 아니한 자 • 미용업소의 위생관리 의무를 지키지 아니한 자 • 영업소 외의 장소에서 이용 또는 미용업무를 행한 자 • 위생교육을 받지 아니한 자

KEYWORD 10 행정처분 기준

위반행위	행정처분 기준			
	1차 위반	2차 위반	3차 위반	4차 이상 위반
1) 영업신고를 하지 않거나 시설과 설비기준을 위반한 경우				
① 영업신고를 하지 않은 경우	영업장 폐쇄 명령			
② 시설 및 설비기준을 위반한 경우	개선명령	영업정지 15일	영업정지 1월	영업장 폐쇄 명령
2) 변경신고를 하지 않은 경우				
① 신고를 하지 않고 영업소의 명칭 및 상호, 미용업 업종간 변경을 했거나 영업장 면적의 3분의 1 이상을 변경한 경우	경고 또는 개선 명령	영업정지 15일	영업정지 1월	영업장 폐쇄 명령
② 신고를 하지 않고 영업소의 소재지를 변경한 경우	영업정지 1월	영업정지 2월	영업장 폐쇄 명령	
3) 지위승계신고를 하지 않은 경우	경고	영업정지 10일	영업정지 1월	영업장 폐쇄 명령
4) 공중위생영업자의 위생관리의무등을 지키지 않은 경우				
① 소독을 한 기구와 소독을 하지 않은 기구를 각각 다른 용기에 넣어 보관하지 않거나 1회용 면도날을 2인 이상의 손님에게 사용한 경우	경고	영업정지 5일	영업정지 10일	영업장 폐쇄 명령
② 피부미용을 위하여 「약사법」에 따른 의약품 또는 「의료기기법」에 따른 의료기기를 사용한 경우	영업정지 2월	영업정지 3월	영업장 폐쇄 명령	
③ 점빼기, 귓불뚫기, 쌍꺼풀수술, 문신·박피술 그 밖에 이와 유사한 의료행위를 한 경우	영업정지 2월	영업정지 3월	영업장 폐쇄 명령	
④ 미용업 신고증 및 면허증 원본을 게시하지 않거나 업소 내 조명도를 준수하지 않은 경우	경고 또는 개선 명령	영업정지 5일	영업정지 10일	영업장 폐쇄 명령
⑤ 개별 미용서비스의 최종 지급가격 및 전체 미용서비스의 총액에 관한 내역서를 이용자에게 미리 제공하지 않은 경우	경고	영업정지 5일	영업정지 10일	영업정지 1월
5) 카메라나 기계장치를 설치한 경우	영업정지 1월	영업정지 2월	영업장 폐쇄 명령	
6) 면허 정지 및 면허 취소 사유에 해당하는 경우				
① 피성견후견인, 정신질환자, 감염병환자, 약물 중독자인 경우	면허취소			
② 면허증을 다른 사람에게 대여한 경우	면허정지 3월	면허정지 6월	면허취소	

권쌤의 노하우

행정처분의 내용은 '공중위생관리법 시행규칙 별표7'에 있습니다.

③ 「국가기술자격법」에 따라 자격이 취소된 경우	면허취소			
④ 「국가기술자격법」에 따라 자격정지처분을 받은 경우(「국가기술자격법」에 따른 자격정지처분 기간에 한정)	면허취소			
⑤ 이중으로 면허를 취득한 경우(나중에 발급 받은 면허)	면허취소			
⑥ 면허정지처분을 받고도 그 정지 기간 중 업무를 한 경우	면허취소			
7) 영업소 외의 장소에서 미용 업무를 한 경우	영업정지 1월	영업정지 2월	영업장 폐쇄명령	
8) 보고를 하지 않거나 거짓으로 보고한 경우 또는 관계 공무원의 출입, 검사 또는 공중위생영업 장부 또는 서류의 열람을 거부·방해하는 경우	영업정지 10일	영업정지 20일	영업정지 1월	영업장 폐쇄명령
9) 개선명령을 이행하지 않은 경우	경고	영업정지 10일	영업정지 1월	영업장 폐쇄명령

10) 「성매매알선 등 행위의 처벌에 관한 법률」, 「풍속영업의 규제에 관한 법률」, 「청소년 보호법」, 「아동·청소년의 성보호에 관한 법률」 또는 「의료법」을 위반하여 관계 행정기관의 장으로부터 그 사실을 통보받은 경우

① 손님에게 성매매알선 등 행위 또는 음란 행위를 하게 하거나 이를 알선 또는 제공한 경우	영업소	영업정지 3월	영업장 폐쇄명령	
	미용사	영업정지 3월	면허취소	
② 손님에게 도박 그 밖에 사행행위를 하게 한 경우	영업정지 1월	영업정지 2월	영업장 폐쇄명령	
③ 음란한 물건을 관람, 열람하게 하거나 진열 또는 보관한 경우	경고	영업정지 15일	영업정지 1월	영업장 폐쇄명령
④ 무자격 안마사로 하여금 안마사의 업무에 관한 행위를 하게 한 경우	영업정지 1월	영업정지 2월	영업장 폐쇄명령	
11) 영업정지처분을 받고 그 영업정지 기간에 영업을 한 경우	영업장 폐쇄명령			
12) 공중위생영업자가 정당한 사유 없이 6개월 이상 계속 휴업하는 경우	영업장 폐쇄명령			
13) 공중위생영업자가 「부가가치세법」 제8조에 따라 관할 세무서장에게 폐업신고를 하거나 관할 세무서장이 사업자등록을 말소한 경우	영업장 폐쇄명령			
14) 공중위생영업자가 영업을 하지 않기 위하여 영업시설의 전부를 철거한 경우	영업장 폐쇄명령			

자주 출제되는
기출문제 120선

01 | 네일 구조 · 기능 · 특징

합격 강의

네일의 구조

- 조모(매트릭스, Matrix) : 손톱의 성장 부분으로, 조근 아래 있다. 새로운 손톱 세포를 생성하며, 이 세포가 성장하면 손톱이 된다.
- 조근(네일 루트, Nail Root) : 손톱의 뿌리로, 조모와 연결돼 있다. 조모에서 생성된 세포가 손톱으로 자라나는 경로가 된다.
- 조상(네일 베드, Nail Bed) : 손톱의 아래쪽 피부로, 손톱이 놓인 표면이다. 손톱을 지지하며, 혈액이 공급돼 손톱의 영양과 건강에 중요한 역할을 한다.
- 조반월(루눌라, Lunula) : 손톱의 기초 부분에서 보이는 흰 반달 모양의 부분이다. 조모의 일부로, 손톱의 성장 상태를 나타낸다.
- 하조피(하이포니키움, Hyponychium) : 손톱의 끝부분과 피부 사이에 있다. 이물질과 감염으로부터 손톱을 보호한다.
- 조소피(큐티클, Cuticle) : 손톱의 기초와 피부 경계에 있는 얇은 피부층이다. 손톱의 매트릭스를 보호하고, 세균이 침투하는 것을 방지한다.
- 조체 · 조판(네일 플레이트, Nail Plate) : 우리가 일반적으로 손톱이라고 부르는 부분이다. 손톱의 강도와 외양을 결정한다.

네일의 기능

- 보호 기능 : 손톱은 손끝을 보호해 외부의 충격이나 상처로부터 방어한다. 특히, 민감한 피부와 조직을 보호하는 역할을 한다.
- 감각 기능 : 손톱은 손가락의 감각을 더욱 민감하게 해 준다. 손톱이 있으면 물체를 더 잘 잡고, 촉감이 더욱 예민해진다.
- 도구 기능 : 손톱은 작은 도구처럼 사용될 수 있다. 물체를 긁거나, 열거나, 조작하는 데 도움이 된다.
- 장식적 기능 : 손톱은 미적 요소로, 다양한 형태와 색상으로 꾸밀 수 있다. 이는 개인의 개성을 표현하는 방법이기도 하다.
- 신체 기능의 신호 : 손톱의 상태(예 색, 모양 등)는 건강 상태를 나타내는 신호가 될 수 있다.

건강한 네일의 특징

- 무결점 : 손톱 표면에 흠집이나 갈라짐이 없어야 하며, 매끄럽고 깨끗해야 한다.
- 색상 : 건강한 손톱은 일반적으로 연분홍색을 띠며, 색깔이 고르고 균일해야 한다. 변색이 없고, 얼룩이나 선이 없어야 한다.
- 모양 : 손톱은 표면이 고르고 변형이 없이 매끄럽고 균형 잡힌 곡선이어야 하며, 너무 두껍지도 얇지도 않아야 한다.
- 루눌라 : 루눌라가 적당히 보이는 것이 좋다. 루눌라의 크기와 모양은 개인차가 있지만, 너무 작거나 보이지 않는 것은 건강상의 문제가 있다는 표시일 수 있다.
- 부착력 : 건강한 손톱은 네일 베드에 단단히 부착돼 쉽게 떨어지지 않아야 한다.
- 유연성 및 강도 : 손톱의 유연성과 강도는 일정한 수준을 유지해, 너무 부서지기 쉽거나 쉽게 휘어지지 않아야 한다.
- 성장 속도 : 건강한 손톱은 평균적으로 하루에 0.1~0.15mm 정도 자란다. 성장 속도가 일정해야 건강한 상태를 유지할 수 있다.

---

001 손톱의 기능에 대한 설명으로 틀린 것은?

① 공격의 기능
② 방어의 기능
③ 장식적 기능
④ 용해의 기능

용해(溶解)는 무언가가 액체에 녹거나 무언가를 액체에 녹이는 것이다. 손톱으로 무엇을 녹일 수는 없다.

002 건강한 손톱의 조건으로 틀린 것은?

① 루눌라가 선명하고 커야 한다.
② 네일 베드에 단단히 부착돼 있어야 한다.
③ 하루 평균 0.1~0.15mm 정도 자란다.
④ 유연성과 강도가 있어야 한다.

크고 선명한 루눌라는 건강한 손톱의 지표일 수 있지만, 모든 사람에게 루눌라가 뚜렷하거나 커야 하는 것은 아니다. 루눌라의 크기와 모양에는 개인차가 있을 수 있다.

003 손톱에 관한 설명으로 틀린 것은?

① 건강한 손톱은 탄력이 있으며 유연하다.
② 케라틴이라는 단백질로 구성된다.
③ 건강한 손톱은 부드럽고 광택이 나며 핑 크빛을 띤다.
④ 손톱은 땀을 배출하지 않는다.

건강한 손톱은 부드러움보다는 적당한 강도와 유연성을 유지하는 것이 좋다.

004 네일의 오목한 부분(Concave)의 위치 설명으로 옳은 것은?

① C-형태 곡선의 위쪽 볼록한 부분
② C-형태 곡선의 아래쪽 볼록한 부분
③ C-형태 곡선의 안쪽 오목한 부분
④ C-형태 곡선의 겉쪽 오목한 부분

콘케이브는 손끝이 눈을 향하도록 두었을 때 보이는 손톱의 아치 라인을 가리키는 것이다.

005 네일 구조 중 각 부위와 역할에 대한 설명으로 옳은 것은?

① 매트릭스는 조모라고 하며 네일 루트 밑에 위치해 네일의 세포를 생성한다.
② 네일 베드는 조상이라고 하며 산소를 필요로 하지 않고 여러 개의 겹으로 이루어져 있다.
③ 루눌라는 반월이라고도 하며 새롭게 자라난 네일 위를 덮고 있는 피부이고 매트릭스 부분에 해당된다.
④ 하이포니키움은 하조피라고 하며 그 길이와 모양을 자유롭게 조형할 수 있다.

조모(매트릭스)는 네일의 성장과 세포 생성을 담당하는 부분으로, 조근(네일 루트) 밑에 위치한다.

---

02 | 고객관리와 네일숍관리

합격 강의

네일 고객 응대 서비스

- 환영 및 인사 : 고객을 따뜻하게 맞이하고 친절하게 인사한다.
- 상담 및 요구 파악 : 원하는 스타일과 손톱 상태를 고려해 맞춤 상담을 진행한다.
- 전문 조언 제공 : 손톱 관리법, 제품, 디자인 등을 추천한다.
- 서비스 설명 : 과정, 소요 시간, 가격을 명확히 안내한다.
- 편안한 환경 조성 : 청결 유지, 음악·다과 제공 등 편안한 분위기를 만든다.
- 서비스 중 소통 : 고객의 반응을 확인하고 만족도를 체크한다.
- 사후 관리 및 피드백 : 만족도를 물어보고 후속 관리법을 안내한다.

고객관리카드 작성

- 고객 정보 수집 : 성명, 연락처 등(주소와 직업은 선택적으로 수집해야 함)
- 서비스 정보 기재 : 고객이 받은 서비스 종류, 날짜 및 시간, 서비스 제공자, 금액 등
- 주기적인 업데이트와 보안관리 : 선호사항, 요구사항, 질병의 유무, 피부타입, 주의사항 등
- 피드백 및 요청사항 : 고객의 피드백 만족도, 사후관리 및 조언 등

네일숍 환경 · 위생관리

- 청결한 작업 공간 유지 : 바닥과 작업대를 청소하고 소독제를 사용해 세균과 오염물질을 제거한다.
- 도구 및 기구 소독 : 시술 기구(파일, 핀셋, 가위 등)는 사용 후 반드시 소독해 재사용한다. 일회용 제품 사용이 가능한 경우 일회용 제품(예 파일, 버퍼 등)을 사용해 감염 위험을 줄인다.
- 개인 위생 관리 : 손 씻고 소독해야 하며, 작업복을 단정하게 착용하고, 개인 위생에 각별히 신경 쓴다.
- 화학물질 안전 관리 : 화학물질은 안전한 장소에 보관하고, 라벨을 붙여 내용을 명확히 한다. 화학물질 사용 시에는 마스크나 장갑을 착용해 피부나 호흡기에 미치는 영향을 최소화한다.
- 정기적인 교육 및 점검 : 직원들에게 위생 관리 및 안전 수칙에 관한 교육을 정기적으로 실시하고 해당사항을 점검해 중요성을 항상 인식하게 한다.

006 네일숍의 안전관리를 위한 대처방법으로 가장 거리가 <u>먼</u> 것은?

① 화학물질을 사용할 때는 반드시 덮개가 있는 용기를 이용한다.
② 작업 시 마스크를 착용해 가루의 흡입을 막는다.
③ 가능하면 스프레이 형태의 화학물질을 사용한다.
④ 작업공간에는 음식물이나 음료, 흡연을 금한다.

스프레이 형태는 일반적으로 분산돼 흡입할 위험이 더 크므로, 안전 관리 측면에서 권장되지 않는다.

007 고객에 대한 네일미용사의 올바른 상담 자세로 <u>틀린</u> 것은?

① 네일 관리에 대한 전문성을 위해 전문 용어만을 사용한다.
② 대화는 예의 바르게 한다.
③ 단정한 옷차림으로 고객을 맞이한다.
④ 편안한 자세와 미소로 고객을 맞이한다.

전문용어만 사용하면 고객이 이해하기 어려울 수 있으므로, 고객의 이해를 돕기 위해 쉬운 언어로 설명하는 것이 중요하다.

008 네일숍에서 사용하는 화학물질과 소독 제품의 주의사항으로 <u>틀린</u> 것은?

① 제품의 소독 및 안전관리를 철저히 한다.
② 화학 제품에는 라벨을 표시한다.
③ 화학 제품은 밝은 곳에 눈에 띄게 보관한다.
④ 화학 제품 사용 시 환기가 제대로 되고 있는지 반드시 확인한다.

화학 제품은 직사광선을 피하고, 안전한 장소에 보관해야 하며, 어린이의 손이 닿지 않는 곳에 보관하는 것이 중요하다.

009 네일숍에서 발생할 수 있는 악취의 원인으로 가장 거리가 <u>먼</u> 것은?

① 외부 화장실의 청결 상태
② 사용한 타월이나 젖은 타월
③ 네일 화장물(화학물질)의 특유의 향
④ 뚜껑을 열어 놓은 네일 화장물

외부 화장실의 청결 상태는 네일숍 내부의 악취와 직접적인 관련이 없으며, 주로 네일숍 내부에서 발생하는 다양한 요인들이 악취의 주원인이다.

---

03 | 네일 도구

합격 강의

네일 파일(Nail File)
• 손톱의 모양을 다듬고 경계를 매끄럽게 하기 위해 사용된다.
• 에머리 파일, 버퍼 파일 등 다양한 질감과 형태가 있다.

클리퍼(Nail Clipper)
• 일명 손톱깎이로 부르는 도구이다.
• 손톱이나 인조 손톱의 길이를 잘라 조절하는 도구이다.

큐티클 니퍼(Cuticle Nipper)
큐티클을 정리하고 제거하는 데 사용되는 도구이다.

오렌지 우드스틱(Orange Wood Stick)
큐티클을 밀어내거나 손톱 주변의 먼지를 제거하는 데 사용된다.

네일 브러시(Nail Brush)
손톱과 손가락의 먼지를 제거하거나 아크릴 및 젤을 적용할 때 사용한다.

네일 폼(Nail Form)
아크릴이나 젤을 사용해 손톱을 연장할 때 사용하는 받침대이다.

네일 팁(Nail Tip)
• 인조 손톱을 붙일 때 사용하는 도구이다.
• 다양한 길이와 형태가 있으며, 손톱의 길이를 쉽게 늘일 수 있다.

큐티클 푸셔(Cuticle Pusher)
• 큐티클을 밀어내는 데 사용되는 도구이다.
• 금속이나 플라스틱으로 만들어져 있으며, 한쪽은 푸시용, 다른 한쪽은 제거용이다.

아크릴 브러시(Acrylic Brush)
아크릴 제품을 바를 때 사용하는 브러시이다.

네일 램프
• 젤 네일을 경화시키는 데 사용되는 램프이다.
• 자외선(UV) 램프와 가시광선(LED) 램프가 있다.

010 네일도구 및 재료가 개발된 순서대로 바르게 나열된 것은?

① 오렌지 우드스틱 → 네일 파일 → 네일 폼 → 네일 팁 → 라이트 큐어드 젤 시스템
② 오렌지 우드스틱 → 네일 폼 → 라이트 큐어드 젤 시스템 → 네일 파일 → 네일 팁
③ 오렌지 우드스틱 → 네일 폼 → 네일 파일 → 네일 팁 → 라이트 큐어드 젤 시스템
④ 오렌지 우드스틱 → 네일 파일 → 네일 팁 → 네일 폼 → 라이트 큐어드 젤 시스템

연도를 표기해 순서를 나열하면 아래와 같다.
오렌지 우드스틱(1830) → 네일 파일(1900) → 네일 팁(1935) → 네일 폼 (1975) → 라이트 큐어드 젤 시스템(1994)

011 유럽 전문의인 시트(Sitts)에 의해서 발명된 네일미용 도구는?

① 네일 폼
② 네일 팁
③ 네일 클리퍼
④ 오렌지 우드스틱

1830년, 족부 전문의인 시트가 치과에서 사용되던 도구에서 착안해 오렌지 우드스틱을 발명했다.

012 네일미용 전문 숍에서 많이 사용되는 아세톤의 중요한 역할은?

① 접착력
② 용해력
③ 소독력
④ 중합력

아세톤은 네일 폴리시나 젤, 아크릴 등의 화합물을 효과적으로 용해하는 성질이 있어, 네일 장식물을 제거하는 데 주로 사용된다.

013 네일 도구의 설명으로 틀린 것은?

① 클리퍼 – 인조 팁을 잘라 길이를 조절할 때에만 사용한다.
② 아크릴 브러시 – 아크릴 파우더로 볼을 만들어 인조 손톱을 만들 때 사용한다.
③ 아크릴 폼 – 팁 없이 아크릴 파우더를 가지고 손톱을 연장할 때 사용하는 일종의 받침대 역할을 하는 것이다.
④ 큐티클 니퍼 – 손톱 위에 생긴 거스러미를 제거할 때 사용한다.

클리퍼는 인조 팁을 잘라 길이를 조절할 때뿐만 아니라 자연 손톱이나 다른 재료도 자르는 데 사용된다.

014 일반 네일 폴리시에 포함되지 않는 화학성분으로 옳은 것은?

① 초산뷰틸(Butyl Acetate)
② MMA(Methyl Methacrylate)
③ 초산에틸(Ethyl Acetate)
④ 니트로셀룰로오스(Nitrocellulose)

일반적으로 네일 폴리시보다는 아크릴 시스템에 사용되는 성분으로, 일부 국가에서는 안전성 문제로 인해 네일 제품에 사용이 금지돼 있다.

04 | 네일미용의 역사

합격 강의

한국 네일미용의 역사

- 중세 고려 : 궁녀와 부녀자 사이에서 봉선화 꽃물을 들이기 시작했으며 이를 '염지갑화(染指甲花), 지갑화(指甲花)'라고 불렀다.
- 근세 조선 : 세시풍속집인 「동국세시기」에는 "젊은 각시와 어린이들이 봉선화를 따다가 백반에 섞어 짓찧어서 손톱에 물을 들였다"라고 나와 있다.
- 현대
  - 1989년 : 네일산업 출발, 이태원 그리피스 네일 숍 개업
  - 1994년 : 조옥희 네일 연구소 개설, 동아문화센터 본격적인 네일 교육 시작
  - 1995년 : 일반인들도 네일아트를 알기 시작, 유통업체 등장, 압구정동 최초로 네일 전문 아카데미(네일아트 넘버원) 개원, 키스 네일이 네일미용 재료상 시작, 본격적인 네일 시장 형성
  - 1996년 : 네일 유통회사, 네일 전문 아카데미, 네일숍 다수 개업, 백화점 네일 코너의 입점 시작, 네일숍의 본격적인 도입
  - 1997년 : 네일아트의 대중화 시작, 한국네일협회의 창립
  - 1998년 : 한국 최초 네일 민간자격제도, 한국여성개발원에서 제1회 네일기술자격 2급 필기 검정시험(291명 응시), 본격적인 네일산업 성장

외국 네일미용의 역사

- 이집트
  - 미라의 무덤에서 매니큐어 제품이 발견됐다.
  - 주술적인 의미로 헤나의 붉은 오렌지색으로 손톱을 염색했다.
  - 왕족과 상류층은 짙은 색상, 하류층은 옅은 색상으로 물들여 신분과 지위를 나타냈다.
- 중국
  - 기원전, 관목이나 식물 등에서 색상을 추출해 손톱 염색을 했다.
  - 달걀 흰자와 벌꿀, 아라비아에서 나는 고무나무 수액 등을 혼합한 액을 손톱에 발랐다.
  - B.C. 600년경, 주 왕조시대 귀족은 금색·은색 염료를 손톱에 발라 신분을 과시했다.
  - 입술연지를 만드는 홍화를 손톱에 물들이고, 이를 '조홍(爪紅)'이라고 불렀다.
- 그리스·로마
  - 매니큐어를 남성의 전유물로 여겼다.
  - 매니큐어의 어원인 '마누스(Manus)', '큐라(Cura)'라는 단어가 생겨났다.

---

015 한국의 네일미용의 역사에 관한 설명 중 옳은 것은?

① 1990년대 중반 백화점에 네일숍이 입점하면서 일반인에게 알려지기 시작했다.

② 봉선화로 물을 들이는 풍습이 생겼으며, 이것을 '염지갑화' 또는 '지갑화'라 했다.

③ 1980년대부터 대중화돼 왔고, 1988년에는 민간자격증이 도입됐다.

④ 우리나라 네일 장식의 시작은 헤나 꽃물을 들이는 것이라 할 수 있다.

우리나라 네일미용의 시작은 봉선화 꽃물을 들이는 것이라 할 수 있다.

---

016 한국 네일미용의 역사와 가장 거리가 <u>먼</u> 것은?

① 1998년 민간자격시험 제도가 도입 및 시행됐다.

② 1990년대부터 네일 사업이 점차 대중화돼 갔다.

③ 상류층 여성들은 손톱 뿌리부분에 문신 바늘로 색소를 주입해 상류층임을 과시했다.

④ 고려시대부터 봉숭아꽃물 들이기 풍습에서부터 시작됐다.

상류층 여성들이 손톱 뿌리부분에 문신 바늘로 색소를 주입한 것은 고대 이집트의 사실이다.

---

017 네일미용의 역사에 설명으로 <u>틀린</u> 것은?

① 최초의 미용네일은 기원전 3,000년경에 이집트에서 시작됐다.

② 고대 이집트에서는 헤나를 이용해 붉은 오렌지색으로 손톱을 물들였다.

③ 그리스에서는 계란 흰자와 아라비아산 고무나무 수액을 섞어 손톱에 칠했다.

④ 15세기 중국의 명 왕조에서는 흑색과 적색으로 손톱에 칠해 장식했다.

고대 그리스에서는 주로 자연 재료를 사용했으나, 계란 흰자와 아라비산 고무나무 수액은 고대 중국에서 주로 사용됐다고 알려져 있다.

습식 매니큐어의 과정

① 손 소독 : 작업자의 손과 고객의 손을 청결히 소독한다.

② 네일 폴리시 제거 : 고객의 기존 네일 폴리시를 전용 리무버를 사용해 완전히 제거한다.

③ 손 담그기(물 스파) : 고객의 손을 따뜻한 물에 일정 시간 담가 손톱과 큐티클을 부드럽게 한다. 물에는 영양제나 보습제를 첨가해 피부를 보호할 수 있다.

④ 큐티클 정리 : 손을 물에서 빼고 큐티클 리무버를 사용한 뒤, 큐티클을 압력을 넣지 않고 부드럽게 45°로 밀어내 정리한다.

⑤ 손톱 정리 : 손톱 길이와 모양을 원하는 대로 파일로 다듬되 파일의 방향은 한 방향으로 하고, 손톱 표면을 부드럽게 샌딩 파일로 정리한다.

⑥ 보강제 및 베이스 코트 바르기 : 손톱이 약한 경우 네일 보강제를 사용하고, 베이스 코트를 얇게 1회 바른다.

⑦ 네일 컬러 바르기 : 선택한 네일 컬러를 2~3번 정도 얇게 발라 주는데, 각 층이 건조된 후에 다음 층을 발라야 한다.

⑧ 톱 코트 바르기 : 네일 컬러를 보호하고 광택을 내기 위해 톱 코트를 바른다.

⑨ 마무리 보습 : 손 전체에 보습제를 발라 마사지하며, 손톱 주변의 큐티클 부위에 오일을 발라 준다.

습식 매니큐어의 모양과 특징

• 스퀘어
 – 네일 끝이 직각으로 평평한 모양의 네일이다.
 – 강한 직선미와 깔끔한 이미지를 강조한다.

• 라운드
 – 끝부분이 부드럽고 둥글게 다듬어진 모양의 네일로 자연스럽고 깔끔한 이미지를 강조한다.
 – 짧은 손톱이나 자주 손을 사용하는 사람에게 적합하다.

• 오벌
 – 손톱 끝이 타원형으로 곡선 모양의 네일이다.
 – 여성스럽고 우아한 느낌을 강조한다.

• 포인트(아몬드)
 – 아몬드처럼 곡선을 이루며 끝으로 갈수록 좁아지는 모양의 네일이다.
 – 손가락이 길어 보이게 해 우아하고 섬세한 이미지를 강조한다.
 – 끝부분이 약해서 관리가 필요하다.

• 스퀘어라운드
 – 스퀘어 형태에서 모서리를 둥글게 다듬은 모양의 네일이다.
 – 스퀘어의 세련된 느낌과 라운드의 부드러운 이미지를 결합한 느낌을 준다.

018 큐티클 보습제의 종류별 사용방법에 대한 설명 중 가장 거리가 먼 것은?

① 큐티클 오일 – 스프레이 타입 : 솜에 분사해 사용

② 큐티클 크림 – 병 타입 : 스패출러로 덜어서 사용

③ 큐티클 오일 – 스포이트 타입 : 방울을 떨어뜨려 사용

④ 큐티클 크림 – 튜브 타입 : 큐티클에 직접 짜서 사용

일반적으로 스프레이 타입의 큐티클 오일은 직접 손톱이나 큐티클에 분사해 사용하는 것이 일반적이며, 오일타입은 스프레이 분사보다는 스포이트 타입을 주로 사용한다.

019 습식 매니큐어의 큐티클 정리 과정에 대한 설명으로 가장 적절한 것은?

① 큐티클은 반드시 잘라내어 깨끗하게 한다.

② 네일 푸셔의 각도는 네일 바디와 90°를 유지한다.

③ 큐티클 연화제를 발라 큐티클을 부드럽게 한다.

④ 푸셔를 강하게 밀어 큐티클을 제거한다.

오답 피하기

① 큐티클이 이미 정리되어 있으면 잘라내지 않아도 무방하다.
② 네일 푸셔의 각도는 네일 바디와 45°를 유지한다.
④ 푸셔를 부드럽게 밀어 큐티클을 제거한다.

020 젤 네일 폴리시 아트에 대한 설명으로 가장 거리가 먼 것은?

① 그러데이션은 브러시로 경계 부분을 톡톡 두드려 자연스럽게 연결하고 경화한다.

② 디자인을 잘 표현하기 위해 글리터가 포함된 색으로 풀코트 후 경화한다.

③ 팁 모양을 정리하고 베이스 젤을 도포한 후 경화한다.

④ 디자인에 맞게 통젤 또는 폴리시 젤을 선택해 사용한다.

베이스 젤을 도포하는 것은 아트하기 전의 과정이라고 보는 것이 맞다.

021 페디큐어의 작업방법으로 옳은 것은?

① 혈압이 높거나 심장병이 있는 고객은 매뉴얼테크닉을 더 강하게 해 준다.
② 모든 각질 제거에는 콘커터를 사용해 완벽하게 제거한다.
③ 파고드는 발톱의 예방을 위해 발톱의 모양은 일자형으로 한다.
④ 발톱의 모양은 무조건 고객이 원하는 형태로 잡아 준다.

발톱을 둥근형으로 다듬으면 양끝이 깊게 깎이면서 양옆의 살이 올라오게 되고, 이 상태에서 발톱이 자라면 살을 찌르게 된다.

022 네일 컬러링에 대한 설명으로 틀린 것은?

① 그러데이션 컬러링은 컬러가 자연스럽게 연해지면서 큐티클 부분에는 투명감을 표현하는 방법이다.
② 루눌라 컬러링은 큐티클 부분 밑에 반달 부분만 둥글게 남기고 바르는 방법이다.
③ 프렌치 컬러링은 옐로우 라인의 둥근 선에 맞추어 스마일라인으로 표현하는 방법이다.
④ 프리에지 컬러링은 손톱에 풀코트 후 프리에지 끝부분만 지우는 방법이다.

프리에지 컬러링은 손톱 전체에 색상을 바른 후, 끝부분만 지우거나 다른 색으로 변화를 주는 방식이다. 끝부분만 지우는 방법이라고 단정 지을 수 없다.

023 외부 충격에 가장 약한 프리에지 모양은?

① 라운드 형태
② 포인트 형태
③ 오벌 형태
④ 스퀘어 오프 형태

포인트 형태는 끝이 뾰족해 외부 충격에 가장 약해 부러지기 쉬운 형태이다.

024 손톱이 약한 고객에게 네일 보강제를 사용하는 방법으로 옳은 것은?

① 톱 코트를 바른 후에 도포한다.
② 베이스 코트를 바르기 전에 도포한다.
③ 베이스 코트를 바른 후에 도포한다.
④ 톱 코트를 바르기 전에 도포한다.

네일 보강제는 손톱의 강도를 높이고 보호하는 역할을 하므로, 보통 베이스 코트나 네일 컬러를 바르기 전 자연네일에 도포한다.

025 습식 매니큐어 과정으로 틀린 것은?

① 고객의 오래된 네일 폴리시를 제거한다.
② 작업자의 손 소독을 먼저 한 후 고객의 손을 소독한다.
③ 손톱의 양쪽 가장자리에서 중심으로 우드파일을 비벼서 사용한다.
④ 손톱에 굴곡이 있는 경우 샌딩 파일을 사용해 매끈하게 한다.

우드파일은 부드럽게 사용하는 도구로, 손톱을 다듬을 때는 한 방향으로만 사용해야 한다. 양쪽 가장자리에서 중심으로 비비는 동작은 손톱의 손상을 초래할 수 있다.

026 페디큐어 작업 방법으로 가장 적절한 것은?

① 발톱의 양쪽 가장자리를 파고드는 현상을 방지하기 위해 둥글게 조형한다.
② 페디파일의 작업 시 족문의 방향으로 파일링한다.
③ 가벼운 각질이라도 크레도를 사용하도록 한다.
④ 발 냄새를 방지하기 위해 토 세퍼레이터를 끼운다.

발톱 관리 시 파일링은 항상 발톱의 자연적인 성장 방향에 맞춰 진행해야 한다. 그렇지 않으면 손상이나 염증을 유발할 수 있다.

027 네일 폴리시 성분 중 디뷰틸 프탈레이트의 역할로 옳은 것은?

① 피막을 형성해 표면을 강하게 한다.
② 흐름이 용이해 안전성을 부여한다.
③ 부스러지거나 갈라지는 것을 방지해 준다.
④ 혼합을 쉽게 하며 색깔 변색을 막아 준다.

디뷰틸 프탈레이트는 가소제로, 네일 폴리시가 건조된 후에도 유연성을 유지하도록 해 갈라짐이나 부서짐을 방지하는 역할을 한다.

 권쌤의 노하우

가소제(可塑劑)는 수지(樹脂) 따위의 가공을 용이하게 하며 탄성·강도를 조절하기 위하여 넣는 약제입니다. 쉽게 말해 단단한 재료를 찰흙처럼 마음대로 빚을 (塑) 수 있게(可) 하는 것입니다.

---

06 | 인조네일

합격 강의

인조네일의 재료

- 아크릴(Acrylic)
  - 액상 모노머(Monomer)와 분말 폴리머(Polymer Powder)를 혼합해 사용한다.
  - 강도가 높고 내구성이 뛰어나 손톱의 길이 연장에 적합하다.
  - 공기 중에서 빠르게 경화되어, 강도가 높아진다.
  - 파일링(갈아내기)이 필요하다.
  - 유지 관리를 위해 리필 시술이 필요하며, 약품 냄새가 강해 작업 중 환기가 필요하다.
- 젤(Gel)
  - 젤 형태의 합성수지 재료(광중합 수지)이다.
  - UV 또는 LED 램프를 사용해 경화한다.
  - 자연스러운 광택과 탄력 있는 질감이 특징이다.
  - 비교적 부드러운 느낌으로 자연스러운 네일 연장이 가능하다.
  - 무취로 작업 환경이 쾌적하며, 아세톤이나 전용 리무버로 쉽게 제거할 수 있다.
- 팁(Nail Tip)
  - 플라스틱(ABS 소재)로 만들어진 반달형 손톱 연장 재료이다.
  - 손톱에 부착해 길이를 연장하고 원하는 길이와 형태로 만들 수 있다.
  - 주로 젤이나 아크릴 재료와 함께 사용된다.
- 실크(Silk Wrap)
  - 얇은 실크나 섬유 재료를 손톱 표면에 부착 후 접착제로 고정한다.
  - 손톱의 갈라짐이나 균열을 보수하거나 보강하는 데 주로 사용하며, 자연스럽고 가벼운 느낌을 제공한다.

효과별 네일의 재료
- 강도와 내구성 : 아크릴
- 자연스러운 광택과 유연성 : 젤
- 간단한 연장 : 팁, 디핑 파우더
- 보수 및 손톱 보호 : 실크 랩, 레진

---

028 네일 재료의 설명으로 틀린 것은?

① 젤램프는 젤의 경화를 위해 사용한다.
② 파일은 그릿의 수치가 작을수록 거칠다.
③ 아크릴 모노머는 아크릴 폴리머와 함께 사용한다.
④ 프라이머는 꼼꼼하게 여러 번 발라 줘야 한다.

프라이머는 손톱과 인조 손톱(젤 또는 아크릴) 사이의 접착력을 높이기 위해 사용하는 제품인데, 보통 얇게 한 번만 바르는 것이 적절하다. 여러 번 바르면 손톱에 손상이 갈 수 있거나 과도한 양으로 인해 부작용이 발생할 수 있다.

---

029 네일 폼의 사용 방법으로 틀린 것은?

① 하이포니키움이 아프지 않도록 손톱에서 3㎜ 띄워서 폼을 끼워야 한다.
② 자연 손톱과 폼 사이에 틈이 없도록 폼을 끼워 줄 수 있다.
③ 조형된 인조 손톱의 손상 없이 네일 폼을 제거할 수 있다.
④ 자연 손톱과 수평이 되도록 정확하게 폼을 끼울 수 있다.

네일 폼은 자연 손톱과 밀착되도록 정확하게 끼워야 하며, 손톱에서 띄워서 폼을 끼우면 인조 손톱의 모양이 제대로 형성되지 않거나, 경화 중에 문제가 생길 수 있다. 하이포니키움에 무리가 가지 않도록 폼을 부드럽게 끼워야 하지만, 손톱에서 3㎜ 띄우는 것은 올바른 방법이 아니다.

030 스컬프처 작업 시 네일 폼의 부착 방법으로 틀린 것은?

① 사이드 스트레이트에 맞추어 일직선으로 접착한다.
② 자연 네일과 네일 폼 사이가 벌어져서는 안 된다.
③ 콘벡스와 콘케이브의 중심을 맞추어 네일 폼을 접착한다.
④ 네일 폼은 네일과 수직이 되도록 접착한다.

⋯⋯⋯⋯⋯⋯⋯⋯⋯⋯⋯⋯⋯⋯⋯⋯⋯⋯⋯⋯⋯⋯⋯⋯

네일 폼은 자연 손톱과 수평이 되도록 부착해야 한다. 수직으로 접착하면 인조 손톱이 비정상적인 각도로 형성돼, 모양이 불균형해지거나 작업이 불가할 수 있다.

031 스컬프처 작업 시 네일 폼을 잘못 끼울 경우 생길 수 있는 현상으로 틀린 것은?

① 스트레스 포인트 부분이 채워져 있지 않거나 얼룩이 생길 수 있다.
② 콘벡스, 콘케이브의 불균형과 전체 네일의 구조가 틀어질 수 있다.
③ 프리에지 밑에 믹스처가 스며들어 하이포니키움을 압박할 수 있다.
④ 접착제가 고르지 않은 분포로 인해 공기가 들어갈 수 있다.

⋯⋯⋯⋯⋯⋯⋯⋯⋯⋯⋯⋯⋯⋯⋯⋯⋯⋯⋯⋯⋯⋯⋯⋯

네일 폼을 끼우는 과정에서는 접착제를 사용하지 않는다. 네일 폼은 손톱 연장 작업 시 인조 손톱의 형태를 잡아주는 도구일 뿐. 폼 자체에 접착제는 사용되지 않는다. 공기가 들어가는 문제는 폼을 잘못 부착하거나 믹스처 (아크릴 또는 젤)가 고르지 않게 발라졌을 때 발생할 수 있지만, 접착제와는 관련이 없다.

---

07 | 아크릴릭 네일(Acrylic Nail Application) _{합격 강의}

아크릴릭 네일의 개념과 특징
• 아크릴릭 네일 시술은 손톱의 길이를 연장하거나 손톱을 보강하기 위해 액체 모노머와 분말 폴리머를 혼합해 사용하는 기술이다.
• 강도와 내구성이 뛰어나고 다양한 길이와 형태로 손톱을 연출할 수 있어 인기 있는 인조 네일 기술 중 하나이다.

아크릴릭 네일의 과정
① 준비 단계
• 위생 관리 : 시술 전 손과 도구를 깨끗이 씻고 소독한다.
• 손톱 준비
  – 기존의 네일폴리시를 제거한다. 큐티클(각질)을 밀어내고 손톱 표면을 부드럽게 정리한다.
  – 손톱 표면에 샌딩 블록으로 가볍게 표면을 거칠게 만들어 접착력을 높인다.
  – 먼지를 제거하고 프라이머(Primer)를 손톱에 얇게 바른다.
② 아크릴 혼합 및 적용
• 모노머와 폴리머 준비 : 액체 모노머를 작은 용기에 준비하고, 아크릴 분말 폴리머를 함께 준비한다.
• 혼합 : 네일 브러시를 모노머에 담가 적신 후 폴리머 분말에 넣어 혼합하는데, 혼합물은 젤처럼 부드러워 작업하기 쉬운 상태가 돼야 한다.
③ 손톱 위에 아크릴릭 적용
• 손톱 끝에 팁(Tip)을 붙이거나 폼(Form)을 사용해 원하는 길이를 설정한다.
• 아크릴 혼합물을 손톱 표면에 올리고 브러시로 고르게 펴 바른다.
• 손톱 모양과 길이를 조정하며 자연스럽게 블렌딩한다.
• 빠르게 굳기 시작하므로 신속하고 정확하게 작업해야 한다.
④ 경화 및 정리
• 경화
  – 아크릴은 공기 중에서 자연적으로 경화(건조)되며, 경화 시간은 2~3분 정도 소요된다.
  – 경화 중에는 형태를 조정하기 어렵기 때문에 빠르고 정확한 작업이 중요하다.
• 정리
  – 파일링 : 손톱이 완전히 굳은 후 파일로 손톱 표면을 매끄럽게 다듬으며, 원하는 손톱의 형태(스퀘어, 라운드 등)를 만든다.
  – 샌딩 : 샌딩 블록으로 표면을 정리해 부드럽게 만든다.
⑤ 마무리
• 폴리시나 젤 네일 적용 : 고객이 원하면 네일 폴리시나 젤 컬러를 바르는데, 이때 디자인을 추가하거나 장식을 붙일 수도 있다.
• 마감 작업 : 톱 코트를 바르고 큐티클 오일을 발라 손톱과 피부를 보호한다.

032 아크릴릭 프렌치 스컬프쳐 작업 시 자연손톱 준비 과정에서 가장 거리가 먼 것은?

① 자연손톱을 가벼운 파일링으로 에칭을 한다.
② 프리 프라이머와 프라이머를 소량 도포한다.
③ 메탈 푸셔를 사용해 손톱 주변의 큐티클을 밀어 준다.
④ 핑거볼을 이용해 습식으로 큐티클을 정리한다.

아크릴 작업을 할 때는 손톱이 완전히 건조된 상태에서 진행해야 하므로, 습식 큐티클 정리는 적합하지 않다. 습식 큐티클 정리는 물을 사용해 큐티클을 부드럽게 하는 방식인데, 손톱에 수분이 남아 있으면 아크릴의 접착력이 떨어지고 들뜰 수 있다.

033 아크릴 스컬프쳐 작업 시 모노머와 폴리머를 섞었을 때 일어나는 화학반응을 뜻하는 것은?

① 카탈리스트
② 포름알데히드
③ 시아노아크릴레이트
④ 폴리머제이션

폴리머제이션(Polymerization)은 작은 분자인 모노머가 결합해 더 큰 분자인 폴리머를 형성하는 화학반응이다. 아크릴 스컬프쳐 작업에서는 모노머(액체)와 폴리머(파우더)가 결합하면서 경화돼 단단한 아크릴 재질로 변화하는 과정이 이에 해당한다.

> **오답 피하기**
> ① 카탈리스트 : 화학 반응을 촉진하는 물질로, 촉매라고도 한다.
> ② 포름알데히드 : 일부 네일 제품과 소독제로에 사용되는 성분이다.
> ③ 시아노아크릴레이트 : 주로 네일 글루와 같은 접착제의 성분으로 사용한다.

034 자연 손톱의 프리에지 부분에 부착해 아크릴 스컬프쳐가 완성되도록 틀이 돼 주는 재료로 가장 적절한 것은?

① 네일 팁
② 네일 필름
③ 네일 텅
④ 네일 폼

네일 폼은 자연 손톱의 끝부분에 부착해 아크릴 또는 젤 연장 작업 시 인조 손톱의 형태를 잡아주는 도구이다. 폼 위에 아크릴을 조형해 손톱 연장을 완성하게 된다.

> **오답 피하기**
> ① 네일 팁 : 손톱을 연장하기 위해 붙이는 인조 손톱이다.
> ② 네일 필름 : 네일 아트에서 사용되는 장식용 필름이다.

035 아크릴 네일 브러시에 관련한 설명으로 **틀린** 것은?

① 브러시의 시작 부분을 베이직이라고 한다.
② 중간부분은 평면을 맞추는 작업 시 사용한다.
③ 끝부분을 팁 또는 플래그라고 한다.
④ 끝부분은 섬세한 작업 시 사용한다.

주로 '베이스' 또는 '페룰(Ferrule)'이라고 불리며, 페룰은 브러시의 모와 손잡이를 연결하는 금속이다.

036 아크릴 브러시의 각 명칭과 사용법에 대한 설명으로 **틀린** 것은?

① Base – 형태와 길이를 조절하는 역할로 브러시의 상단부이다.
② Belly – 형태를 고르게 만드는 역할로 브러시의 중간부분이다.
③ Back – 누르거나 길이를 조절해 주는 역할로 브러시의 상단부를 말한다.
④ Tip – 미세한 작업과 스마일 라인을 만들거나 큐티클 라인에 사용하는 역할로 브러시의 하단부이다.

아크릴 브러시의 상단부는 Base 또는 Ferrule로 불리며, 모와 손잡이를 연결하는 부분이다. 브러시의 길이나 누르는 작업은 주로 Belly나 Tip 부분에서 이루어진다.

> **오답 피하기**
> ① Base : 브러시의 상단부(손잡이와 연결된 부분)로, 형태와 길이를 지지하는 역할을 한다.
> ② Belly : 브러시의 중간 부분으로, 넓은 면적을 고르게 작업하는 데 사용된다.
> ④ Tip : 브러시의 끝부분으로, 미세한 작업과 스마일 라인, 큐티클 라인 작업에 적합하다.

> **권쌤의 노하우**
> 아크릴 브러시에는 'Back'이라는 용어를 일반적으로 사용하지 않습니다.

037 아크릴 네일이나 스컬프처 네일 작업 시 가장 얇아야 하는 곳은?

① 하이포인트 ② 큐티클 부분
③ 네일 바디 ④ 프리에지

큐티클 부분은 자연스럽게 손톱과 이어지도록 얇게 처리해야, 작업 후 들뜨지 않고 자연스럽게 마무리된다. 다른 부분에 비해 두꺼우면 쉽게 들뜨거나 불편할 수 있다.

038 아크릴 네일 작업 후 리프팅의 원인이 <u>아닌</u> 것은?

① 큐티클 부분 위까지 아크릴이 작업된 경우
② 네일바디에 유분기를 깨끗하게 정리하지 못한 경우
③ 리퀴드와 파우더의 양이 적절하지 못한 경우
④ 핀칭을 제때 하지 못한 경우

핀칭은 아크릴이 경화되기 전에 손톱에 아치형 곡선을 만들기 위해 사용하는 기술로, 아크릴이 손톱에서 들뜨는 리프팅과는 직접적인 관련이 없다.

039 아크릴의 기본 화학성분으로 옳은 것은?

① 폴리머 – 카탈리스트 – 프라이머
② 모노머 – 폴리머 – 카탈리스트
③ 모노머 – 카탈리스트 – 프라이머
④ 폴리머 – 모노머 – 프라이머

아크릴은 일반적으로 메타크릴산 메틸(MMA)과 같은 모노머를 폴리머로 중합하고, 이 과정에서 카탈리스트가 사용된다.

040 아크릴 프렌치 스컬프처의 스마일 라인의 조형에 대한 설명으로 가장 거리가 <u>먼</u> 것은?

① 아크릴 볼을 작게 만들어 양쪽 사이드의 라인을 섬세하게 조형한다.
② 양쪽 사이드 라인의 균형이 맞지 않으면 샌딩 파일로 처리한다.
③ 화이트 파우더로 프리에지를 만든 후 스마일 라인을 만든다.
④ 스마일 라인을 만들 때 브러시의 각도는 네일 베드 쪽으로 눕혀서 조형한다.

아크릴 프렌치 스컬프처의 스마일 라인 조형 시 화이트 파우더가 아니라 화이트 아크릴 볼을 만들어 프리에지 위치에 올린 후 스마일 라인을 만들어야 한다.

---

08 | 팁 위드 랩

합격 강의

팁 위드 랩의 개념
• 팁 위드 랩은 인조 손톱 연장 기법 중 하나로, 플라스틱 팁을 손톱에 부착한 뒤 이를 보강하기 위해 랩(Wrap)을 덧붙이는 방법이다.
• 이 기술은 손톱의 길이를 자연스럽게 연장하면서도 강도를 보강하는 데 적합하다.

팁 위드 랩 시술 과정
① 준비 단계
• 손과 손톱을 소독하고 깨끗이 정리한다.
• 손톱 표면의 큐티클을 제거하고 손톱을 다듬어 자연스럽게 정리한다.
• 샌딩 블록으로 손톱 표면을 약간 거칠게 만들어 팁의 접착력을 높인다.
② 팁 부착
• 손톱 크기에 맞는 팁을 선택한다.
• 팁 뒷부분에 레진(접착제)을 발라 손톱 끝에 부착한다.
• 팁과 손톱 사이에 공기가 들어가지 않도록 부착한 후 살짝 누른다.
• 원하는 길이로 팁을 잘라내고 손톱 형태를 다듬는다.
③ 랩 적용
• 팁과 손톱 위에 실크, 리넨, 글라스파이버 등 랩 재료를 얹는다.
• 랩을 손톱 크기에 맞게 잘라내고 레진을 발라 고정한다.
• 랩 위에 레진을 덧발라 랩이 손톱에 완전히 밀착되도록 한다.
• 레진을 바른 후 활성제를 사용해 빠르게 경화시킨다.
④ 마무리 작업
• 손톱 표면을 부드럽게 파일링하고 샌딩하고 원하는 형태로 손톱을 다듬는다.
• 폴리시를 바르거나 네일 아트를 추가해 마무리한다.

041 네일 팁에 대한 설명으로 **틀린** 것은?

① 자연네일의 길이 연장 시 사용된다.
② 접착부분을 네일 웰(Well)이라 한다.
③ 하프 웰 팁은 풀 웰 팁보다 접착 부분이 작다.
④ 접착 부분이 클수록 좋은 팁이다.

접착 부분의 크기는 상황에 따라 다르게 선택되며, 손톱 모양과 상태에 맞게 접착 부분의 크기를 조절해야 한다. 접착 부분이 너무 크면 자연 네일과의 부착이 어려워질 수 있다.

042 네일 팁에 대한 설명으로 **틀린** 것은?

① 네일 팁은 손톱의 크기에 비해 너무 크거나 작지 않은 가장 잘 맞는 사이즈의 팁을 사용한다.
② 웰 부분의 형태에 따라 풀 웰과 하프 웰이 있다.
③ 자연 손톱이 크고 납작한 경우 커브 타입의 팁이 좋다.
④ 네일 팁 접착 시 손톱의 ½ 이상 커버하면 안 된다.

자연 손톱이 크고 납작한 경우에는 커브가 많이 들어간 팁보다는 평평한 타입의 팁이 더 잘 맞다. 커브가 많은 팁은 손톱의 곡률이 큰 손톱에 더 적합하며, 납작한 손톱에는 부착이 어렵고 부자연스러울 수 있다.

043 네일 팁 오버레이 작업 중 사용하는 실크랩 접착 시 주의할 점이 **아닌** 것은?

① 고객 네일 크기에 꽉 채워 랩을 재단한다.
② 네일 표면정리를 통해 제품의 밀착력을 높인다.
③ 네일 랩의 접착력을 높이기 위해 전처리를 한다.
④ 실크 랩을 손톱 표면에 완전히 밀착시킨다.

실크랩을 사용할 때는 고객의 네일 크기에 딱 맞게 재단하기보다는 약간 여유를 두고 자연스럽게 맞추는 것이 중요하다. 너무 꽉 채워 재단할 경우 접착이 불편해질 수 있다.

044 인조 네일 팁에 대한 설명으로 **틀린** 것은?

① 가장 적당한 모양과 사이즈의 팁을 선택하는 것이 중요하다.
② 손톱 끝이 위로 솟은 손톱(Sky Jump Nail)은 커브 팁을 선택한다.
③ 양쪽 측면이 움푹 들어갔거나 각진 손톱인 경우 풀 팁의 두꺼운 팁을 선택한다.
④ 손톱이 크고 납작한 경우에는 약간 끝이 좁은 내로우 팁을 선택한다.

손톱 끝이 위로 솟은 '스카이 점프 네일'의 경우 커브가 많은 팁을 선택하면 자연스럽지 않을 수 있다. 이러한 손톱에는 상대적으로 평평한 팁을 사용하는 것이 더 적합하다.

045 팁 위드 랩 작업 시 사용하지 **않는** 재료는?

① 아크릴 파우더
② 실크
③ 젤 글루
④ 글루 드라이

팁 위드 랩 작업에서는 주로 실크·젤 글루·글루 드라이 등이 사용되며, 아크릴 파우더는 주로 아크릴 네일 연장 작업에 사용된다.

046 네일 랩의 재단과 접착 방법으로 **틀린** 것은?

① 재단한 네일 랩을 큐티클 라인에서 약 0.1~0.2㎝정도 남기고 접착한다.
② 반 재단한 네일 랩의 한쪽 면을 접착한 후 나머지 면은 자연네일 위에서 실크가위로 재단한다.
③ 재단한 실크 랩이 클 경우 가위의 방향을 피부 쪽으로 기울게 해 폭을 좁게 만든다.
④ 재단한 네일 랩을 왼쪽 큐티클 라인에서 약 0.1~0.2㎝ 정도 남기고 왼쪽을 중심으로 접착한다.

네일 랩은 큐티클 라인을 중심으로 고르게 접착해야 하며, 한쪽을 중심으로 접착해서는 안 된다. 큐티클 라인에서 일정한 간격을 남기고 고르게 부착해야 한다.

09 | 젤 네일

합격 강의

젤 네일의 개념

젤 네일은 손톱의 연장 및 보상, 네일 아트를 표현 시 사용하는 기술로, 주로 광경화성 재료를 사용한다.

젤 네일의 기본 재료

- 베이스 젤(Base Gel)
  - 손톱과 젤 컬러의 접착력을 높이고 손톱을 보호한다.
  - 얇게 바르며 투명한 젤로, 손톱 표면에 고르게 밀착된다.
  - 기능 : 손톱의 변색과 손상을 방지하며 컬러 젤의 지속력을 높인다.
- 컬러 젤(Color Gel)
  - 네일 아트의 색상을 표현한다.
  - 다양한 색상과 질감을 제공하며, 투명한 색부터 불투명한 색까지 선택할 수 있다.
  - 일반 매니큐어보다 오래 지속되고 광택이 뛰어나다.
- 톱 젤(Top Gel)
  - 젤 네일의 마무리 단계로 사용되며, 광택과 내구성을 높인다.
  - 표면에 보호막을 형성해 젤이 벗겨지거나 손상되는 것을 방지한다.
  - 광택감 있는 글로시 톱 젤과 매트한 느낌을 주는 매트 톱 젤로 나뉜다.

특수 젤 재료

- 하드 젤(Hard Gel)
  - 손톱 연장과 보강용으로 사용된다.
  - 단단하고 내구성이 강하며 리무버로 제거되지 않아 파일링으로 제거한다.
- 소프트 젤(Soft Gel)
  - 손톱 보강에 사용된다.
  - 질감이 얇고 부드러워, 자연스러운 연출에도 사용된다.
  - 리무버로 제거 가능하다.
- 빌더 젤(Builder Gel)
  - 손톱 연장과 강도를 높이는 데 사용한다.
  - 비교적 점도가 높아, 손톱 형태를 조각하거나 강화하는 데 적합하다.
- 카멜레온 젤(Chameleon Gel)
  - 온도나 보는 각도에 따라 색상이 변하는 젤이다.
  - 독특한 색상 효과로 네일 아트의 포인트로 사용된다.

---

047 젤 램프 기기의 설명으로 가장 거리가 먼 것은?

① UV램프 기기는 UVA 파장 내의 광선을 사용한다.
② LED 램프기기는 405㎚ 정도의 파장을 사용한다.
③ 사용되는 광선은 자외선과 가시광선이다.
④ UVC 단파장 자외선을 사용한다.

젤 램프는 UVA 파장을 주로 사용하는데, 이는 긴 파장의 자외선으로, 젤 네일을 경화시키는 데 적합하다. UVC 단파장은 살균용으로 사용되며, 젤 램프에 사용되지 않는다.

---

048 젤 네일 화장물 보강작업 방법에 대한 설명으로 틀린 것은?

① 자연 네일 상태에 따라 하드 젤과 소프트 젤을 선택적으로 적용한다.
② 젤을 이용해 자연 네일 보강 시에는 베이스 젤을 사용하지 않는다.
③ 베이스 젤, 클리어 젤, 톱 젤을 순서대로 사용할 수 있다.
④ 열 발생을 막기 위해 젤을 한꺼번에 올리지 않는다.

젤 네일 작업 시 베이스 젤은 매우 중요한 단계로, 자연 네일에 젤이 잘 부착되도록 돕고, 보강작업을 위해 필수적으로 사용된다.

---

049 젤 원톤 스컬프처로 완성한 인조네일의 일반적인 구조에 대한 설명으로 가장 적절한 것은?

① 손톱의 측면 구조 중 옆선 부분을 아래로 처지게 완성한다.
② 손톱의 C커브는 원형의 50% 이상으로 완성한다.
③ 손톱의 C커브는 원형의 20% 미만으로 완성한다.
④ 프리에지 두께는 1㎜ 이하로 일정하게 완성한다.

두꺼운 프리에지는 인조적이거나 무거운 느낌을 줄 수 있으므로 프리에지의 두께는 1㎜ 이하로 얇게, 균일하고 자연스럽게 완성하는 것이 중요하다.

050 원톤 스컬프처 완성 시 인조네일의 이상적인 구조의 설명으로 가장 거리가 먼 것은?

① 인조네일의 길이는 길수록 아름답다.

② 하이포인트의 위치가 스트레스 포인트 부근에 위치해야 한다.

③ 옆선이 네일의 사이드 월 부분과 자연스럽게 연결돼야 한다.

④ 콘벡스와 콘케이브 형태의 균형이 균일해야 한다.

인조네일의 길이는 개인의 손 모양과 취향에 따라 조절돼야 하며, 너무 길면 실용성과 미관 모두에서 불편함을 줄 수 있다. 네일 시술에서는 적절한 길이와 균형을 유지하는 것이 중요하다.

051 젤 네일 폴리시 마무리 작업 시 작업자의 필요 지식으로 틀린 것은?

① 젤 와이퍼는 사용 시 네일 표면에 잔여물이 남지 않는 것을 사용한다.

② 젤 클렌저는 미경화젤을 닦아내는 용제로 알코올 성분이다.

③ 톱 젤 도포 후 네일 주변과 피부 주변의 잔여 젤을 제거하고 경화한다.

④ 톱 젤 경화 후 피부에 넘친 톱 젤을 제거할 시에는 니퍼로 정리한다.

톱 젤이 피부에 넘쳤을 경우, 일반적으로 니퍼 대신에 다른 도구나 방법(예 오렌지 우드 스틱이나 젤 클렌저를 사용한 솜)을 사용해 조심스럽게 제거하는 것이 바람직하다. 니퍼는 피부에 직접 사용하면 부상을 초래할 수 있다.

10 | 인조네일의 제거

합격 강의

인조네일 제거의 중요성
인조네일은 손톱 연장을 위해 사용되는 아크릴릭, 젤, 팁 위드 랩 등의 재료로 시술하며, 이를 제거할 때는 손톱 손상을 최소화하고 안전하게 제거하는 것이 중요하다.

인조네일 제거 시 주의사항
• 강제로 제거 금지 : 인조네일을 억지로 떼어내면 손톱 표면이 손상될 수 있다.

• 화학 물질 사용 주의 : 아세톤은 휘발성이 강해 피부를 건조하게 할 수 있으므로 사용 후 반드시 보습이 필요하다.

• 환기된 공간에서 작업 : 아세톤과 화학 용제의 강한 냄새와 화학반응으로 인한 증기가 발생할 수 있다.

• 네일 강화제 : 손톱을 보호하고 강도를 높이는 제품을 사용한다.

인조네일 제거제의 종류
• 아세톤계 리무버
  – 아세톤, 글리세린이 함유돼 있다.
  – 가장 일반적인 인조네일 제거제이다.
  – 아크릴릭 네일, 젤 네일, 팁 위드 랩 모두 제거할 수 있다.
  – 효과가 빠르고 경제적이어서 널리 사용할 수 있다.
  – 피부와 손톱을 건조하게 만들 수 있어, 민감한 피부에는 자극이 될 수 있다.

• 논아세톤계 리무버
  – 에틸 아세테이트, 아이소프로필 알코올, 보습제, 향료(아세톤성분 미함유) 등이 함유돼 있다.
  – 아세톤을 대체한 제거제이다.
  – 백화현상이 없다.
  – 아크릴릭 네일이나 두꺼운 젤 네일에는 효과가 떨어진다.
  – 제거 시간이 길어질 수 있다.
  – 비교적 순한 성분으로 만들어져 손톱과 피부 자극을 최소화하며, 민감한 피부에 적합하다.

052 젤 네일 폴리시 제거 시 주의사항으로 틀린 것은?

① 네일 파일로 전부 갈아내서 제거하는 경우는 젤 네일 폴리시 중 제거제로 제거가 되지 않는 제품인 경우에 해당된다.

② 네일 드릴로 제거하기도 한다.

③ 일반적인 제품일 경우에는 제거제만을 사용해 제거하는 것이 좋다.

④ 젤 네일 폴리시는 제거제만 사용해 완전히 제거하는 방법과 네일 파일로 전부 갈아서 제거하는 방법이 있다.

젤 네일은 제거제를 사용해 제거하는 것이 가장 안전하고 효과적이며, 젤 네일 폴리시 자체에 두께감이 있어 파일로 일정 부분의 두께를 제거한 뒤 제거제를 활용해 제거하기 때문에 제거제만을 이용한다는 말은 적당하지 않다.

053 젤 네일의 속 오프 작업 절차를 설명한 것 중 틀린 것은?

① 적당한 힘을 주며 비비듯이 파일링해 발열감을 준다.

② 퓨어 아세톤을 상온에서 사용해 용해하는 작업을 한다.

③ 100그릿의 네일 파일을 사용해 젤과 컬러 젤을 제거한다.

④ 표면 파일링 시 화장물의 제거 상태를 수시로 체크한다.

파일로 발열감을 주기보다는 없애야 손님의 불편감을 줄일 수 있다.

---

11 | 네일 질환

합격 강의

원인별 네일 질환

① 감염성 질환

• 조갑백선(Onychomycosis, 손발톱진균증)
 – 곰팡이(진균) 감염증이다.
 – 손톱이 두꺼워지고 변색(노란색, 갈색, 흰색)된다.
 – 손톱이 부서지거나 갈라진다.
 – 표면이 울퉁불퉁해지며 손발톱 밑으로 각질이 쌓인다.

• 조갑감염증(Paronychia, 조갑주위염)
 – 세균(대장균, 포도상구균 등) 또는 진균 감염증이다.
 – 손톱 주위가 붓고 붉어진다.
 – 고름이 생길 수 있으며 통증을 동반한다.

② 비감염성 질환

• 조갑박리증(Onycholysis)
 – 외상, 화학물질, 습진, 건선으로 인해 발생한다.
 – 손톱이 손톱바닥에서 분리된다.
 – 하얀색 또는 노란색으로 변색 된다.

• 조갑증가증(Onychogryphosis)
 – 외상, 노화, 혈액순환의 이상으로 발생한다.
 – 손톱이 두꺼워지고 비정상적으로 굽거나 늘어진다.

• 조갑백반증(Leukonychia)
 – 외상, 영양(아연, 칼슘) 부족으로 발생하는 만성 질환이다.
 – 손톱 표면에 흰색 점이나 줄무늬가 생긴다.

③ 외상성 질환

• 조갑하혈종(Subungual Hematoma)
 – 손톱 밑으로 출혈이 생기는 외상이다.
 – 손톱 밑이 검붉게 변색되고 압통이 발생한다.

• 조갑파열(Onychoschizia)
 – 손톱을 과도하게 사용하거나, 손톱이 화학물질에 노출됐을 때 발생한다.
 – 손톱이 건조해져 끝이 갈라지고 얇아진다.

네일 질병 예방법

• 위생 관리 : 손톱과 손 주변을 깨끗하게 유지한다.
• 손톱 보호 : 손톱을 과도하게 자르거나 손상시키지 않는다.
• 보습 유지 : 손톱과 주변 피부에 보습제를 사용한다.
• 건강한 생활 습관 : 균형 잡힌 식단으로 영양분을 골고루 섭취한다.
• 전문가 상담 : 이상 증상이 있을 경우 빨리 진단을 받고 치료한다.

---

054 인조 네일의 잘못된 관리로 나타날 수 있는 네일의 병변이 아닌 것은?

① 조갑구만증

② 조갑종렬증

③ 조갑박리증

④ 몰드

조갑구만증은 손톱의 끝이 갈라지거나 부서지는 것을 의미하며, 말초혈관 장애에 의해 발생할 수 있다.

---

055 네일미용 서비스를 할 수 있는 네일의 병변은?

① 오니코리시스

② 오니키아

③ 파로니키아

④ 오니코크립토시스

내향성 손톱으로, 손톱이 피부 속으로 파고드는 상태로 네일미용 서비스가 가능하다.

---

056 감염성이 매우 강하며 발바닥 전체 또는 발가락 사이에 붉은색의 물집(수포)이 생기며 가려움이 수반되는 증상은?

② 조갑진균증(오니코마이코시스)

② 조갑염(오니키아)

③ 발진균증(티니아페디스)

④ 조갑주위염(파로니키아)

발바닥이나 발가락 사이에 붉은색의 물집(수포)과 가려움증을 동반하며, 전염성이 강한 곰팡이 감염증이다.

합격 강의

뼈의 기능

- **지지 기능** : 뼈는 근육, 조직, 기관 등을 지지해 신체 구조를 유지한다.
- **보호 기능** : 뼈는 중요한 내부 장기를 보호하는 역할을 한다.
- **운동 기능** : 뼈는 근육과 연결돼 지렛대 역할을 하며, 관절을 축으로 근육이 수축하면 뼈가 움직여 다양한 신체 활동이 가능하다.
- **조혈 기능** : 뼈의 골수(특히 적골수)에서 적혈구, 백혈구, 혈소판이 생성된다.
- **무기질 저장** : 뼈는 칼슘 · 인 같은 중요한 무기질을 저장하며, 필요할 때 방출한다.

손의 뼈

- **손목뼈(수근골, Carpals)**
  - 8개, 손과 팔 사이를 연결하는 부위이다.
  - 두 줄로 배열돼 있으며, 상완골(팔뼈)과 연결돼 손목 관절을 형성한다.
  - 첫째 줄(몸쪽) : 주상골, 월상골, 삼각골, 두상골
  - 둘째 줄(손쪽) : 대능형골, 소능형골, 유두골, 유구골
- **손바닥뼈(중수골, Metacarpals)**
  - 총 5개로, 손목뼈와 손가락뼈 사이에 있다.
  - 각 중수골은 기저(Base), 몸체(Shaft), 머리(Head)로 구성된다.
  - 엄지에서 새끼손가락 방향으로 1번부터 5번까지 번호가 매겨진다.
- **손가락뼈(수지골 · 지절골, Phalanges)**
  - 총 14개이다.
  - 엄지손가락(1번 손가락) : 2개(기절골, 말절골)
  - 나머지 손가락(2~5번) : 3개씩(기절골, 중절골, 말절골)
  - 각 손가락뼈는 끝부분(기저부)에서 관절로 연결돼 손가락이 유연하게 움직이도록 한다.

---

057 연골에 관한 설명으로 가장 거리가 먼 것은?

① 뼈와 뼈 사이를 결합해 준다.
② 신축성이 있는 연골 기질로 돼 있다.
③ 코와 귀의 형태를 유지하는 역할을 한다.
④ 연골에는 신경과 혈관이 분포돼 있다.

연골 조직은 신경과 혈관이 분포하지 않으며, 영양분은 주변의 결합조직을 통해 확산(Diffusion)으로 공급받는다.

---

058 손의 골격의 명칭이 아닌 것은?

① 알머리뼈(유두골)
② 손허리뼈(중수골)
③ 손목뼈(수근골)
④ 쐐기뼈(설상골)

발의 골격에 포함되는 뼈로, 손의 골격과는 관련이 없다.

---

059 손가락을 구성하는 뼈로 틀린 것은?

① 중간마디뼈(중절골)
② 중간쐐기뼈(중간설상골)
③ 끝마디뼈(말절골)
④ 첫마디뼈(기절골)

발의 골격에 포함되는 뼈로, 손의 골격과는 관련이 없다.

---

060 손과 발의, 5개로 이루어진 길고 가느다란 뼈의 연결로 옳은 것은?

① 손가락뼈(수지골) – 발가락뼈(족지)
② 손허리뼈(중수골) – 발허리뼈(중족골)
③ 손바닥뼈(지궁) – 발바닥뼈(족궁)
④ 손목뼈(수근골) – 발목뼈(족근골)

오답 피하기
① 손가락뼈(14개) – 발가락뼈(14개)
③ 없는 뼈이다.
④ 손목뼈(8개) – 발목뼈(7개)

---

061 발목뼈(족근골)들 중 크고 중심에 위치하는 큰 뼈는?

① 입방뼈(입방골)
② 목말뼈(거골)
③ 발배뼈(주상골)
④ 발꿈치뼈(종골)

발목의 중심에 위치하며, 체중을 발꿈치와 발가락으로 전달하는 중요한 역할을 한다. 족근골 중 가장 큰 뼈로, 발의 움직임과 안정성에 기여한다.

062 발바닥의 피부와 근육에 분포하는 신경은?

① 넙다리신경(대퇴신경)
② 궁둥신경(좌골신경)
③ 엉치신경(천골신경)
④ 가쪽발바닥신경(외측족저신경)

발바닥의 피부와 근육에 분포하는 신경으로, 발바닥의 감각과 운동을 담당한다.

063 요골신경의 지배를 받는 근육이 <u>아닌</u> 것은?

① 팔꿈치근(주근)
② 위팔노근(완요근)
③ 위팔세갈래근(상완삼두근)
④ 위팔두갈래근(상완이두근)

상완이두근은 근피신경의 지배를 받는다.

064 손등과 손가락의 엄지쪽에 분포해 손등의 감각을 지배하는 신경으로 옳은 것은?

① 자뼈신경(척골신경)
② 정강신경(경골신경)
③ 노뼈신경(요골신경)
④ 두렁신경(복재신경)

노뼈신경(요골신경)은 손등의 감각을 지배하며, 특히 엄지와 그 주변 부위에 분포한다.

065 다음 중 한 신경세포와 다른 신경세포를 연결하는 접촉부는?

① 신경원
② 축삭
③ 뉴런
④ 시냅스

한 신경세포의 축삭 끝과 다른 신경세포의 수용체 부분 사이의 접촉 부위로, 신경전달 물질이 방출돼 신호를 전달하는 중요한 역할을 한다.

066 일반적인 성인의 하루 평균 땀 분비량은?

① 1~5L
② 0.6~1.2L
③ 0.2~0.5L
④ 5~10L

성인의 경우, 정상적인 땀 분비량은 개인의 활동량과 환경(온도, 습도 등)에 따라 다소 차이가 있을 수 있지만, 일반적으로 0.6~1.2L 정도가 평균적인 수치로 알려져 있다.

067 산소라디칼의 방어에서 가장 중심적인 역할을 하는 효소는?

① SOD
② SPF
③ FDA
④ NMF

활성산소인 슈퍼옥사이드 라디칼을 과산화수소로 변환해 해로운 산소라디칼을 제거하는 데 중요한 역할을 한다. SOD는 항산화 방어 시스템의 중요한 구성 요소이다.

합격 강의

피부의 개념과 구성

- 피부는 인체를 보호하는 가장 큰 기관으로, 외부 환경과 신체 내부를 구분하며 다양한 생리적 기능을 수행한다.
- 피부는 표피, 진피, 피하조직으로 나뉜다.

표피(Epidermis)

- 피부의 가장 바깥층이다.
- 주로 각질형성세포(케라티노사이트)로 이루어져 있으며, 층층이 쌓인 구조이다.
- 표피의 구성(안쪽 → 바깥쪽)
  - 기저층 : 멜라닌세포가 존재해 피부 색소가 생성되며, 표피의 재생이 시작되는 곳이다.
  - 유극층 : 다각형의 세포들이 연결돼 피부의 강도를 높이며, 면역세포인 랑게르한스 세포가 존재한다.
  - 과립층 : 세포가 각질로 변하는 과정에서 케라토하이알린이 형성된다.
  - 투명층 : 손바닥과 발바닥 같은 두꺼운 피부에서만 발견되는 투명한 층이다.
  - 각질층 : 죽은 세포(각질세포)로 구성된 최외곽층으로, 외부 자극으로부터 보호하고 수분 손실을 방지한다.

진피(Dermis)

- 표피 아래층으로, 피부의 주요 기능을 수행한다.
- 유두층과 망상층으로 나뉜다.
- 결합조직, 혈관, 신경, 모낭, 땀샘 등 다양한 구조물이 포함된다.
- 부속기관
  - 콜라겐 섬유 : 피부의 강도와 탄력을 유지한다.
  - 엘라스틴 섬유 : 피부가 신축성을 띠게 한다.
  - 혈관 : 피부에 산소와 영양분을 공급하고, 체온을 조절한다.
  - 신경 : 촉각, 온도, 통증 등 다양한 감각을 전달한다.
  - 땀샘 : 체온을 조절하고 노폐물을 배출한다.
  - 피지선 : 피지를 분비해 피부를 촉촉하게 유지한다.
  - 모낭 : 털이 자라는 구조로, 모근을 포함한다.

피하조직(Subcutaneous Tissue)

- 피부의 가장 아래층이다.
- 주로 지방세포와 결합조직으로 구성된다.
- 근육, 뼈 등 심부조직과 연결된다.

피부의 기능

• 보호 기능	• 저장 기능	• 체온 조절 기능
• 지각 기능	• 면역 기능	• 분비 기능
• 호흡 기능	• 흡수 기능	• 재생 기능

---

068 피부의 구조 중 각화현상이 나타나며 무핵층과 유핵층으로 구별되는 것은?

① 표피
② 진피
③ 피부 부속기관
④ 피하조직

표피는 피부의 가장 바깥층으로, 각질화 과정이 일어난다. 이 과정에서 세포들이 점차 죽어서 무핵층(핵 없는 층)을 형성하게 된다. 표피의 상부에는 각질층(무핵층)이 있고, 하부에는 생장층인 유핵층이 존재한다.

069 건성피부에 사용하는 제제의 특징으로 옳은 것은?

① 보습제는 적절한 흡습능력이 있어야 하며 외부 환경에 의해 영향을 받지 않아야 한다.
② 보습제는 다양한 지성물질의 유액으로 피부표면을 매끄럽고 부드럽게 하는 제품이다.
③ 밀폐제는 수분에 강한 친화성을 가진 물질로서 표면의 각질세포의 탈락을 도와주는 효과가 있다.
④ 연화제는 피부 표면에 불투과성 막을 형성해 수분 소실을 방지한다.

보습제는 흡습능력이 중요하며, 외부 환경의 습도에 영향을 받지 않는 것이 좋다.

070 모발의 생장주기에서 모발이 제거되는 휴지기의 기간은?

① 약 3년
② 약 6년
③ 약 3개월
④ 약 3주

모발의 생장주기는 크게 성장기, 퇴행기, 휴지기로 나뉜다. 휴지기는 모발이 더 이상 자라지 않고 유지되다가 빠져나가는 단계로, 일반적으로 약 3개월 정도 지속된다.

071 피부의 멜라닌 색소의 형성에 가장 밀접한 작용을 나타내는 효소는?

① 프로테아제
② 콜라게나아제
③ 리파제
④ 티로시나아제

티로시나아제는 멜라닌 합성 과정에서 중요한 역할을 하는 효소로, 멜라닌 색소의 생성에 직접적으로 관여한다. 티로신이라는 아미노산을 산화시켜 멜라닌 색소 형성을 촉진한다.

072 피부의 표피에서 면역학적 기능을 하는 세포로 알맞게 짝지어진 것은?

① 각질형성 세포 : 표피 세포의 약 13%를 차지하며, 멜라닌을 생성해 내어 염증반응 및 면역반응을 매개한다.
② 멜라닌 세포 : 표피 세포의 약 80%를 차지하며, 표피의 최외각에 케라틴이라는 물질을 형성해 면역반응을 일으킨다.
③ 머켈 세포 : 표피에서 촉감을 감지해 다양한 면역 학적 반응을 조절하며 림프절, 흉선에서 발견된다.
④ 랑게르한스 세포 : 표피 세포의 약 2~8%를 차지하며, 골수에서 유래하는 세포로 항원을 탐지해 세포성 면역을 유발하게 한다.

랑게르한스 세포는 표피에 존재하는 면역세포로, 골수에서 유래하며 항원을 탐지해 면역 반응을 유도한다. 이 세포는 표피에서 세포성 면역을 담당하고, 염증반응에도 관여한다.

073 다음 중 입모근과 가장 관련 있는 것은?

① 수분 조절
② 체온 조절
③ 피지 조절
④ 호르몬 조절

주변 온도에 맞게 입모근을 조절해 열발산량과 땀의 배출을 조절하므로 체온 조절과 관련이 가장 깊다.

---

14 | 화장품

합격 강의

화장품의 4가지 요건
안정성, 사용성, 안전성, 유효성

기능성 화장품의 특징
• 기능성 화장품은 피부에 좋은 영향을 주기 위해 개발된 제품이다.
• 미백, 주름, 자외선 등의 피부의 문제를 해결하거나 개선하는 데 초점을 맞춘다.

기능성 화장품의 종류
• 미백 화장품
 – 피부 톤을 밝게 하고, 색소 침착을 개선하는 데 도움을 주는 화장품이다.
 – 나이아신아마이드, 비타민 C 등을 주성분으로 한다.
• 주름 개선 화장품
 – 피부의 탄력을 강화하고, 노화로 인한 주름을 완화하는 데 도움을 주는 화장품이다.
 – 레티놀, 펩타이드 등을 주성분으로 한다.
• 자외선 차단 화장품
 – 자외선(UV)을 차단해 피부를 보호하고, 피부 노화를 예방하는 데 도움을 주는 화장품이다.
 – SPF(Sun Protection Factor)와 PA(Protection Grade of UVA)가 표시된다.
• 피부 탄력 개선 화장품
 – 피부의 탄력을 강화하고, 피부가 처지는 것을 방지하는 제품이다.
 – 콜라겐과 엘라스틴을 주성분으로 한다.

화장품의 제조
• 수성 원료(Water-based Ingredients)
 – 수성 원료는 물이나 수용성 성분을 기반으로 한 원료이다.
 – 피부에 수분을 공급하고, 피부의 pH를 조절하며, 제품의 농도를 조절하는 데 사용된다.
 – 수성 원료는 피부에 빠르게 흡수되며, 가벼운 사용감을 제공한다.
• 유성 원료(Oil-based Ingredients)
 – 유성 원료는 기름이나 유지 성분을 기반으로 한 원료이다.
 – 피부에 영양을 공급하고, 수분 손실을 방지하는 역할을 한다.
 – 유성 원료는 화장품의 사용감을 부드럽고 고급스럽게 만드는 데 기여하며, 특히 건조한 피부에 효과적이다.

074 화장품은 인체를 청결 · 미화하는 효능이 있다. 이러한 효능과 가장 거리가 먼 것은?

① 피부를 유연하게 한다.
② 자외선으로부터 피부를 보호한다.
③ 피부 노폐물을 제거한다.
④ 여드름을 치료한다.

여드름 치료는 의약품의 효능에 해당하며, 화장품의 기능적 범주를 벗어난다. 여드름 치료는 의약품 또는 의약외품의 영역이다.

075 샴푸가 갖추어야 할 요건이 아닌 것은?

① 모발의 표면을 보호하고 정전기를 방지할 것
② 거품이 섬세하고 풍부해 지속성을 가질 것
③ 세발 중 마찰에 의한 모발의 손상이 없을 것
④ 두피, 모발 및 눈에 대한 자극이 없을 것

모발의 표면을 보호하고 정전기를 방지하는 것은 린스의 요건이다.

076 메이크업 화장품에서 색상의 커버력을 조절하기 위해 주로 배합하는 것은?

① 체질 안료
② 펄 안료
③ 백색 안료
④ 착색 안료

백색 안료는 메이크업 화장품에서 색의 농도와 커버력을 조절하는 데 중요한 역할을 한다. 이를 통해 화장품이 피부의 결점을 더 잘 가리거나, 색상의 강도를 조절할 수 있다.

오답 피하기
① 체질 안료는 색을 내지 않고 질감이나 투명도를 조절하는 역할을 주로 한다.
② 펄 안료는 광택을 부여하는 용도로 사용되며, 커버력보다는 반짝임과 빛 반사 효과를 준다.
③ 착색 안료는 색을 내는 목적으로 사용되지만, 커버력 조절의 주된 용도로 사용되지는 않는다.

077 화장품 제조업자의 의무로 옳은 것은?

① 특정 화장품 성분에 대한 과민반응이 있는 고객은 예외적으로 생각한다.
② 고객이 불만을 제기할 경우 1차적으로 제품의 품질과 안전성을 책임진다.
③ 화장품에 관련된 법률과 규정을 실행하는 경우 올바른 해석은 고객에게 맡긴다.
④ 화장품 라벨에는 고객의 편의를 위해 최소한의 사항만 기재한다.

화장품 제조업자는 제품의 품질과 안전성에 대한 책임을 가지고 있으며, 고객이 불만을 제기할 경우 이에 대해 1차적으로 대응하고 책임을 져야 한다.

오답 피하기
① 제조업자는 자사의 제품으로 인해 발생할 수 있는 사고로부터 소비자를 안전하게 보호해야 한다.
③ 법률과 규정의 해석을 고객에게 맡기는 것은 제조업자의 책임을 회피하는 것이므로 옳지 못하다.
④ 제조업자는 법률과 규정에 맞게 제품을 제조하고, 화장품 라벨에 그 성분을 명확하게 표기해야 한다.

078 오일과 물처럼 서로 다른 두 개의 액체를 미세하게 분산시켜 놓은 상태는?

① 레이크
② 에멀전
③ 파우더
④ 아로마

에멀전(Emulsion)은 물과 기름같이 서로 섞이지 않는 두 액체를 미세하게 분산시켜 놓은 혼합물이다. 화장품에서 주로 크림이나 로션과 같은 형태로 사용되며, 안정성을 위해 유화제가 필요하다.

079 크림의 유화형태에 대한 설명으로 틀린 것은?

① W/O형 : 수분 손실이 많아 지속성이 낮다.
② O/W형 : 물에 기름이 분산된 형태이다.
③ O/W형 : 사용감이 산뜻하고 퍼짐성이 좋다.
④ W/O형 : 기름에 물이 분산된 형태이다.

W/O형(Water-in-Oil)은 물이 기름 속에 분산된 형태로, 기름이 외부에 위치해 수분 손실을 줄이고 보습 효과가 높으며, 지속성이 좋다.

080 화장품 전성분 표기에 관한 설명이 <u>아닌</u> 것은?

① 화장품에 들어간 모든 함량을 표시하는 것이다.

② 50mL 이상의 제품에만 전성분을 의무적으로 표기한다.

③ 1% 이하로 사용된 성분은 순서에 상관없이 기재된다.

④ 성분은 함량이 많은 순서로 기재된다.

화장품의 용량에 상관없이 모든 화장품에 대해 전성분 표기가 의무적이다.

081 계면활성제의 설명으로 <u>틀린</u> 것은?

① 계면에 흡착해 계면장력을 저하시킨다.

② 친수성기는 이온성과 비이온성으로 크게 구별된다.

③ 용도에 따라 유화제, 가용화제, 습윤제, 세정제라고 불린다.

④ 소수기는 물에 대해 친화성을 나타낸다.

물에 친화성을 나타내는 부분을 친수기라고 한다.

082 사용대상과 목적을 짝지은 것 중 <u>틀린</u> 것은?

① 기능성화장품 – 정상인, 청결과 미화

② 의약외품 – 환자, 청결과 미화

③ 화장품 – 정상인, 청결과 미화

④ 의약품 – 환자, 질병의 치료

의약외품은 주로 일반인을 대상으로, 예방 및 위생을 목적으로 하며, 미화보다는 위생이나 살균 등 특정 효과를 기대할 수 있는 제품이다. 환자나 미화 목적으로 사용되는 것이 아니다.

083 피지분비의 과잉을 억제하고 피부를 수축시켜 주는 것은?

① 영양 화장수　　② 수렴 화장수

③ 소염 화장수　　④ 유연 화장수

수렴 화장수는 피부를 수축시키고 피지 분비를 억제하는 기능이 있어 모공을 좁히고 피부를 매끄럽게 해 준다.

> **오답 피하기**
> ① 영양 화장수는 피부에 필요한 영양 성분을 공급한다.
> ③ 소염 화장수는 피부의 염증을 완화하는 효과가 있으며, 진정 작용을 한다.
> ④ 유연 화장수는 피부를 부드럽고 유연하게 한다.

084 화장이나 향에 의해 자신감, 일의 능률을 향상시키는 효과 등을 연구하는 유용성 분야는?

① 물리학적 유용성

② 심리학적 유용성

③ 화학적 유용성

④ 생리학적 유용성

심리학적 유용성은 화장이나 향수를 통해 자아 존중감이나 자신감을 높이고, 이를 통해 일의 능률을 향상하는 등 정서적·심리적 영향을 연구하는 분야이다.

> **오답 피하기**
> ① 물리학적 유용성은 제품의 물리적 특성, 사용감 등에 관련된 유용성을 다루는 분야이다.
> ③ 화학적 유용성은 화장품의 성분 조성이나 화학적 반응에 대한 유용성을 다루는 분야이다.
> ④ 생리학적 유용성은 피부나 신체에 미치는 생리적 영향을 다루는 분야이다.

085 화장수에 가장 널리 배합되는 알코올 성분은?

① 프로판올　　② 부탄올

③ 에탄올　　　④ 메탄올

에탄올은 화장수에 자주 사용되는 알코올 성분으로, 살균 및 소독 효과가 있으며, 빠르게 증발해 청량감을 주고 피부의 유분을 조절하는 효과가 있다.

> **오답 피하기**
> 프로판올(①)과 부탄올(②)은 화장품에서 자주 사용되지 않으며, 메탄올(④)은 독성이 있어 피부에 사용하기 적합하지 않다.

086 여드름을 유발하지 <u>않는</u> 화장품 성분은?

① 라우린산　　② 올리브 오일

③ 올레인산　　④ 소르비톨

소르비톨은 보습제로 사용되는 성분으로 여드름 유발과 관련이 적다.

> **오답 피하기**
> 라우린산(①), 올리브 오일(②), 올레인산(③)은 상대적으로 모공을 막아 여드름을 유발할 가능성이 있는 성분으로 알려져 있다.

087 일반적으로 여드름의 발생 가능성이 가장 적은 것은?

① 코코넛 오일　　② 호호바 오일

③ 라놀린　　　　④ 미네랄 오일

호호바 오일은 피부에 잘 흡수되며, 여드름을 유발하는 피지 분비를 조절하는 데 도움을 줄 수 있다. 또한, 비타민 E와 항염 성분이 있어 피부 자극을 줄이는 특징이 있다. 따라서 여드름 피부에도 비교적 안전하게 사용할 수 있다.

088 계면활성제 중에서 정전기 방지제, 헤어트리트
먼트에 사용되는 것은?

① 비이온성 계면활성제
② 양쪽성 계면활성제
③ 양이온성 계면활성제
④ 음이온성 계면활성제

양이온성 계면활성제는 모발에 부드럽게 붙어 정전기를 방지하고, 모발을
매끄럽게 하는 특성이 있어 헤어트리트먼트 및 컨디셔너에 많이 사용된다.

오답 피하기

① 비이온성 계면활성제는 주로 세정력이 강하지 않은 부드러운 클렌징 제
품에 사용된다.
② 양쪽성 계면활성제는 피부와 모발에 자극이 적어 유아용 샴푸 등에 사
용된다.
④ 음이온성 계면활성제는 세정력이 강해 샴푸나 세정제에 사용된다.

---

15 | 환경위생

합격 강의

대기 환경의 주요 지표
• 기후의 3요소 : 기온, 기습, 기류
• 4대 온열요소 : 기온, 기습, 기류, 복사열
• 불쾌지수 산출 시 고려사항 : 기온, 기습
• 쾌적한 실내환경의 조건 : 18±2℃(적정온도), 40~70%(적
  정습도)

수질 환경의 주요 지표
• pH(수소이온농도 지수) : 물의 산도를 나타내며, pH가 너무
  낮거나 높으면 수서 생물에게 해로울 수 있다.
• DO(용존산소) : 물속에 녹아 있는 산소로, 수서 생물의 생명
  유지에 필수적이다. 용존산소 농도가 낮으면 수서 생물들이
  살 수 없다.
• BOD(생물화학적 산소요구량) : 물속에 있는 유기물질이 분
  해될 때 소모되는 산소의 양을 나타내며, 수질 오염의 정도
  를 나타내는 지표로 사용된다.
• COD(화학적 산소요구량) : 물속의 화학 물질이 산화될 때
  필요한 산소의 양을 나타내며, 유기물질이 얼마나 많은지
  평가할 수 있다.
• TSS(총 고형물) : 물에 떠 있는 고형물의 양을 측정한 값으
  로, 물의 맑음 정도와 관련이 있다.
• TN(총 질소량)과 TP(총 인량) : 물속에 포함된 질소와 인의
  총량을 측정해 부영양화의 정도를 파악하는 지표이다.

---

089 대기 중의 고도가 상승함에 따라 기온도 상승
해 상부의 기온이 하부보다 높게 되는 현상을
무엇이라 하는가?

① 열섬 현상
② 기온 역전
③ 지구 온난화
④ 오존층 파괴

기온 역전(Temperature Inversion)은 일반적으로 고도가 높아질수록 기
온이 낮아지는 현상과 반대로, 고도가 높아질수록 기온이 높아지는 현상을
말한다. 이 현상은 대기의 안정성을 높여 오염물질이 지상에 축적되는 원
인이 되기도 한다.

오답 피하기

① 열섬 현상은 도심의 기온이 주변 지역보다 높아 등온선도에서 해당 지
  역이 마치 섬의 등고선(等高線)처럼 보이는 현상이다.
③ 지구 온난화는 지구 평균 기온이 상승하는 장기적인 현상이다.
④ 오존층 파괴는 대기오염물질로 인해 오존층이 얇아지거나 찢어지는 환
  경 문제이다.

---

090 태양광선의 특징에 대한 설명으로 옳은 것은?

① UVB는 UVA보다 파장이 길어 자동차 유
  리를 투과한다.
② 주로 적외선에 의해 피부암이 발생한다.
③ UVA는 피부에 홍반현상을 주로 유발한다.
④ 자외선은 피부 노화를 유발한다.

오답 피하기

① UVA는 UVB보다 파장이 길지만, UVB는 자동차 유리를 투과할 수 없
  다. (자동차) 유리는 대부분의 UVB를 차단하지만 UVA는 일부만 투과할
  수 있다.
② 피부암은 주로 자외선(UVA, UVB)에 의해 발생한다.
③ 홍반(피부가 붉어지는 현상)은 주로 UVB에 의해 유발된다.

합격 강의

보건 행정의 특성
- 공공성
- 교육성
- 과학성
- 사회성
- 봉사성
- 조장성
- 기술성

세계보건기구(WHO)
- 국제적으로 공공 보건을 증진하고 질병 예방 및 관리, 건강 개선을 위한 활동을 전개하는 유엔의 전문 기구이다.
- 1948년 4월 7일에 설립됐으며, 본부는 스위스 제네바에 있다.

보건행정 범위
- 보건관계기록의 보존
- 환경위생
- 감염병 관리
- 의료제공
- 모자보건
- 보건간호
- 보건교육

---

091 Winslow가 정의한 공중보건학의 학습내용에 포함되는 것으로만 구성된 것은?

① 환경위생 향상–개인위생 교육–질병 예방–생명 연장
② 환경위생 향상–전염병 치료–질병 치료–생명 연장
③ 환경위생 향상–개인위생 교육–질병 치료–생명 연장
④ 환경위생 향상–개인위생 교육–생명 연장–사후 처치

원슬로우의 공중보건학 정의는 공공의 건강을 유지하고 증진하기 위한 다양한 활동을 포함하는데, 환경위생 향상 · 개인위생 교육 · 질병 예방 · 생명 연장이 이에 해당한다.

---

092 인구의 사회증가를 나타낸 것은?

① 고정인구 – 전출인구
② 출생인구 – 사망인구
③ 전입인구 – 전출인구
④ 생산인구 – 소비인구

- 자연증가 = 출생인구 – 사망인구
- 사회증가 = 전입인구 – 전출인구

---

093 인구 구성 중 14세 이하가 65세 이상 인구의 2배 정도이며 출생률과 사망률이 모두 낮은 유형은?

① 피라미드형(Pyramid Form)
② 별형(Accessive Form)
③ 종형(Bell Form)
④ 항아리형(Pot Form)

종형(Bell Form)은 출생률과 사망률이 안정적으로 적당한 수준인 인구 구조로, 대체로 고도로 발달된 국가에서 나타난다.

---

094 보건지표와 그 설명의 연결이 <u>잘못된</u> 것은?

① 비례사망지수(PMI)는 총 사망자수에 대한 50세 이상의 사망자수를 백분율로 나타내는 것이다.
② 총재생산율은 15~49세까지의 여자 1명당 낳은 여아의 수이다.
③ 조사망률은 보통 사망률이라고도 하며 인구 1000명당 1년간의 발생 사망자수로 표시하는 것이다.
④ A–index가 1에 가까울수록 건강수준이 낮다는 것을 나타낸다.

A–index가 1에 가까울수록 건강수준이 높다는 것을 나타낸다.

합격 강의

법정감염병의 종류
- 법정감염병은 법률에 따라 감염병 예방과 관리가 필요하다고 지정된 질병으로, 감염병의 확산 방지와 공중보건을 위해 국가가 특별히 관리하는 대상이다.
- 우리나라에서는 「감염병의 예방 및 관리에 관한 법률」(감염병예방법)에 따라 감염병을 관리하며, 이를 제1급에서 제4급 감염병으로 분류해 효율적으로 대처하고 있다.

급별 법정감염병
- 제1급 감염병 : 생물테러 감염병이거나 치명률이 높고 집단 발생 우려가 커서 즉시 신고 및 격리가 필요한 감염병
- 에볼라바이러스병, 중증급성호흡기증후군(SARS), 메르스(MERS), 신종 인플루엔자, 코로나19, 탄저, 페스트 등
- 제2급 감염병 : 전파 가능성이 높아 방역 및 예방 조치가 필요한 감염병

- 결핵, 수두, 홍역, 콜레라, A형 간염, 백일해, 유행성이하선염(볼거리), 일본뇌염 등
- 제3급 감염병 : 국내에서 발생 가능성이 있어 지속적인 감시와 관리가 필요한 감염병
- 파상풍, B형 간염, 말라리아, 공수병, 한센병, 크로이츠펠트-야코프병, 브루셀라증 등
- 제4급 감염병 : 법정 감염병 중 제1~3급에 포함되지 않는 기타 신종 감염병 또는 인수공통감염병
- 성매개 감염병(매독, 클라미디아 감염증 등), 인플루엔자(유행 시 제외), 기타 병원성 미생물 관련 질환

095 무스카린(Muscarine)은 어느 식품의 독소인가?

① 모시조개 ② 독버섯
③ 감자 ④ 복어

오답 피하기
① 모시조개 – 베네루핀
③ 감자 – 솔라닌
④ 복어 – 테트로도톡신

권쌤의 노하우
무스카린은 주로 독버섯인 파란독버섯(Amanita Muscaria)과 같은 종에서 발견되는 독소입니다. 이 물질은 콜린작용제(Cholinergic)로, 신경계를 자극해 심박수 감소, 땀 분비량 증가, 근력 약화 등의 증상을 일으킬 수 있습니다.

096 후천적 면역의 특징으로 옳은 것은?

① 식세포들이 세균과 같은 이물질을 세포 내로 흡수해 소화효소를 통해 분해한다.
② 항원에 대한 2차 대처시간이 길다.
③ 특정 병원체에 노출된 후 그 병원체에만 선별적으로 방어기전이 작용한다.
④ 모든 이물질에 대해 저항하는 비특이적 면역이다.

후천적 면역(적응 면역)은 특정 항원에 노출된 후 그 항원에 대해 선별적으로 반응하는 면역 체계이다. 이를 통해 같은 병원체가 다시 침입했을 때 더 빠르고 강력하게 반응할 수 있는 특이적 면역 반응을 갖추게 된다.

097 바이러스가 일으키는 질병이 아닌 것은?

① 홍역 ② 일본뇌염
③ 장티푸스 ④ 광견병

장티푸스는 세균인 살모넬라균(Salmonella Typhi)에 의해 발생하는 감염병이다.

098 다음 중 투베르쿨린 반응이 양성인 경우는?

① 건강 보균자
② 나병 보균자
③ 결핵 감염자
④ AIDS 감염자

투베르쿨린 반응(Tuberculin Skin Test, TST)은 결핵 감염 여부를 확인하기 위해 사용된다.

권쌤의 노하우
투베르쿨린 검사는 결핵균(Mycobacterium Tuberculosis)에 대한 면역 반응을 측정하는 검사입니다. 피부에 결핵 항원을 주입한 후 부종과 경결(딱딱하게 부어오른 부분)의 크기를 확인하여 감염여부를 판단합니다.

099 우리나라에서 일반적으로 세균성 식중독이 가장 많이 발생할 수 있는 때는?

① 5~9월
② 9~11월
③ 1~3월
④ 계절과 관계없음

우리나라에서 세균성 식중독은 주로 더운 여름철인 5월부터 9월 사이에 많이 발생한다. 이 시기에는 기온이 높아 세균의 증식이 활발해지므로 식중독의 위험이 증가한다.

100 감염병의 예방 및 관리에 관한 법률상 즉시 신고해야 하는 감염병이 아닌 것은?

① 두창
② 디프테리아
③ 중증급성호흡기증후군(SARS)
④ 말라리아

제1급 감염병은 감염 가능성이 높고 국민 건강에 큰 영향을 미칠 수 있는 감염병이다. 말라리아는 제3급 감염병에 해당하며, 법적으로 7일 이내에 신고하면 된다. 말라리아는 즉각적인 전파가능성은 상대적으로 낮으나 지속적인 감시와 관리가 필요한 질병이다.

101 세균성 식중독의 특성이 <u>아닌</u> 것은?

① 감염병보다 잠복기가 길다.
② 다량의 균에 의해 발생한다.
③ 수인성 전파는 드물다.
④ 2차 감염률이 낮다.

세균성 식중독은 일반적으로 잠복기가 짧다(수 시간에서 하루 이내). 이는 식중독균이 음식물에서 이미 독소를 생성한 상태로 섭취되거나, 소화기관 내에서 빠르게 증식해 증상을 유발하기 때문이다. 반면, 일반적인 감염병은 병원체가 체내에서 증식하는 데 시간이 필요해 잠복기가 더 긴 경우가 많다.

---

18 | 소독

합격 강의

소독의 개요
• 개념 : 병원체를 제거하거나 비활성화하여 감염의 위험을 줄이는 과정이다.
• 목적
 − 병원체를 제거하여 감염병의 전파를 예방한다.
 − 공공보건을 유지하고 감염병의 확산을 방지한다.
 − 의료 및 보건 산업·식품 산업·가정생활 등 다양한 분야에서 사용되며, 특히 수술 도구·병원 환경·식품의 위생에 큰 역할을 한다.

소독의 절차와 방법
• 소독의 절차
 − 청소 : 소독 전에 표면의 먼지와 오염물을 제거한다.
 − 소독 : 청소 후 소독제를 사용하여 병원체를 제거한다.
 − 건조 : 소독 후 물기를 제거하여 병원체의 생존 가능성을 낮춘다.
• 소독의 방법
 − 화학적 소독 : 알코올, 염소 계열, 과산화수소, 요오드 등의 화학물질을 사용하여 병원체를 제거한다.
 − 물리적 소독 : 열(자비, 증기), UV(자외선) 등을 이용하여 병원체를 비활성화한다.

소독과 살균의 차이
• 소독 : 병원체의 수를 줄인다.
• 살균 : 모든 병원체를 완전히 제거한다.

---

102 분뇨의 위생적 처리로 감소시킬 수 있는 질병은?

① 발진티푸스
② 뇌염
③ 발진열
④ 장티푸스

장티푸스는 살모넬라균(Salmonella Typhi)에 의해 발생하는 수인성 및 분변성 전염병이다. 오염된 물, 음식, 또는 분뇨에 의해 전파된다. 분뇨의 위생적 처리는 장티푸스와 같은 분변−경구 경로(Fecal−Oral Route)로 전파되는 감염병의 발생을 효과적으로 줄일 수 있다.

---

103 이·미용 작업 시 시술자의 손 소독 방법으로 가장 거리가 <u>먼</u> 것은?

① 락스액에 충분히 담갔다가 깨끗이 헹군다.
② 세척액을 넣은 미온수와 솔을 이용해 깨끗하게 닦는다.
③ 흐르는 물에 비누로 깨끗이 씻는다.
④ 시술 전 70% 농도의 알코올을 적신 솜으로 깨끗이 닦는다.

락스(차아염소산나트륨)는 소독제로 사용될 수 있으나, 피부에 자극적이며 손 소독 용도로는 적합하지 않다. 특히 반복 사용 시 피부 손상을 일으킬 수 있다.

---

104 가위를 끓이거나 증기소독한 후 처리방법으로 적합하지 <u>않은</u> 것은?

① 소독 후 수분을 잘 닦아낸다.
② 자외선 소독기에 넣어 보관한다.
③ 소독 후 탄산나트륨을 발라 둔다.
④ 수분 제거 후 얇게 기름칠을 한다.

탄산나트륨(NaCO₃)은 세척제나 물때 제거제로 사용할 수 있지만, 금속 가위에 바르면 부식이나 손상을 초래할 수 있어 소독 후 가위를 보관하는 데 적합하지 않다.

105 이 · 미용실 기구에 대한 소독법이 틀린 것은?

① 가위 : 고압 증기 멸균기를 사용할 때는 소독포에 싸서 소독한다.

② 헤어클리퍼 : 잔머리카락은 브러시나 헝겊으로 닦아내고 70% 알코올 솜으로 소독한다.

③ 면도날 : 염소계 소독제를 사용해 소독한다.

④ 빗 : 세척 후 자외선 소독기를 사용한다.

염소계 소독제(예 락스)를 사용하는 것은 금속을 부식시킬 위험이 있어 부적절하며, 면도날은 일회용으로 사용하는 것이 원칙이다.

106 다음 중 혐기성 세균에 가장 효과가 큰 소독제는?

① 알코올

② 과산화수소

③ 염소

④ 머큐로크롬

과산화수소(H_2O_2)는 산소를 방출하는 산화제이며, 혐기성 환경에서 생존하는 세균에 대해 특히 효과적이다. 과산화수소는 세포벽을 파괴하고 단백질을 변성시켜 미생물을 사멸시킨다.

권쌤의 노하우

혐기성 세균(Anaerobic Bacteria)은 산소가 없는 환경에서 잘 자라는 세균으로, 클로스트리듐(Clostridium)속 세균이 대표적입니다.

107 소독약의 검증 혹은 살균력의 비교에 가장 흔하게 이용되는 방법은?

① 석탄산계수 측정법

② 최소 발육저지농도 측정법

③ 시험관 희석법

④ 균수 측정법

석탄산계수(Phenol Coefficient) 측정법은 특정 소독제의 살균력을 기준 물질인 석탄산과 비교하는 방법이다. 이 방법은 일정한 농도의 소독제를 사용해 일정 시간 내에 특정 세균(예 Salmonella Typhi)을 죽이는 능력을 평가하는 방법이며, 소독제의 살균력 평가에서 오랫동안 표준 방법으로 사용돼 왔다.

108 석탄산계수가 2인 소독제 A를 석탄산계수 4인 소독제 B와 같은 효과를 내게 하려면 그 농도를 어떻게 조정하면 되는가? (단, A, B의 용도는 같음)

① A를 B보다 4배 짙게 조정한다.

② A를 B보다 50% 묽게 조정한다.

③ A를 B보다 2배 짙게 조정한다.

④ A를 B보다 25% 묽게 조정한다.

석탄산계수가 A가 2이고 B가 4인 경우, A의 농도를 B와 동일한 효과를 내기 위해서는 A를 B보다 2배 더 농축해야 한다. 따라서 A의 농도를 2배 짙게 조정하면 같은 효과를 낼 수 있다.

109 석탄산 90배 희석액과 어느 소독제 135배 희석액이 같은 살균력을 나타낸다면 이 소독제의 석탄산계수는?

① 2.0

② 1.5

③ 0.5

④ 1.0

석탄산계수를 구하려면 석탄산과 소독제의 희석 배수를 비교해야 한다. 석탄산계수는 두 희석 배수의 비율로 계산할 수 있다.

$$석탄산계수 = \frac{소독제의 \ 희석 \ 배수}{석탄산의 \ 희석 \ 배수}$$

문제의 석탄산의 희석 배수는 90배이고, 소독제의 희석 배수는 135배이므로,
∴ 석탄산계수 = 135 / 90 = 1.5

110 할로겐계에 속하지 <u>않는</u> 소독제는?

① 표백분

② 염소 유기화합물

③ 석탄산

④ 차아염소산 나트륨

석탄산은 페놀계 소독제로 할로겐계에 속하지 않는다. 표백분, 염소 유기화합물, 차아염소산 나트륨은 모두 할로겐계 소독제에 해당한다.

권쌤의 노하우

할로겐은 '조염원소'라고도 하며, 염을 잘 생성하는 17족의 물질을 총칭합니다. 할로겐계 원소에는 플루오린(불소), 염소, 브로민(브롬 또는 취소), 아이오딘(요오드) 등이 있는데 이들은 대부분 소독제의 원료를 구성하는 물질입니다. 할로겐 원소는 칼코겐(산소족) 원소보다도 금속을 산화시키는 성질이 강하기 때문에 금속과 함께 다루는 것을 피하는 것이 좋아요.

111 고압증기멸균기의 소독대상물로 적합하지 않은 것은?

① 의류
② 분말 제품
③ 약액
④ 금속성 기구

고압증기멸균기(Autoclave)는 고온 고압의 증기를 이용해 살균하는 장비로, 분말 제품은 고온의 증기에 의해 분말이 뭉치거나 물리·화학적 변화가 일어날 수 있으므로 고압증기멸균에 적합하지 않다.

112 공중위생관리법상, 이·미용기구 소독 방법의 일반 기준에 해당하지 않는 것은?

① 방사선소독
③ 증기소독
③ 크레졸소독
④ 자외선소독

공중위생관리법상 미용기구의 소독 방법으로 일반적으로 인정되는 기준에는 방사선소독, 증기소독, 자외선소독 등이 포함된다. 크레졸소독은 일반적인 기준에 해당하지 않는다.

113 「성매매알선 등 행위의 처벌에 관한 법률」 등을 위반해 영업장 폐쇄명령을 받은 이·미용업 영업자가 같은 종류의 영업을 할 수 없는 기간으로 옳은 것은?

① 2년
② 3개월
③ 6개월
④ 1년

「성매매알선 등 행위의 처벌에 관한 법률」 등을 위반해 영업장 폐쇄명령을 받은 이·미용업 영업자는 관련 법령에 따라 같은 종류의 영업을 2년간 할 수 있다.

 권쌤의 노하우

참고로 같은 장소에서 영업할 수 없는 기간은 1년입니다. 법령을 급하게 보면 놓치는 부분이 꼭 있더라구요!

114 이·미용사가 되고자 하는 자는 누구의 면허를 받아야 하는가?

① 고용노동부장관
② 시·도지사
③ 시장·군수·구청장
④ 보건복지부장관

이용사 또는 미용사가 되고자 하는 자는 보건복지부령이 정하는 바에 의하여 시장·군수·구청장의 면허를 받아야 한다.

115 이·미용사가 면허정지 처분을 받고 정지 기간 중 업무를 한 경우 1차 위반 시 행정처분 기준은?

① 면허정지 3월
② 면허취소
③ 영업장 폐쇄
④ 면허정지 6월

이·미용사가 면허정지 처분을 받고도 정지 기간에 업무를 계속한 경우, 1차 위반 시에도 면허취소 처분이 내려진다.

116 건전한 영업질서를 위해 이·미용업영업자가 준수해야 할 사항을 준수하지 아니한 자에 대한 벌칙은?

① 3월 이하의 징역 또는 300만원 이하의 벌금

② 6월 이하의 징역 또는 500만원 이하의 벌금

③ 3월 이하의 징역 또는 500만원 이하의 벌금

④ 1년 이하의 징역 또는 1천만원 이하의 벌금

이·미용업 영업자가 건전한 영업질서를 위해 준수해야 할 사항을 위반한 경우에는 위와 같은 벌칙이 적용된다. 이는 법령에서 규정한 의무를 어김으로써 공중위생 및 건전한 영업 환경을 저해한 데 대한 처벌이다.

117 사회보장기본법상 국가와 지방자치단체의 책임하에 생활 유지능력이 없거나 생활이 어려운 국민의 최저생활을 보장하고 자립을 지원하는 제도는?

① 평생사회안전망

② 사회서비스

③ 공공부조

④ 사회보험

오답 피하기
① 평생사회안전망은 생애주기에 걸쳐 보편적으로 충족되어야 하는 기본 욕구와 특정한 사회위험에 의하여 발생하는 특수욕구를 동시에 고려하여 소득·서비스를 보장하는 맞춤형 사회보장제도를 말한다.
② 사회서비스는 개인 또는 사회전체의 복지증진 및 삶의 질 향상을 위해 사회적으로 제공되는 서비스를 말한다.
④ 사회보험은 국민에게 발생하는 사회적 위험을 보험방식에 의하여 대처함으로써 국민건강과 소득을 보장하는 제도를 말한다.

118 공중위생관리법상 이용업과 미용업은 다룰 수 있는 신체범위가 구분이 돼 있다. 다음 중 법령에서 미용업이 손질할 수 있는 손님의 신체 범위를 가장 잘 정의한 것은?

① 머리, 피부, 손톱, 발톱

② 얼굴, 손, 머리

③ 얼굴, 머리, 피부 및 손톱, 발톱

④ 손, 발, 얼굴, 머리

공중위생관리법에 따르면, 미용업이 손질할 수 있는 손님의 신체 범위는 '얼굴, 머리, 피부, 손톱 및 발톱'이다.

119 공중위생 영업소의 위생서비스 평가 계획을 수립하는 자는?

① 대통령

② 시·도지사

③ 행정안전부장관

④ 시장·군수·구청장

공중위생 영업소의 위생서비스 수준을 제고하고 공중위생을 강화하기 위해 위생서비스 평가 계획을 수립하는 권한은 시·도지사에게 있다. 이는 지방자치단체 차원에서 지역 상황에 옳은 위생 관리와 평가를 추진하기 위함이다.

120 이·미용업을 하는 자가 지켜야 하는 사항으로 옳은 것은?

① 이·미용사 면허증을 영업소 안에 게시해야 한다.

② 부작용이 없는 의약품을 사용해 순수한 화장과 피부미용을 해야 한다.

③ 이·미용기구는 소독해야 하며 소독하지 않은 기구와 함께 보관하는 때에는 반드시 소독한 기구라고 표시해야 한다.

④ 1회용 면도날은 사용 후 정해진 소독기준과 방법에 따라 소독해 재사용해야 한다.

오답 피하기
② 의약품은 사용이 금지돼 있다.
③ 소독한 기구와 소독하지 않은 기구는 함께 보관하지 말아야 한다.
④ 1회용 면도날은 재사용 금지 대상이다. 사용 후 바로 폐기해야 한다.

MEMO

PART

03

공개 기출문제

01 다음 중 제2급 감염병이 <u>아닌</u> 것은?

① 홍역
② 성홍열
③ 폴리오
④ 디프테리아

디프테리아는 1급 감염병으로 분류돼 있다.

02 다음 5대 영양소 중 신체의 생리기능 조절에 주로 작용하는 것은?

① 단백질, 지방
② 비타민, 무기질
③ 지방, 비타민
④ 탄수화물, 무기질

비타민과 무기질은 신체의 생리적 기능 조절에 중요한 역할을 해 '조절소'로 분류한다.

03 다음 중 감염병이 <u>아닌</u> 것은?

① 폴리오   ② 풍진
③ 성병   ④ 당뇨병

당뇨병은 비감염성(내분비계, 생활습관) 질환이다.

04 다음 중 실내공기 오염의 지표로 널리 사용되는 것은?

① CO_2 ② CO
③ Ne ④ NO

이산화탄소(CO_2) 농도는 실내공기 오염의 지표로 널리 사용된다.

> **오답 피하기**
> ② · ④ CO(일산화탄소)와 NO(산화질소)는 외기의 오염도를 측정할 때 기준으로 삼는 기체이다.
> ③ Ne(네온)은 비활성 기체의 하나로 네온등에 사용된다.

05 보건행정의 특성과 거리가 <u>먼</u> 것은?

① 공공성과 사회성
② 과학성과 기술성
③ 조장성과 교육
④ 독립성과 독창성

보건행정은 일반적으로 과학성과 기술성, 조장성과 교육성, 공공성과 사회성을 강조한다. 그러나 독립성과 독창성은 보건행정의 주된 특성과 거리가 먼 개념이다. 보건행정은 대개 공공의 이익을 위한 협력과 조화를 중시한다.

06 출생 시 모체로부터 받는 면역은?

① 인공능동면역
② 인공수동면역
③ 자연능동면역
④ 자연수동면역

자연수동면역은 모체에서 태아로 '수직' 전달되는 면역이다.

07 오늘날 인류의 생존을 위협하는 대표적인 3요소는?

① 인구 – 환경오염 – 교통문제
② 인구 – 환경오염 – 인간관계
③ 인구 – 환경오염 – 빈곤
④ 인구 – 환경오염 – 전쟁

인구 증가, 환경오염, 빈곤은 현대 사회에서 인류의 생존을 위협하는 주요 요소로 간주된다.

정답   01 ④   02 ②   03 ④   04 ①   05 ④   06 ④   07 ③

08 다음 중 이학적(물리적) 소독법에 속하는 것은?

① 크레졸 소독
② 생석회 소독
③ 열탕 소독
④ 포르말린 소독

열탕 소독은 물리적 소독법의 한 종류이다. 나머지는 화학적 소독법이다.

권쌤의 노하우

물리적 소독법과 화학적 소독법이 헷갈리면 이렇게 외우세요. 빛과 열을 이용하는 것은 물리적 소독법, 화학물질을 이용하는 것은 화학적 소독법. 이렇게요.

09 다음 중 살균효과가 가장 높은 소독 방법은?

① 염소소독
② 일광소독
③ 저온소독
④ 고압증기멸균

고압증기멸균은 물리·화학적 소독법을 통틀어 소독력이 가장 높다.

10 이·미용 작업 시 시술자의 손 소독 방법으로 가장 거리가 먼 것은?

① 흐르는 물에 비누로 깨끗이 씻는다.
② 락스액에 충분히 담갔다가 깨끗이 헹군다.
③ 시술 전 70% 농도의 알코올을 적신 솜으로 깨끗이 씻는다.
④ 세척액을 넣은 미온수와 솔을 이용해 깨끗하게 닦는다.

락스액은 소독용으로 사용되지만, 피부에 자극을 줄 수 있어 손 소독에는 적합하지 않다.

11 소독용 과산화수소(H_2O_2) 수용액의 적당한 농도는?

① 2.5~3.5%
② 3.5~5.0%
③ 5.0~6.0%
④ 6.5~7.5%

소독용 과산화수소는 2.5%에서 3.5% 농도로 묽혀 사용하는데 보통 3% 농도가 많이 사용된다.

12 세균의 단백질 변성과 응고 작용에 의한 기전을 이용해 살균하고자 할 때 주로 이용하는 방법은?

① 가열
② 희석
③ 냉각
④ 여과

가열은 세균의 단백질을 변성시키고 응고시켜 살균하는 효과가 있다.

13 이·미용실의 기구(가위, 레이저) 소독으로 가장 적합한 소독제는?

① 70~80% 알코올 수용액
② 100~200배 희석 역성비누액
③ 5% 크레졸 비누액
④ 50% 페놀액

오답 피하기

② 역성비누는 피부 소독에 가장 적합하다.
③ 크레졸은 일부는 금속과 접촉 시 가연성 기체인 수소를 생성할 수 있어서 위험하다.
④ 페놀액은 부식성이 있어서 금속 소독에 부적합하다.

14 살균작용의 기전 중 산화에 의하지 <u>않는</u> 소독제는?

① 오존
② 알코올
③ 과망간산칼륨
④ 과산화수소

알코올은 주로 단백질 변성작용으로써 미생물을 죽인다.

15 흡연이 인체에 미치는 영향에 대한 설명으로 적절하지 <u>않은</u> 것은?

① 간접흡연은 인체에 해롭지 않다.
② 흡연은 암을 유발할 수 있다.
③ 흡연은 피부의 표피를 얇아지게 해서 피부의 잔주름 생성을 촉진한다.
④ 흡연은 비타민 C를 파괴한다.

직접흡연이나 간접흡연 모두 인체에 해롭다.

16 피부 관리가 가능한 여드름의 단계로 가장 적절한 것은?

① 결절
② 구진
③ 흰 면포
④ 농포

흰 면포는 피부 관리가 가능하다. 한편, 구진이나 농포는 염증이 있는 상태라 관리를 하면 덧날 수 있다.

17 다음 중 체모의 색상을 좌우하는 멜라닌이 가장 많이 함유돼 있는 곳은?

① 모표피
② 모피질
③ 모수질
④ 모유두

모피질은 모발의 색상을 결정하는 멜라닌이 가장 많이 포함돼 있다.

18 다음에서 설명하는 피부병변은?

> • 신진대사가 저하되어 발생하며, 주로 중년 여성 피부의 유핵층에 자리한다.
> • 안면부에 있는 피지선과 땀구멍에 주로 발생하며 모래알 크기의 각질세포로서 특히 눈 아랫부분에 생긴다.

① 매상 혈관종
② 비립종
③ 섬망성 혈관종
④ 섬유종

지문에서 설명하는 것은 비립종이다. 비립종은 저절로 사라질 수 있으나 압출하여 제거할 수도 있다.

19 피부 상피세포의 성장과 유지 및 점막 손상 방지에 필수적인 비타민은?

① 비타민 A
② 비타민 B
③ 비타민 E
④ 비타민 K

오답 피하기
② 비타민 B군은 세포의 물질 대사를 돕는 조효소의 역할을 한다.
③ 비타민 E는 세포 손상 예방과 면역력 강화, 피부 건강 유지에 중요한 기능을 한다.
④ 비타민 K는 혈액 응고인자 생성에 관여한다.

20 다한증과 관련한 설명으로 가장 거리가 <u>먼</u> 것은?

① 더위에 견디기 어렵다.
② 땀이 지나치게 많이 분비된다.
③ 스트레스가 악화요인이 될 수 있다.
④ 손바닥의 다한증은 악수 등의 일상생활에서 불편함을 초래한다.

다한증은 땀이 과도하게 분비되는 질환으로, 더위에 대한 견디는 것과 직접적인 관련이 없다.

정답 14 ② 15 ① 16 ③ 17 ② 18 ② 19 ① 20 ①

21 인체에서 피지선이 존재하지 <u>않는</u> 곳은?

① 이마
② 코
③ 귀
④ 손바닥

....

손 · 발바닥에는 피지선이 없다.

22 이 · 미용업 영업자가 시설 및 설비기준을 위반한 경우 1차 위반에 대한 행정처분 기준은?

① 경고
② 개선명령
③ 영업정지 5일
④ 영업정지 10일

....

이 · 미용업 영업자가 시설 및 설비기준을 위반한 경우 1차 위반 시 개선 명령이 내려진다.

23 공중위생감시원의 업무에 해당하지 <u>않는</u> 것은?

① 공중위생영업 신고 시 시설 및 설비의 확인에 관한 사항
② 공중위생영업자 준수사항 이행 여부의 확인에 관한 사항
③ 위생지도 및 개선명령 이행 여부의 확인에 관한 사항
④ 납세 및 체납 여부의 확인에 관한 사항

....

세금납부와 관련된 사항은 공중위생감시원의 업무가 아니다. 시 · 군 · 구청의 세무행정 전담 부서에서 하는 일이다.

24 법에 따라 이 · 미용업 영업소 안에 게시해야 하는 게시물에 해당하지 <u>않는</u> 것은?

① 이 · 미용업 신고증
② 개설자의 면허증 원본
③ 최종 지불 요금표
④ 이 · 미용사 국가기술자격증

....

영업소에 자격증은 게시하지 않아도 된다.

25 과태료 처분에 불복이 있는 자는 그 처분의 고지를 받은 날부터 며칠 이내에 처분권자에게 이의를 제기할 수 있는가?

① 7일 이내
② 10일 이내
③ 15일 이내
④ 30일 이내

....

과태료 처분에 대한 이의제기는 30일 이내에 할 수 있다.
※ 출제 당시 법령에는 30일 이내로 명시돼 있었으나 법령이 개정되면서 삭제됐다. 다만 보건복지부에 문의해 본 결과, 30일 이내로 이의제기할 수 있다고 한다.

26 이 · 미용업 위생교육에 관한 내용으로 옳은 것은?

① 위생교육 대상자는 이 · 미용업 영업자이다.
② 이 · 미용사의 면허를 받은 사람은 모두 위생교육을 받아야한다.
③ 위생교육은 시 · 군 · 구청장이 실시한다.
④ 위생교육 시간은 매년 4시간으로 한다.

오답 피하기

② 이 · 미용사의 면허를 받은 사람이라도 영업을 하지 않으면 받지 않아도 된다.
③ 위생교육은 보건복지부장관이 허가한 단체가 실시한다.
④ 위생교육 시간은 매년 3시간으로 한다.

27 이 · 미용사의 면허를 받을 수 <u>없는</u> 자는?

① 전문대학에서 이용 또는 미용에 관한 학과를 졸업한 자
② 교육부장관이 인정하는 이 · 미용 고등학교에서 이용 또는 미용에 관한 학과를 졸업한 자
③ 교육부장관이 인정하는 고등기술학교에서 6개월 과정의 이용 또는 미용에 관한 소정의 과정을 이수한 자
④ 국가기술자격법에 의한 이 · 미용사의 자격을 취득한 자

교육부장관이 인정하는 고등기술학교에서 1년 과정의 이 · 미용에 관한 소정의 과정을 이수하여야 면허를 받을 수 있다.

28 영업정지처분을 받고 그 영업정지기간 중 영업을 한때, 1차 위반 시 행정처분기준은?

① 경고 또는 개선명령
② 영업정지 1월
③ 영업장 폐쇄명령
④ 영업정지 2월

영업정지 기간 중 영업을 한 경우에는 1차 위반 시에도 영업정지 처분을 받을 수 있다.

29 다음 중 립스틱의 성분으로 가장 거리가 <u>먼</u> 것은?

① 색소
② 라놀린
③ 알란토인
④ 알코올

립스틱의 주요 성분에 색소 · 라놀린 · 알란토인이 포함되지만, 알코올은 아니다.

30 화장품 제조와 판매 시 품질의 특성으로 <u>틀린</u> 것은?

① 효과성
② 유효성
③ 안정성
④ 안정성

효과성보다는 사용성이 적절하다. 사용성은 피부에 사용감이 좋아야 함을 의미한다.

31 다음에서 설명하는 것은?

- 비타민 A 유도체로 콜라겐 생성을 촉진한다.
- 케라티노사이트의 증식을 촉진한다.
- 표피의 두께를 증가시키는 기능이 있다.
- 하이알루론산의 생성을 촉진해 피부 주름을 개선시키고 탄력을 증대시킨다.

① 코엔자임Q10
② 레티놀
③ 알부틴
④ 세라마이드

레티놀은 비타민 A의 유도체로, 콜라겐 생성을 촉진하고 피부의 탄력을 개선하는 데 도움을 준다.

32 화장품의 사용 목적과 가장 거리가 <u>먼</u> 것은?

① 인체를 청결, 미화하기 위해 사용한다.
② 용모를 변화시키기 위해 사용한다.
③ 피부, 모발의 건강을 유지하기 위해 사용한다.
④ 인체에 대한 약리적인 효과를 주기 위해 사용한다.

화장품의 사용목적은 주로 미용 및 피부 관리이다. 약리적 효과는 의약품의 목적이다.

정답 27 ③ 28 ③ 29 ④ 30 ① 31 ② 32 ④

33 향수의 구비 요건으로 가장 거리가 먼 것은?

① 향에 특징이 있어야 한다.
② 향은 적당히 강하고 지속성이 좋아야 한다.
③ 향은 확산성이 낮아야 한다.
④ 시대성에 부합되는 향이어야 한다.

향수는 그 향이 적정수준으로 고르게 확산되어야 한다.

34 계면활성제에 대한 설명으로 옳은 것은?

① 계면활성제는 일반적으로 둥근 모양의 소수성기와 막대 모양의 친수성기를 가진다.
② 계면활성제의 피부에 대한 자극은 양쪽성 > 양이온성 > 음이온성 > 비이온성의 순으로 감소한다.
③ 비이온성 계면활성제는 피부에 대한 안전성이 높고 유화력이 우수해 에멀전의 유화제로 사용된다.
④ 양이온성 계면활성제는 세정작용이 우수해 비누, 샴푸 등에 사용된다.

비이온성 계면활성제는 피부 자극이 적고 유화력이 뛰어나 에멀전에서 자주 사용된다.

35 자외선 차단제의 올바른 사용법은?

① 자외선 차단제는 아침에 한 번만 바르는 것이 중요하다.
② 자외선 차단제는 도포 후 시간이 경과되면 덧바르는 것이 좋다.
③ 자외선 차단제는 피부에 자극이 되므로 되도록 사용하지 않는다.
④ 자외선 차단제는 자외선이 강한 여름에만 사용하면 된다.

자외선 차단제는 외출 전에 바르고, 일정 시간이 지나면 덧바르는 것이 중요하다.

36 마누스(Manus)와 큐라(Cura)라는 단어에서 유래된 용어는?

① 네일 팁(Nail Tip)
② 매니큐어(Manicure)
③ 페디큐어(Pedicure)
④ 아크릴(Arcylic)

매니큐어는 '손'을 뜻하는 '마누스'와 '치료'를 뜻하는 '큐라'에서 유래됐다.

37 나라와 네일미용 역사의 설명을 연결한 것으로 옳지 않은 것은?

① 그리스·로마 – 네일 관리를 의미하는 단어로 '마누스큐라'가 쓰였다.
② 미국 – 노크 행위는 예의에 어긋난 행동으로 여겨 손톱을 길게 길러 문을 긁도록 했다.
③ 인도 – 상류 여성들은 손톱의 뿌리 부분에 문신바늘로 색소를 주입해 상류층임을 과시했다.
④ 중국 – 특권층의 신분을 드러내기 위해 '홍화'의 재배가 유행했고, 손톱에도 바르며 이를 '조홍'이라 했다.

노크 대신에 손톱으로 문을 긁는 것은 프랑스에서 '유행'한 것이다.

38 네일미용 작업 시 실내 공기 환기 방법으로 <u>틀린</u> 것은?

① 작업장 내에 설치된 커튼은 장기적으로 관리한다.
② 자연환기와 신선한 공기의 유입을 고려해 창문을 설치한다.
③ 공기보다 무거운 성분이 있으므로 환기구를 아래쪽에도 설치한다.
④ 겨울과 여름에는 냉·난방을 고려해 공기 청정기를 준비한다.

커튼은 공기 환기와 직접적인 관련이 없으며, 환기를 위해서는 창문 및 환기구 설치가 중요하다.

🅵 권쌤의 노하우

①을 굳이 정답으로 만들자면 "작업장 내에 설치된 커튼은 '정'기적으로 관리한다."가 되겠습니다. 커튼의 먼지를 제때 털어 주지 않으면, 바람이 들어오거나, 사람이 움직이면서 이는 바람에 먼지가 날려 환기가 무용지물이 될 수도 있거든요.

39 손발톱의 조성 중 함유량이 가장 높은 성분은?

① 칼슘   ② 철분
③ 케라틴   ④ 콜라겐

손톱과 발톱은 주로 케라틴으로 구성돼 있다.

40 네일 기본 관리 작업과정으로 옳은 것은?

① 손 소독 → 프리에지 모양 만들기 → 네일 폴리시 제거 → 큐티클 정리하기 → 컬러 도포하기 → 마무리하기
② 손 소독 → 네일 폴리시 제거 → 프리에지 모양 만들기 → 큐티클 정리하기 → 컬러 도포하기 → 마무리하기
③ 손 소독 → 프리에지 모양 만들기 → 큐티클 정리하기 → 네일 폴리시 제거 → 컬러 도포하기 → 마무리하기
④ 프리에지 모양 만들기 → 네일 폴리시 제거 → 마무리하기 → 손 소독

올바른 순서는 손 소독 후 네일 폴리시를 제거하고, 프리에지 모양을 만들고, 큐티클을 정리한 후 컬러를 도포하고 마지막으로 마무리하는 것이다.

41 손의 근육과 가장 거리가 <u>먼</u> 것은?

① 벌림근(외전근)
② 모음근(내전근)
③ 맞섬근(대립근)
④ 엎침근(회내근)

모두 손과 관련된 근육은 맞으나 가장 거리가 먼 것은 엎침근(회내근)이다. 엎침근은 손바닥을 아래로 향하게 하는 역할을 하는 근육이며, 팔뚝 안쪽에 있다.

42 매니큐어 작업 시 알코올 소독 용기에 담가 소독하는 기구로 적절하지 <u>못한</u> 것은?

① 네일 파일
② 네일 클리퍼
③ 오렌지 우드스틱
④ 네일 더스트 브러시

네일파일은 알코올 소독 용기에 담가서 소독하지 않는다.

43 네일숍에서의 감염 예방 방법으로 가장 거리가 <u>먼</u> 것은?

① 작업 장소에서 음식을 먹을 때는 환기에 유의해야 한다.
② 네일 서비스를 할 때는 상처를 내지 않도록 항상 조심해야 한다.
③ 감기 등 감염 가능성이 있거나 감염이 된 상태에서는 시술하지 않는다.
④ 작업 전후에는 70% 알코올이나 소독용액으로 작업자와 고객의 손을 닦는다.

작업 장소에서 음식을 먹는 것은 감염 예방과 관련이 없으며, 오히려 위생에 좋지 않다.

정답 38 ① 39 ③ 40 ② 41 ④ 42 ① 43 ①

44 손 근육의 역할에 대한 설명으로 **틀린** 것은?

① 물건을 잡는 역할을 한다.
② 손으로 세밀하고 복잡한 작업을 한다.
③ 손가락을 벌리거나 모으는 역할을 한다.
④ 자세를 유지하기 위해 지지대 역할을 한다.

자세를 유지하기 위해 지지대 역할을 하는 것은 손에 있는 뼈의 역할이다.

45 잘못된 습관으로 손톱을 물어뜯어 손톱이 자라지 못하는 증상은?

① 교조증(Onychophagy)
② 조갑비대증(Onychauxis)
③ 조갑위축증(Onychatrophy)
④ 조내생증(Onyshocryptosis)

오답 피하기

② 조갑비대증(Onychauxis)은 손발톱이 과다하게 성장해 두꺼워지는 질병이다.
③ 조갑위축증(Onychatrophy)은 손톱색이 어두워지고 오그라든 후 떨어져 나가는 질병이다.
④ 조내생증(Onyshocryptosis)은 손발톱이 파고들며 자라는 질병이다.

46 건강한 손톱에 대한 조건으로 **틀린** 것은?

① 반투명하며 아치형을 이루고 있어야 한다.
② 반월(루눌라)이 크고 두께가 두꺼워야 한다.
③ 표면에 굴곡이 없고 매끈하며 윤기가 나야 한다.
④ 단단하고 탄력 있어야 하며 끝이 갈라지지 않아야 한다.

건강한 손톱의 반월은 크기와 두께가 적당해야 한다.

47 네일 기기 및 도구류의 위생관리로 **틀린** 것은?

① 타월은 1회 사용 후 세탁 · 소독 한다.
② 소독 및 세제용 화학제품은 서늘한 곳에 밀폐하여 보관한다.
③ 큐티클 니퍼 및 네일 푸셔는 자외선 소독기에 소독할 수 없다.
④ 모든 도구는 70% 알코올을 이용하며 20분 동안 담근 후 건조하여 사용한다.

큐티클 니퍼 및 네일 푸셔는 자외선 소독기로 소독할 수 있다.

48 네일숍 고객관리 방법으로 **틀린** 것은?

① 고객의 질문에 경청하며 성의 있게 대답한다.
② 고객의 잘못된 관리방법을 제품판매로 연결한다.
③ 고객의 대화를 바탕으로 고객 요구사항을 파악한다.
④ 고객의 직무와 취향 등을 파악해 관리방법을 제시한다.

고객의 잘못된 관리방법을 제품 판매로 연결하는 것은 바람직하지 않다.

49 손가락 뼈의 기능으로 **틀린** 것은?

① 지지기능
② 흡수기능
③ 보호작용
④ 운동기능

뼈는 흡수기능을 하지 않는다. 흡수기능을 하는 대표적인 기관으로는 피부가 있다.

50 네일서비스 고객관리카드에 기재하지 <u>않아도</u> 되는 것은?

① 예약 가능한 날짜와 시간
② 손톱의 상태와 선호하는 색상
③ 은행 계좌정보와 고객의 월수입
④ 고객의 기본적인 인적 사항

고객관리카드에는 고객의 개인 정보 중 시술에 필요한 정보만 기재한다.

51 큐티클 정리 시 유의사항으로 가장 적절한 것은?

① 큐티클 푸셔는 90°의 각도를 유지해 준다.
② 에포니키움의 밑부분까지 깨끗하게 정리한다.
③ 큐티클은 외관상 지저분한 부분을 정리한다.
④ 에포니키움과 큐티클 부분은 힘을 주어 밀어 준다.

큐티클은 지저분한 부분만 정리한다.

52 UV젤 스컬프처 보수 방법으로 가장 적합하지 <u>않은</u> 것은?

① UV젤과 자연네일의 경계 부분을 파일링한다.
② 투웨이 젤을 이용해 두께를 만들고 큐어링한다.
③ 파일링 시 너무 부드럽지 않은 파일을 사용한다.
④ 거친 네일 표면 위에 UV젤 톱 코트를 바른다.

투웨이 젤은 UV젤에서 사용하지 않는다. 투웨이 젤은 팁 연장 및 실크 연장에 사용된다.

53 네일 팁의 사용과 관련해 가장 적절한 것은?

① 팁 접착부분에 공기가 들어갈수록 손톱의 손상을 줄일 수 있다.
② 팁을 부착할 시 유지력을 높이기 위해 모든 네일에 하프웰팁을 적용 한다.
③ 팁을 부착할 시 네일팁이 자연손톱의 ½ 이상 덮어야 유지력을 높일 수 있다.
④ 팁을 선택할 때에는 자연손톱의 사이즈와 동일하거나 한 사이즈 큰 것을 선택한다.

오답 피하기
① 팁 접착부분에 공기가 들어가면 팁이 들뜰 수 있다.
② 손톱에 맞는 팁을 적용하는 것이 바람직하다.
③ 자연 손톱의 ⅓ 정도의 커버가 적당하다.

54 내추럴 프렌치 스컬프처의 설명으로 <u>틀린</u> 것은?

① 자연스러운 스마일 라인을 형성한다.
② 네일 프리에지가 내추럴 파우더로 조형된다.
③ 네일 바디 전체가 내추럴 파우더로 오버레이된다.
④ 네일 베드는 핑크 파우더 또는 클리어 파우더로 작업한다.

내추럴 프렌치 스컬프처 시 네일 바디 전체가 아닌 프리에지 부분에 내추럴 파우더가 사용된다.

55 손톱에 네일 폴리시가 착색됐을 때 착색을 제거하는 제품은?

① 네일 화이트너
② 네일 표백제
③ 네일 보강제
④ 폴리시 리무버

네일 표백제는 착색된 손톱의 색을 제거하는 데 사용된다.

정답 50 ③ 51 ③ 52 ② 53 ④ 54 ③ 55 ②

56 자외선램프에 조사돼야만 경화되는 네일 재료는?

① 아크릴릭 모노머
② 아크릴릭 폴리머
③ 아크릴릭 올리고머
④ UV젤

UV젤은 자외선 램프의 조사로만 경화된다.

57 새로 성장한 손톱과 아크릴 네일 사이의 공간을 보수하는 방법으로 옳은 것은?

① 들뜬 부분은 니퍼나 다른 도구를 이용해 강하게 뜯어낸다.
② 손톱과 아크릴 네일 사이의 턱을 거친 파일로 강하게 파일링한다.
③ 아크릴 네일 보수 시 프라이머를 손톱과 인조 네일 전체에 바른다.
④ 들뜬 부분을 파일로 갈아내고 손톱 표면에 프라이머를 바른 후 아크릴 화장물을 올려준다.

아크릴 네일 보수 시 프라이머를 바르고 아크릴 화장물을 올리는 것이 맞다.

58 다음은 매니큐어의 과정을 나열한 것이다. 빈칸에 들어갈 말로 가장 적합한 것은?

소독하기 – 네일 폴리시 지우기 – ( ) – 샌딩 파일 사용하기 – 핑거볼 담그기 – 큐티클 정리하기

① 손톱 모양 만들기
② 큐티클 오일 바르기
③ 거스러미 제거하기
④ 네일 표백하기

네일 폴리시 지우기 후 손톱 모양을 만드는 것이 다음 단계이다.

59 네일 폴리시 작업 방법으로 가장 적절한 것은?

① 네일 폴리시는 1회 도포가 이상적이다.
② 네일 폴리시를 섞을 때는 위아래로 흔들어준다.
③ 네일 폴리시가 굳었을 때는 네일 리무버를 혼합한다.
④ 네일 폴리시는 손톱 가장자리 피부에 최대한 가깝게 도포한다.

가장자리 피부에 가깝게 도포하는 것이 네일 폴리시 작업에서 중요하다.

60 매니큐어와 관련한 설명으로 틀린 것은?

① 일반 매니큐어와 파라핀 매니큐어는 함께 병행할 수 없다.
② 큐티클 니퍼와 네일 푸셔는 하루에 한 번 오전에 소독해서 사용한다.
③ 손톱의 파일링은 한 방향으로 해야 자연 네일의 손상을 줄일 수 있다.
④ 과도한 큐티클 정리는 고객에게 통증을 유발하거나 출혈이 발생하므로 주의한다.

하루 한 번 소독하는 것이 아니라 사용한 뒤 수시로 소독해야 한다.

01 자연적 환경요소에 속하지 <u>않는</u> 것은?

① 기온
② 기습
③ 소음
④ 위생시설

위생시설은 인위적인 요소이다. 자연적 환경요소에는 기온, 습도, 소음 등이 있다.

02 역학에 대한 내용으로 옳은 것은?

① 인간 개인을 대상으로 질병 발생 현상을 설명하는 학문 분야이다.
② 원인과 경과보다 결과 중심으로 해석해 질병 발생을 예방한다.
③ 질병 발생 현상을 생물학과 환경적으로 나누어 설명한다.
④ 인간 집단을 대상으로 질병 발생과 그 원인을 탐구하는 학문이다.

역학은 주로 '집단'을 대상으로 하여 질병의 발생 기전과 그 원인을 연구하는 학문이다.

03 파리가 매개할 수 있는 질병과 거리가 먼 것은?

① 아메바성 이질
② 장티푸스
③ 발진티푸스
④ 콜레라

발진티푸스는 리케차에 의해 발생하는 질병이며, 주로 진드기와 벼룩과 같은 절지동물을 매개로 해 사람에게 감염을 일으킨다.

04 인구구성 중 14세 이하가 65세 이상 인구의 2배 정도이며 출생률과 사망률이 모두 낮은 유형은?

① 피라미드형
② 종형
③ 항아리형
④ 별형

발문의 내용은 종형에 대한 설명이다. 종형은 타 유형에 비해 가장 이상적이고 안정적인 유형에 속한다.

05 식생활이 탄수화물이 주가 되며, 단백질과 무기질이 부족한 음식물을 장기적으로 섭취함으로써 발생되는 단백질 결핍증은?

① 펠라그라(Pellagra)
② 각기병
③ 콰시오르코르증(Kwashiorkor)
④ 괴혈병

오답 피하기

① 비타민 B2의 결핍증이다.
② 비타민 B1의 결핍증이다.
④ 비타민 C의 결핍증이다.

06 제1급 감염병에 해당하는 것은?

① 콜레라, 장티푸스
② 파라티푸스, 홍역
③ 세균성 이질, 폴리오
④ A형 간염, 결핵

콜레라와 장티푸스는 제1군 감염병에 속한다. 나머지는 모두 제2급 감염병이다.

정답 01 ④ 02 ④ 03 ③ 04 ② 05 ③ 06 ①

07 흡연이 인체에 미치는 영향으로 가장 적절한 것은?

① 구강암, 식도암 등의 원인이 된다.
② 피부 혈관을 이완시켜서 피부 온도를 상승시킨다.
③ 소화촉진, 식욕증진 등에 영향을 미친다.
④ 폐기종에는 영향이 없다.

흡연은 여러 종류의 암(구강암, 식도암, 폐암)과 폐질환(폐기종, 기흉)의 주요 원인이다.

08 대장균이 사멸되지 <u>않는</u> 경우는?

① 고압증기멸균
② 저온소독
③ 방사선멸균
④ 건열멸균

저온소독은 대장균을 사멸시키지 못할 수 있어 60℃ 이상에서 20분 이상 자비소독을 하는 것을 권고한다.

09 다음 중 자외선 소독기의 사용으로 소독효과를 기대할 수 <u>없는</u> 경우는?

① 여러 개의 머리빗
② 날이 열린 가위
③ 염색용 볼
④ 여러 장의 겹쳐진 타월

자외선 소독과 같이 광선으로 하는 소독은 그늘이 지면 소독의 효과가 떨어질 수 있다.

10 다음 중 미생물의 종류에 해당하지 <u>않는</u> 것은?

① 진균
② 바이러스
③ 박테리아
④ 편모

편모는 미생물의 구조적 요소이지 미생물의 종류가 아니다.

11 다음 중 가위를 끓이거나 증기소독한 후 처리방법으로 가장 적합하지 <u>않은</u> 것은?

① 소독 후 수분을 잘 닦아낸다.
② 수분 제거 후 엷게 기름칠을 한다.
③ 자외선 소독기에 넣어 보관한다.
④ 소독 후 탄산나트륨을 발라둔다.

탄산나트륨은 부식성이 있으므로 소독 후 탄산나트륨을 발라 두어서는 안 된다.

12 금속성 식기, 면 종류의 의류, 도자기의 소독에 적합한 소독방법은?

① 화염멸균법
② 건열멸균법
③ 소각소독법
④ 자비소독법

다른 소독법들은 과도한 열과 연소작용에 의해 소독물에 변형이 올 수 있으므로 자비소독법이 제일 적합하다.

13 100℃에서 30분간 가열하는 처리를 24시간마다 3회 반복하는 멸균법은?

① 고압증기멸균법
② 건열멸균법
③ 고온멸균법
④ 간헐멸균법

간헐멸균법은 주기적으로 가열해 멸균하는 방법이다.

14 이·미용사의 면허가 취소되거나 면허의 정지명령을 받은 자는 누구에게 면허증을 반납해야 하는가?

① 보건복지부장관
② 시·도지사
③ 시장·군수·구청장
④ 보건소장

면허가 취소되거나 정지된 경우 면허증은 해당 지역의 시장·군수·구청장에게 반납해야 한다.

15 피지선에 대한 설명으로 적절하지 <u>않은</u> 것은?

① 피지를 분비하는 선으로 진피 중에 위치한다.
② 피지선은 손바닥에는 없다.
③ 피지의 1일 분비량은 10~20g 정도이다
④ 피지선이 많은 부위는 코 주위이다.

피지의 분비량은 개별 차이가 있지만, 일반적으로 1일당 분비량이 10~20g은 아니다.

16 다음 중 입모근과 가장 관련 있는 것은?

① 수분 조절
② 체온 조절
③ 피지 조절
④ 호르몬 조절

주변 온도에 맞게 입모근을 조절해 열발산량과 땀의 배출을 조절하므로 체온 조절과 관련이 가장 깊다.

17 적외선이 피부에 미치는 작용이 <u>아닌</u> 것은?

① 온열 작용
② 비타민 D 형성 작용
③ 세포증식 작용
④ 모세혈관 확장 작용

비타민 D는 주로 자외선에 의해 형성된다.

18 얼굴에 있어 T존 부위는 번들거리고, 볼 부위는 당기는 피부 유형은?

① 건성피부
② 정상(중성) 피부
③ 지성피부
④ 복합성피부

부위별로 피부 상태가 다른 것을 복합성 피부라 한다.

19 다음 중 기미의 유형이 <u>아닌</u> 것은?

① 표피형 기미
② 진피형 기미
③ 피하조직형 기미
④ 혼합형 기미

기미는 주로 표피형, 진피형, 혼합형으로 나뉜다.

20 지용성 비타민이 <u>아닌</u> 것은?

① 비타민 D
② 비타민 A
③ 비타민 E
④ 비타민 B군

비타민 B군은 비타민 C와 함께 수용성 비타민에 속한다.

21 단순포진의 증상으로 가장 거리가 먼 것은?

① 통증이 심해 다른 부위로 통증이 퍼진다.
② 홍반이 나타나고 곧이어 수포가 생긴다.
③ 상체에 나타나는 경우 얼굴과 손가락에 잘 나타난다.
④ 하체에 나타나는 경우 성기와 둔부에 잘 나타난다.

단순포진은 주로 발진과 수포가 생기며, 통증이 퍼지지 않는다.

정답 14 ③ 15 ③ 16 ② 17 ② 18 ④ 19 ③ 20 ④ 21 ①

22 공중위생관리법에서 사용하는 용어의 정의로 적절하지 <u>않은</u> 것은?

① '공중위생영업'은 다수인을 대상으로 위생관리서비스를 제공하는 영업으로서 숙박업, 목욕장업, 이용업, 미용업, 세탁업, 건물위생관리업을 말한다.
② '숙박업'은 손님이 잠을 자고 머물 수 있도록 시설 및 설비 등의 서비스를 제공하는 영업을 말한다.
③ '건물위생관리업'은 공중이 이용하는 건축물, 시설물 등의 청결유지와 실내공기정화를 위한 청소 등을 대행하는 영업을 말한다.
④ '미용업'은 손님의 머리카락 또는 수염을 깎거나 다듬는 등의 방법으로 손님의 용모를 단정하게 하는 영업을 말한다.

미용업은 더 넓은 범위의 서비스를 포함하며, 단순히 머리카락이나 수염을 다듬는 것만으로 한정하지 않는다.

23 공중위생관리법상의 규정을 위반해 위생교육을 받지 아니한 때에 부과되는 과태료는?

① 300만원 이하
② 500만원 이하
③ 400만원 이하
④ 200만원 이하

위생교육을 받지 않은 경우, 200만원 이하의 과태료(20만원)가 부과된다.

24 여러 가지 방법으로 병원성 미생물을 가능한 한 제거해 사람에게 감염의 위험이 없도록 하는 것은?

① 멸균   ② 소독
③ 방부   ④ 살충

발문은 소독에 대한 설명이다.

오답 피하기
① 멸균은 모든 종류의 미생물과 아포를 완전히 사멸시키는 것이다.
③ 방부는 병원성 미생물의 발육과 그 작용을 제거하거나 정지시켜서 음식물의 부패나 발효를 방지하는 것이다.
④ 살충은 곤충이나 위생을 저해하는 해충을 죽이는 것이다.

25 개선을 명할 수 있는 경우에 해당하지 <u>않는</u> 사람은?

① 공중위생영업의 종류별 시설 및 설비기준을 위반한 공중위생영업자
② 위생관리의무 등을 위반한 공중위생영업자
③ 공중위생영업자의 지위를 승계한 자로서 이에 관한 신고를 하지 아니한 자
④ 위생관리의무를 위반한 공중위생시설의 소유자 등

승계에 관한 신고를 하지 않은 자는 개선명령이 아니라 벌금형에 처해질 수 있다.

26 이·미용업자의 위생관리 기준에 대한 내용 중 적절하지 <u>않은</u> 것은?

① 요금표 외의 요금을 받지 않을 것
② 의료행위를 하지 않을 것
③ 의료용구를 사용하지 않을 것
④ 1회용 면도날은 손님 1인에 한해 사용할 것

요금의 선정과 산정에 관한 내용은 위생관리 기준에 포함돼 있는 내용이 아니다. 요금표의 게시에 관한 내용이 위생관리 기준에 포함돼 있다.

27 위생서비스 평가 결과 위생서비스의 수준이 우수하다고 인정되는 영업소에 대해 포상을 실시할 수 있는 자에 해당하지 <u>않는</u> 것은?

① 구청장
② 시·도지사
③ 군수
④ 보건소장

보건소장은 위생서비스 평가와 관련된 포상을 실시할 권한이 없다. 주로 시·도지사, 시장, 군수, 구청장이 포상의 주체가 된다.

정답 22 ④ 23 ④ 24 ② 25 ③ 26 ① 27 ④

28 손님에게 도박과 그 밖의 사행행위를 하게 한 때에 대한 1차 위반 시 행정처분기준은?

① 영업정지 1월
② 영업정지 2월
③ 영업정지 3월
④ 영업장 폐쇄명령

손님에게 도박 등의 사행행위를 하게 한 경우 1차 위반 시 영업정지 1개월 처분을 받는다.

29 한국 네일미용 역사에서 부녀자와 처녀들 사이에서 염지갑화라고 하는 봉선화 물들이기 풍습이 성행하였던 시기로 옳은 것은?

① 신라시대
② 고구려시대
③ 고려시대
④ 조선시대

봉선화(봉숭아) 물들이기는 중세 고려의 풍습이다.

(R) 권쌤의 노하우

봉선화는 '염지갑화(染指甲花)'라고도 하는데요, 쉽게 풀어서 설명하면 손가락(指)의 손톱(甲)을 물들이는(染) 꽃(花)이 된답니다.

30 다음 중 피부 상재균의 증식을 억제하는 항균기능이 있고, 발생한 체취를 제거하는 기능을 하는 것은?

① 바디 샴푸
② 데오도란트
③ 샤워 콜롱
④ 오 드 투알렛

데오도란트는 피부의 상재균 증식을 억제하고 체취를 제거하는 기능이 있다.

31 기능성 화장품에 사용되는 원료와 그 기능의 연결이 적절하지 <u>않은</u> 것은?

① 비타민 C – 미백효과
② AHA(Alpha Hydroxy Acid) – 각질 제거
③ DHA(Dehydroacetic Acid) – 자외선 차단
④ 레티노이드(Retinoid) – 콜라겐과 엘라스틴의 회복을 촉진

DHA는 주로 피부 색소를 변환하는 데 사용되며, 자외선 차단과는 관련이 없다.

32 방부제가 갖추어야 할 조건이 <u>아닌</u> 것은?

① 독특한 색상과 냄새를 지녀야 한다.
② 적용 농도에서 피부에 자극을 주어서는 안 된다.
③ 방부제로 인해 효과가 상실되거나 변해서는 안 된다.
④ 일정 기간 효과가 있어야 한다.

방부제는 색상이나 냄새와는 관계없이 효과적으로 미생물을 억제해야 한다.

33 화장품법상 화장품이 인체에 사용되는 목적 중 적절하지 <u>않은</u> 것은?

① 인체를 청결하게 한다.
② 인체를 미화한다.
③ 인체의 매력을 증진한다.
④ 인체의 질병을 치료한다.

화장품은 미용을 목적으로 사용한다. 치료를 목적으로 하는 것은 의약품이다.

34 에센셜 오일의 보관 방법에 관한 내용으로 적절하지 않은 것은?

① 뚜껑을 닫아 보관해야 한다.
② 직사광선을 피하는 것이 좋다.
③ 통풍이 잘되는 곳에 보관해야 한다.
④ 투명하고 공기가 통할 수 있는 용기에 보관하여야 한다.

에센셜 오일은 빛과 공기를 피하기 위해 어두운 색(주로 갈색)의 밀폐 용기에 담아 서늘한 곳에 보관해야 한다.

35 기초 화장품의 기능이 아닌 것은?

① 피부 세정
② 피부 정돈
③ 피부 보호
④ 피부결점 커버

피부결점 커버는 색조 화장품의 기능이다.

36 발허리뼈(중족골) 관절을 굴곡시키고, 외측 4개 발가락의 지골간관절을 신전시키는 발의 근육은?

① 벌레근(충양근)
② 새끼벌림근(소지외전근)
③ 짧은새끼굽힘근(단소지굴근)
④ 짧은엄지굽힘근(단무지굴근)

벌레근은 발가락의 움직임에 관여한다.

37 에멀전의 형태를 가장 잘 설명한 것은?

① 지방과 물이 불균일하게 섞인 것이다.
② 두 가지 액체가 같은 농도의 한 액체로 섞여 있다.
③ 고형의 물질이 아주 곱게 혼합돼 균일한 것처럼 보인다.
④ 두 가지 또는 그 이상의 액상 물질이 균일하게 혼합돼 있는 것이다.

에멀전은 두 가지 이상의 액체가 균일하게 혼합된 상태를 의미한다.

38 네일 매트릭스에 대한 설명으로 옳은 것은?

① 네일 베드를 보호하는 기능을 한다.
② 네일 바디를 받쳐주는 역할을 한다.
③ 모세혈관, 림프, 신경조직이 있다.
④ 손톱이 자라기 시작하는 곳이다.

네일 매트릭스는 손톱의 세포가 분열해 새로운 손톱을 만드는 장소이다.

오답 피하기
① 조소피(큐티클)에 대한 설명이다.
② 조상(네일 베드)에 대한 설명이다.
④ 조근(네일 루트)에 대한 설명이다.

39 손톱의 성장과 관련한 내용 중 적절하지 않은 것은?

① 겨울보다 여름이 빨리 자란다.
② 임신기간에는 호르몬의 변화로 손톱이 빨리 자란다.
③ 피부유형 중 지성피부의 손톱이 더 빨리 자란다.
④ 연령이 젊을수록 손톱이 더 빨리 자란다.

손톱의 성장 속도는 피부유형과 직접적인 관련이 없다.

40 손톱의 특성에 대한 설명으로 가장 거리가 먼 것은?

① 조체(네일 바디)는 약 5% 수분을 함유하고 있다.
② 아미노산과 시스테인이 많이 함유돼 있다.
③ 조상(네일 베드)은 혈관에서 산소를 공급받는다.
④ 피부의 부속물로 신경, 혈관, 털이 없으며 반투명의 각질판이다.

손톱 자체에는 혈관이 없다.

정답 34 ④ 35 ④ 36 ① 37 ④ 38 ③ 39 ③ 40 ①

41 손톱과 발톱을 너무 짧게 자를 경우 발생할 수 있는 것은?

① 오니코렉시스
② 오니코아트로피
③ 오니코파이마
④ 오니코크립토시스

오니코크립토시스는 손발톱을 너무 바싹 잘라 나중에 자라면서 피부 속으로 파고드는 질병이다.

오답 피하기

① 오니코렉시스(조갑종렬증)는 손발톱이 세로로 갈라지거나 부서지는 질병이다.
② 오니코아트로피(조갑위축증)는 손발톱이 색이 변하면서 오그라들다 빠지는 질병이다.
③ 오니코파이마는 손발톱이 부어올라 갈라지는 질병이다.

42 다음 중 손의 근육이 아닌 것은?

① 바깥쪽뼈사이근(장측골간근)
② 등쪽뼈사이근(배측골간근)
③ 새끼맞섬근(소지대립근)
④ 반힘줄근(반건양근)

반힘줄근은 손이 아닌 다리의 근육이다. 넓적다리 뒤에 위치하는 햄스트링 근육들 중 하나이다.

43 자연네일이 매끄럽게 되도록 손톱 표면의 요철과 기복을 제거하는 데 사용하는 도구로 가장 적절한 것은?

① 100그릿 네일 파일
② 에머리 보드
③ 네일 클리퍼
④ 샌딩 파일

샌딩 파일이 가장 적합한 도구이다.

오답 피하기

① · ② 100그릿 네일 파일과 에머리 보드는 손톱 끝의 모양을 다듬을 때 쓰는 파일이다.
③ 네일 클리퍼(손톱깎이)는 손톱과 시술물의 길이를 조절할 때 사용한다.

44 네일미용 관리 후 고객이 불만족할 경우 네일미용인이 우선적으로 해야 할 대처 방법으로 가장 적절한 것은?

① 만족할 수 있는 주변의 네일숍 소개
② 불만족한 부분을 파악하고 해결방안 모색
③ 숍 입장에서의 불만족 해소
④ 할인이나 서비스 티켓으로 상황 마무리

고객의 불만족을 해결하기 위해서는 우선적으로 불만족한 부분을 파악하는 것이 중요하다.

45 손톱의 주요한 기능 및 역할과 가장 거리가 먼 것은?

① 물건을 잡거나 긁을 때 또는 성상을 구별하는 기능이 있다.
② 방어와 공격의 기능이 있다.
③ 노폐물의 분비기능이 있다.
④ 손끝을 보호한다.

손톱은 노폐물 분비하지 않는다.

46 외국의 네일미용 변천과 관련해 그 시기와 내용의 연결이 옳은 것은?

① 1885년 : 폴리시의 필름형성제인 니트로셀룰로스가 개발됐다.
② 1892년 : 손톱 끝이 뾰족한 아몬드형 네일이 유행했다.
③ 1917년 : 도구를 이용한 케어가 시작됐으며 유럽에서 네일관리가 본격적으로 시작됐다.
④ 1960년 : 인조손톱 시술이 본격적으로 시작됐으며 네일관리와 아트가 유행하기 시작했다.

오답 피하기

② 1800년대의 사실이다.
③ · ④ 1970년의 사실이다.

정답 41 ④ 42 ④ 43 ④ 44 ② 45 ③ 46 ①

47 손톱의 기초 구조가 <u>아닌</u> 것은?

① 조근(네일 루트)
② 반월(루눌라)
③ 조모(매트릭스)
④ 조상(네일 베드)

조근(네일 루트)은 손톱의 기초 구조가 아니며, 손톱의 성장 부분이다.

48 손톱의 이상 증상 중 손톱을 심하게 물어뜯어 생기는 증상으로 인조손톱 관리나 매니큐어를 통해 습관을 개선할 수 있는 것은?

① 고랑진 손톱
② 교조증
③ 조갑위축증
④ 조내성증

교조증(咬爪症)은 말 그대로 손톱(爪)을 물어뜯어서(咬) 발생하는 질병이다.

오답 피하기
① 고랑진 손톱은 손톱에 빨래판이나 밭의 고랑과 같은 변형이 생기는 질병이다.
③ 조갑위축증은 손발톱의 색이 변하면서 오글아들어 떨어져 나가는 질병이다.
④ 조내성증은 '내성발톱'을 달리 이르는 말이다.

49 손가락 마디에 있는 뼈로서 총 14개로 구성돼 있는 뼈는?

① 손가락뼈(수지골)
② 손목뼈(수근골)
③ 노뼈(요골)
④ 자뼈(척골)

손가락뼈는 총 14개로 구성돼 있다.

오답 피하기
② 손목뼈는 손과 팔을 잇는 8개의 뼈이다.
③·④ 노뼈(요골)와 자뼈(척골)는 팔에 있는 뼈이다.

50 손톱에 대한 설명 중 옳은 것은?

① 손톱에는 혈관이 있다.
② 손톱의 주성분은 인이다.
③ 손톱의 주성분은 단백질이며, 죽은 세포로 구성돼 있다.
④ 손톱에는 신경과 근육이 존재한다.

오답 피하기
① 손톱에는 혈관이 없다.
② 뼈의 주성분이 인이다.
④ 손톱이 붙어 있는 손에 신경과 근육이 존재한다.

51 인조네일을 보수하는 이유로 적절하지 <u>않은</u> 것은?

① 깨끗한 네일미용의 유지
② 녹황색균의 방지
③ 인조네일의 견고성 유지
④ 인조네일의 원활한 제거

인조네일의 보수는 제거가 아닌 유지와 관련이 있다.

52 페디큐어 컬러링 시 작업 공간 확보를 위해 발가락 사이에 끼워 주는 도구는?

① 페디파일
② 푸셔
③ 토 세퍼레이터
④ 콘커터

토 세퍼레이터는 발가락 사이에 끼워 발가락의 간격을 벌려 작업 공간을 확보하는 데 사용된다.

53 자연 네일을 오버레이해 보강할 때 사용할 수 <u>없</u>는 재료는?

① 실크
② 아크릴
③ 젤
④ 파일

파일은 손톱을 다듬거나 모양을 잡는 도구이지 오버레이(덮어 씌우기)를 위한 재료가 아니다.

정답 47 ① 48 ② 49 ① 50 ③ 51 ④ 52 ③ 53 ④

54 남성 매니큐어 시 자연 네일의 손톱모양 중 가장 적합한 형태는?

① 오벌형　　② 아몬드형
③ 둥근형　　④ 사각형

남성의 손톱은 둥근형으로 손질하는 것이 가장 자연스럽다.

55 다음은 페디큐어 작업과정을 나열한 것이다. 빈칸에 들어갈 말로 가장 적절한 것은?

손발소독 – 폴리시 제거 – 길이 및 모양 잡기 – ( ) – 큐티클 정리 – 각질 제거하기

① 매뉴얼 테크닉
② 족욕기에 발 담그기
③ 페디 파일링
④ 톱코트 바르기

길이 및 모양을 잡은 다음에는 족욕기에 발을 담가 발톱을 부드럽게 해야 한다.

56 라이트 큐어드 젤에 대한 설명으로 옳은 것은?

① 공기 중에 노출되면 자연스럽게 응고된다.
② 특수한 빛에 노출시켜 젤을 응고시키는 방법이다.
③ 경화 시 온·습도에 영향을 받는다.
④ 글루 사용 후 글루드라이로 말린다.

라이트 큐어드 젤은 UV 또는 LED 빛에 노출돼 응고(경화)된다.

57 네일 팁 작업에서 팁을 접착하는 올바른 방법은?

① 자연네일보다 한 사이즈 정도 작은 팁을 접착한다.
② 큐티클에 최대한 가깝게 부착한다.
③ 45° 각도로 네일 팁을 접착한다.
④ 자연네일의 절반 이상을 덮도록 한다.

팁 접착 시 45° 각도로 네일 팁을 접착한다.

58 베이스 코트와 톱 코트의 주된 기능에 대한 설명으로 옳지 <u>않은</u> 것은?

① 베이스 코트는 손톱에 색소가 착색되는 것을 방지한다.
② 베이스 코트는 폴리시가 곱게 발리는 것을 도와준다.
③ 톱 코트는 폴리시에 광택을 더해 컬러를 돋보이게 한다.
④ 톱 코트는 손톱에 영양을 주어 손톱을 튼튼하게 한다.

톱 코트는 주로 광택을 향상하고 색상을 보호하는 역할을 하지만, 영양을 주는 기능은 없다.

59 습식 매니큐어 작업 과정에서 가장 먼저 해야 할 절차는?

① 컬러 지우기
② 손톱 모양 만들기
③ 손 소독하기
④ 핑거볼에 손 담그기

모든 미용시술의 첫 단계는 위생관리 즉, 손 소독이다.

60 아크릴 프렌치 스컬프처 시술 시 형성되는 스마일 라인의 설명으로 적절하지 <u>않은</u> 것은?

① 선명한 라인 형성
② 일자 라인 형성
③ 균일한 라인 형성
④ 좌우 라인 대칭

스마일 라인은 일반적으로 곡선이다. 일자(직선) 라인은 형성되지 않는다.

정답 54 ③ 55 ② 56 ② 57 ③ 58 ④ 59 ③ 60 ②

01 야채를 고온에서 요리할 때 가장 파괴되기 쉬운 비타민은?

① 비타민 A
② 비타민 C
③ 비타민 D
④ 비타민 K

비타민 C는 열에 민감해 고온에서 쉽게 파괴된다.

02 다음 중 병원소에 해당하지 않는 것은?

① 흙
② 물
③ 가축
④ 보균자

물은 직접적인 병원소가 아니며, 오염된 물이 병원소가 될 수 있다. 흙, 가축, 보균자는 모두 병원소이다.

03 일반폐기물 처리방법 중 가장 위생적인 방법은?

① 매립법
② 소각법
③ 투기법
④ 비료화법

소각법은 폐기물을 고온에서 태워 처리해 위생적으로 가장 안전한 방법으로 여겨진다.

04 인구통계에서 5~9세 인구란?

① 만4세 이상 만8세 미만 인구
② 만5세 이상 만10세 미만 인구
③ 만4세 이상 만9세 미만 인구
④ 4세 이상 9세 이하 인구

5~9세 인구는 만5세 이상 만10세 미만으로 정의된다.

05 모유수유에 대한 설명으로 옳지 않은 것은?

① 수유 전 산모의 손을 씻어 감염을 예방해야 한다.
② 모유수유를 하면 배란을 촉진시켜 임신을 예방하는 효과가 없다.
③ 모유에는 림프구, 대식세포 등의 백혈구가 들어 있어 각종 감염으로부터 장을 보호하고 설사를 예방하는 데 큰 효과가 있다.
④ 초유는 영양가가 높고 면역체가 있으므로 아기에게 반드시 먹여야 한다.

모유수유는 배란을 억제해 임신을 예방하는 효과가 있다.

06 감염병 감염 후 얻어지는 면역의 종류는?

① 인공능동면역
② 인공수동면역
③ 자연능동면역
④ 자연수동면역

감염 후 자연스럽게 생성되는 면역은 자연능동면역이다.

07 다음 중 출생 후 아기에게 가장 먼저 실시하게 되는 예방접종은?

① 파상풍
② B형 간염
③ 홍역
④ 폴리오

출생 후 가장 먼저 실시하는 예방접종은 B형 간염 백신이다.

정답 01 ② 02 ② 03 ② 04 ② 05 ② 06 ③ 07 ②

08 바이러스의 특성으로 옳지 <u>않은</u> 것은?

① 생체 내에서만 증식이 가능하다.
② 일반적으로 병원체 중에서 가장 작다.
③ 황열바이러스가 인간사에서의 최초의 질병 바이러스이다.
④ 항생제에 감수성이 있다.

바이러스는 항생제에 감수성이 없고 항바이러스제에 감수성이 있다. 항생제는 세균에만 효과적이다.

09 소독제의 적정 농도로 옳지 <u>않은</u> 것은?

① 석탄산 1~3% 수용액
② 승홍 0.1% 수용액
③ 크레졸 1~3% 수용액
④ 알코올 1~3% 수용액

알코올은 소독 시 보통 70% 정도로 사용된다.

10 병원성 · 비병원성 미생물 및 포자를 가진 미생물 모두를 제거하는 것은?

① 소독
② 멸균
③ 방부
④ 정균

멸균은 모든 미생물과 포자를 사멸시키는 과정을 의미한다.

11 다음 중 이 · 미용업소에서 가장 쉽게 전파될 수 있는 질병은?

① 소아마비
② 뇌염
③ 비활동성 결핵
④ 전염성 안질

전염성 안질(눈병)은 비말(침방울)이나 접촉을 통해 쉽게 전파될 수 있는 질병이다.

12 다음 중 음용수 소독에 사용되는 소독제는?

① 석탄산
② 액체 염소
③ 승홍
④ 알코올

액체 염소는 음용수 소독에 널리 사용되는 소독제이다.

13 다음 중 미생물학의 대상에 속하지 <u>않는</u> 것은?

① 세균
② 바이러스
③ 원충
④ 원생동물

원시동물은 미생물학의 대상이 아니다. 미생물학은 세균, 바이러스, 원충 등을 연구한다.

14 소독제의 사용 및 보존상의 주의점으로 옳지 <u>않은</u> 것은?

① 일반적으로 소독제는 밀폐시켜 일광이 직사되지 않는 곳에 보존해야 한다.
② 부식과 상관이 없으므로 보관 장소의 제한이 없다.
③ 승홍이나 석탄산 같은 것은 인체에 유해하므로 특별히 취급해야 한다.
④ 염소제는 일광과 열에 의해 분해되지 않도록 냉암소에 보존하는 것이 좋다.

소독제는 부식성이 있을 수 있으므로, 적절한 용기에 보관해 안전한 장소에 보관해야 한다.

정답 08 ④ 09 ④ 10 ② 11 ④ 12 ② 13 ④ 14 ②

15 리보플라빈이라고도 하며, 녹색 채소류, 밀의 배아, 효모, 계란, 우유 등에 함유돼 있고 결핍되면 피부염을 일으키는 것은?

① 비타민 B2
② 비타민 E
③ 비타민 K
④ 비타민 A

비타민 B2(리보플라빈)는 피부 건강에 중요한 역할을 하며, 결핍 시 피부염(펠라그라)이 발생할 수 있다.

16 다음 태양광선 중 파장이 가장 짧은 것은?

① UVA
② UVB
③ UVC
④ 가시광선

UVC는 UVA 및 UVB보다 파장이 짧고, 가장 큰 에너지를 가지고 있다.

17 멜라닌 색소 결핍의 선천적 질환으로 쉽게 일광화상을 입는 피부병변은?

① 주근깨
② 기미
③ 백색증
④ 노인성 반점(검버섯)

백색증은 멜라닌 색소가 결핍돼 피부가 매우 민감해지고, 쉽게 일광화상을 입을 수 있는 질병이다.

18 진균에 의한 피부병변이 <u>아닌</u> 것은?

① 족부백선
② 대상포진
③ 무좀
④ 두부백선

대상포진은 바이러스에 의해 발생하는 질환이며, 진균에 의한 것이 아니다.

19 피부에 대한 자외선의 영향으로 인한 피부의 급성반응으로 옳지 <u>않은</u> 것은?

① 홍반
② 화상
③ 비타민 D 합성
④ 광노화

광노화는 피부 노화의 중요한 원인 중 하나로, 자외선의 영향이 있지만 급성 반응과는 거리가 있다.

20 얼굴에서 피지선이 가장 발달된 곳은?

① 이마 부분
② 코 옆 부분
③ 턱 부분
④ 뺨 부분

코 주변은 피지선이 특히 많이 분포돼 있는 부위이다.

21 에크린샘(소한선)이 가장 많이 분포된 곳은?

① 발바닥
② 입술
③ 음부
④ 유두

에크린 땀샘은 발바닥에 가장 많이 분포해 체온 조절에 중요한 역할을 한다.

22 이 · 미용업소 내에 반드시 게시하지 않아도 무방한 것은?

① 이 · 미용업 신고증
② 개설자의 면허증 원본
③ 최종지불요금표
④ 이 · 미용사 자격증

자격증은 반드시 게시하지 않아도 된다.

정답 15 ① 16 ③ 17 ③ 18 ② 19 ④ 20 ② 21 ① 22 ④

23 다음 중 이·미용업의 시설 및 설비기준으로 옳은 것은?

① 소독기, 자외선 살균기 등의 소독장비를 갖추어야 한다.

② 영업소 안에는 별실, 기타 이와 유사한 시설을 설치할 수 있다.

③ 응접장소와 작업장소를 구획하는 경우에는 커튼, 칸막이 기타 이와 유사한 장애물의 설치가 가능하며 외부에서 내부를 확인할 수 없어야 한다.

④ 탈의실, 욕실, 욕조 및 샤워기를 설치해야 한다.

오답 피하기

② 영업소 안에는 별실, 기타 이와 유사한 시설을 설치할 수 없다.
③ 설비 기준에서 규정하는 내용이 아니다.
④ 목욕장업의 시설 및 설비 기준이다.

24 풍속관련법령 등 다른 법령에 의해 관계행정기관의 장의 요청이 있을 때 공중위생영업자를 처벌할 수 있는 자는?

① 시·도지사

② 시장·군수·구청장

③ 보건복지부장관

④ 행정안전부장관

시장·군수·구청장은 공중위생영업자에 대한 처벌 권한을 가지고 있다.

25 1차 위반 시의 행정처분이 면허취소가 <u>아닌</u> 것은?

① 국가기술자격법에 따라 이·미용사 자격이 취소된 때

② 이중으로 면허를 취득한 때

③ 면허정저처분을 받고 그 정지 기간 중 업무를 행 한 때

④ 국가기술자격법에 의해 이·미용사 자격정지 처분을 받을 때

자격정지는 면허취소에 해당하지 않으므로, 면허취소가 아닌 처분이다.

26 다음 중 영업소 외에서 이용 또는 미용업무를 할 수 있는 경우는?

> ㄱ. 중병에 걸려 영업소에 나올 수 없는 자의 경우
> ㄴ. 혼례 기타 의식에 참여하는 자에 대한 경우
> ㄷ. 이용장의 감독을 받는 보조원이 업무를 하는 경우
> ㄹ. 미용사가 손님 유치를 위해 통행이 빈번한 장소에서 업무를 하는 경우

① ㄷ

② ㄱ, ㄴ

③ ㄱ, ㄴ, ㄷ

④ ㄱ, ㄴ, ㄷ, ㄹ

보건복지부령이 정하는 특별한 사유

• 질병·고령·장애나 그 밖의 사유로 영업소에 나올 수 없는 자에 대하여 이용 또는 미용을 하는 경우(ㄱ)
• 혼례나 그 밖의 의식에 참여하는 자에 대하여 그 의식 직전에 이용 또는 미용을 하는 경우(ㄴ)
• 사회복지시설에서 봉사활동으로 이용 또는 미용을 하는 경우
• 방송 등의 촬영에 참여하는 사람에 대하여 그 촬영 직전에 이용 또는 미용을 하는 경우
• 이외에 특별한 사정이 있다고 시장·군수·구청장이 인정하는 경우

정답 23 ① 24 ② 25 ④ 26 ②

27 공중위생영업의 승계에 대한 설명으로 옳지 <u>않은</u> 것은?

① 공중위생영업자가 그 공중위생영업을 양도 하거나 사망한 때 또는 법인의 합병이 있 는 때에는 그 양수인 · 상속인 또는 합병 후 존속하는 법인이나 합병에 의해 설립 되는 법인은 그 공중위생 영업자의 지위를 승계한다.

② 이용업 또는 미용업의 경우에는 규정에 의 한 면허를 소지한 자에 한해 공중위생영업 자의 지위를 승계할 수 있다.

③ 민사집행법에 의한 경매, 채무자 회생 및 파산에 관한 법률에 의한 환가나 국제징수 법 · 관세법 또는 지방세기본법에 의한 압 류재산의 매각, 그 밖에 이에 준하는 절차 에 따라 공중위생영업 관련시설 및 설비의 전부를 인수한 자는 이 법에 의한 그 공중 위생영업자의 지위를 승계한다.

④ 공중위생영업자의 지위를 승계한 자는 1월 이내에 보건복지부령이 정하는 바에 따라 보건복지부장관에게 신고해야 한다.

공중위생영업자의 지위를 승계한 자는 1월 이내에 보건복지부장관이 아니라 시장 · 군수 · 구청장에게 신고해야 한다.

28 처분기준이 2백만원 이하의 과태료가 <u>아닌</u> 것은?

① 규정을 위반해 영업소 이외 장소에서 이 · 미용 업무를 행한 자

② 위생교육을 받지 아니한 자

③ 위생 관리 의무를 지키지 아니한 자

④ 관계 공무원의 출입 · 검사 · 기타 조치를 거부 · 방해 또는 기피한 자

관계 공무원의 출입 · 검사 · 기타 조치를 거부 · 방해 또는 기피한 자는 300 만원 이하 과태료 처분을 받는다.

29 향수의 부향률이 높은 순에서 낮은 순으로 바르 게 정렬된 것은?

① 퍼퓸(Perfume) 〉 오 드 퍼퓸(Eau de Perfume) 〉 오 드 투알렛(Eau de Toi- let) 〉 오 드 콜롱(Eau de Cologne)

② 퍼퓸(Perfume) 〉 오 드 투알렛(Eau de Toilet) 〉오 드 퍼퓸(Eau de Perfume) 〉 오 드 콜롱(Eau de Cologne)

③ 오 드 콜롱(Eau de Cologne) 〉 오 드 퍼 퓸(Eau de Perfume) 〉 오 드 투알렛 (Eau de Toilet) 〉 퍼퓸(Perfume)

④ 오 드 콜롱(Eau de Cologne) 〉 오 드 투 알렛(Eau de Toilet) 〉 오 드 퍼퓸(Eau de Perfume) 〉 퍼퓸(Perfume)

부향률
퍼퓸(15~30%) 〉 오 드 퍼퓸(9~12%) 〉 오 드 투알렛(6~8%) 〉 오 드 콜롱 (3~5%) 〉 샤워 콜롱(1~3%)

30 화장품의 요건 중 제품이 일정 기간 변질되거나 분리되지 않는 것을 의미하는 것은 무엇인가?

① 안전성

② 안정성

③ 사용성

④ 유효성

안정성은 제품이 변질되거나 분리되지 않고 안정적인 상태를 유지할 수 있는 성질을 의미한다.

31 자외선 차단 성분의 기능이 <u>아닌</u> 것은?

① 노화를 막는다.

② 과색소를 막는다.

③ 일광화상을 막는다.

④ 미백작용을 한다.

자외선 차단 성분은 자외선으로 인한 광노화, 일광화상, 색소침착으로부터 피 부를 보호한다.

정답 27 ④ 28 ④ 29 ① 30 ② 31 ④

32 다음 중 화장수의 역할이 <u>아닌</u> 것은?

① 피부의 수렴작용을 한다.
② 피부 노폐물의 분비를 촉진시킨다.
③ 각질층에 수분을 공급한다.
④ 피부의 pH 균형을 유지시킨다.

화장수는 주로 수분 공급과 pH 균형을 유지한다.

33 양모에서 추출한 동물성 왁스는?

① 라놀린
② 스콸렌
③ 레시틴
④ 리바이탈

오답 피하기
② 스콸렌은 상어의 간유, 올리브, 쌀겨 등에서 추출한다.
③ · ④ 레시틴과 리바이탈은 왁스가 아니다.

34 세정제에 대한 설명으로 옳지 <u>않은</u> 것은?

① 가능한 한 피부의 생리적 균형에 영향을 미치지 않는 제품을 사용하는 것이 바람직하다.
② 대부분의 비누는 알칼리성의 성질을 가지고 있어서 피부의 산−염기 균형에 영향을 미치게 된다.
③ 피부노화를 일으키는 활성산소로부터 피부를 보호하기 위해 비타민 C, 비타민 E를 사용한 기능성 세정제를 사용할 수도 있다.
④ 세정제는 피지선에서 분비되는 피지와 피부장벽의 구성요소인 지질성분을 제거하기 위해 사용된다.

세정제는 피지와 잔여물을 제거하는 용도로 사용하지 피부장벽의 성분을 제거하기 위해 사용하지 않는다.

35 바디샴푸가 갖추어야 할 이상적인 성질과 거리가 먼 것은?

① 각질의 제거 능력
② 적절한 세정력
③ 풍부한 거품과 거품의 지속성
④ 피부에 대한 높은 안정성

바디샴푸는 주로 세정력과 피부 안정성이 중요하다. 각질 제거는 전용 제품만의 성질이다.

36 파일의 거칠기 정도를 구분하는 기준은?

① 파일의 두께
② 그릿 숫자
③ 소프트 숫자
④ 파일의 길이

파일의 거칠기는 그릿 숫자로 구분되며, 숫자가 낮을수록 거칠고, 높을수록 부드럽다.

37 손톱이 부드러워지고 가늘고 하얗게 돼 네일 끝이 굴곡지는 질병으로, 질병 · 다이어트 · 신경성 질환 등에서 기인되는 네일 병변으로 옳은 것은?

① 위축된 네일(Onychatrophia)
② 파란 네일(Onychocyanosis)
③ 계란껍질 네일(Onychomalacia)
④ 거스러미 네일(Hang Nail)

계란껍질 네일은 부드럽고 얇아진 손톱을 의미하며, 다양한 원인으로 발생할 수 있다.

38 인체를 구성하는 생물학적 단계로 바르게 나열한 것은?

① 세포 – 조직 – 기관 – 기관계(통) – 인체
② 세포 – 기관 – 조직 – 기관계(통) – 인체
③ 세포 – 기관계(통) – 조직 – 기관 – 인체
④ 인체 – 기관계(통) – 기관 – 세포 – 조직

인체는 세포에서 시작해 조직, 기관, 기관계(통)으로 구성된다.

39 네일의 역사에 대한 설명으로 옳지 않은 것은?

① 최초의 네일관리는 기원전 3,000년경에 이집트와 중국의 상류층에서 시작됐다.
② 고대 이집트에서는 헤나라는 관목에서 빨간색과 오렌지색을 추출했다.
③ 고대 이집트에서는 남자들도 네일관리를 했다.
④ 네일관리는 지금까지 5,000년에 걸쳐 변화해 왔다.

남자들이 네일 관리를 받은 것은 현대에 이르러서 나타난 현상이다.

40 고객의 홈케어 용도로 큐티클 오일을 사용 시 주된 사용 목적으로 옳은 것은?

① 네일 표면에 광택을 주기 위해서
② 네일과 네일 주변의 피부에 트리트먼트 효과를 주기 위해서
③ 네일 표면에 변색과 오염을 방지하기 위해서
④ 찢어진 손톱을 보강하기 위해서

큐티클 오일은 주로 네일 주변 피부의 보습과 건강을 위해 사용된다.

41 폴리시 바르는 방법 중 네일을 가늘어 보이게 하는 것은?

① 프리에지
② 루눌라
③ 프렌치
④ 프리월

프리월은 네일이 좁고 가늘게 보이게 하는 컬러링 방법으로, 사이드 월 부분을 1mm 정도 띄어서 컬러링 한다.

42 다음 중 네일의 병변과 그 원인의 연결이 잘못된 것은?

① 모반점(니버스) – 네일의 멜라닌 색소 작용
② 과잉성장으로 두꺼운 네일 – 유전, 질병, 감염
③ 고랑 파진 네일 – 아연 결핍, 과도한 푸셔링, 순환계 이상
④ 붉거나 검붉은 네일 – 비타민, 레시틴 부족, 만성질환 등

붉거나 검붉은 네일은 주로 혈관 문제나 감염과 관련이 있으며, 비타민 부족과는 직접적인 연관이 없다.

43 네일 매트릭스에 대한 설명 중 옳지 않은 것은?

① 손·발톱의 세포가 생성되는 곳이다.
② 네일 매트릭스의 세로 길이는 네일 플레이트의 두께를 결정한다.
③ 네일 매트릭스의 가로 길이는 네일 베드의 길이를 결정한다.
④ 네일 매트릭스는 네일 세포를 생성시키는 데 필요한 산소를 모세혈관을 통해서 공급받는다.

네일 매트릭스의 가로 길이는 네일 플레이트의 폭을 결정한다.

44 다음 중 손의 중간근(중수근)에 속하는 것은?

① 엄지맞섬근(무지대립근)
② 엄지모음근(무지내전근)
③ 벌레근(충양근)
④ 작은원근(소원근)

벌레근은 중간근으로 분류된다.

45 다음 중 뼈의 구조가 <u>아닌</u> 것은?

① 골막
② 골질
③ 골수
④ 골조직

골질(오세인, Ossein)은 95%가 콜라겐으로 이루어진 뼈의 세포 외 유기질이다.

46 건강한 손톱의 조건으로 옳지 <u>않은</u> 것은?

① 12~18%의 수분을 함유해야 한다.
② 네일 베드에 단단히 부착돼 있어야 한다.
③ 루눌라(반월)가 선명하고 커야 한다.
④ 유연성과 강도가 있어야 한다.

루눌라는 개인차가 있으며, 반드시 선명하고 커야 하는 것은 아니다.

47 일반적인 손 · 발톱의 성장에 관한 설명 중 옳지 <u>않은</u> 것은?

① 소지 손톱이 가장 빠르게 자란다.
② 여성보다 남성의 경우 성장 속도가 빠르다.
③ 여름철에 더 빨리 자란다.
④ 발톱의 성장 속도는 손톱의 성장 속도보다 ½ 정도 늦다.

일반적으로 여성의 손톱이 남성보다 더 빨리 자라는 경향이 있다.

48 다음 중 소독방법에 대한 설명으로 옳지 <u>않은</u> 것은?

① 과산화수소 3% 용액을 피부 상처의 소독에 사용한다.
② 포르말린 1~1.5% 수용액을 도구 소독에 사용한다.
③ 크레졸 3%, 물 97% 수용액을 도구 소독에 사용 한다.
④ 알코올 30%의 용액을 손, 피부 상처에 사용한다.

알코올은 보통 60~70% 농도로 사용해야 효과적이다.

49 한국 네일미용의 역사에 대한 설명으로 옳지 않은 것은?

① 고려시대부터 주술적 의미로 시작했다.
② 1990년대부터 네일산업이 점차 대중화돼 갔다.
③ 1998년 민간자격시험 제도가 도입 및 시행 됐다.
④ 상류층 여성들은 손톱 뿌리 부분에 문신 바늘로 색소를 주입해 상류층임을 과시했다.

손톱 뿌리 부분에 문신 바늘로 색소를 주입한 사실은 17세기 인도의 상류층 여성들의 풍습이었다.

50 네일 도구의 위생을 제대로 관리하지 않고 사용했을 때 생기는 질병으로, 네일숍에서 처리할 수 없는 손톱의 병변은?

① 오니코렉시스(조갑종렬증)
② 오니키아(조갑염)
③ 에그쉘 네일(조갑연화증)
④ 니버스(모반점)

오니키아는 감염으로 인해 발생하는 병변으로, 위생이 제대로 관리되지 않으면 발생할 수 있다.

정답 44 ③ 45 ② 46 ③ 47 ② 48 ④ 49 ④ 50 ②

51 젤 큐어링 시 발생하는 히팅 현상과 관련한 내용으로 옳지 <u>않은</u> 것은?

① 손톱이 얇거나 상처가 있을 경우에 히팅 현상이 나타날 수 있다.
② 젤 시술이 두껍게 됐을 경우에 히팅 현상이 나타날 수 있다.
③ 히팅 현상 발생 시 경화가 잘되도록 잠시 참는다.
④ 젤 시술 시 얇게 여러 번 발라 큐어링해 히팅 현상에 대처한다.

....

히팅 현상이 발생하면 경화가 불균형하거나 손톱에 손상을 줄 수 있으므로, 즉시 큐어링을 멈추고 적절한 조치를 취해야 한다.

52 스마일 라인에 대한 설명 중 옳지 <u>않은</u> 것은?

① 손톱의 상태에 따라 라인의 깊이를 조절할 수 있다.
② 깨끗하고 선명한 라인을 만들어야 한다.
③ 좌우 대칭의 밸런스보다 자연스러움을 강조해야 한다.
④ 빠른 시간에 시술해서 얼룩지지 않도록 해야 한다.

....

스마일 라인은 좌우 대칭의 밸런스가 중요하다. 자연스러운 모양도 중요하지만 무엇보다도 대칭이 우선시돼야 한다.

53 프라이머의 특징이 <u>아닌</u> 것은?

① 아크릴릭 시술 시 자연손톱에 잘 부착되도록 돕는다.
② 피부에 닿으면 화상을 입힐 수 있다.
③ 자연손톱 표면의 단백질을 녹인다.
④ 알칼리 성분으로 자연손톱을 강하게 한다.

....

프라이머는 주로 산 성분으로, 자연손톱의 단백질을 녹여 접착력을 높이는 역할을 한다.

54 가장 기본적인 네일 관리법으로 손톱모양 만들기, 큐티클 정리, 마사지, 컬러링 등을 포함하는 네일 관리법은?

① 습식 매니큐어
② 페디아트
③ UV 젤네일
④ 아크릴 오버레이

....

습식 매니큐어는 손톱 관리의 기본적인 절차이다.

55 다음 중 원톤 스컬프처 제거에 대한 설명으로 옳지 <u>않은</u> 것은?

① 니퍼로 뜯는 행위는 자연손톱에 손상을 주므로 피한다.
② 표면에 에칭을 주어 아크릴 제거가 수월하게 한다.
③ 100% 아세톤을 사용해 아크릴을 녹여 준다.
④ 파일링만으로 제거하는 것이 원칙이다.

....

원톤 스컬프처는 아세톤 등으로 제거하는 것이 일반적이며, 파일링만으로 제거해서는 안 된다.

56 페디큐어 과정에서 필요한 재료로 옳지 <u>않은</u> 것은?

① 니퍼
② 콘커터
③ 액티베이터
④ 토 세퍼레이터

....

액티베이터는 일반적으로 젤이나 아크릴 시술에 사용되며, 페디큐어 과정에서는 필요하지 않다.

57 자연손톱에 인조 팁을 붙일 때 유지하는 가장 적합한 각도는?

① 35°
② 45°
③ 90°
④ 95°

인조 팁을 붙일 때 45°를 이루어야 팁이 자연스러운 모양을 유지할 수 있다.

58 원톤 스컬프처의 완성 시 인조네일의 아름다운 구조 설명으로 옳지 <u>않은</u> 것은?

① 옆선이 네일의 사이드 월 부분과 자연스럽게 연결돼야 한다.
② 콘벡스와 콘케이브의 균형이 균일해야 한다.
③ 하이포인트의 위치가 스트레스 포인트 부근에 위치해야 한다.
④ 인조네일의 길이는 길어야 아름답다.

인조네일의 아름다움은 길이에만 의존하지 않으며, 균형과 형태가 중요하다.

59 네일 폼의 사용에 관한 설명으로 옳지 <u>않은</u> 것은?

① 측면에서 볼 때 네일 폼은 항상 20° 하향하도록 장착한다.
② 자연 네일과 네일 폼 사이가 멀어지지 않도록 장착한다.
③ 하이포니키움이 손상되지 않도록 주의하며 장착한다.
④ 네일 폼이 틀어지지 않도록 균형을 잘 조절해 장착한다.

네일 폼은 일반적으로 20°로 정해진 것이 아니라, 시술 대상자의 손톱 모양에 따라 달라질 수 있다.

60 페디큐어의 정의로 옳은 것은?

① 발톱을 관리하는 것을 말한다.
② 발과 발톱을 관리, 손질하는 것을 말한다.
③ 발을 관리하는 것을 말한다.
④ 손상된 발톱을 교정하는 것을 말한다.

페디큐어는 발과 발톱을 포함한 발 전체의 관리 과정을 의미한다.

정답 57 ② 58 ④ 59 ① 60 ②

01 일명 도시형, 유입형이라고도 하며 생산층 인구가 전체 인구의 50% 이상이 되는 인구 구성의 유형은?

① 별형(Star Form)
② 항아리형(Pot Form)
③ 농촌형(Guitar Form)
④ 종형(Bell Form)

별형은 생산연령층 인구가 도시로 유입된 인구형태로, 15~64세 인구가 전체 50%를 초과 하는 유형이다.

02 다음 중 식물에게 가장 피해를 많이 줄 수 있는 기체는?

① 일산화탄소
② 이산화탄소
③ 탄화수소
④ 이산화황

이산화황은 식물의 엽록소에 해로운 영향을 미쳐 피해를 줄 수 있는 주요 기체이다.

03 다음 감염병 중 호흡기계 전염병에 속하는 것은?

① 발진티푸스
② 파라티푸스
③ 디프테리아
④ 황열

오답 피하기
① 발진티푸스는 피부계 감염병이다.
② 파라티푸스는 소화계 감염병이다.
④ 황열은 면역계 감염병이다.

04 사회보장의 종류에 따른 내용의 연결이 옳은 것은?

① 사회보험 – 기초생활보장, 의료보장
② 사회보험 – 소득보장, 의료보장
③ 공적부조 – 기초생활보장, 보건의료서비스
④ 공적부조 – 의료보장, 사회복지서비스

사회보장제도의 종류와 역할
• 사회보험은 소득과 의료 등을 포함하는 시스템이다.
• 공적부조(공공부조)는 기초생활보장을 목표로 한다.
• 사회서비스는 사회복지나, 보건의료 등의 분야에서 비금전적인 서비스를 제공하는 것을 목표로 한다.

05 (   ) 안에 들어갈 알맞은 것은?

> (   )(이)란 감염병 유행지역의 입국자에 대해 감염병 감염이 의심되는 사람의 강제격리로 '건강격리'라고도 한다.

① 검역   ② 감금
③ 감시   ④ 전파예방

검역은 감염병 유행지역에서 입국자에 대한 건강 격리를 의미한다.

06 감염병을 옮기는 질병과 그 매개곤충을 연결한 것으로 옳은 것은?

① 말라리아 – 진드기
② 발진티푸스 – 모기
③ 양충병(쯔쯔가무시) – 진드기
④ 일본뇌염 – 체체파리

양충병(恙蟲病)은 진드기(양충, 恙蟲)에 의해 전파되는 감염병이다.

오답 피하기
① 말라리아는 모기에 의해 전파된다.
② 발진티푸스는 이에 의해 전파된다.
④ 일본뇌염은 모기에 의해 전파되며, 수면병이 체체파리에 의해 전파된다.

07 영양소의 3대 작용으로 옳지 <u>않은</u> 것은?

① 신체의 생리기능 조절
② 에너지 열량 감소
③ 신체의 조직 구성
④ 열량공급 작용

영양소는 에너지를 공급하는 역할을 하며, 열량 감소와는 상관이 없다.

08 다음 소독 방법 중 완전 멸균으로 가장 빠르고 효과적인 방법은?

① 유통증기법
② 간헐살균법
③ 고압증기법
④ 건열소독

고압증기법은 다른 소독법에 비해 빠르고 효과적이다.

09 인체에 질병을 일으키는 병원체 중 대체로 살아 있는 세포에서만 증식하고 크기가 가장 작아 전자현미경으로만 관찰할 수 있는 것은?

① 구균
② 간균
③ 바이러스
④ 원생동물

오답 피하기
구균(①), 간균(②), 원생동물(④)은 광학현미경으로 관찰할 수 있을 정도로 작다.

10 다음 중 이·미용업소 쓰레기통, 하수구 소독으로 효과적인 것은?

① 역성비누액
② 승홍수
③ 포르말린액
④ 생석회

생석회는 산화칼슘 98% 이상 함유한 백색 분말이며, 화장실 분변과 하수도 주위 소독에 사용한다.

11 이·미용업소에서 공기 중 비말전염으로 가장 쉽게 옮겨질 수 있는 감염병은?

① 인플루엔자
② 대장균
③ 뇌염
④ 장티푸스

오답 피하기
②·④은 오염된 물, ③은 모기에 의해 전파된다.

12 소독약의 살균력 지표로 가장 많이 이용되는 것은?

① 알코올
② 크레졸
③ 석탄산
④ 포름알데히드

석탄산은 소독제의 평가기준으로 사용된다.

13 다음 중 아포(포자)까지도 사멸시킬 수 있는 멸균 방법은?

① 자외선조사법
② 고압증기멸균법
③ P.O(Propylene Oxide) 가스 멸균법
④ 자비소독법

고압증기멸균법이 아포까지 사멸시킬 수 있는 방법이다.

14 소독제의 구비조건과 가장 거리가 <u>먼</u> 것은?

① 높은 살균력을 가질 것
② 인축에 해가 없어야 할 것
③ 저렴하고 구입과 사용이 간편할 것
④ 냄새가 강할 것

소독제는 살균력과 안전성이 높아야 한다. 그러나 냄새까지 강할 필요는 없다.

정답 07 ② 08 ③ 09 ③ 10 ④ 11 ① 12 ③ 13 ② 14 ④

15 여드름을 유발하는 호르몬은?

① 인슐린(Insulin)
② 안드로겐(Androgen)
③ 에스트로겐(Estrogen)
④ 티록신(Thyroxine)

안드로겐은 여드름을 유발하는 주요 호르몬이다.

오답 피하기
① 인슐린(Insulin)은 췌장 호르몬으로, 혈당량을 조절하는 데 쓰인다.
③ 에스트로겐(Estrogen)은 여성호르몬으로, 여성의 유방과 자궁을 발달시키는 데 쓰인다.
④ 티록신(Thyroxine)은 갑상선 호르몬으로 물질대사를 조절하는 데 쓰인다.

16 멜라닌 세포가 주로 위치하는 곳은?

① 각질층
② 기저층
③ 유극층
④ 망상층

멜라닌 세포는 주로 유극층에서 발견된다.

17 피지, 각질세포, 박테리아가 서로 엉겨서 모공이 막힌 상태를 무엇이라 하는가?

① 구진
② 면포
③ 반점
④ 결절

면포(面包)는 피지가 굳어 모공이 막힌 상태이다. 색생이 하얀 색이면 화이트 헤드, 검으면 블랙 헤드라 한다.

18 사춘기 이후 성호르몬의 영향을 받아 발달하기 시작하는 땀샘으로 체취선이라고 하는 것은?

① 소한선
② 대한선
③ 갑상선
④ 피지선

대한선은 체취를 결정하는 땀샘이다.

19 일광화상의 주된 원인이 되는 자외선은?

① UVA   ② UVB
③ UVC   ④ 가시광선

UVB는 일광화상의 주된 원인이다.

오답 피하기
① UVA는 피부 노화의 주된 원인이다.
③ UVC에 노출되면 피부암에 걸릴 수 있다.
④ 가시광선은 피부에 큰 영향을 주지 않는다.

20 다음 중 뼈와 치아의 주성분이며, 결핍되면 혈액의 응고현상이 나타나는 영양소는?

① 인(P)
② 요오드(I)
③ 칼슘(Ca)
④ 철분(Fe)

칼슘은 뼈와 치아의 주성분이며, 결핍 시 혈액 응고에 영향을 미친다.

21 노화 피부에 대한 전형적인 증세는?

① 피지가 과다 분비돼 번들거린다.
② 항상 촉촉하고 매끈하다
③ 수분이 80% 이상이다
④ 유분과 수분이 부족하다

노화 피부는 일반적으로 유분과 수분이 부족해 건조하고 거칠어지는 경향이 있다.

정답 15 ② 16 ③ 17 ② 18 ② 19 ② 20 ③ 21 ④

22 공중위생관리법상 이·미용 기구의 소독기준 및 방법으로 옳지 <u>않은</u> 것은?

① 건열멸균소독 : 100℃ 이상의 건조한 열에 10분 이상 쐬어 준다.
② 증기소독 : 100℃ 이상의 습한 열에 20분 이상 쐬어 준다.
③ 열탕소독 : 100℃ 이상의 물속에 10분 이상 끓여 준다.
④ 석탄산수소독 : 석탄산수(석탄산 3%, 물 97%의 수용액)에 10분 이상 담가 둔다.

건열멸균소독 시 160℃에서 2시간 이상 소독해야 한다.

23 공중위생업자가 매년 받아야 하는 위생교육 시간은?

① 5시간
② 4시간
③ 3시간
④ 2시간

공중위생업자는 매년 3시간의 위생교육을 받아야 한다.

24 면허의 정지명령을 받은 자가 반납한 면허증은 정지 기간에 누가 보관하는가?

① 관할 시·도지사
② 관할 시장·군수·구청장
③ 보건복지부장관
④ 관할 경찰서장

정지된 면허증은 관할 시장·군수·구청장이 보관한다.

25 과태료의 부과·징수 절차에 관한 설명으로 옳지 <u>않은</u> 것은?

① 시장·군수·구청장이 부과·징수한다.
② 과태료 처분의 고지를 받은 날부터 30일 이내에 이의를 제기할 수 있다.
③ 과태료 처분을 받은 자가 이의를 제기한 경우 처분권자는 보건복지부장관에게 이를 통보한다.
④ 기간 내 이의가 없이 과태료를 납부하지 아니한 때에는 지방세 체납 처분의 예에 따른다.

이의 제기 시에는 관련 기관이 아닌 해당 처분을 한 기관에서 처리한다.

26 다음 중 청문의 대상이 <u>아닌</u> 때는?

① 면허취소 처분을 하고자 하는 때
② 면허정지 처분을 하고자 하는 때
③ 영업소폐쇄명령의 처분을 하고자 하는 때
④ 벌금으로 처벌하고자 하는 때

벌금 처벌은 청문 대상이 아니다.

27 신고를 하지 아니하고 영업소의 소재지를 변경한 때에 대한 1차 위반 시 행정처분 기준은?

① 영업장 폐쇄명령
② 영업정지 6월
③ 영업정지 3월
④ 영업정지 2월

신고 없이 영업소를 변경한 경우 1차 위반 시 영업정지 1개월의 처분이 내려진다.

28 이 · 미용업 영업신고 신청 시 필요한 구비서류에 해당하는 것은?

① 이 · 미용사 자격증 원본
② 면허증 원본
③ 가족관계증명서 및 주민증록등본
④ 건축물 대장

① 이 · 미용사 자격증 원본은 영업 시 영업소 내에 게시하여야 한다.
③ 가족관계증명서 및 주민증록등본은 지위 승계 신고 시 필요한데, 행정정보공동이용에 동의하면 별도로 필요치 않을 수 있다.
④ 건축물 대장은 국유재산을 사용하여 영업을 할 때 필요하다.

29 화장수에 대한 설명 중 옳지 <u>않은</u> 것은?

① 수렴화장수는 아스트린젠트라고 불린다.
② 수렴화장수는 지성, 복합성 피부에 효과적으로 사용된다.
③ 유연화장수는 건성 또는 노화 피부에 효과적으로 사용된다.
④ 유연화장수는 모공을 수축시켜 피붓결을 섬세하게 정리한다.

유연화장수는 피부를 부드럽게 하고 보습한다. 모공을 수축하는 화장수는 수렴화장수이다.

30 아줄렌(Azulene)은 어디에서 얻어지는가?

① 카모마일(Camomile)
② 로얄젤리(Royal Jelly)
③ 아르미카(Armica)
④ 조류(Algae)

아줄렌은 카모마일에서 추출되는 성분이다.

31 향수에 대한 설명으로 옳은 것은?

① 퍼퓸(Perfume Extract) – 알코올 70%와 향수원액을 30% 포함하며, 향이 3일 정도 지속된다.
② 오 드 퍼퓸(Eau de Perfume) – 알코올 95%이상, 향수원액 2~3%로 30분 정도 향이 지속된다.
③ 샤워 콜롱(Shower Cologne) – 알코올 80%와 물 및 향수원액 15%가 함유된 것으로 5시간 정도 향이 지속된다.
④ 헤어 토닉(Hair Tonic) – 알코올 85~95%와 향수원액 8%가량이 함유된 것으로 향이 2~3시간 정도 지속된다.

퍼퓸의 지속시간이 가장 길다.

② 오 드 퍼퓸(Eau de Perfume)은 향의 지속시간이 4~6시간 정도이다.
③ 샤워 콜롱(Shower Cologne)은 향기의 지속시간이 1시간 미만이다.
④ 헤어 토닉(Hair Tonic)는 향수가 아니다.

32 린스의 기능으로 옳지 <u>않은</u> 것은?

① 정전기를 방지한다.
② 모발 표면을 보호한다.
③ 자연스러운 광택을 준다.
④ 세정력이 강하다.

린스는 주로 모발을 부드럽게 하고 보호하는 역할을 한다. 상대적으로 샴푸가 린스보다 세정력이 강하다.

33 화장품 성분 중 기초화장품이나 메이크업 화장품에 널리 사용되는 고형의 유성성분으로 화학적으로는 고급지방산에 고급알코올이 결합된 에스테르이며, 화장품의 굳기를 증가시켜 주는 원료에 속하는 것은?

① 왁스(Wax)
② 폴리에틸렌글리콜(Polyethylene Glycol)
③ 피마자유(Caster Oil)
④ 바셀린(Vaseline)

왁스는 화장품의 굳기를 증가시키고, 안정성을 높이는 역할을 한다.

34 화장품의 4대 요건에 속하지 않는 것은?

① 안전성
② 안정성
③ 치유성
④ 유효성

화장품의 4대 요건은 안전성, 안정성, 유효성으로 치유성은 포함되지 않는다.

35 다음 중 미백 기능과 가장 거리가 먼 것은?

① 비타민C
② 코직산
③ 캠퍼
④ 감초

캠퍼는 미백이 아니라 냉각(냉감) 효과를 위해 사용된다.

36 네일미용의 역사에 대한 설명으로 옳지 않은 것은?

① 최초의 미용네일은 기원전 3000년경에 이집트에서 시작됐다.
② 고대 이집트에서는 헤나를 이용해 붉은 오렌지색으로 손톱을 물들였다.
③ 그리스에서는 계란 흰자와 아라비아산 고무나무 수액을 섞어 손톱에 칠했다.
④ 15세기 중국의 명 왕조에서는 흑색과 적색으로 손톱에 칠해 장식했다.

그리스가 아니라 고대 이집트에서 계란 흰자와 다른 재료를 사용했다.

37 손톱의 구조 중 조근에 대한 설명으로 가장 적절한 것은?

① 손톱 모양을 만든다.
② 연분홍의 반달모양의 구조물이다.
③ 손톱이 자라기 시작하는 곳이다.
④ 손톱의 수분공급을 담당한다.

조근(매트릭스)은 손톱이 자라기 시작하는 부분으로, 손톱의 성장에 중요한 역할을 한다.

오답 피하기

① · ④ 조모에 대한 설명이다.
② 조반월에 대한 설명이다.

38 네일숍의 안전관리를 위한 대처방법으로 가장 적합하지 않은 것은?

① 화학물질을 사용할 때에는 반드시 뚜껑이 있는 용기를 이용한다.
② 작업 시 마스크를 착용해 가루의 흡입을 막는다.
③ 작업공간에서는 음식물 섭취, 흡연을 금한다.
④ 가능하면 스프레이 형태의 화학물질을 사용한다.

스프레이 형태의 화학물질은 흡입 위험이 있으므로 피하는 것이 좋다.

정답 33 ① 34 ③ 35 ③ 36 ③ 37 ③ 38 ④

39 손톱의 구조에서 자유연(프리에지) 밑부분의 피부를 무엇이라고 하는가?

① 하조피(하이포니키움)
② 조구(네일 그루브)
③ 큐티클
④ 조상연(페리오니키움)

하조피는 자유연 아래에 위치하는 피부로, 손톱 끝을 보호한다.

40 다음 중 손톱의 역할과 가장 거리가 먼 것은?

① 손끝과 발끝을 외부자극으로부터 보호한다.
② 미적 · 장식적 기능이 있다.
③ 방어와 공격의 기능이 있다.
④ 분비기능이 있다.

손톱은 분비기능을 하지 않는다. 분비기능은 피부가 수행한다.

41 다음 중 손가락의 수지골 뼈의 명칭이 아닌 것은?

① 기절골
② 말절골
③ 중절골
④ 요골

요골(노뼈)은 팔꿈치에서 손목으로 이어지는 뼈이다.

42 다음 중 네일미용 시술이 가능한 경우는?

① 사상균증
② 조갑구만증
③ 조갑탈락증
④ 행네일

행네일은 손톱 거스러미이다. 거스러미는 클리퍼로 정리 후 시술할 수 있지만, 다른 선택지는 감염이나 기타 문제가 있어 시술하기 어렵다.

43 네일도구의 설명으로 옳지 않은 것은?

① 큐티클 니퍼 : 손톱 위에 거스러미가 생긴 살을 제거할 때 사용한다.
② 아크릴릭 브러시 : 아크릴릭 파우더로 볼을 만들어 인조손톱을 만들 때 사용한다.
③ 클리퍼 : 인조팁을 잘라 길이를 조절할 때 사용한다.
④ 아크릴릭 폼지 : 팁 없이 아크릴릭 파우더만을 가지고 네일을 연장할 때 사용하는 일종의 받침대 역할을 한다.

클리퍼는 헤어 커트시 필요한 도구이다.

44 손가락과 손가락 사이가 붙지 않고 벌어지게 하는 데 쓰이는 손등의 근육은?

① 외전근
② 내전근
③ 대립근
④ 회외근

외전근은 손가락을 벌리는 역할을 하는 근육이다.

45 네일미용 관리 중 고객관리에 대한 응대로 지켜야 할 사항이 아닌 것은?

① 시술의 우선 순위에 대한 논쟁을 막기 위해서 예약 고객을 우선으로 한다.
② 고객이 도착하기 전에는 필요한 물건과 도구를 준비해야 한다.
③ 관리 중에는 고객과 대화를 나누지 않는다.
④ 고객에게 소지품과 옷 보관함을 제공하고 바뀌는 일이 없도록 한다.

피드백을 수용하거나 시술 시의 분위기를 좋게 하기 위해 고객과의 대화는 필수적이다.

46 고객관리에 대한 설명으로 옳은 것은?

① 피부 습진이 있는 고객은 처치를 하면서 서비스한다.

② 진한 메이크업을 하고 고객을 응대한다.

③ 네일제품으로 인한 알레르기 반응이 생길 수 있으므로 원인이 되는 제품의 사용을 멈추도록 한다.

④ 문제성 피부를 지닌 고객에게 주어진 업무 수행을 자유롭게 한다.

고객이 알레르기 반응을 보이는 경우, 즉시 해당 제품 사용을 중단해야 한다.

47 다음 중 발의 근육에 해당하는 것은?

① 비복근

② 대퇴근

③ 장골근

④ 족배근

발등근을 족배근이라 한다. 나머지는 모두 다리의 근육에 해당한다.

48 화학물질로부터 자신과 고객을 보호하는 방법으로 옳지 <u>않은</u> 것은?

① 화학물질은 피부에 닿아도 되기 때문에 신경 쓰지 않아도 된다.

② 통풍이 잘 되는 작업장에서 작업을 한다.

③ 공중 스프레이 제품보다 찍어 바르거나 솔로 바르는 제품을 선택한다.

④ 콘택트렌즈의 사용을 제한한다.

화학물질은 피부에 닿으면 안 되며, 항상 주의해야 한다.

49 한국의 네일미용의 역사에 관한 설명 중 옳지 <u>않</u>은 것은?

① 우리나라 네일 장식의 시작은 봉선화 꽃물을 들이는 것이라 할 수 있다.

② 한국의 네일 산업이 본격화되기 시작한 것은 1960년대 중반으로, 미국과 일본의 영향으로 네일산업이 급성장하면서 대중화되기 시작했다.

③ 1990년대부터 대중화돼 왔고 1998년에는 민간자격증이 도입됐다.

④ 화장품 회사에서 다양한 색상의 폴리시를 판매하면서 일반인들이 네일에 대해 관심을 갖기 시작했다.

한국의 네일 산업은 1990년대부터 본격화되기 시작했다.

50 네일 질환 중 교조증(오니코파지, Onychophagy)의 원인과 관리방법 중 가장 적절한 것은?

① 유전에 의해 손톱의 끝이 두껍게 자라는 것이 원인으로 매니큐어나 페디큐어가 증상을 완화시킨다.

② 멜라닌 색소가 착색돼 일어나는 증상이 원인이며 손톱이 자라면서 없어지기도 한다.

③ 손톱을 심하게 물어뜯는 것을 가리키며 인조손톱을 붙여서 교정할 수 있다.

④ 식습관이나 질병에서 비롯된 증상이 원인이며 부드러운 파일을 사용해 관리한다.

교조증은 손톱을 물어뜯는 습관에서 발생하며, 인조손톱이 교정에 도움이 될 수 있다.

정답 46 ③ 47 ④ 48 ① 49 ② 50 ③

51 습식 매니큐어 시술에 관한 설명으로 옳지 <u>않은</u> 것은?

① 고객의 취향과 기호에 맞게 손톱 모양을 잡는다.

② 자연손톱 파일링 시 한 방향으로 시술한다.

③ 손톱 질환이 심각할 경우 의사의 진료를 권한다.

④ 큐티클을 죽은 각질피부이므로 반드시 모두 제거하는 것이 좋다.

············

큐티클은 보호 기능이 있어, 모두 제거해서는 안 된다.

52 폴리시를 바르는 방법 중 손톱이 길고 가늘게 보이도록 하기 위해 양쪽 사이드 부위를 남겨 두는 컬러링 방법은?

① 프리에지(Free Edge)

② 풀코트(Full Coat)

③ 슬림 라인(Slim Line)

④ 루눌라(Lunula)

············

슬림 라인은 손톱을 길고 가늘어 보이게 하는 방법이다.

53 UV젤 네일의 설명으로 옳지 <u>않은</u> 것은?

① 젤은 끈끈한 점성을 가지고 있다.

② 파우더와 믹스됐을 때 단단해진다.

③ 네일 리무버로 제거되지 않는다.

④ 투명도와 광택이 뛰어나다.

············

UV 젤은 파우더와 섞이지 않으며, UV광선에 의해 경화된다.

54 아크릴릭 시술 시 바르는 프라이머에 대한 설명으로 옳지 <u>않은</u> 것은?

① 단백질을 화학작용으로 녹여 준다.

② 아크릴릭 네일이 손톱에 잘 부착되도록 도와준다.

③ 피부에 닿으면 화상을 입힐 수 있다.

④ 충분한 양으로 여러 번 도포해야 한다.

············

프라이머는 적당량을 한 번 도포하는 것이 일반적이며, 여러 번 도포할 필요는 없다.

55 네일 팁 오버레이의 시술과정에 대한 설명으로 옳지 <u>않은</u> 것은?

① 네일 팁 접착 시 자연손톱 길이의 ½이상 덮지 않는다.

② 자연 손톱이 넓은 경우 좁게 보이게 하기 위해 작은 사이즈의 네일 팁을 붙인다.

③ 네일 팁의 접착력을 높이기 위해 자연손톱의 에칭 작업을 한다.

④ 프리프라이머를 자연손톱에만 도포한다.

············

손톱에 알맞게 붙이거나 약간 큰 사이즈를 붙여야 한다.

56 아크릴릭 네일의 보수 과정에 대한 설명으로 가장 거리가 <u>먼</u> 것은?

① 들뜬 부분의 경계를 파일링한다.

② 아크릴릭 표면이 단단하게 굳은 후에 파일링한다.

③ 세로 자라난 자연 손톱 부분에 프라이머를 바른다.

④ 들뜬 부분에 오일 도포 후 큐티클을 정리한다.

············

들뜬 부분에는 오일을 도포하지 않고, 적절한 파일링과 정리가 필요하다.

57 페디파일의 사용 방향으로 가장 적절한 것은?

① 바깥쪽에서 안쪽으로
② 왼쪽에서 오른쪽으로
③ 족문 방향으로
④ 사선 방향으로

페디파일은 족문 방향으로 사용한다.

58 큐티클을 정리하는 도구의 명칭으로 가장 적절한 것은?

① 핑거볼
② 니퍼
③ 핀셋
④ 클리퍼

니퍼는 큐티클을 '잘라서' 정리하는 데 사용되는 도구이다.

59 페디큐어의 시술방법으로 옳은 것은?

① 파고드는 발톱의 예방을 위해 발톱의 모양은 일자형으로 한다.
② 혈압이 높거나 심장병이 있는 고객은 마사지를 더 강하게 해 준다.
③ 모든 각질 제거에는 콘커터를 사용해 완벽하게 제거한다.
④ 발톱의 모양은 무조건 고객이 원하는 형태로 잡아 준다.

오답 피하기
② 심혈관계 질환자에게 마사지를 강하게 하면 혈압이 상승할 수 있어 위험하다.
③ 각질의 두께나 모양, 시술 부위에 따라 콘커터 말고도 다양한 도구로 제거할 수 있다.
④ 발톱의 모양은 시술하려는 스타일과 발톱상태에 따라 달리해야 한다.

60 네일 팁에 대한 설명으로 옳지 <u>않은</u> 것은?

① 네일 팁 접착 시 손톱의 ½ 이상 커버해서는 안된다.
② 네일 팁은 손톱의 크기에 너무 크거나 작지 않은 가장 잘 옳은 사이즈의 팁을 사용한다.
③ 웰 부분의 형태에 따라 풀 웰(Full Well)과 하프 웰(Half Well)이 있다.
④ 자연 손톱이 크고 납작한 경우 커브타입의 팁이 좋다.

손톱이 납작하기 때문에 커브형의 팁은 알맞지 않다.

PART

04

최신 기출문제

*저자진이 직접 응시하여 복원한 최신 기출문제 6회분을 수록하였습니다.

01 기능성 화장품의 주요 효과가 <u>아닌</u> 것은?

① 피부 주름 개선에 도움을 준다.
② 자외선으로부터 보호한다.
③ 여드름 치료에 도움을 준다.
④ 피부 미백에 도움을 준다.

02 매트릭스 세포의 배열 길이로 네일의 무엇이 달라지는가?

① 네일의 크기가 달라진다.
② 네일의 두께가 달라진다.
③ 네일의 모양이 달라진다.
④ 네일의 성장 속도가 달라진다.

03 발의 근육 중 엄지발가락을 펴는 근육을 무엇이라고 하는가?

① 무지대립근
② 충양근
③ 장무지신근
④ 장무지굴근

04 관절에 대한 설명으로 <u>틀린</u> 것은?

① 신근 : 관절을 펼치는 신전 작용을 한다.
② 굴근 : 관절을 굽히는 굴곡 작용을 한다.
③ 외전근 : 관절을 벌리는 외전 작용을 한다.
④ 대립근 : 관절을 모으는 내전 작용을 한다.

05 실내의 적정 습도는?

① 30~70%
② 60~80%
③ 40~70%
④ 40~80%

06 알레르기의 원인이 되는 히스타민을 분비하는 곳은?

① 랑게르한스 세포
② 비만 세포
③ 말피기 세포
④ 유극 세포

07 사마귀(Wart, Verruca)의 원인은?

① 바이러스
② 진균
③ 내분비 이상
④ 당뇨병

08 단백질의 최종 가수 분해 물질은?

① 지방산
② 콜레스테롤
③ 아미노산
④ 포도당

09 피부의 피지막에 대한 설명으로 **틀린** 것은?

① 보통 알칼리성을 띠고 독극물을 중화한다.
② 땀과 피지가 섞여서 합쳐진 막이다.
③ 피지막에 의해 세균이 죽거나 발육이 억제된다.
④ 피지막 형성은 피부의 상태에 따라 그 정도가 다르다.

10 다음 중 1년 이하의 징역 또는 1,000만원 이하의 벌금에 처할 수 있는 것은?

① 영업소 폐쇄명령을 받고도 계속해 영업을 한 자
② 건전한 영업질서를 위해 공중위생영업자가 준수해야 할 사항을 준수하지 않은 자
③ 음란행위를 알선 또는 제공하거나 이에 대한 손님의 요청에 응한 자
④ 미용사의 면허증을 빌려주거나 빌리는 것을 알선한 사람

11 친유성 성분과 친수성 성분이 동시에 존재하는 것은?

① 에탄올
② 벤조산
③ 파라옥시안식향산메틸
④ BHT

12 화학물질 사용 시 주의사항으로 **틀린** 것은?

① 화학물질을 사용할 때에는 콘택트렌즈의 사용을 지양한다.
② 화학물질 제품은 스프레이 타입보다 스포이트나 브러시로 바르는 타입을 사용하는 것이 좋다.
③ 통풍이 잘 되는 작업장에서 작업을 한다.
④ 따뜻하게 사용하기 위해 습도가 있는 곳에 보관한다.

13 뼈의 길이 성장에 관여하며 골단연골의 성장이 멈추면서 완전한 뼈가 형성되는 장골의 양쪽 둥근 끝부분을 무엇이라고 하는가?

① 골화
② 골단
③ 골막
④ 골수

14 다음 중 페디큐어의 재료가 **아닌** 것은?

① 토 세퍼레이터
② 큐티클 푸셔
③ 핑거볼
④ 큐티클 니퍼

15 아크릴 스컬프처의 재료가 **아닌** 것은?

① 디펜디시
② 네일 폼
③ 모노머
④ 네일 팁

16 소독의 정의에 대한 설명 중 가장 올바른 것은?

① 모든 미생물을 열이나 약품으로 사멸시키는 것
② 병원성 미생물을 사멸시키거나 제거해 감염력을 잃게 하는 것
③ 병원성 미생물에 의한 부패를 방지하는 것
④ 병원성 미생물에 의한 발효를 방지하는 것

17 강한 자외선에 의한 피부 질병이 <u>아닌</u> 것은?

① 아토피 피부염
② 피부 홍반
③ 수포
④ 색소 침착

18 과태료의 부과기준을 규정한 법령은?

① 고용노동부령
② 보건복지부령
③ 대통령령
④ 법무부령

19 공중위생 감시원을 둘 수 <u>없는</u> 곳은?

① 특별시
② 광역시
③ 군
④ 읍

20 다음 중 여드름의 발생 가능성이 가장 적은 화장품 성분은?

① 호호바 오일
② 바셀린
③ 미네랄 오일
④ 이소프로필 팔미테이트

21 화장품 성분 중 유기 안료의 특성이 <u>아닌</u> 것은?

① 내광성, 내열성이 우수하다.
② 선명도와 착색력이 뛰어나다.
③ 유기 용매에 잘 녹는다.
④ 무기 안료에 비해 색의 종류가 다양하다.

22 화학적 필링제의 성분으로 사용되는 것은?

① AHA
② 에탄올
③ 캐모마일 오일
④ 올리브 오일

23 골화의 초기 과정을 무엇이라고 하는가?

① 연골내골화
② 막성골화(막내골화)
③ 늑갑골화
④ 연유골화

24 토 세퍼레이터에 대한 설명으로 <u>틀린</u> 것은?

① 기성제품 이외에 페이퍼타월이나 솜 등을 사용할 수 있다.

② 베이스코트 도포 전에 사용한다.

③ 한 고객에게 사용한 후 반드시 소독해 자외선 소독기에 넣어 보관한다.

④ 컬러링을 할 때 발가락끼리 닿지 않게 해주는 제품이다.

25 젤 네일에 대한 설명으로 <u>틀린</u> 것은?

① 젤 램프에 경화하기 전까지는 자유롭게 다룰 수 있다.

② 톱 젤이 있어 쉽게 고광택을 낼 수 있다.

③ 아크릴 성분도 포함돼 있다.

④ 톱 젤은 경화하지 않아도 된다.

26 고압 증기 멸균법을 실시할 때 온도, 압력, 소요시간으로 가장 알맞은 것은?

	온도	압력	소요 시간
①	71℃	10lbs	30분간
②	105℃	15lbs	30분간
③	121℃	15lbs	20분간
④	211℃	10lbs	10분간

27 화장품은 장기간 피부에 사용하는 제품으로 피부에 대한 자극과 독성과 같은 부작용이 없어야 하는 것은 화장품의 4대 요건 중 어느 것에 해당하는가?

① 유효성

② 안정성

③ 사용성

④ 안전성

28 네일 산업의 발달 과정 중 연도와 내용의 연결이 옳은 것은?

① 1925년 : 네일 폴리시 시장이 본격화

② 1935년 : 근대적 페디큐어 등장

③ 1967년 : 포인트(아몬드)형의 네일 유행

④ 1992년 : 실크를 이용한 네일 랩 작업 시도

29 성장기에서 뼈의 길이 성장이 일어나는 곳을 무엇이라 하는가?

① 상지골

② 골화

③ 골수

④ 골단연골

30 매니큐어에 대한 설명으로 <u>틀린</u> 것은?

① 큐티클은 부드럽게 밀어 올린다.

② 큐티클 니퍼 날의 모든 부분이 닿게 조심스럽게 제거한다.

③ 큐티클과 손톱은 출혈이 발생할 수 있으므로 깊게 제거하지 않아야 한다.

④ 컬러링 전에는 유분기를 제거한다.

31 다음이 설명하는 공기의 자정 작용은?

식물이 대기 중의 이산화탄소를 흡수해 탄소 동화에 사용한 후 생성물로 대기 중에 물과 산소를 방출한다.

① 희석 작용

② 살균 작용

③ 세정 작용

④ 교환 작용

32 신고를 하지 않고 영업소의 상호를 변경 시 1차 위반의 행정처분은?

① 영업정지 15일
② 영업정지 30일
③ 영업장 폐쇄명령
④ 경고 또는 개선명령

33 음이온성 계면활성제의 성질에 대한 설명으로 **틀린** 것은?

① 세정 작용이 강하다.
② 기포 형성 작용이 우수하다.
③ 샴푸, 비누에 사용한다.
④ 피부 자극이 없다.

34 위생교육의 내용으로 **틀린** 것은?

① 기술
② 시사 상식
③ 공중위생관리 법규
④ 친절 및 청결

35 클렌징로션에 대한 설명으로 알맞은 것은?

① 사용 후 반드시 비누 세안을 해야 한다.
② 친유성 에멀전(W/O타입)이다.
③ 눈 화장을 지우는 데 주로 사용한다.
④ 민감성 피부에도 적합하다.

36 네일을 너무 심하게 물어뜯어 프리에지 형태가 좋지 않게 되는 증상은?

① 조갑비대증(오니콕시스)
② 조갑주위염(파로니키아)
③ 고랑 파인 네일(퍼로우)
④ 교조증(오니코파지)

37 건강한 네일의 조건에 대한 설명으로 **틀린** 것은?

① 건강한 네일은 유연하고 탄력성이 좋아서 튼튼하다.
② 건강한 네일은 네일 베드에 단단히 잘 부착돼 있어야 한다.
③ 건강한 네일은 연한 핑크빛을 띠며 내구력이 좋다.
④ 건강한 네일은 25~30%의 수분과 10%의 유분을 함유한다.

38 손목을 굽히고, 손가락을 구부리는 근육은?

① 회내근   ② 회의근
③ 장근   ④ 굴근

39 일반 네일 폴리시 아트 작업 후 톱코트 도포 방법에 대한 설명으로 **틀린** 것은?

① 도트는 두께감이 있으므로 톱코트를 최대한 눌러 얇게 도포해야 한다.
② 프리에지 부분까지 감싸듯 발라 유지력을 높여야 한다.
③ 톱코트로 인해 디자인이 뭉개질 수 있으므로 디자인을 네일 폴리시 건조기에 잘 건조시킨 후 톱코트를 도호해야 한다.
④ 네일 주변에 묻은 톱코트를 제거한 후 건조해야 한다.

40 네일 도구 중 일회용으로 사용하지 않아도 되는 것은?

① 큐니클 니퍼
② 콘 커터의 면도날
③ 오렌지 우드스틱
④ 토 세퍼레이터

41 금속 기구 소독에 적합하지 <u>않은</u> 것은?

① 역성비누액
② 크레졸
③ 승홍수
④ 알코올

42 보기에서 설명하는 캐리어 오일은?

• 캐리어 오일 중 액체상 왁스에 속한다.
• 피지와 지방산의 조성이 유사해 피부 친화성이 좋다.
• 다른 식물성 오일에 비해 쉽게 산화되지 않아 보조 안정성이 높다.

① 아몬드 오일
② 호호바 오일
③ 아보카도 오일
④ 맥아 오일

43 손톱의 성장에 관한 설명이 <u>틀린</u> 것은?

① 손톱은 남성보다 여성이 빨리 자란다.
② 발톱은 손톱 성장 속도의 ½ 정도로 늦게 자란다.
③ 중지 손톱이 가장 빨리, 소지 손톱이 가장 늦게 자란다.
④ 손톱은 겨울보다 여름에 빨리 자란다.

44 미생물 세포에 대한 알코올의 주된 작용은?

① 할로겐 복합물 형성
② 단백질 변성
③ 효소의 완전 파괴
④ 균체의 완전 융해

45 왁스에 대한 설명으로 <u>틀린</u> 것은?

① 고급지방산에 고급알코올이 결합된 에스테르를 의미한다.
② 실온에서 고형화제인 유성 성분이며, 제품의 변질이 적다.
③ 동물성 왁스에는 카나우바 왁스, 칸델릴라 왁스 등이 있다.
④ 화장품의 굳기를 조절하고, 광택을 부여하는 역할을 한다.

46 적외선에 대한 설명으로 <u>틀린</u> 것은?

① 모세혈관을 확장한다.
② 신진대사를 촉진한다.
③ 통증을 완화한다.
④ 피부의 체온을 낮춘다.

47 다음 중 모발의 주기로 옳은 것은?

① 성장기 → 퇴화기 → 휴지기
② 성장기 → 휴지기 → 퇴화기
③ 퇴화기 → 휴지기 → 성장기
④ 휴지기 → 성장기 → 퇴화기

48 팁 네일 작업 시 네일 접착제가 빨리 굳게 하는 제품은?

① 젤 램프
② 액티베이터
③ 아크릴 리퀴드
④ 네일 프라이머

49 건강한 네일의 조건이 아닌 것은?

① 12~18% 수분을 함유해야 한다.
② 네일 베드에 단단히 부착돼 있어야 한다.
③ 세균의 침윤이 있고 진균의 감염이 없어야 한다.
④ 연한 핑크색을 띠고 둥근 아치 모양이어야 한다.

50 화장품의 피부 흡수에 대한 설명으로 옳은 것은?

① 세포 간 지질을 통해 흡수하는 것이 흡수율이 가장 높다.
② 분자량이 클수록 피부 흡수율이 높아진다.
③ 피지에 잘 녹는 지용성 성분은 피부 흡수가 안된다.
④ 피지선이나 모낭을 통한 흡수는 시간이 지나면서 증가한다.

51 기초 화장품을 사용하는 목적이 아닌 것은?

① 체취 방지
② 노폐물 제거
③ 피부 보호
④ 영양 공급

52 화장품의 분류와 사용 목적, 제품을 연결한 것으로 옳지 않은 것은?

① 네일 화장품 : 색채 부여 – 네일 폴리시
② 방향 화장품 : 향취 부여 – 퍼퓸
③ 메이크업 화장품 : 유분기 제거 – 파운데이션
④ 기초 화장품 : 피부 정돈 – 화장수

53 미생물의 번식 요소가 아닌 것은?

① 온도
② 습도
③ 기압
④ 영양분

54 뼈의 구조를 가리키는 말이 아닌 것은?

① 골막
② 골조직
③ 골수
④ 장골

55 공중위생 감시원에 해당하지 않는 사람은?

① 위생사 자격증이 있는 사람
② 대학에서 화학 · 화공학 · 환경공학 또는 위생학을 전공하고 졸업한 사람
③ 외국에서 환경기사 면허를 받은 사람
④ 6개월 이상 공중위생 행정에 종사한 경력이 있는 사람

56 화장품 성분이 갖추어야 할 내용으로 <u>틀린</u> 것은?

① 사용 목적에 부합하는가
② 안전성이 우수한가
③ 안정성이 우수한가
④ 살균 작용을 하는가

57 이 · 미용실 바닥과 배설물 소독에 가장 적당한 것은?

① 알코올
② 크레졸
③ 생석회
④ 승홍

58 얼굴 관리 시 가장 주의해야 할 부위는?

① 코
② 눈
③ 입
④ 이마

59 네일 보디가 네일 베드에서 분리되는 옐로 라인의 양쪽 끝점으로 라운드 형태와 오벌 형태를 구분하는 부분은?

① 네일 베드
② 스트레스 포인트
③ 매트릭스
④ 네일 그루브

60 매트릭스(조모)가 탈락돼 프리에지(자유연)까지 새로 자라 나오는 기간으로 가장 적절한 것은?

① 1~2개월
② 8~10개월
③ 2~3개월
④ 5~6개월

01 선량한 풍속 유지를 위해 필요하다가 인정하는 경우에 이·미용업의 영업시간 및 영업행위에 관해 필요한 제한을 할 수 있는 자는?

① 관련 기관의 장
② 보건복지부장관
③ 시·도지사
④ 시장·군수·구청장

02 감염형 식중독에 속하지 <u>않는</u> 것은?

① 살모넬라균 식중독
② 보툴리누스균 식중독
③ 포도상구균 식중독
④ 웰치균 식중독

03 다음 소독 방법 중 완전 멸균으로 가장 빠르고 효과적인 방법은?

① 유통증기 멸균법
② 간헐 멸균법
③ 고압증기 멸균법
④ 건열 멸균법

04 보건행정의 의의에 대한 설명으로 틀린 것은?

① 공중위생업소의 위생과 시설에 관한 업무를 관리한다.
② 질병 예방, 생명 연장, 신체 및 정신적 효율을 증진한다.
③ 공중보건학에 기초한 과학적 기술이 필요하다.
④ 개인보건의 목적을 달성하기 위해 공공의 책임하에 수행하는 행정 활동이다.

05 석탄산의 희석배수 90배를 기준으로 할 때 어떤 소독약의 석탄산 계수가 4였다면 이 소독약의 희석배수는?

① 90배 ② 94배
③ 360배 ④ 400배

06 공중위생영업자 단체의 설립 목적이 <u>아닌</u> 것은?

① 영업의 건전한 발전을 도모하기 위해
② 국민 보건의 향상을 기하기 위해
③ 영업자 단체의 조직을 갖추기 위해
④ 공중위생의 향상을 기하기 위해

07 마그네슘을 주성분으로 하는 암석인 활석(Talc)으로 만든 화장품은?

① 스킨커버
② 메이크업 베이스
③ 파운데이션
④ 파우더

08 다음 중 뼈와 치아의 주성분이며, 결핍되면 혈액의 응고 현상이 나타나는 영양소는?

① 인(P)
② 요오드(I)
③ 칼슘(Ca)
④ 철(Fe)

09 오니코크립토시스(조갑감입증)에 대한 설명으로 틀린 것은?

① 네일의 양쪽 옆면이 살 속으로 파고드는 증상이다.
② 발톱을 동그랗게 잘라 주어야 한다.
③ 네일미용사가 관리 가능한 이상 증세이다.
④ 꽉 끼는 신발 착용으로 발생할 수 있다.

10 네일 폴리시에 대한 설명으로 틀린 것은?

① 색상을 주고 광택을 보이게 하는 화장제이다.
② 휘발성 물질이다.
③ 굳는 것을 방지하기 위해 병 입구를 닦아 보관한다.
④ 비인화성 물질로 돼 있다.

11 표피의 구조 중 다음의 설명에 해당하는 것은?

- 손바닥과 발바닥 등 비교적 피부층이 두꺼운 부위에 주로 분포한다.
- 수분 침투를 방지하고 피부가 윤이 나게 하는 기능을 하는 엘라이딘이라는 단백질을 함유하고 있다.

① 각질층
② 유극층
③ 투명층
④ 과립층

12 향수를 뿌린 후 마지막에 남은 향으로, 주로 휘발성이 낮은 향료들로 이루어진 노트(Note)는?

① 톱 노트
② 하트 노트
③ 미들 노트
④ 베이스 노트

13 손발톱이 없어지는 오니콥토시스의 원인과 가장 거리가 먼 것은?

① 매독, 고열, 약물의 부작용 등으로 인해 발생한다.
② 네일 매트릭스의 기능이 일시적으로 정지돼 네일 보디와의 연결이 끊어진 경우에 발생한다.
③ 네일 폴드의 염증으로 네일 베드 일부의 소실 또는 심한 외상으로 인해 발생한다.
④ 네일에 멜라닌 색소 증가 및 색소 침착으로 인해 발생한다.

14 화장품의 사용 목적에 대한 설명으로 틀린 것은?

① 인체를 청결 · 미화해 매력을 더하기 위해 사용한다.
② 피부 · 모발의 건강을 유지 · 증진하기 위해 사용한다.
③ 용모를 밝게 변화시키기 위해 사용한다.
④ 비만관리 후 건강을 회복하기 위해 사용한다.

15 항산화제에 속하지 않는 것은?

① 베타카로틴(β-carotene)
② 수퍼옥사이드 디스뮤타제(SOD)
③ 비타민 E
④ 비타민 F

16 화장품의 성분 중 수분을 공급하는 물질에 해당하는 것은?

① 에탄올
② 위치하젤
③ 보습제
④ 페놀

17 1830년에 의사 '시트'가 개발한 것은?

① 오렌지 우드스틱
② 니트로셀룰로오스
③ 네일 파일
④ 큐티클 크림

18 발허리뼈라고 하며 발등과 발바닥을 이루는 5개 형태의 뼈를 무엇이라고 하는가?

① 족근골
② 중족골
③ 족수근
④ 수근골

19 랩 네일에 대한 설명으로 틀린 것은?

① 네일 랩은 큐티클 라인에서 1㎜ 정도 남기고 접착시킨다.
② 네일 랩을 사용해 길이를 연장하는 방법을 네일 랩 익스텐션이라고 한다.
③ 찢어진 네일을 보강하는 방법을 래핑이라고 한다.
④ 길이를 연장하는 경우 네일 랩을 1장만 사용하면 두께감이 없을 수 있어 2장을 사용한다.

20 아크릴 네일의 보수에 대한 설명으로 가장 거리가 먼 것은?

① 자연네일 부분에 전 처리제를 도포한다.
② 적당량의 아크릴을 이용해 새로 자라난 부분을 보수한다.
③ 아크릴을 큐티클 부분에 올려 전에 있던 부분과 자연스럽게 연결한다.
④ 아크릴 볼을 큐티클 부위에 올려 항상 프리에지까지 덮어 준다.

21 감염병환자의 퇴원 시 시행하는 소독을 가리키는 말은?

① 지속 소독
② 수시 소독
③ 반복 소독
④ 종말 소독

22 소독제와 사용 농도를 짝지은 것으로 옳지 않은 것은?

① 승홍 – 0.1%
② 알코올 – 70%
③ 석탄산 – 0.3%
④ 크레졸 – 3%

23 향수의 향취 중 나무나 동물의 향을 내는 것은?

① 오리엔탈
② 플로럴
③ 그린
④ 시트러스

24 젤 네일 화장물에 대한 설명으로 <u>틀린</u> 것은?

① 젤 네일 화장물은 알코올로 용해된다.
② 광중합 과정이 수반된다.
③ 자외선 램프 또는 가시광선 램프를 사용해 굳힌다.
④ 올리고머가 빛에 반응해 폴리머가 된다.

25 다음 중 태아의 손톱이 형성되는 시기는?

① 임신 4주
② 임신 9주
③ 임신 14주
④ 임신 20주

26 유리 제품의 소독 방법으로 가장 적절한 것은?

① 끓는 물에 넣고 10분간 가열한다.
② 건열 멸균기에 넣고 소독한다.
③ 끓는 물에 넣고 5분간 가열한다.
④ 찬물에 넣고 75℃까지만 가열한다.

27 다음 중 자외선이 피부에 미치는 영향이 <u>아닌</u> 것은?

① 색소 침착
② 살균 효과
③ 홍반 형성
④ 비타민 A 합성

28 주로 발톱에 나타나며 네일이 두꺼워지며 손이나 발가락 밖으로 돌출되며 심한 변형을 동반하는 질병은?

① 루코니키아
② 오니코그리포시스
③ 오니코파지
④ 행 네일

29 다음 중 찢어진 네일에 덮어 찢어진 부분을 보강하는 네일 재료는?

① 네일 팁
② 네일 폼
③ 네일 랩
④ 네일 파일

30 다음 중 돼지와 관련된 질병이 <u>아닌</u> 것은?

① 살모넬라
② 발진티푸스
③ 일본뇌염
④ 유구조충

31 다음 중 한선에 대한 설명으로 <u>틀린</u> 것은?

① 체온 조절 기능이 있다.
② 진피와 피하지방 조직의 경계에 위치한다.
③ 입술을 포함한 전신에 분포한다.
④ 에크린 한선과 아포크린 한선이 있다.

32 손과 손목은 몇 개의 뼈로 구성돼 있는가?

① 24개
② 25개
③ 26개
④ 27개

33 다음 중 병원성 미생물이 가장 잘 증식되는 조건은?

① 강산성
② 약산성
③ 중성
④ 강염기성

34 공중위생영업소 위생관리등급 중 우수업소에 내려지는 등급은?

① 백색등급
② 청색등급
③ 녹색등급
④ 황색등급

35 전체 인구 중 65세 이상 인구가 차지하는 비율이 몇 % 이상일 때 초고령사회인가?

① 10%
② 20%
③ 10~15%
④ 15~20%

36 다음 중 질병 발생의 3대 요인이 <u>아닌</u> 것은?

① 병인
② 연령
③ 숙주
④ 환경

37 다음에 해당하는 신경은?

- 일부 손바닥의 감각과 손목의 뒤집힘 등의 운동 기능을 담당하는 신경이다.
- 팔의 중앙부를 관통해서 손가락으로 들어가며 엄지손가락 근육 및 손바닥의 피부에 분포한다.

① 정중신경(중앙신경)
② 좌골신경(궁둥신경)
③ 근피신경(근육피부신경)
④ 액와신경(겨드랑이신경)

38 페디큐어의 작업 방법으로 <u>틀린</u> 것은?

① 샌딩 파일로 표면을 매끄럽게 한다.
② 발톱 모양은 스퀘어 형태로 조형한다.
③ 작업 전에 손을 소독한다.
④ 컬러링 시 톱 코트는 생략할 수 있다.

39 후천적 면역에 대한 설명으로 옳은 것은?

① 식세포들은 세균과 같은 이물질을 세포 내로 흡수하고 소화해 이들을 제거한다.
② 항원에 대한 2차 반응 시간이 길다.
③ 특정 병원체에 노출된 후 그 병원체에만 선별적으로 방어기전이 작용한다.
④ 모든 이물질에 대해 저항하는 비특이성 면역이다.

40 인구 1,000명당 1년간의 전체 사망자수를 가리키는 것으로 보건지표로 사용하는 것은?

① 평균수명
② 조사망률
③ 영아사망률
④ 비례사망지수

41 빈칸에 들어갈 수치를 순서대로 나열한 것으로 옳은 것은?

> 총인구 중 65세 이상 인구가 (   )%인 사회를 고령화 사회라고 하며, 총인구 중 65세 이상 인구가 (   )%인 사회를 고령 사회라고 하며, 총인구 중 65세 이상 인구가 (   )%인 사회를 초고령화 사회라고 한다.

① 6, 12, 18
② 5, 10, 15
③ 7, 14, 20
④ 10, 20, 30

42 건강의 정의를 가장 잘 설명한 것은?

① 신체적으로 안녕한 상태
② 육체적 · 정신적 · 사회적으로 안녕한 상태
③ 질병이 없고, 허약하지 않은 상태
④ 정신적으로 안녕한 상태

43 다음 질병 중 병원체가 세균인 것은?

① 폴리오
② 간염
③ 디프테리아
④ 풍진

44 다음 감염병 중 환경 위생의 개선과 관계가 없는 것은?

① 유행성 이하선염
② 장티푸스
③ 세균성 이질
④ 콜레라

45 우리나라에서 의료보험이 전 국민에게 적용된 시기는 언제부터인가?

① 1964년
② 1977년
③ 1988년
④ 1989년

46 테트로도톡신(Tetrodoloxin)은 다음 중 어느 것에 들어 있는 독소인가?

① 복어
② 감자
③ 버섯
④ 조개

47 시 · 군 · 구에 두는 보건행정의 최일선 조직으로 국민건강 증진 및 예방 등에 관한 사업을 실시하는 기관은?

⑦ 복지관
② 보건소
③ 병 · 의원
④ 시 · 군 · 구청

48 곤충을 매개로 인체에 침입해 질환을 일으키는 병원성 미생물은?

① 바이러스
② 세균
③ 리케차
④ 효모

49 산소 농도가 2~10%인 곳에서만 증식이 가능한 세균은?

① 호기성균
② 혐기성균
③ 통성 혐기성균
④ 미호기성균

50 고무장갑이나 플라스틱의 소독에 가장 적절한 것은?

① EO 가스 멸균법
② 고압증기 멸균법
③ 자비 소독법
④ 오존 소독법

51 살균 작용의 기전 중 산화에 의하지 않는 소독제는?

① 석탄산
② 과망가니즈산칼륨(과망간산칼륨)
③ 과산화수소
④ 염소

52 소독제와 그 기전을 연결한 것으로 옳지 않은 것은?

① 과산화수소(H_2O_2) - 가수 분해
② 생석회(C_aO) - 가수 분해
③ 알코올(CH_6OH) - 단백질 변성 작용
④ 페놀(C_6H_5OH) - 단백질 응고

53 에틸렌 옥사이드(EO ; Ethylene Oxide) 가스 멸균법에 대한 설명 중 틀린 것은?

① 고압증기 멸균법에 비해 장기 보존이 가능하다.
② 50~60℃의 저온에서 멸균된다.
③ 가격이 고압증기 멸균법에 비해 저렴하다.
④ 열에 변질되기 쉬운 것들에 사용한다.

54 살균력은 강하지만 자극성과 부식성이 강해 상·하수의 소독에 주로 이용되는 것은?

① 알코올
② 과산화수소
③ 승홍
④ 염소

55 다음 중 외부로부터 충격이 있을 때 완충 작용으로 피부를 보호하는 역할을 하는 것은?

① 피하지방과 모발
② 한선과 피지선
③ 모공과 모낭
④ 외피 각질층

56 다음 중 기저층의 중요한 역할로 가장 적당한 것은?

① 수분 방어
② 면역
③ 팽윤
④ 새 세포 형성

57 피지에 대한 설명으로 **틀린** 것은?

① 피지는 피부나 털을 보호한다.
② 피지가 외부로 분비되지 않으면 면포로 발전한다.
③ 일반적으로 남자는 여자보다도 피지의 분비량이 많다.
④ 피지는 아포크린 한선에서 분비된다.

58 다음 중 적외선에 대한 설명으로 **틀린** 것은?

① 혈류를 촉진한다.
② 피부에 영양물이 흡수되게 한다.
③ 노화를 촉진한다.
④ 온열작용으로 피부를 이완시킨다.

59 멜라닌색소에 대한 설명으로 옳은 것은?

① 멜라닌은 각질층으로 배출되지 않는다.
② 몽고반점은 멜라닌과 상관이 없다.
③ 멜라닌은 본래의 역할을 자외선으로부터 피부를 보호하는 것이다.
④ 멜라닌은 황인에게 가장 많이 나타난다.

60 피부 표면의 구조와 생리를 설명한 것으로 옳은 것은?

① 각질층에 존재하는 친수성분을 천연보습인자라 한다.
② 피부의 이상적인 산도는 pH 6.2~7.8이다.
③ 피부의 pH는 성별 · 계절별로 변화가 거의 없다.
④ 피부의 피지막은 건강 상태 및 위생과는 상관없다.

정답과 해설 379p

01 계속적인 압박으로 생기는 각질층의 증식 현상이며, 원추형의 국한성 비후증으로 경성과 연성으로 나뉘는 것은?

① 사마귀
② 무좀
③ 굳은살
④ 티눈

02 다음 중 이·미용 업무에 종사할 수 있는 자는?

① 공인 이·미용학원에서 3개월 이상 이·미용에 관한 강습을 받은 자
② 이·미용업소에 취업해 6개월 이상 이·미용에 관한 기술을 수습한 자
③ 이·미용업소에서 이 미용사의 감독하에 이 미용 업무를 보조하고 있는 자
④ 시장·군수·구청장이 보조원이 될 수 있다고 인정하는 자

03 영업소 이외의 장소에서 예외적으로 이·미용 영업을 할 수 있도록 규정한 법령은?

① 대통령령
② 국무총리령
③ 보건복지부령
④ 시·도 조례

04 미용사 면허증의 재발급 사유가 아닌 것은?

① 영업소의 상호가 변경됐을 때
② 주민등록번호가 변경됐을 때
③ 이름이 변경됐을 때
④ 면허증이 헐어 못 쓰게 된 때

05 명예공중위생 감시원이 될 수 없는 사람은?

① 공중위생협회의 단체장이 추천하는 단체의 소속 직원
② 소비자단체의 단체장이 추천하는 단체의 소속 직원
③ 공중위생에 대한 지식과 관심이 있는 자
④ 3년 이상 공중위생 행정에 종사한 경력이 있는 공무원

06 공중위생관리법에서 규정하고 있는 공중위생영업의 종류에 해당하지 않는 것은?

① 숙박업
② 목욕장업
③ 요식업
④ 미용업

07 피지선과 한선의 분비물이 피부에 윤기를 주어 건강과 아름다움을 지니게 하는 피부의 생리 작용은?

① 분비
② 침투
③ 흡수
④ 조절

08 미용업 영업자가 영업소 폐쇄명령을 받고도 계속 영업을 하는 때에 시장·군수·구청장이 관계공무원으로 하여금 해당 영업소를 폐쇄하기 위해 조치를 하게 할 수 있는 사항에 해당하지 <u>않는</u> 것은?

① 해당 영업소 간판 및 기타 영업표지물을 제거
② 해당 영업소가 위법한 영업소임을 알리는 게시물을 부착
③ 위법한 영업소임을 알리기 위해 인터넷에 정보 공개
④ 영업을 위해 필요한 기구 또는 시설물을 사용할 수 없게 하는 봉인

09 수렴화장수의 원료에 포함되지 <u>않는</u> 것은?

① 습윤제
② 알코올
③ 물
④ 표백제

10 유연 화장수의 작용으로 <u>틀린</u> 것은?

① 피부의 모공을 넓힌다.
② 피부에 남아 있는 비누의 알칼리를 중화한다.
③ 유연 화장수는 보습제가 포함돼 있다.
④ 피부에 영양분을 공급해 윤택하게 한다.

11 기초 화장용 화장품인 페이스 파우더를 사용해야 할 경우로서 가장 적절한 것은?

① 땀과 피지로 인해 화장이 번지는 것을 막아야 하는 경우
② 추운 날씨에 피지 분비 작용과 발한 작용이 억제될 경우
③ 여름철 파우더 타입의 파운데이션을 사용하는 경우
④ 잔주름과 주름살이 많은 부분을 감추어야 하는 경우

12 모발에 영양을 공급하고 모발의 손상을 예방해 모발 건강에 도움을 주는 제품은?

① 헤어 스프레이
② 헤어 트리트먼트
③ 포마드
④ 헤어 젤

13 자외선 차단제에 대한 설명으로 <u>틀린</u> 것은?

① 자외선 산란제는 투명하고 자외선 흡수제는 불투명하게 표현된다.
② 자외선 산란제는 물리적인 산란 작용을 이용한 제품이다.
③ 자외선 흡수제는 화학적인 흡수 작용을 이용한 제품이다.
④ 자외선 차단제의 구성 성분은 크게 자외선 산란제와 자외선 흡수제로 구분된다.

14 기초 화장품에 대한 내용으로 **틀린** 것은?

① 기초 화장품은 피부의 기능을 정상적으로 발휘하도록 돕는다.
② 기초 화장품의 가장 중요한 기능은 각질층을 충분히 보습하는 것이다.
③ 마사지 크림은 기초 화장품에 해당하지 않는다.
④ 화장수의 기본 기능으로 각질층에 수분·보습 성분을 공급하는 것이 있다.

15 피지 조절과 항우울과 함께 분만 촉진에 효과적인 아로마 오일은?

① 라벤더
② 로즈마리
③ 재스민
④ 오렌지

16 과도한 압력으로 큐티클을 밀어 올려서 나타날 수 있는 증상은?

① 조갑백선(오니코마이코시스)
② 고랑 파인 네일(퍼로우)
③ 거스러미(행 네일)
④ 교조증(오니코파지)

17 네일의 가운데가 움푹 들어가는 증상으로 선천성 요인이나 반점, 갑상선 질환으로 발생하는 네일의 병변은?

① 코일로니키아
② 행 네일
③ 퍼로우
④ 오니코크립토시스

18 화장품에 대한 설명으로 **틀린** 것은?

① 부작용이 없어야 한다.
② 화장수, 로션 등이 있다.
③ 특정 부위에만 사용할 수 있다.
④ 인체를 청결·미화하기 위해 사용한다.

19 손톱의 성장 속도가 가장 빠른 손가락은?

① 소지
② 약지
③ 중지
④ 엄지

20 굳은 네일 폴리시를 묽게 만들어 사용하기 위해 네일 폴리시병에 한두 방울 넣어 사용하는 제품은?

① 네일 폴리시 리무버
② 네일 폴리시 퀵 드라이
③ 네일 폴리시 시너
④ 새니타이저

21 손톱에 깊은 골이 가로로 파여 있는 경우의 관리법으로 가장 효과적인 것은?

① 굴곡진 부분 중 돌출된 부분을 네일 파일로 제거한다.
② 움푹 들어간 부분을 인조 네일로 보강한다.
③ 네일 강화제를 도포한다.
④ 관리할 수 없는 네일이다.

22 둘째~다섯째 발가락을 벌리는 발의 근육은?

① 배측골간근(발등쪽뼈사이근)
② 저측골간근(발바닥뼈사이근)
③ 장무지신근(긴엄지폄근)
④ 무지내전근(엄지모음근)

23 고대 그리스 로마에 대한 설명으로 옳은 것은?

① '마누스'와 '큐라'라는 단어가 생겨났고 자연스럽고 건강한 아름다움을 이상향으로 여겼다.
② 주술적인 의미로 헤나를 사용해 손톱을 염색했다.
③ 보석, 금, 대나무 부목으로 손톱을 보호했다.
④ 손톱의 색으로 사회적 계급을 분류했고, 손톱에 금색과 은색의 화장물을 사용했다.

24 발목, 발, 발가락은 몇 개의 뼈들로 구성돼 있는가?

① 28개
② 32개
③ 30개
④ 26개

25 하이포니키움에 대한 설명으로 틀린 것은?

① 네일 매트릭스를 보호하는 역할을 한다.
② 옐로 라인 밑에 있으며 프리에지 아래의 돌출된 피부조직이다.
③ 박테리아와 이물질로부터 네일의 아랫부분을 보호하는 방어막 역할을 한다.
④ 하이포니키움에 상처가 생기면 네일 보디가 네일 베드에서 분리될 수 있다.

26 네일미용의 위생관리에 대한 설명으로 틀린 것은?

① 아크릴 리퀴드 등은 디펜디시에 덜어 사용하고 사용하지 않을 때는 꼭 뚜껑을 덮어둔 후 빛이 투과하지 않는 서랍에 넣어 보관해야 한다.
② 콘 커터(크레도)의 면도날은 한 번만 사용한 후 폐기해야 한다.
③ 수건은 자비 소독한 후 일광에 건조하며 사용한 수건은 재사용하지 않아야 한다.
④ 네일 재료의 유효기간을 확인하고 유효기간이 지나면 반드시 폐기해야 한다.

27 다음 중 상지신경이 아닌 것은?

① 비복신경
② 정중신경
③ 근피신경
④ 요골신경

28 손상되기 쉬운 프리에지의 윗부분은 매트릭스의 어느 부분에 해당하는가?

① 매트릭스 뒷부분
② 매트릭스 중간 부분
③ 매트릭스 앞부분
④ 매트릭스와 관련이 없음

29 네일 팁 접착에 대한 설명으로 옳지 <u>않은</u> 것은?

① 조감박리 중상이 있는 네일은 점도가 있는 글루로 코팅을 한 후 그 위에 네일 팁을 연장한다.

② 힘을 빼고 살며시 눌러 접착시킨다.

③ 글루 드라이어를 가까운 거리에서 강하게 분사하지 않는다.

④ 45°로 천천히 접착한다.

30 네일 팁 턱을 제거하면 안 되는 것은?

① 내추럴 네일 팁

② 화이트 네일 팁

③ 클리어 네일 팁

④ 하프 웰 네일 팁

31 그러데이션 컬러링에 대한 설명으로 옳은 것은?

① 스펀지 아랫부분의 짙은 컬러 부분이 큐티클에 닿게 한다.

② 스펀지를 사용해 그러데이션 컬러링을 하는 경우 톱 코트는 생략할 수 있다.

③ 그러데이션은 한 가지의 컬러만 사용해야 한다.

④ 그러데이션은 네일 브러시로도 할 수 있다.

32 아크릴 스컬프처 작업 시 필요한 지식이 <u>아닌</u> 것은?

① 모노머 반응에 대한 지식

② 아크릴 브러시 사용 방법에 대한 지식

③ 접착제 사용에 대한 지식

④ 네일 구조에 대한 지식

33 자외선 소독기에 넣어 소독하는 재료가 <u>아닌</u> 것은?

① 큐티클 니퍼

② 큐티클 푸셔

③ 네일 클리퍼

④ 일회용 네일 파일

34 영업소 이외에 장소에서 이 · 미용 업무를 할 수 있는 경우는?

① 일반 가정에서 초청이 있는 경우

② 학교나 단체 등 인원이 많은 경우

③ 혼례에 참여하는 자에 대해 그 의식 직전에 행하는 경우

④ 영업점의 특별한 서비스를 제공해야 하는 경우

35 에탄올이 주성분으로 덜 굳은 젤을 제거할 때 사용하는 재료는?

① 오일

② 젤 클린저

③ 아세톤

④ 글리세린

36 다음 중 아크릴 네일에서 사용하는 재료는?

① 네일 팁

② 네일 랩

③ 젤

④ 모노머

37 다음 중 인조네일 제거의 재료가 <u>아닌</u> 것은?

① 아세톤
② 네일 표백제
③ 네일 파일
④ 큐티클 오일

38 젤 네일 폴리시의 장점이 <u>아닌</u> 것은?

① 일반 네일 폴리시보다 광택이 뛰어나다.
② 안료를 포함하고 있어 클리어 젤에 비해 경화 속도가 빠르다.
③ 일반 네일 폴리시에 비해 유지 기간이 길다.
④ 젤 램프에 경화하기 전 디자인의 수정이 용이하다.

39 네일 랩 시 자연네일 보강에 사용되는 재료가 <u>아닌</u> 것은?

① 네일 랩
② 경화 촉진제
③ 네일 접착제
④ 네일 팁

40 발등을 굽혀 발가락이 바닥에 닿게 하는 근육은?

① 짧은엄지굽힘근(단무지굴근)
② 새끼발가락벌림근(소지외전근)
③ 짧은소지굽힘근(단소지굴근)
④ 긴발가락근(장지신근)

41 각화유리질과립(Keartohyalin)은 피부 표피의 어떤 층에 주로 존재하는가?

① 과립층
② 유극층
③ 기저층
④ 투명층

42 메이크업 특수분장 시 주름을 만들기 위해 사용하는 재료는?

① 컨실러
② 글리세린
③ 스플리트 검
④ 라텍스

43 향수를 구입해서 샤워 후 보디에 뿌려 나만의 향으로 산뜻함과 상쾌함을 유지하고자 한다면, 부향률은 어느 정도로 하는 것이 좋은가?

① 1~3%
② 3~5%
③ 6~8%
④ 9~12%

44 아로마 오일에 대한 설명으로 가장 적절한 것은?

① 수증기 증류법에 의해 얻어진 에센셜 오일이 주로 사용된다.
② 에센셜 오일은 공기 중 산소나 빛에 안전하기 때문에 주로 투명 용기에 보관해 사용한다.
③ 에센셜 오일은 주로 향기 식물의 줄기나 뿌리 부위에서만 추출된다.
④ 에센셜 오일은 주로 베이스 노트이다.

45 네일 도구 및 네일 재료가 네일 산업에 도입된 순서대로 나열된 것은?

① 오렌지 우드스틱 → 네일 폼 → 라이트 큐어드 젤 → 네일광택제
② 오렌지 우드스틱 → 네일 광택제 → 네일 폼 → 라이트 큐어드 젤
③ 오렌지 우드스틱 → 네일 폼 → 네일 광택제 → 라이트 큐어드 젤
④ 오렌지 우드스틱 → 라이트 큐어드 젤 → 네일 광택제 → 네일 폼

46 골격계에 대한 설명으로 옳지 <u>않은</u> 것은?

① 인체의 골격은 약 206개의 뼈로 구성돼 있다.
② 체중의 약 20%를 차지한다.
③ 기관을 둘러싸 장기를 외부의 충격으로부터 보호한다.
④ 골격에서는 혈액세포를 생성하지 않는다.

47 매니큐어 시 출혈이 발생했을 때의 대처법으로 잘못된 것은?

① 지혈제를 출혈 부위에 떨어뜨린다.
② 출혈이 멈추도록 문지른다.
③ 출혈 부위에 지혈한다.
④ 분말형 지혈제도 사용할 수 있다.

48 아크릴 네일에 대한 설명으로 옳은 것은?

① 필러 파우더와 같이 사용한다.
② 인조네일에만 작업이 가능하다.
③ 자연네일에만 작업이 가능하다.
④ 네일의 모양을 보정할 수 있다.

49 네일미용사가 관리할 수 있는 네일의 증상은?

① 테리지움
② 오니코마이코시스
③ 오니키아
④ 파로니키아

50 다음 중 가장 대표적인 보건 수준 평가기준으로 사용되는 것은?

① 성인사망률
② 영아사망률
③ 노인사망률
④ 사인별 사망률

51 장티푸스에 대한 설명으로 옳은 것은?

① 식물 매개 감염병이다.
② 우리나라에서는 제3급 법정 감염병이다.
③ 대장 점막에 궤양성 병변을 일으킨다.
④ 일종의 열병으로 경구감염된다.

52 UVB는 UVA보다 홍반 발생 능력이 몇 배 정도인가?

① 10배
② 100배
③ 1,000배
④ 10,000배

53 금속 기구를 자비 소독할 때 탄산나트륨을 넣으면 살균력도 강해지고 녹이 슬지 않는데, 이때 가장 적정한 농도는?

① 0.1~0.5%
② 1~2%
③ 5~10%
④ 10~15%

54 헤어 브러시 소독과 주의사항에 대한 설명으로 **틀린** 것은?

① 헤어 브러시는 자외선 소독기에 넣어 보관한다.
② 헤어 브러시는 전용 세제로 헹구고 잘 건조한다.
③ 플라스틱 브러시는 열을 가하면 녹을 수 있으므로 주의한다.
④ 헤어 브러시를 떨어뜨릴 경우 털어서 사용한다.

55 화장실, 하수구, 쓰레기통 소독에 가장 적절한 것은?

① 승홍
② 생석회
③ 알코올
④ 염소

56 다음 중 네일 랩의 장점이 <u>아닌</u> 것은?

① 실크는 조직이 얇고 섬세하게 짜여 부드럽고 가볍다.
② 파이버 글라스는 가느다란 인조섬유로 짜여 있어서 접착제가 잘 스며든다.
③ 리넨은 실크보다 굵은 소재의 천으로 짜여 있어 두껍고 강하다.
④ 페이퍼 랩은 네일 접착제를 잘 흡수하고 실크보다 훨씬 튼튼하다.

57 네일 관리 시 소독이 잘 안 된 도구로 인해 생길 수 있는 박테리아의 감염 증상으로, 네일 주위 피부가 빨개지고 부어오르며 살이 무르는 증상은?

① 조갑탈락증(오니콥토시스)
② 조갑구만증(오니코그리포시스)
③ 조갑감입증(오니코크립토시스)
④ 조갑주위염(파로니키아)

58 네일의 성장에 대한 설명으로 **틀린** 것은?

① 손톱이 발톱보다 빨리 자란다.
② 새끼손톱의 성장이 가장 느리다.
③ 손톱의 성장 속도는 외부의 영향, 환경과 관련이 없다.
④ 남성이 여성보다 빨리 자란다.

59 수돗물로 사용할 상수의 대표적인 오염 지표는?

① BOD
② 대장균 수
③ 증발 잔류량
④ COD

60 버섯에 함유된 독소는?

① 에르고톡신
② 무스카린
③ 솔라닌
④ 아미그달린

01 BCG는 다음 중 어느 질병의 예방법인가?

① 홍역
② 결핵
③ 두창
④ 임질

02 다음 중 매니큐어 과정에 반드시 필요하지 않은 과정은?

① 손톱의 형태 조형
② 네일 폴리시 도포
③ 네일 프라이머 도포
④ 유분기 제거

03 에이즈(AIDS)나 B형 간염 소독에 가장 효과적인 소독법은?

① 일광 소독법
② 여과 멸균법
③ 고압증기 멸균법
④ 방사선 멸균법

04 석탄산에 관한 설명이 틀린 것은?

① 유기물에도 소독력은 약화되지 않는다.
② 고온일수록 소독력이 커진다.
③ 금속 부식성이 없다.
④ 세균 단백질에 대한 살균 작용이 있다.

05 캐리어 오일이 아닌 것은?

① 라벤더 오일
② 호호바 오일
③ 아몬드 오일
④ 아보카도 오일

06 각질 생성 이상에 의한 피부 질환은?

① 주근깨
② 기미
③ 티눈
④ 반점

07 부족하면 피부가 건조해지고 세균에 쉽게 감염되며 야맹증의 증상이 나타나는 비타민은?

① 비타민 C
② 비타민 B2
③ 비타민 A
④ 비타민 K

08 땀의 분비로 인한 냄새와 세균 증식을 억제하기 위해 주로 겨드랑이 부위에 사용하는 제품은?

① 데오도란트
② 바셀린
③ 보디로션
④ 파우더

09 하이포니키움(하조피)에 대한 설명으로 옳은 것은?

① 매트릭스를 병원균으로부터 보호한다.
② 네일 아래 살과 연결된 끝부분으로 박테리아의 침입을 막아 준다.
③ 모양과 길이를 자유롭게 조절할 수 있는 부분이다.
④ 매트릭스 윗부분으로 네일의 근원이다.

10 영업장소 외에서 이·미용의 업무를 행했을 때 이에 대한 처벌 기준은?

① 200만원 이하의 과태료
② 200만원 이하의 벌금
③ 300만원 이하의 과태료
④ 300만원 이하의 벌금

11 다음 중 소독에 영향을 가장 적게 미치는 인자는?

① 온도
② 대기압
③ 수분
④ 시간

12 비열처리법에 의한 멸균법이 아닌 것은?

① 여과 멸균법
② 화염 멸균법
③ 초음파 멸균법
④ 방사선 멸균법

13 이·미용사는 영업소 외의 장소에서는 이·미용 업무를 할 수 없다. 그러나 특별한 사유가 있는 경우에는 예외가 인정되는데 다음 중 특별한 사유에 해당하지 않는 것은?

① 사회복지시설에 봉사활동으로 이·미용을 하는 경우
② 질병이나 고령, 장애 그 밖에 사유로 인해 영업소에 나올 수 없는 자에 대해 이·미용을 하는 경우
③ 방송 등의 촬영에 참여하는 사람에 대해 촬영 직전에 이·미용을 하는 경우
④ 긴급한 회의에 참여하는 자에 대해 회의 직전에 이·미용을 하는 경우

14 네일 보디의 양옆 피부 사이에 성곽처럼 형성된 네일의 구조의 명칭은?

① 네일 월(조벽)
② 네일 베드(조상)
③ 루눌라(조반월)
④ 하이포니키움(하조피)

15 네일미용사가 관리할 수 있는 네일 증상은?

① 파로니키아
② 오니콥토시스
③ 오니코크립토시스
④ 오니코그리포시스

16 손가락을 모으는 역할을 하는 근육은?

① 외전근
② 내전근
③ 신근
④ 굴근

17 산란과 동시에 감염 능력이 있으며, 건조에 대한 저항성이 커 어린 연령층이 집단으로 생활하는 공간에서 집단 감염이 가장 잘 되는 기생충은?

① 회충
② 십이지장충
③ 광절열두조충
④ 요충

18 수질오염의 지표로 사용하는 '생물학적 산소요구량'을 나타내는 용어는?

① BOD
② DO
③ COD
④ SS

19 2차 오염 물질로 광화학 옥시던트를 발생시키며, 흉통·오심·기침을 주요 증상으로 하는 기관지염을 유발하는 대기오염 물질은?

① 오존
② 이산화질소
③ 일산화탄소
④ 이산화탄소

20 일반적으로 병원성 미생물이 가장 잘 증식하는 산도는?

① 산성
② 중성
③ 염기성
④ 강산성

21 산화 작용에 의한 소독법이 아닌 것은?

① 과망가니즈산칼륨
② 과산화수소
③ 염소
④ 크레졸

22 건열 멸균에 대한 설명으로 가장 적절한 것은?

① 300℃ 이상으로 해 멸균한다.
② 고압솥을 사용한다.
③ 주로 유리 기구 등의 멸균에 이용된다.
④ 건열 멸균기에 많은 기구를 쌓아서 내부를 완전히 채운 다음 멸균하는 것이 좋다.

23 네일의 특성에 대해 옳은 것은?

① 중지의 손톱이 소지의 손톱에 비해 빨리 자란다.
② 발톱이 손톱보다 빨리 자란다.
③ 여름보다 겨울에 빨리 자란다.
④ 외부에서 영양이 공급돼야 한다.

24 종아리에 생기는 정맥류의 주요 원인이 아닌 것은?

① 운동 부족
② 유전
③ 임신
④ 혈액 순환 장애

25 유연 화장수에 대한 설명으로 <u>틀린</u> 것은?

① 보습제가 함유돼 있다.

② 수분을 공급한다.

③ 모공을 수축한다.

④ 건성 피부에 적합하다.

26 다음 중 이 · 미용사 면허를 받을 수 있는 경우가 <u>아닌</u> 것은?

① 전문대학 또는 같은 수준 이상의 학력이 있다고 교육부장관이 인정하는 학교에서 이용 또는 미용 관련 학과 졸업자

② 교육부장관이 인정하는 인문계 고등학교에서 6개월 이상 이 · 미용에 관한 소정의 과정을 이수한 자

③ 국가기술자격법에 의한 이 · 미용사 자격을 취득한 자

④ 초 · 중등교육법령에 따른 고등기술학교에서 1년이상 이용 또는 미용에 관한 소정의 과정을 이수한 자

27 페디큐어에 대한 설명으로 <u>틀린</u> 것은?

① 페디 파일은 바깥쪽에서 안쪽으로 사용한다.

② 족탕기에는 항균 비누를 넣고 사용한다.

③ 족탕기는 반드시 소독한다.

④ 토 세퍼레이터 대신 페이퍼타월을 사용해도 된다.

28 화장품의 4대 요건으로 <u>틀린</u> 것은?

① 트렌드에 맞아야 한다.

② 사용성이 좋아야 한다.

③ 피부에 대한 안전성이 우수해야 한다.

④ 화장품의 효과가 있어야 한다.

29 젤 네일에 대한 설명으로 <u>틀린</u> 것은?

① 아크릴에 비해 강한 냄새가 없다.

② 네일 폴리시에 비해 광택이 오래 지속된다.

③ 소프트 젤은 아세톤으로 제거되지 않는다.

④ 젤 네일은 강도에 따라 하드 젤과 소프트 젤로 구분된다.

30 자연적인 인구증가로 옳은 것은?

① 출생 – 전입

② 전입 – 전출

③ 출생 – 사망

④ 사망 – 전출

31 접촉자의 색출 및 치료가 가장 중요한 질병은?

① 성병

② 암

③ 당뇨병

④ 일본뇌염

32 병원성 미생물을 크기에 따라 열거한 것으로 옳은 것은?

① 바이러스 〈 리케차 〈 세균

② 리케차 〈 세균 〈 바이러스

③ 세균 〈 바이러스 〈 리케차

④ 바이러스 〈 세균 〈 리케차

33 다음 중 이·미용사 면허를 취득할 수 없는 자는?

① 면허 취소 후 1년이 경과한 자
② 독감환자
③ 마약중독자
④ 전과기록자

34 청문을 실시해야 하는 사항과 거리가 먼 것은?

① 이·미용사의 면허취소, 면허정지
② 공중위생영업의 정지
③ 영업소의 폐쇄명령
④ 벌금 부과

35 다음 중 소독약의 구비조건으로 틀린 것은?

① 안정성 및 용해성이 높아야 한다.
② 소독 물품에 손상이 있어도 확실히 소독돼야 한다.
③ 인체에는 자극이 없어야 한다.
④ 살균력이 있고 소독의 효력이 즉시 나타나야 한다.

36 공중위생영업자가 위생관리의무사항을 위반할 때의 당국의 조치사항으로 옳은 것은?

① 영업정지
② 자격정지
③ 업무정지
④ 개선명령

37 이·미용업의 업주가 받아야 하는 위생 교육 시간은 몇 시간인가?

① 매년 2시간
② 매년 3시간
③ 매년 4시간
④ 매년 5시간

38 다음 중 화학적 소독법에 해당하는 것은?

① 알코올 소독법
② 자비 소독법
③ 고압증기 멸균법
④ 간헐 멸균법

39 자외선 램프를 사용해야만 경화되는 네일 재료는?

① 아크릴 모노머
② 아크릴 폴리머
③ 아크릴 올리고머
④ UV 젤

40 네일 프라이머에 대한 설명으로 틀린 것은?

① 산성 성분이 포함돼 있다.
② 네일을 부식시킬 수 있다.
③ 광택 향상을 위해 바른다.
④ 최소량만 사용한다.

41 이 · 미용 영업자에 대한 지도 · 감독을 위한 관계 공무원의 출입 · 검사를 거부 · 방해한 자에 대한 처벌 규정은?

① 50만원 이하의 과태료
② 100만원 이하의 과태료
③ 200만원 이하의 과태료
④ 300만원 이하의 과태료

42 피복류(의류와 헝겊) 소독에 좋은 자연 소독법은?

① 일광
② 석탄산
③ 표백제
④ 알코올

43 네일 폴리시의 구비조건에 해당하지 <u>않는</u> 것은?

① 네일에 독성이 없을 것
② 네일 폴리시 리무버로 쉽게 제거되지 않을 것
③ 네일에 바르기 적당한 점도가 있을 것
④ 안료가 균일하게 분산되고 일정한 컬러를 유지할 것

44 통 젤 네일 폴리시를 사용한 그러데이션 기법에 대한 설명으로 옳은 것은?

① 그러데이션은 경화하면 딱딱해지는 통 젤 네일 폴리시로는 적용할 수 없다.
② 그러데이션은 글리터는 적용할 수 없다.
③ 그러데이션은 무채색에는 적용할 수 없다.
④ 그러데이션은 브러시 글루(젤 글루)로는 적용할 수 없다.

45 네일의 성장 속도에 관한 설명으로 옳지 <u>않은</u> 것은?

① 소지의 손톱이 가장 빠르게 자란다.
② 여성보다 남성의 성장 속도가 빠르다.
③ 손톱은 하루에 약 0.1~0.15㎜ 정도 자란다.
④ 발톱의 성장 속도는 손톱의 ½ 정도로 늦다.

46 아크릴 네일의 제거 방법으로 <u>틀린</u> 것은?

① 아크릴 네일이 용해된 후 네일 파일을 사용해 떼어 낸다.
② 아크릴 네일이 용해된 후 큐티클 푸셔를 사용해 떼어 낸다.
③ 아크릴 네일이 용해된 후 오렌지 우드 스틱을 사용해 떼어 낸 후 잔여물을 부드러운 네일 파일로 제거한다.
④ 아크릴 네일이 용해된 후 콘 커터를 사용해 떼어 낸다.

47 네일 프라이머에 대한 설명으로 <u>틀린</u> 것은?

① 네일 표면의 유 · 수분을 제거해 주고 아크릴의 접착력을 높인다.
② 산성 제품으로 피부에 화상을 입힐 수 있으므로 최소량만 사용한다.
③ 인조네일 전체에 사용하며 방부제 역할을 해 준다.
④ 네일 표면의 pH 밸런스를 맞춘다.

48 네일미용사의 자세에 대한 설명으로 <u>틀린</u> 것은?

① 접객 매뉴얼과 고객관리카드를 활용하지 않는다.
② 모든 고객을 공평하게 관리한다.
③ 고객에게 적합한 서비스를 시행한다.
④ 안전 규정을 준수해 청결해 관리한다.

49 피부에서 색소세포가 가장 많이 존재하는 곳은?

① 표피의 각질층
② 표피의 기저층
③ 진피의 유두층
④ 진피의 망상층

50 다음 중 원발진(Primary Lesion) 피부질환은?

① 면포
② 미란
③ 가피
④ 반흔

51 네일 폴리시에 대한 설명으로 <u>틀린</u> 것은?

① 젤 램프기기에 경화 시 수축 현상이 없어야 한다.
② 인화성이 있어 취급 시 주의해야 한다.
③ 네일 폴리시 리무버로 제거하기 쉽다.
④ 휘발성이 있는 제품으로 뚜껑을 잘 닫아 보관해야 굳지 않는다.

52 병원균에서 내성이 생긴다는 것은 무슨 의미인가?

① 인체가 약에 대한 저항성을 갖는다.
② 한 균이 다른 균에 대한 저항성을 갖는다.
③ 약이 균에 대해 효과가 있다.
④ 균이 약에 대해 저항성을 갖는다.

53 도시 지역에서 나타나는 인구 피라미드 형태로, 지속적으로 인구가 유입되어 생산층 인구가 전체 인구의 절반 이상이 되는 인구 구성형태는?

① 농촌형
② 항아리형
③ 별형
④ 종형

54 다음 중 공기 오염으로 전파되는 감염병은?

① 인플루엔자
② 세균성 이질
③ 일본뇌염
④ 파라티푸스

55 네일 컬러링에 대한 설명으로 <u>틀린</u> 것은?

① 헤어라인 팁 : 네일 전체에 컬러링한 후 프리에지 단면을 가늘게 지운다.
② 슬림라인 : 좌우에서 1.5㎜ 남기고 컬러링한다.
③ 프리에지 : 벗겨지기 쉬운 프리에지를 세심하게 컬러링한다.
④ 하프문 컬러링 : 루눌라 부분을 남기고 컬러링한다.

56 네일 랩 접착 방법에 대한 설명으로 가장 적절하지 <u>않은</u> 것은?

① 접착할 네일의 면적을 재고 재단한다.
② 네일 랩의 모서리는 큐티클 옆 라인과 맞게 약간 둥글게 자른다.
③ 큐티클 라인에서 약 1mm를 남기고 부착한다.
④ 큐티클 라인을 꽉 채워서 부착한다.

57 네일숍의 안전관리에 대한 설명으로 <u>틀린</u> 것은?

① 소방서, 종합병원 등의 긴급전화번호를 누구나 볼 수 있게 한다.
② 경찰이나 사설 경비 회사와 연결될 수 있는 비상 버튼을 설치한다.
③ 소화기를 비치하고 스모크 알람을 설치한다.
④ 외부와의 접촉이 쉬운 카운터는 출입구와 먼 곳으로 배치한다.

58 자외선에 대한 설명으로 <u>틀린</u> 것은?

① UVC는 오존층에 의해 차단될 수 있다.
② UVA의 파장은 320~400nm이다.
③ UVB는 유리로 차단할 수 있다.
④ 피부에 가장 깊게 침투하는 것은 UVB이다.

59 영업장 면적이 일정한 면적 이상인 경우 영업소 외부에 손님이 보기 쉬운 곳에 최종지불요금표를 게시 또는 부착해야 하는데, 이때의 기준이 되는 면적은 몇 제곱미터인가?

① 66제곱미터
② 50제곱미터
③ 40제곱미터
④ 30제곱미터

60 영업자의 지위를 승계받은 공중위생영업자는 승계신고를 누구에게 해야 하는가?

① 시장·군수·구청장에게 신고
② 시·도지사에게 신고
③ 세무서장에게 신고
④ 보건복지부장관에게 신고

정답과 해설 384p

01 산과 합쳐지면 레티노산이 되며, 피지 분비를 억제하고 피부의 각화 작용을 정상화해 각질 연화제로 많이 사용되는 비타민은?

① 비타민 A
② 비타민 B
③ 비타민 C
④ 비타민 D

02 매니큐어에 대한 설명으로 옳지 <u>않은</u> 것은?

① 부드러운 네일 파일을 사용해 파일링한다.
② 네일 폴리시는 2회 반복해 도포한다.
③ 베이스코트는 여러 번 도포하는 것이 좋다.
④ 관리가 끝난 후 사용한 도구는 소독한다.

03 큐티클 정리 시 큐티클을 부드럽게 연화시키는 제품은?

① 네일 폴리시리무버
② 논 아세톤 리무버
③ 큐티클 리무버
④ 아이 리무버

04 화장품에서 사용하는 알코올 성분은?

① 프로판올
② 메탄올
③ 뷰탄올
④ 에탄올

05 보디 샴푸의 특징으로 옳지 <u>않은</u> 것은?

① 세포 간에 존재하는 지질 보호
② 부드럽고 치밀한 거품 생성
③ 세균의 증식 억제
④ 각질층 내 세정제의 침투로 지질 용출

06 페디큐어의 어원 중 하나로 발을 지칭하는 라틴어는?

① 페디스(Pedis)
② 마누스(Manus)
③ 큐라(Cura)
④ 매니스(Manis)

07 네일 도구 중 일회용으로 사용해야 하는 것은?

① 큐티클 푸셔
② 큐티클 니퍼
③ 토 세퍼레이터
④ 핑거볼

08 콜라겐에 대한 설명으로 옳지 <u>않은</u> 것은?

① 섬유아세포에서 생성한다.
② 부족하면 주름이 발생한다.
③ 노화되면 콜라겐의 합성이 감소한다.
④ 피부의 표피에 주로 존재한다.

09 다음 중 무기질이 <u>아닌</u> 것은?

① 아이오딘
② 철
③ 비타민
④ 나트륨

10 손가락뼈(수지골)는 몇 개의 뼈로 구성돼 있는가?

① 11개
② 12개
③ 13개
④ 14개

11 신경계의 구조적 최소 단위인 신경세포를 무엇이라고 하는가?

① 뉴런
② DNA
③ 뇌
④ 혈액

12 다음 중 손목뼈(수근골)가 <u>아닌</u> 것은?

① 두상골(콩알뼈)
② 삼각골(세모뼈)
③ 유구골(갈고리뼈)
④ 거골(목말뼈)

13 박하(Peppermint)에 함유돼 있으며, 시원한 느낌을 주고, 혈관을 확장해 혈액 순환을 촉진하는 성분은?

① 자일리톨
② 멘톨
③ 알코올
④ 마조람 오일

14 가깝거나 먼 거리에 대한 느낌을 무엇이라고 하는가?

① 경연감
② 질감
③ 중량감
④ 원근감

15 네일의 길이와 형태를 자유롭게 조절할 수 있는 것은?

① 프리에지(자유연)
② 네일 그루브(조구)
③ 네일 폴드(조주름)
④ 에포니키움(상조피)

16 다음 중 옳은 것만을 모두 짝지은 것은?

> A. 자외선 차단제에는 물리적 차단제와 화학적 차
>   단제가 있다.
> B. 물리적 차단제에는 벤조페논, 옥시벤존, 옥틸디
>   메틸파바 등이 있다.
> C. 화학적 차단제는 피부에 유해한 자외선을 흡수
>   해 피부 침투를 차단하는 방법이다.
> D. 물리적 차단제는 자외선이 피부에 흡수되지 못
>   하도록 피부 표면에서 빛을 반사 또는 산란시키
>   는 방법이다.

① A, B, C
② A, C, D
③ A, B, D
④ B, C, D

17 빈칸에 들어갈 말로 가장 적절한 것은?

> 국가 또는 지방자치단체는 (   )을/를 실시하는
> 자에 대해 예산의 범위 안에서 (   )에 소요되는
> 경비의 전부 또는 일부를 보조할 수 있다.

① 위생서비스 평가
② 청문
③ 보고
④ 개선명령

18 다음 (   ) 안에 들어갈 용어를 순서대로 나열
한 것은?

> 세계보건기구(WHO)의 본부는 스위스 제네바에 있
> 으며 6개 지역사무소를 운영하고 있다. 이 중 우리
> 나라는 (   ) 지역에, 북한은 (   ) 지역에 소속
> 돼 있다.

① 서태평양, 서태평양
② 동남아시아, 동남아시아
③ 동남아시아, 서태평양
④ 서태평양, 동남아시아

19 다음 설명에 적합한 유화 형태의 대표적인 제품은?

> 유화 형태를 판별하기 위해서 물을 첨가한 결과 잘
> 섞여 O/W형으로 판별된다.

① 데오도란트
② 핸드 로션
③ 보디 크림
④ 파우더

20 병원성 미생물의 종류에 해당하지 않는 것은?

① 세균
② 리케차
③ 유산균
④ 클라미디아

21 자비 소독 시 살균력 상승과 금속의 상함을 방지
하기 위해서 첨가하는 물질(약품)로 알맞은 것은?

① 승홍
② 알코올
③ 염화칼슘
④ 탄산나트륨

22 SPF에 대한 설명으로 옳지 않은 것은?

① 일광 노출 전 발라야 하며, 시간이 지나면
   덧발라야 한다.
② SPF 1이란 대략 15분을 의미한다.
③ 오존층으로부터 자외선 C가 차단되는 정도
   를 알아보기 위한 목적으로 이용된다.
④ 자외선으로부터 피부를 보호하기 위해 사
   용한다.

23 이·미용영업자가 오염 허용 기준을 지키지 않아 당국이 내린 개선명령에 따르지 않았을 때의 벌칙사항은?

① 300만원 이하의 벌금
② 300만원 이하의 과태료
③ 200만원 이하의 벌금
④ 200만원 이하의 과태료

24 네일이 달걀껍질과 같이 얇게 벗겨지는 증상인 조갑연화증의 관리법으로 적절하지 <u>않은</u> 것은?

① 손상된 네일을 정리한다.
② 항생제 연고를 꾸준히 발라 준다.
③ 네일 강화제를 발라 준다.
④ 인조네일로 보강해 준다.

25 바이러스에 대한 설명으로 옳은 것은?

① 항생제에 감수성이 있다.
② 광학현미경으로 관찰할 수 있다.
③ 핵산으로 DNA와 RNA 둘 다 가지고 있다.
④ 바이러스는 생체 내에서만 증식할 수 있다.

26 아크릴 네일의 제거 방법으로 옳지 <u>않은</u> 것은?

① 아크릴 네일이 용해된 후 네일 파일을 사용해 떼어 낸다.
② 아크릴 네일이 용해된 후 큐티클 푸셔를 사용해 떼어 낸다.
③ 아크릴 네일이 용해된 후 오렌지 우드스틱을 사용해 떼어 낸 후 잔여물을 부드러운 네일 파일로 제거한다.
④ 아크릴 네일이 용해된 후 콘 커터를 사용해 떼어 낸다.

27 손에 효과적으로 유·수분을 공급하고 피부와 손톱을 부드럽게 하는 매니큐어는?

① 파라핀 매니큐어
② 프렌치 매니큐어
③ 풀커버 매니큐어
④ 핫 오일 매니큐어

28 아크릴 프렌치 스컬프처의 인조네일 작업 시 전처리 과정에 대한 설명으로 옳지 <u>않은</u> 것은?

① 작업자와 고객의 손을 소독한다.
② 자연네일 표면에 에칭을 준다.
③ 습식 매니큐어를 한다.
④ 네일 프라이머를 도포한다.

29 피부 과색소 침착의 증상이 <u>아닌</u> 것은?

① 기미
② 주근깨
③ 백반증
④ 검버섯

30 멸균을 설명한 것으로 가장 적절한 것은?

① 체내에 침입한 병원균의 생육·증식이 억제된 상태
② 체내에 침입한 병원균이 생육·증식하는 상태
③ 세균의 독성만이 제거된 상태
④ 아포를 포함한 모든 균이 사멸된 무균 상태

31 다음 중 물리적 소독법에 해당하는 것은?

① 승홍수 소독
② 크레졸 소독
③ 건열 소독
④ 석탄산 소독

32 2도 화상에 해당하는 것은?

① 햇볕에 탄 피부
② 진피층까지 손상돼 수포가 발생한 피부
③ 피하지방층까지 손상된 피부
④ 피하지방층 아래의 근육까지 손상된 피부

33 산소의 유무에 관계없이 생육이 가능한 세균은?

① 호기성균
② 혐기성균
③ 통성 혐기성균
④ 미호기성균

34 아크릴 네일에 대한 설명으로 옳지 않은 것은?

① 독특한 냄새로 환기에 주의해야 한다.
② 글루, 글루 드라이어, 필러 파우더를 사용한다.
③ 특수한 발톱을 보정할 수 있다.
④ 온도에 매우 민감해 온도가 높을수록 빨리 굳는다.

35 면허를 발급받을 수 있는 자는?

① 감염성 결핵환자
② 성인병 환자
③ 정신질환자
④ 마약중독자

36 손바닥 안쪽의 근육을 지배하고 피부감각을 주관하는 신경으로 팔꿈치를 통과하며 팔뚝과 손의 소지 쪽에 분포하는 신경을 무엇이라고 하는가?

① 복재신경(두렁신경)
② 대퇴신경(넙다리신경)
③ 척골신경(자뼈신경)
④ 정중신경(중앙신경)

37 자연네일에 네일 팁을 붙일 때, 네일보디와 팁이 이루는 각도로 가장 적절한 것은?

① 25°
② 35°
③ 45°
④ 55°

38 염색 등이 아닌 네일 자체에 색료를 도포하는 방법을 가장 먼저 시행한 나라는?

① 중국
② 그리스
③ 인도
④ 미국

39 금속 제품을 열탕 소독할 때 살균력을 강하게 하고 금속의 녹을 방지하기 위해 첨가하는 것은?

① 1~2% 승홍수
② 1~2% 탄산나트륨
③ 1~2% 염화칼슘
④ 1~2% 알코올

40 파라핀 매니큐어의 설명으로 옳지 않은 것은?

① 혈액 순환 및 림프 순환을 촉진한다.
② 피부를 부드럽게 유지케 한다.
③ 피로 회복에 도움을 준다.
④ 노화된 피부를 재생시켜 주는 치료 효과가 있다.

41 네일숍 위생관리에 대한 설명으로 옳은 것은?

① 통풍을 위해 항상 문을 열어 둔다.
② 재료는 사용하기 편리하도록 뚜껑을 열어 둔다.
③ 경제성을 위해 쓰레기는 한꺼번에 모아 버린다.
④ 뚜껑이 달린 쓰레기통을 사용한다.

42 세균의 편모는 무슨 역할을 하는가?

① 세균의 증식 기관
② 세균의 유전 기관
③ 세균의 운동 기관
④ 세균의 영양 흡수 기관

43 네일의 멜라닌 색소 증가 및 색소 침착으로 인해 발생하며 네일에 일부 또는 전부가 갈색이나 흑색으로 변하는 증상은?

① 흑조증(멜라노니키아)
② 조갑비대증(오니콕시스)
③ 손거스러미(행 네일)
④ 고랑 파인 네일(퍼로우)

44 이 · 미용 영업소의 규정 조도를 준수하지 않은 경우, 1차 위반 시의 행정처분은?

① 영업정지 5일
② 영업정지 10일
③ 영업장 폐쇄명령
④ 경고 또는 개선명령

45 세균 증식 시 높은 염도를 필요로 하는 호염성균에 속하는 것은?

① 장염비브리오균
② 장티푸스
③ 콜레라
④ 이질

46 발바닥의 근육을 무엇이라고 하는가?

① 족배근
② 족척근
③ 족수근
④ 족구근

47 네일미용사가 관리할 수 있는 네일 증상으로만 짝지어진 것은?

① 테라지움 – 오니코렉시스
② 오니코그리포시스 – 오니콥토시스
③ 오니키아 – 티니아 페디스
④ 몰드 – 워트

48 검역에 대한 설명으로 옳지 않은 것은?

① 외국 질병의 국내 침입 방지
② 감염병 감염이 의심되는 사람의 강제 격리
③ 감영병이 미치는 영향을 연구하는 학문
④ 감염병의 예방 대책

49 경화 후 젤 표면에 남아 있는 끈적임을 제거하는 네일미용 재료는?

① 젤 클렌저
② 오일
③ 아세톤
④ 네일 랩

50 네일에 흰 반점이 나타나는 증상을 무엇이라 하는가?

① 조갑비대증(오니콕시스)
② 거스러미(행 네일)
③ 고랑 파인 네일(퍼로우)
④ 조백반증(루코니키아)

51 이·미용사에게 청문을 실시해야 하는 경우가 아닌 것은?

① 면허취소 처분을 내리고자 하는 경우
② 면허정지 처분을 내리고자 하는 경우
③ 일부 시설의 사용중지 처분을 내리고자 하는 경우
④ 위생교육을 받지 않은 경우

52 중량 백만분율을 표시하는 단위는?

① ppm
② %
③ ppb
④ ‰

53 팁 네일 작업 시 한 번에 많은 양의 네일 접착제와 경화 촉진제를 사용한 경우, 어느 부위가 손상돼 통증을 유발하는가?

① 매트릭스, 네일 배드
② 네일 월, 네일 그루브
③ 큐티클, 프리에지
④ 에포니키움, 하이포니키움

54 오벌의 형태에 대한 설명으로 옳지 않은 것은?

① 네일이 타원형의 곡선 형태이다.
② 손이 길어 보이며 우아한 느낌을 준다.
③ 좌우대칭을 맞추어 가며 파일링한다.
④ 스트레스 포인트부터 일정 부분까지 직선이 유지돼야 한다.

55 아크릴에 사용하는 화학 성분 중 물질을 빨리 굳게 하는 성분은?

① 프라이머
② 모노머
③ 카탈리스트
④ 폴리머

56 골격계에 대한 설명으로 옳지 <u>않은</u> 것은?

① 뼈는 체중의 약 20%를 차지한다.
② 성인의 뼈는 약 206개이다.
③ 인체의 형태를 유지하고 체중을 지지한다.
④ 수축과 이완에 의해 움직여 인체를 움직일 수 있도록 힘을 발휘한다.

57 다음 중 두피에서 비듬이 생기는 증상이 있는 질병은?

① 지루성 피부염
② 알레르기
③ 습진
④ 두드러기

58 인체에 질병을 일으키는 병원체 중 살아 있는 세포에서만 증식하고 크기가 가장 작아 전자현미경으로만 관찰할 수 있는 것은?

① 리케차
② 간균
③ 바이러스
④ 원생동물

59 피지 분비와 피지선의 활성도를 높이는 호르몬은?

① 에스트로겐
② 프로게스테론
③ 인슐린
④ 안드로겐

60 직업병과 관련 직업이 옳게 연결된 것은?

① 난청 – 항공정비사
② 규폐증 – 용접공
③ 열사병 – 채석공
④ 잠함병 – 방사선기사

01 성층권의 오존층을 파괴하는 대표적인 가스는?

① 아황산가스(SO_2)
② 이산화탄소(CO)
③ 이산화탄소(CO_2)
④ 염화불화탄소(CFC)

02 에이즈 예방대책으로 옳지 <u>않은</u> 것은?

① 경구용 피임약 복용
② 수혈 시 일회용 주사기 사용
③ 건전한 성생활 유지
④ 보건교육 강화

03 이 · 미용사의 면허증을 대여한 때의 법적 조치 사항으로 옳은 것은?

① 영업소에 대해 폐쇄명령을 할 수 있다.
② 1차 위반 시 면허를 취소할 수 있다.
③ 2차 위반 시 1년 산 영업정지 처분을 받는다.
④ 행정처분권자는 시장 · 군수 · 구청장이다.

04 향료 사용의 설명으로 옳지 <u>않은</u> 것은?

① 향 발산을 목적으로 맥이 뛰는 손목이나 목에 분사한다.
② 자외선에 반응해 피부에 광알레르기를 유발할 수도 있다.
③ 색소 침착된 피부에 향료를 분사하고 자외선을 받으면 색소 침착이 완화된다.
④ 향수 사용 시 시간이 지나면서 향의 농도가 변하는데 그것은 조합된 향료의 차이 때문이다.

05 네일 화장물 제거에 대한 설명으로 옳지 <u>않은</u> 것은?

① 100그릿의 거친 네일 파일로 표면을 제거한다.
② 큐티클 오일을 도포해 네일 주변 피부를 보호한다.
③ 고객의 손을 소독한다.
④ 네일 클리퍼를 사용해 길이를 재단한다.

06 네일미용사가 관리할 수 <u>없는</u> 네일의 병변은?

① 조갑비대증(오니콕시스)
② 조갑위축증(오니카트로피아)
③ 조갑감입증(오니코크립토시스)
④ 조갑박리증(오니코리시스)

07 200만원 이하의 과태료 처분의 대상이 <u>아닌</u> 것은?

① 영업소 외의 장소에서 이 · 미용 업무를 행한 자
② 위생교육을 받지 아니한 자
③ 위생관리의무를 지키지 않은 자
④ 관계공무원의 출입 · 검사 및 기타 조치를 거부 · 방해 또는 기피한 자

08 생물학적 산소요구량(BOD)과 용존산소(DO)의 값은 어떤 관계가 있는가?

① BOD와 DO는 무관하다.
② BOD가 낮으면 DO는 낮다.
③ BOD가 높으면 DO는 낮다.
④ BOD가 높으면 DO도 높다.

09 보건복지부장관 또는 시장·군수·구청장이 과태료의 금액을 늘려 부과할 수 있는 경우에 해당하는 것은?

① 과태료의 금액은 늘려서 부과할 수 없음
② 법 위반상태의 기간이 6개월 이상인 경우
③ 법 위반상태의 기간이 3개월 이상인 경우
④ 법 위반상태의 기간이 1개월 이상인 경우

10 공중위생관리법 시행규칙에 규정된 이·미용기구의 소독기준으로 옳지 않은 것은?

① 자외선 소독은 1㎠당 85㎼ 이상의 자외선을 10분 이상 쬐어 준다.
② 건열멸균소독은 100℃ 이상 건조한 열에 20분 이상 쬐어 준다.
③ 열탕소독은 100℃ 이상 물속에 10분 이상 끓여 준다.
④ 증기소독은 100℃ 이상 습한 열에 10분 이상 쬐어 준다.

11 이상적인 소독제의 구비조건과 거리가 먼 것은?

③ 생물학 작용을 충분히 발휘할 수 있어야 한다.
② 효력이 발휘될 때까지의 시간과 살균에 소요되는 시간이 짧을수록 좋다.
③ 독성이 적으면서 사용자에게도 자극성이 없어야 한다.
④ 원액 혹은 희석된 상태에서 화학적으로는 불안정된 것이어야 한다.

12 기미가 생기는 원인으로 가장 거리가 먼 것은?

① 정서 불안
② 비타민 C 과다
③ 내분비 기능 장애
④ 질이 좋지 않은 화장품의 사용

13 국가 간이나 지역 사회 간의 보건수준을 비교하는 데 사용되는 대표적인 3대 지표는?

① 평균수명, 모성사망률, 비례사망지수
② 영아사망률, 비례사망지수, 평균수명
③ 유아사망률, 사인별 사망률, 영아사망률
④ 영아사망률, 사인별 사망률, 평균수명

14 다음 중 이·미용실에서 사용하는 수건을 철저하게 소독하지 않았을 때 주로 발생할 수 있는 감염병은?

① 장티푸스
② 트라코마
③ 페스트
④ 일본뇌염

15 예방접종 시 생균백신을 사용하는 것은?

① 결핵
② 백일해
③ 디프테리아
④ 장티푸스

16 생활력이 있는 미생물을 물리·화학적 처리로 급속히 사멸시키는 것은 다음의 소독법 중 무엇에 해당하는가?

① 여과
② 멸균
③ 살균
④ 방부

17 네일 프라이머에 대한 설명으로 옳지 <u>않은</u> 것은?

① 산성 성분이 포함돼 있다.
② 네일을 부식시킬 수 있다.
③ 광택 향상을 위해 바른다.
④ 최소량만 사용한다.

18 네일의 특성에 대한 설명으로 옳지 않은 것은?

① 손톱은 하루에 약 0.1~0.15㎜로 자란다.
② 발톱은 손톱 성장 속도의 2배 정도로 빨리 자란다.
③ 네일의 수분 함유량은 프리에지로 갈수록 저하된다.
④ 손가락마다 성장 속도가 다르며 중지 손톱이 가장 빨리 자란다.

19 젤 네일에 대한 설명으로 옳지 <u>않은</u> 것은?

① 분자량이 큰 올리고머 물질로 경화 후 유연성이 증가한다.
② 젤은 대부분 소프트 젤이다.
③ LED 램프와 UV 램프를 사용해 경화한다.
④ 분자량이 작은 올리고머의 물질로 경화 후 분자구조가 촘촘해진다.

20 대한선의 분비물이 세균에 의해 분해돼 악취가 나게 되는 증상은?

① 다한증
② 액취증
③ 무한증
④ 소한증

21 양모에서 추출한 동물성 왁스는?

① 라놀린
② 스콸렌
③ 레시틴
④ 리바이탈

22 순환계의 질병과 아연 부족의 식습관으로 발생하는 병변은?

① 교조증
② 조갑비대증
③ 조갑변색증
④ 고랑 파인 네일

23 네일 폴리시의 성분과 기능에 대한 설명으로 옳지 않은 것은?

① 가소제 : 유연성을 주어 갈라지지 않게 하기 위해 사용한다.

② 필름제 : 피막을 형성해 코팅을 주고 광택을 내기 위해 사용한다.

③ 자외선 차단제 : 햇빛을 차단해 부스러지지 않게 하기 위해 사용한다.

④ 착색제 : 무기안료, 유기안료 등의 안료를 사용해 색상을 주기 위해 사용한다.

24 피부 구조에 대한 설명 중 옳지 않은 것은?

① 피부는 표피, 진피, 피하지방층의 세 층으로 구성된다.

② 피부는 일반적으로 내측으로부터 기저층, 유극층, 과립층, 투명층, 각질층의 다섯 층으로 나뉜다.

③ 멜라닌 세포는 표피의 유극층에 산재한다.

④ 멜라닌 세포 수는 민족과 피부색에 관계없이 일정하다.

25 사회보험에 속하지 않는 것은?

① 산재보험

② 국민연금

③ 고용보험

④ 의료급여

26 건강 보균자를 설명한 것으로 가장 적절한 것은?

① 감염병에 걸린 자

② 병원체를 보유하고 있으나 증상이 없으며 체외로 균을 배출하고 있는 자

③ 감염병에 걸리기까지의 기간에 있는 자

④ 감염병에 걸렸다 완전히 치유된 자

27 네일 보디의 시작점에서 자라나는 피부로, 매트릭스를 보호하는 역할을 하며 큐티클 위를 덮고 있는 피부는?

① 에포니키움(상조피)

② 하이포니키움(하조피)

③ 네일 폴드(조주름)

④ 네일 루트(조근)

28 이 · 미용업 시 청문을 실시해야 하는 경우가 아닌 것은?

① 영업소 폐쇄명령을 내리고자 하는 경우

② 위생서비스 평가를 하고자 하는 경우

③ 일부의 사용중지 처분을 내리고자 하는 경우

④ 면허정지 처분을 내리고자 하는 경우

29 다음에서 설명하는 네일의 증상은?

> • 네일이 전체적으로 부드럽고 가늘며 하얗게 돼 네일 끝이 굴곡진 달걀 껍질같이 얇게 벗겨진다.
> • 질병, 다이어트, 신경성 질환 등에서 기인된다.

① 표피조막

② 조갑위축증

③ 조갑연화증

④ 파란 네일

30 젤 램프에 대한 설명으로 옳지 <u>않은</u> 것은?

① UV 램프는 UVB 파장을 사용한다.
② LED 램프는 400~700㎚ 정도의 파장을 사용한다.
③ 젤 네일에 사용되는 광선은 자외선과 가시광선이다.
④ 젤 네일의 경화 속도가 떨어지면 램프를 교체한다.

31 다음 중 기능성 화장품의 종류에 해당하지 <u>않는</u> 것은?

① 미백 크림
② 주름 개선 크림
③ 자외선 차단 크림
④ 헤어 펌 크림

32 네일미용사의 자세로 옳지 <u>않은</u> 것은?

① 고객과의 예약 시간을 반드시 지킨다.
② 청결한 용모와 복장은 유지하도록 한다.
③ 고객이 작업대에 앉으면 그때부터 작업 준비를 한다.
④ 동료들과 협조적으로 행동하고 꾸준한 지식 습득을 위해 노력한다.

33 비위생적인 네일 도구 사용으로 발생하는 병변은?

① 테리지움
② 오니코렉시스
③ 오니키아
④ 오니코크립토시스

34 화장품 성분에 대한 설명으로 옳지 <u>않은</u> 것은?

① 왁스는 부서짐을 예방하고 광택성이 뛰어나 립스틱에 사용한다.
② 양모에서 추출한 라놀린을 사용한다.
③ 산화아연, 탈크, 카올린 등의 미네랄 유래 성분은 화장품에 사용하지 않는다.
④ 동물성 원료로는 콜라겐, 엘라스틴을 사용한다.

35 양이온성 계면활성제에 대한 설명으로 옳지 않은 것은?

① 살균 작용이 우수하다.
② 소독 작용이 있다.
③ 정전기 발생을 억제한다.
④ 피부 자극이 적어 저자극 샴푸에 사용된다.

36 동물의 구성단계를 나열한 것으로 옳은 것은?

① 세포 − 조직 − 기관 − 기관계(통) − 개체
② 세포 − 기관 − 조직 − 기관계(통) − 개체
③ 세포 − 기관계(통) − 조직 − 기관 − 개체
④ 개체 − 기관계(통) − 기관 − 세포 − 조직

37 분비선 중 모낭에 부착돼 있는 것은?

① 소한선(에크린 땀샘)
② 대한선(아포크린 땀샘)
③ 내분비선
④ 모세혈관

38 다음 중 손의 중간근에 속하는 것은?

① 엄지맞섬근(무지대립근)
② 엄지모음근(무지내전근)
③ 벌레근(충양근)
④ 작은원근(소원근)

39 일산화탄소(CO)에 대한 설명으로 옳지 <u>않은</u> 것은?

① 헤모글로빈과 결합 능력이 뛰어나다.
② 공기보다 무겁다.
③ 물체가 불완전 연소 시 발생한다.
④ 확산성과 침투성이 강하다.

40 화장품 4대 요건으로 옳지 <u>않은</u> 것은?

① 효과성
② 유효성
③ 안전성
④ 안정성

41 젤 자연네일 보강에서 사용되는 재료로 옳은 것은?

① 네일 폼
② 올리고머
③ 필러파우더
④ 네일 랩

42 비누에 대한 설명으로 옳지 <u>않은</u> 것은?

① 비누의 세정 작용은 비누 수용액이 오염 물질과 피부 사이에 침투해 부착을 약화시켜 떨어지기 쉽게 하는 것이다.
② 비누는 거품이 풍성하고 잘 헹구어져야 한다.
③ 비누는 대체로 세정 작용뿐만 아니라 살균, 소독 효과가 높다.
④ 메디케이티드 비누는 소염제를 배합한 제품으로 여드름, 면도 상처 및 거칠어짐 방지 효과가 있다.

43 생물학자와 연구업적을 연결한 것으로 옳지 <u>않</u>은 것은?

① 코흐-결핵균
② 파스퇴르-저온살균법
③ 레벤후크-현미경사용
④ 쉼멜부시-고온살균법

44 손가락뼈의 기능이 <u>아닌</u> 것은?

① 지지 기능
② 흡수 기능
③ 보호 작용
④ 운동 기능

45 네일의 구조에 대한 설명으로 옳은 것은?

① 매트릭스(조모) : 네일의 성장이 진행되는 곳으로 이상이 생기면 네일의 변형을 가져온다.
② 네일 보디(조체) : 네일 측면에 해당하며 네일과 피부를 밀착시킨다.
③ 루눌라(조반월) : 네일 보디의 시작점에서 자라나는 피부로 매트릭스를 보호하는 역할을 한다.
④ 네일 베드(조상) : 네일의 끝부분에 해당하며 손톱의 모양을 만들 수 있다.

46 세정용 화장수의 일종으로 유분이 가장 적으며 가벼운 화장의 제거에 사용하기에 가장 적절한 것은?

① 클렌징 오일
② 클렌징 워터
③ 클렌징 로션
④ 클렌징 크림

47 B형 간염의 전파 요소 중 가장 위험한 것은?

① 면도날
② 클리퍼(전동형)
③ 빗
④ 가운

48 탄수화물에 대한 설명으로 옳지 않은 것은?

① 당질이라고도 하며 신체의 중요한 에너지원이다.
② 장에서 포도당, 과당 및 갈락토스의 형태로 흡수된다.
③ 지나친 탄수화물의 섭취는 체질을 염기성으로 만든다.
④ 탄수화물의 소화흡수율은 99%에 가깝다.

49 이 · 미용사의 면허취소와 영업정지, 영업소 폐쇄명령 등의 처분을 하고자 하는 때에 실시해야 하는 절차는?

① 통보
② 개선명령
③ 고지
④ 청문

50 주로 40 · 50대에 나타나며 불안정한 혈행으로 모세혈관이 파열돼 코를 중심으로 양 뺨이 나비 형태로 붉어지는 증상으로, 피지선과 가장 관련이 깊은 질환은?

① 비립종
② 섬유종
③ 주사
④ 켈로이드

51 이 · 미용업의 양도로 인한 영업자 지위승계 신고 시 구비해야 하는 서류가 아닌 것은?

① 영업자 지위 승계 신고서
② 양도 증명서류
③ 양수 증명서류
④ 가족관계증명서

52 물과 오일처럼 서로 섞이지 않는 2개의 액체를 미세하게 분산시켜 놓은 상태는?

① 에멀전
② 레이크
③ 아로마
④ 왁스

53 캐리어 오일이 <u>아닌</u> 것은?

① 미네랄 오일
② 살구씨 오일
③ 아보카도 오일
④ 호호바 오일

54 네일 프리에지 중간층의 각질 배열로 옳은 것은?

① 세로의 각질 배열
② 가로의 각질 배열
③ 사선의 각질 배열
④ 원형의 각질 배열

55 손의 근육 중 새끼손가락을 벌리는 것은?

① 소지외전근
② 장무지굴근
③ 소지대립근
④ 소지굴근

56 뉴런과 뉴런의 접촉 부위를 무엇이라고 하는가?

① 신경원
② 랑비에 결절
③ 시냅스
④ 축삭돌기

57 자비 소독법에 대한 설명 중 옳지 <u>않은</u> 것은?

① 고무, 플라스틱, 아포에 적합하다.
② 물에 탄산나트륨 1~2%를 넣으면 살균력
이 강해진다.
③ 금속 기구 소독 시 날이 무뎌질 수 있다.
④ 100℃ 끓는 물에 15~20분간 가열하는 방
법이다.

58 피부의 천연보습인자(NMF)의 구성 성분 중 가장
많은 비중을 차지하는 것은?

① 아미노산
② 요소
③ 피롤리돈 카르본산
④ 젖산염

59 B림프구가 관여하는 면역은?

① 체액성 면역
② 선천적 면역
③ 자연적 면역
④ 세포 매개성 면역

60 우리나라에서 발생하는 암 중 사망률이 가장 높
은 것은?

① 자궁경부암
② 유방암
③ 폐암
④ 위암

MEMO

최신 기출문제
정답 & 해설

최신 기출문제 · 정답 & 해설

최신 기출문제 01회
324p

01 ③	02 ②	03 ③	04 ④	05 ③
06 ②	07 ①	08 ③	09 ①	10 ①
11 ③	12 ④	13 ②	14 ③	15 ④
16 ②	17 ①	18 ③	19 ④	20 ①
21 ①	22 ①	23 ①	24 ③	25 ④
26 ③	27 ④	28 ①	29 ④	30 ②
31 ④	32 ④	33 ④	34 ②	35 ④
36 ④	37 ④	38 ④	39 ①	40 ①
41 ③	42 ②	43 ①	44 ②	45 ④
46 ④	47 ①	48 ②	49 ③	50 ①
51 ①	52 ③	53 ③	54 ④	55 ④
56 ④	57 ②	58 ②	59 ②	60 ④

01 ③

여드름성 피부를 완화하는 데 도움을 주는 인체세정용 제품류에 한해 기능성 화장품이라고 할 수 있다.

02 ②

매트릭스의 세포 배열 길이가 달라지면 네일의 두께에 영향을 미친다.

03 ③

장무지신근은 엄지발가락을 펴는 역할을 하는 근육이다.

> **권쌤의 노하우**
> 손·발가락의 다른 이름은 아래와 같습니다.

순서	이름
첫째	엄지, 무지
둘째	집게, 검지
셋째	중지, 장지
넷째	약, 약지
다섯째	새끼, 소지

04 ④

대립근은 손발가락의 엄지와 소지를 맞닿게 하는 역할을 한다. 일반적으로 내전근이 관절을 모으는 역할을 한다.

05 ③

실내의 적정 습도는 일반적으로 40~70% 범위가 적당하다.

06 ②

비만세포는 히스타민을 분비해 알레르기 반응을 일으킨다.

> **권쌤의 노하우**
> 비만세포는 히스타민과 헤파린 등의 물질을 가득 머금고 있는 모습이 뚱뚱해 보여 '비만'세포라는 이름이 붙었답니다.

07 ①

사마귀는 주로 인유두종 바이러스(HPV)에 의해 발생한다.

08 ③

단백질은 최종적으로 아미노산으로 가수 분해된다.

09 ①

피지막은 보통 약산성을 띠며, 독극물을 중화하는 역할을 한다.

10 ①

> **오답 피하기**
> ② 6월 이하의 징역 또는 500만원 이하의 벌금에 처한다.
> ③ 영업소는 영업정지 및 영업장 폐쇄, 미용사 면허정지 및 면허취소의 행정처분이 내려진다.
> ④ 300만원 이하의 벌금에 처한다.

11 ③

파라옥시안식향산메틸 외에도 파라옥시안식향산프로필, 파라벤류 등이 있다.

> **권쌤의 노하우**
> 안식향산은 '벤조산'의 구용어입니다.

12 ④

화학물질은 습도가 높은 곳에 보관하면 변질될 위험이 있으므로, 건조하고 서늘한 곳에 보관해야 한다.

13 ②

장골의 양쪽 둥근 끝부분을 골단이라고 한다.

14 ③

핑거볼은 손발톱 관리에 사용되기는 하지만, 페디큐어의 재료는 아니다.

15 ④

네일 팁은 네일 연장 시술의 재료이다.

16 ②

> **오답 피하기**
> ①은 멸균, ③·④은 방부나 정균을 의미한다.

17 ①

아토피 피부염은 자외선과 직접적인 관련이 없으며, 주로 유전적 요인과 환경적 요인에 의해 발생한다.

18 ③

과태료의 부과기준은 대통령령으로 규정된다.

19 ④

읍 단위에는 공중위생감시원을 배치하지 않는다.

20 ①

호호바 오일은 비여드름성 성분으로, 여드름 발생 가능성이 낮다.

21 ①

무기 안료의 특성이다.

22 ①

AHA(알파하이드록시산)는 화학적인 필링제로 주로 사용된다.

23 ①

연골내골화는 뼈의 골화 초기 과정으로, 연골이 뼈가 되는 과정을 의미한다.

24 ③

토 세퍼레이터는 일회용으로 사용되며, 소독할 필요가 없다.

25 ④

톱 젤은 경화해야 한다.

26 ③

고압 증기 멸균법의 일반적인 조건은 121℃에서 15lbs(파운드)로 20분이다.

27 ④

안전성은 피부에 대한 자극 및 독성이 없음을 뜻하는 것이다.

28 ①

1925년은 네일 폴리시 시장이 본격적으로 발전하기 시작한 해이다. 그와 더불어 투명한 폴리시가 출시되면서 손톱 반월과 중앙 부분만 바르는 문 매니큐어가 유행했다.

29 ④

골단연골은 뼈 양끝의 연골로, 뼈의 길이 성장이 일어나는 부분이다.

30 ②

큐티클 니퍼의 날이 손톱 옆의 모든 부분에 닿으면 살이 찢어져 출혈이 발생할 수 있다.

31 ④

이산화탄소와 산소는 식물의 광합성을 통해 교환된다.

32 ④

신고 없이 상호를 변경한 경우, 1차 위반 시 경고나 개선명령이 내려질 수 있다.

33 ④

음이온성 계면활성제는 세정력이 강해 피부 자극을 일으킬 수 있다.

34 ②

위생교육은 일반적으로 기술 · 법규 · 친절 및 청결 교육으로 구성되며, 시사상식 교육은 포함되지 않는다.

35 ④

클렌징 로션은 민감성 피부에도 사용할 수 있다.

36 ④

교조증(咬爪症)은 불안, 초조, 스트레스로 습관적으로 손톱(爪)을 물어뜯는 (咬) 증상(症)이다.

37 ④

건강한 네일은 12~18%의 수분과 0.15~0.75%의 유분을 함유해야 한다.

38 ④

굴근은 굽힘근으로 관절을 굽히는 굴곡 작용을 한다.

39 ①

도트 작업 후 톱 코트는 부드럽게 도포해야 한다. 눌러서 도포하면 앞서 마무리한 디자인을 망칠 수 있다.

40 ①

큐티클 니퍼는 소독해 재사용할 수 있다.

41 ③

승홍수(염화 제2수은 수용액)는 부식성과 자극성이 있어 금속과 인체 소독에 사용하지 않는다.

42 ④

호호바 오일은 액상 왁스로, 피부 친화성이 높고 잘 산패되지 않는다.

43 ①

손톱은 여성이 남성보다 빨리 자란다.

44 ②

알코올은 미생물 세포의 단백질을 변성시켜 소독 효과를 발휘한다.

45 ③

카나우바 왁스와 칸델릴라 왁스는 식물성 왁스이다. 동물성 왁스에는 비즈 왁스가 있다.

46 ④

적외선은 피부의 체온을 높이는 효과가 있어 체온이 하강하지 않는다.

47 ①

모발의 주기는 성장기, 퇴화기, 휴지기로 진행된다.

48 ②

액티베이터는 네일 접착제를 빠르게 경화시키는 역할을 한다.

49 ③

세균의 침윤이 있는 것은 건강한 네일이 아니다.

50 ①

> 오답 피하기

② 분자량이 작을수록 피부 흡수율이 높아진다.
③ 피지에 잘 녹지 않는 수용성 성분이 흡수가 안 된다.
④ 세포 간 지질을 통해 흡수하는 것이 흡수율이 가장 높다.

51 ①

체취 방지는 일반적으로 탈취제나 방향화장품의 목적에 해당한다.

52 ③

파운데이션은 주로 피부 톤을 고르게 하고 색을 부여하는 기능을 한다. 유분기는 기름종이, 파우더와 같은 향장품이 제거한다.

53 ③

미생물의 번식에 직접적으로 영향을 미치는 요소는 온·습도와 영양분이며, 기압은 상대적으로 영향을 덜 미친다.

54 ④

장골은 뼈의 종류를 나타내는 말이다.

55 ④

공중위생 감시원이 되기 위해 공중위생 행정에 1년 이상 근무해야 한다.

56 ④

살균 작용은 소독제의 구비요건이다.

57 ②

크레졸은 이·미용실의 바닥 및 배설물 소독에 적합한 소독제이다.

58 ②

눈 주변은 피부도 얇고 신경이 많이 지나가 민감하므로 가장 주의해야 할 부위이다.

59 ②

스트레스 포인트는 네일의 구조적 약점을 나타내고, 형태 구분에 중요한 역할을 한다.

60 ④

매트릭스(조모)가 탈락돼 프리에지(자유연)까지 새로 자라 나오기까지 5～6개월이 소요된다.

최신 기출문제 02회

332p

01 ③	02 ④	03 ③	04 ①	05 ③
06 ③	07 ④	08 ③	09 ②	10 ④
11 ③	12 ④	13 ④	14 ④	15 ④
16 ③	17 ①	18 ②	19 ④	20 ④
21 ④	22 ③	23 ①	24 ①	25 ②
26 ②	27 ④	28 ②	29 ③	30 ②
31 ③	32 ③	33 ③	34 ④	35 ②
36 ②	37 ①	38 ④	39 ③	40 ②
41 ③	42 ②	43 ④	44 ①	45 ③
46 ①	47 ②	48 ③	49 ②	50 ①
51 ①	52 ①	53 ①	54 ④	55 ①
56 ④	57 ④	58 ③	59 ③	60 ①

01 ③

시장·군수·구청장은 담당 지역 내 공중위생업종의 영업 시간 및 행위에 대한 제한을 할 수 있는 권한을 가지고 있다.

02 ④

웰치균 식중독은 독소형 식중독이다.

03 ③

고압증기 멸균법이 가장 빠르고 효과적인 소독 방법이다.

04 ①

보건행정은 공중위생업소의 위생과 시설에 대한 관리도 포함하지만, 단순히 그것만으로 한정되지 않는다.

05 ③

석탄산 계수가 4인 경우, 90배의 4배수인 360배가 된다.

06 ③

공중위생 영업자 단체의 조직을 갖추는 것은 목적이 아닌 수단에 해당한다.

07 ④

활석은 주로 파우더 제품에 사용된다.

08 ③

칼슘은 뼈와 치아의 주요 성분이며, 혈액 응고 과정에서 중요한 역할을 한다. 결핍 시 혈액 응고에 문제가 발생할 수 있다.

09 ②

오니코크립토시스는 발톱을 직선으로 잘라야 예방할 수 있다.

📙 **권쌤의 노하우**

조갑(爪甲)의 감입(嵌入)은 손발톱이 살을 파고 들어간다는 뜻입니다. 쉽게 말해 내성발톱이죠.

10 ④

네일 폴리시는 일반적으로 인화성 물질로 구성돼 있다.

11 ③

손바닥과 발바닥 등 비교적 피부층이 두꺼운 부위에는 주로 투명층이 분포한다.

12 ④

베이스노트는 휘발성이 낮아 마지막까지 남는 향이다.

13 ④

오니콥토시스는 멜라닌 색소 증가와는 관련이 없다.

14 ④

화장품은 일반적으로 비만관리를 위한 것이 아니라 미용과 건강 유지에 사용된다.

15 ④

비타민 F는 필수 지방산으로 알려져 있다.

16 ③

보습제는 피부에 수분을 공급하는 역할을 한다.

17 ①

1830년, 유럽의 족부 전문의인 시트(Sitts)가 오렌지 우드스틱을 고안 개발했다.

18 ②

중족골은 발의 발허리뼈로, 발등과 발바닥을 이루는 뼈이다.

19 ④

네일 랩은 1장만 사용한다.

20 ④

아크릴 보수는 자라나는 부분을 연결하는 것이므로 항상 프리에지까지 덮을 필요는 없다.

21 ④

종말 소독(終末消毒)은 감염병 환자가 퇴원한 후 병실과 주변 환경을 철저히 소독하는 방법이다. 쉽게 말해 치료과정의 끝(終末)에 실시하는 소독이라는 것이다.

22 ③

석탄산 수용액의 적정 농도는 3%이다.

23 ①

오리엔탈 노트는 나무와 동물의 향을 포함하는 향취를 말한다.

24 ①

젤 네일은 일반적으로 알코올로 용해되지 않으며, 전용 리무버를 사용해 제거해야 한다.

25 ②

오답 피하기

① 임신 4주 : 수정란이 착상되어 세포 분열을 반복하는 시기
③ 임신 14주 : 손톱이 자라는 모습을 확인할 수 있는 시기
④ 임신 20주 : 손톱이 완전히 형성되는 시기

26 ②

유리 제품은 건열 멸균이 적합하며, 고온에서 소독할 수 있다.

27 ④

자외선은 비타민 D 합성과는 직접적인 관계가 있다.

28 ②

오니코그리포시스(조갑구만증)는 발톱이 두꺼워지고 변형되는 상태를 의미한다.

29 ③

네일 랩은 찢어진 네일을 보강하는 데 가장 적합한 재료이다.

30 ②

발진티푸스는 이에 의해서 감염되는 질병이다.

31 ③

한선은 입술을 제외한 전신에 분포한다.

32 ③

손과 손목은 총 26개의 뼈로 구성돼 있다.

33 ③

병원성 미생물은 액성이 중성(pH 6.0~8.0)인 환경에서 가장 활발하게 증식한다.

34 ④

공중위생영업소의 위생관리등급
• 최우수업소 : 녹색등급(③)
• 우수업소 : 황색등급(④)
• 일반관리 : 백색등급(①)

35 ②

65세 이상 인구가 20% 이상일 때 초고령사회로 정의한다.

36 ②

연령은 질병 발생의 요인이 아니다.

37 ①

정중신경은 손바닥의 감각과 운동 기능을 담당한다.

38 ④

톱 코트는 컬러링 후 필수적으로 도포해야 한다.

39 ③

후천적 면역은 특정 병원체에 대해 면역 반응이 일어나는 것이다.

40 ②

조사망률은 인구 천 명당 사망자 수로, 1년간 총사망자수를 당해 연도의 총인구로 나눈 수치를 천분율로 나타낸 것이다.

41 ③

노령인구의 비율과 사회의 노령화
• 고령화 사회 : 총인구 중 65세 이상 인구가 7~13%인 사회
• 고령 사회 : 총인구 중 65세 이상 인구가 14~19%인 사회
• 초고령화 사회 : 총인구 중 65세 이상 인구가 20% 이상인 사회

42 ②

단순히 질병이 없거나 허약하지 않은 상태가 아닌, 육체적·정신적·사회적으로 완전히 안녕한 상태를 말한다.

43 ④

질병별 병원체
- 박테리아 : 결핵, 장티푸스, 폐렴, 임질, 패혈증, 디프테리아(③), 파상풍, 이질, 나병, 백일해, 콜레라, 매독
- 바이러스 : 폴리오(소아마비, ①), 공수병(광견병), 후천성면역결핍증(에이즈), 간염(②), 홍역, 두창, 인플루엔자, 일본뇌염, 풍진(④)

44 ①

유행성 이하선염(볼거리)은 주로 바이러스에 의해 발생하며, 환경 위생과는 직접적인 관계가 없다.

45 ③

1988년 농어촌 지역부터 의료보험이 실시되고 1989년 7월에는 도시 지역까지 확대 실시됨으로써 전국적 의료보험의 시대가 열렸다.

46 ①

테트로도톡신은 복어에 포함된 독소이다.

> **오답 피하기**
> ② 감자 : 솔라닌
> ③ 버섯 : 무스카린
> ④ 조개 : 삭시톡신, 베네루핀

47 ②

보건소는 시·군·구에 두는 보건행정의 최일선 조직으로 국민건강 증진 및 예방 등에 관한 사업을 실시한다.

48 ③

리케차는 바이러스보다 크고 세균보다 작으며 살아 있는 세포에서 증식이 가능해 곤충을 매개로 인체에 침입해 질환을 일으킨다.

49 ②

호기성균은 생육과 증식에 일정 농도의 산소가 필요하다.

> **오답 피하기**
> ① 염기성균은 생육과 증식에 산소가 필요하지 않은 세균이다.
> ③ 통성 혐기성균은 산소의 유무에 관계없이 생육이 가능한 세균이다.
> ④ 미호기성균은 미량의 산소로도 생육과 증식에 할 수 있는 세균이다.

50 ①

EO 가스(에틸렌 옥사이드) 멸균법은 고무장갑이나 플라스틱의 소독에 적합하다.

> **오답 피하기**
> ② 고압증기 멸균법은 의류, 금속 기구, 약액, 거즈를 소독하는 데 쓰인다.
> ③ 자비 소독법은 수건, 의류, 금속 기구, 도자기를 소독하는 데 쓰인다.
> ④ 오존 소독법은 물을 소독하는 데 쓰인다.

51 ①

석탄산의 작용 기전은 단백질 변성 작용이다.

52 ①

과산화수소의 작용 기전은 산화 작용이다.

53 ①

EO 가스 멸균법은 전자기기, 고무, 플라스틱 등 열에 변형되는 물품을 소독하는 방법이다. 50~60℃의 저온에서 아포까지 멸균한 후 장기 보존이 가능하다는 장점이 있으나, 시간과 비용의 측면에서 비효율적이라는 단점이 있다.

54 ④

염소는 강력한 살균력을 가지고 있지만 자극성과 부식성이 있다. 주로 수돗물 및 하수 소독에 주로 사용된다.

> **오답 피하기**
> ① 알코올은 손, 피부, 유리, 금속 도구를 소독하는 데 쓰인다.
> ② 과산화수소는 구강, 피부 상처를 소독하는 데 쓰인다.
> ③ 승홍수는 아포를 소독하는 데 쓰인다.

55 ①

피하지방은 수많은 지방세포로 구성돼 있어 외부 충격으로부터 신체를 보호한다. 모발은 머리를 감싸 외부의 충격을 막아 준다.

56 ④

기저층은 진피와 경계를 이루는 층으로 원기둥 모양의 세포가 단층으로 이루어져 피부의 세포를 새롭게 형성하는 중요한 역할을 한다.

57 ④

피지는 피지선에서 분비된다. 한선은 땀을 분비하는 기관이다.

58 ③

자외선이 노화를 촉진한다.

59 ③

> **오답 피하기**
> ① 자외선을 받아 만들어진 멜라닌은 각질층에서 배출돼 벗겨진다.
> ② 몽고반점은 멜라닌 세포의 침착에 의한 푸른색 반점이다.
> ④ 멜라닌 세포 수는 민족과 피부색에 관계없이 일정하다.

60 ①

> **오답 피하기**
> ② 피부의 이상적인 산도(pH)는 4.5~6.5이다.
> ③ 피부의 pH는 성별·계절별로 변한다.
> ④ 피부의 피지막은 건강 상태 및 위생에 따라 달라진다.

340p

01 ④	02 ③	03 ③	04 ①	05 ④
06 ③	07 ①	08 ③	09 ④	10 ①
11 ①	12 ②	13 ①	14 ③	15 ①
16 ③	17 ①	18 ③	19 ③	20 ④
21 ①	22 ①	23 ①	24 ④	25 ①
26 ①	27 ①	28 ①	29 ①	30 ②
31 ④	32 ③	33 ④	34 ③	35 ②
36 ④	37 ②	38 ②	39 ④	40 ④
41 ①	42 ④	43 ①	44 ①	45 ②
46 ④	47 ④	48 ④	49 ①	50 ②
51 ④	52 ③	53 ②	54 ④	55 ②
56 ④	57 ④	58 ④	59 ②	60 ②

01 ④

티눈은 사마귀·굳은살과 비슷한 증상으로 보이지만, 티눈은 중심핵이 있으며 통증을 동반하는 원형의 국한성 인설성 비후증으로 경성티눈과 연성티눈으로 구분된다.

권쌤의 노하우

말이 뭔가 굉장히 어렵습니다. 차근차근 얘기해 보겠습니다.

- 원추형(圓錐形) : 원뿔(圓錐) 모양(形)이다.
- 국한성(局限性) : 어느 한 부위에만(局所) 한정(限定)되어 발생한다.
- 인설성(鱗屑性) : 비늘(鱗)과 가루(屑)의 성질이 있다.
- 비후증(肥厚症) : 조직이 뚱뚱해지고(肥) 두꺼워진다(厚).
- 경성(硬性) : 조직이 경직(硬直)되어 단단하다.
- 연성(軟性) : 조직이 유연(柔軟)하고 부드럽다.

02 ③

이·미용사의 면허를 받은 자가 아니면 이 미용업을 개설하거나 업무에 종사할 수 없으나, 이 미용사의 감독을 받아 이·미용 업무의 보조를 행하는 경우는 종사할 수 있다.

03 ③

이·미용사의 업무는 영업소 외의 장소에서 행할 수 없으나, 보건복지부령이 정하는 특별한 사유가 있는 경우 가능하다.

04 ①

영업소의 상호 변경은 미용사 면허증의 재발급 사유가 아니다. 상호 변경 시 면허증의 재발급이 아니라 변경신고를 해야 한다.

05 ④

공무원은 명예공중위생 감시원이 될 수 없으며, 일반 시민이나 비영리 단체 소속 직원들이 해당된다.

06 ③

공중위생영업의 종류

- 숙박업(①)
- 목욕장업(②)
- 이용업
- 미용업(④)
- 세탁업
- 건물위생관리업

07 ①

피지선과 한선의 분비작용이 피부에 윤을 내고 건강하게 유지한다.

08 ③

영업소 폐쇄명령 위반, 무신고 영업 시 관계공무원의 조치사항

- 해당 영업소 간판 및 기타 영업표지물의 제거(①)
- 해당 영업소가 위법한 영업소임을 알리는 게시물을 부착(②)
- 영업을 위해 필요한 기구 또는 시설물을 사용할 수 없게 하는 봉인(④)

09 ④

수렴 화장수의 원료에는 보습제, 알코올, 물(정제수) 등이 있다.

10 ①

유연화장수는 피부를 보습하고, 비누의 알칼리 성분을 중화하며, 각질층에 수분을 공급하는 등의 역할을 한다. 이와 더불어 피부를 유연하게 하는 기능도 있지만 모공을 넓히지는 않는다.

11 ①

페이스 파우더는 파운데이션의 유분기를 제거하고 땀과 피지로 인해 화장이 번지는 것을 막아 화장의 지속성을 높인다.

12 ②

헤어 트리트먼트는 모발에 영양을 공급하고 손상을 예방하는 데 도움을 준다.

13 ①

자외선 산란제는 보통 불투명하며, 흡수제는 투명한 경우가 많다.

14 ③

마사지 크림은 피부의 혈액 순환 및 신진대사를 도와 건강한 피부가 되도록 도와주는 크림으로 기초 화장품에 해당한다.

15 ①

재스민 오일은 항우울 효과가 있고, 자궁수축 작용이 있어 분만을 촉진한다.

16 ③

과도하게 압력을 가해 큐티클을 밀어 올리면 네일 보디에 굴곡이 생겨 고랑 파인 네일이 될 수 있다.

17 ①

오답 피하기

② 행 네일은 큐티클과 피부에 거스러미가 일어나는 질환이다.
③ 퍼로우는 네일에 세로나 가로로 고랑이 파이는 질환이다.
④ 오니코크립토시스는 네일의 양쪽 옆면이 파고 들어있는 질환이다.

18 ③

화장품은 특정 부위에만 국한되지 않고, 다양한 부위에 사용할 수 있는 제품이다.

19 ③

일반적으로 중지의 손톱이 가장 빠르게 성장한다.

20 ③

① 네일 폴리시 리무버는 네일 폴리시를 제거하는 제품이다.
② 네일 폴리시 퀵 드라이는 네일 폴리시의 건조를 빠르게 하기 위해 사용하는 제품이다.
④ 새니타이저는 에탄올(알코올)을 주성분으로 하며, 청결 및 소독을 목적으로 손을 대상으로 하는 제품이다.

21 ①

깊은 골이 파져 있는 경우 돌출된 부분을 네일 파일로 제거하면 네일이 얇아질 수 있으므로 주의해야 한다. 깊은 굴곡은 강화제의 사용보다는 골이 파져 있는 부분을 인조네일로 보강하는 것이 가장 효과적이다.

22 ①

배측골간근은 발가락을 벌리는 역할을 한다.

23 ①

② 고대 이집트의 네일미용에 관한 설명이다.
③ 중세(17C) 중국의 네일미용에 관한 설명이다.
④ 고대 중국의 네일미용에 관한 설명이다.

24 ④

발목, 발, 발가락은 총 26개의 뼈로 구성돼 있다.

25 ①

매트릭스를 보호하는 역할을 하는 것은 에포니키움이다.

26 ①

아크릴 리퀴드 등은 한번 덜어 사용했으면 재사용하지 않고 반드시 폐기해야 한다.

27 ①

비복(종아리, 장딴지)신경은 하체 신경이다.

28 ①

매트릭스와 프리에지의 구분
• 매트릭스 뒷부분 : 프리에지의 위층(①)
• 매트릭스 중간 부분 : 프리에지의 중간층(②)
• 매트릭스 앞부분 : 프리에지의 아래층(③)

29 ①

조갑박리는 하이포니키움 손상과 감염으로 인해 네일 보디가 네일 베드에서 분리되는 증상으로, 네일 팁을 접착할 수 없으며 네일숍에서 관리할 수 없다.

30 ②

화이트 네일 팁은 프렌치 라인을 선명하게 하기 위해 네일 팁 턱을 제거하지 않는다.

31 ④

① 스펀지 아랫부분의 짙은 컬러를 프리에지에 닿게 한다.
② 스펀지를 사용해 그러데이션 컬러링을 하는 경우 에도 톱 코트를 도포해야 한다.
③ 그러데이션은 2가지 이상의 컬러도 사용 가능하다.

32 ③

아크릴 스컬프처 작업 시 접착제는 사용하지 않으므로 접착제 사용에 대한 지식은 필요하지 않다.

33 ④

일회용 네일 파일은 사용 후 버리므로 자외선 소독에 적합하지 않다.

34 ③

영업소 외의 장소에서 이 · 미용 업무를 할 수 있는 경우
• 질병 · 고령 · 장애 등의 사유로 영업소에 나올 수 없는 경우
• 혼례 등 의식에 참여자로 의식 직전인 경우(③)
• 사회복지시설에서 봉사활동을 하는 경우
• 방송 등의 참여자로 촬영 직전인 경우
• 특별한 사정으로 시장 · 군수 · 구청장이 인정하는 경우

35 ②

젤 클렌저는 에탄올이 주성분으로 경화 후 끈적임이 남은 미경화 젤을 제거할 때 사용한다.

36 ④

아크릴 네일의 주요 재료
• 네일 폼
• 아크릴 파우더
• 아크릴 리퀴드(모노머, ④)
• 아크릴 브러시
• 디펜디시

37 ②

화장물 제거 네일 표백제는 네일이 착색 또는 변색됐을 때 착색을 제거하는 제품으로, 인조네일 제거의 재료로 사용하지 않는다.

38 ②

젤 네일 폴리시는 안료가 포함돼 있어 경화 속도가 클리어 젤보다 느리다.

39 ④

네일 팁은 길이를 연장하는 재료이다. 자연네일 보강은 연장을 목적으로 하는 것이 아니기 때문에 네일 팁은 사용하지 않는다.

40 ④

긴발가락근(장지신근)은 발등을 굽혀 발가락이 바닥에 닿게 하는 역할을 한다.

41 ①

각화유리질과립은 피부 표피의 과립층에 주로 존재하며, 피부의 각질형성 과정에서 중요한 역할을 한다.

42 ④

라텍스는 특수분장에서 주름을 만들거나 피부에 효과를 주기 위해 사용되는 재료이다.

43 ①

발문은 샤워 콜롱을 설명한 것이다. 샤워 콜롱의 부향률은 1~3% 정도이다.

44 ①

② 에센셜 오일은 산소나 빛에 영향을 받기 때문에 갈색병에 담아서 뚜껑을 닫고 서늘하고 어두운 곳에 보관한다.
③ 에센셜 오일은 주로 식물의 꽃, 잎, 줄기에서 추출된다.

45 ②

'오렌지 우드스틱(1830년) → 네일 광택제(1885년) → 네일 폼(1957년) → 라이트 큐어드 젤(1994년)'이 옳다. 이 순서는 네일 도구와 재료가 도입된 역사적 흐름을 반영하고 있다.

46 ④

뼈의 골수에서 혈액세포를 생성하는데, 이를 뼈의 조혈작용이라 한다.

47 ②

출혈이 멈추도록 해당 부위를 문지르지 말고 압박해야 한다.

48 ④

아크릴 네일은 자연 손톱의 모양을 보정하고 강화하는 데 사용된다.

49 ①

테리지움은 네일미용사가 관리할 수 있는 증상이며, 다른 선택지는 감염성 질환이라 전문적인 치료가 필요하다.

50 ②

영아사망률은 보건 수준을 평가하는 중요한 지표로 널리 사용된다.

51 ④

장티푸스는 살모넬라균종의 특정 아종에 감염돼 발생하며 발열과 복통 등 신체 전반에 걸친 증상이 나타나는 질환이다.

52 ③

지표에 도달하는 자외선 중 90% 이상은 UVA이고 10% 이하가 UVB이지만, UVB가 UVA에 비해 홍반을 발생시키는 능력이 1,000배 정도 강하다.

53 ②

금속 기구의 소독 시 탄산나트륨의 적정 농도는 1~2%이다.

54 ④

떨어뜨린 브러시는 이미 오염됐으므로, 사용하기 전에 반드시 소독해야 한다.

55 ②

화장실, 하수구, 쓰레기통 소독에 가장 적절한 것은 생석회이다.

56 ④

페이퍼 랩은 실크보다 튼튼하지 않으며, 오히려 약한 편이다.

57 ④

조갑주위염은 감염으로 인해 네일 주위 피부가 염증을 일으키는 증상이다.

58 ④

손톱의 성장 속도는 외부 환경이나 여러 요인에 영향을 받는다.

59 ②

대장균 수는 수돗물의 오염 정도를 나타내는 중요한 지표이다. 대장균은 다른 것보다도 분변오염의 지표로 쓰인다.

60 ②

① 에르고톡신(맥각균의 일종) : 옥수수, 보리 등에 포함된 독소
③ 솔라닌 : 감자에 포함된 독소
④ 아미그달린 : 과일(복숭아, 사과, 자두, 살구 등)의 씨앗에 포함된 독소

01 ②	02 ③	03 ③	04 ③	05 ①
06 ③	07 ③	08 ①	09 ②	10 ②
11 ②	12 ②	13 ④	14 ①	15 ③
16 ②	17 ④	18 ①	19 ①	20 ②
21 ④	22 ③	23 ①	24 ④	25 ③
26 ②	27 ①	28 ①	29 ③	30 ③
31 ①	32 ①	33 ③	34 ④	35 ②
36 ④	37 ②	38 ①	39 ④	40 ③
41 ④	42 ①	43 ②	44 ④	45 ①
46 ④	47 ③	48 ①	49 ②	50 ①
51 ①	52 ④	53 ③	54 ①	55 ③
56 ④	57 ④	58 ①	59 ①	60 ①

01 ②

BCG 백신은 결핵 예방을 위한 백신이다.

02 ③

네일 프라이머는 아크릴이나 젤 네일 시술 시 필요하지만, 일반적인 매니큐어 과정에서는 필수적이지 않다.

03 ③

고압증기 멸균법은 바이러스와 세균을 효과적으로 제거할 수 있는 방법이다.

04 ③

석탄산은 금속에 부식성이 있을 수 있다.

05 ①

라벤더 오일은 에센셜 오일이다.

06 ③

티눈은 각질이 두꺼워져서 생기는 피부 질환이다.

07 ③

비타민 A는 피부 건강과 야맹증 예방에 중요한 역할을 한다.

08 ①

데오도란트는 땀과 냄새를 억제하기 위해 사용되는 제품이다.

09 ②

하이포니키움은 손톱의 자유연(프리에지) 아래에 위치하는 피부 부분으로, 이 부분은 손톱 아래의 살과 연결돼 있어 박테리아의 침입을 방지하는 역할을 한다.

10 ②

영업장소 외에서 이·미용 업무를 행한 경우 200만원 이하의 벌금(정확히는 80만원)에 처해질 수 있다.

11 ②

대기압보다는 소독 기구에서 발생하는 압력이 소독 효과에 더 큰 영향을 미친다.

12 ②

비열처리법은 여과, 초음파, 방사선 멸균법처럼 열 처리를 하지 않는 멸균법이다.

13 ④

긴급한 회의에 참여하는 경우는 보건복지부장관이 인정하는 특별한 사유가 아니다.

14 ①

네일 월은 네일 보디의 양 옆 피부 사이에 형성된 구조로, 네일을 보호한다.

15 ③

오니코크립토시스(조갑감입증)는 주로 발톱에서 나타나며, 네일이 살 속으로 파고 들어가는 증상이다. 해당 증상은 네일미용사가 시술로써 관리할 수 있다.

> **오답 피하기**
> ① 파로니키아(조갑주위염)는 감염내과나 피부과의 진단과 치료가 필요하다.
> ② 오니콥토시스(조갑박리증), ④ 오니코그리포시스(조갑구만증)는 피부과의 진단과 치료가 필요하다.

16 ②

내전근은 손가락을 모으는 역할을 하며, 외전근은 손가락을 벌리는 역할을 한다.

17 ④

요충은 유치원, 학교 등에서 어린이들 간에 쉽게 감염될 수 있으며, 특히 집단생활을 하는 곳에서 전파가 용이하다.

> **권쌤의 노하우**
> 요충은 어린아이들이 유치원에서 잘 옮아 옵니다. 엉덩이가 가려워 긁다가 다른 아이들과 접촉하거나 입에 갖다 대는 과정에서 전파되더라구요.

18 ①

BOD(Biochemical Oxygen Demand, 생화학적 산소 요구량)는 수질오염의 지표로 사용되며, 물속의 유기물 분해에 필요한 산소량을 나타낸다.

19 ①

오존은 2차 오염 물질로, 기관지염 증상을 유발하는 대기오염 물질이다.

20 ②

병원성 미생물은 일반적으로 pH 6.5~7.5의 중성 환경에서 가장 잘 증식한다.

21 ④

크레졸은 주로 페놀 계열의 소독제로, 산화 작용이 아닌 단백질 변성작용으로 소독한다.

22 ③

고압솥은 습식 멸균법에 해당한다.

23 ①

중지가 가장 빨리 자라고 엄지가 가장 늦게 자란다.

24 ④

혈액 순환 장애는 정맥류의 원인 중 하나이다.

25 ③ ────────────

모공 수축은 수렴 화장수의 역할이다.

26 ② ────────────

인문계 고등학교에서 이 · 미용 관련 과정을 이수한 경우는 면허를 받을 수 없다. 이 · 미용 관련 전문 교육기관에서 소정의 교육과정을 이수해야 한다.

27 ① ────────────

페디파일은 발바닥의 지문 방향으로 사용한다.

28 ① ────────────

화장품의 4대 요건에 트렌드는 없다.

29 ③ ────────────

소프트 젤은 아세톤으로 쉽게 제거될 수 있지만 하드 젤은 그렇지 않다.

30 ③ ────────────

출생자 수에서 사망자 수를 뺀 값이 양수이면, 자연적으로 인구가 증가한 것이다.

31 ① ────────────

성병은 감염 확산을 방지해야 하므로, 접촉자의 색출 및 치료가 매우 중요하다.

32 ① ────────────

일반적으로 바이러스가 가장 작고, 그 다음 리케차, 세균 순으로 크기가 크다.

33 ③ ────────────

마약중독자는 면허를 취득할 수 없다.

34 ④ ────────────

면허의 취소나 정지, 영업소의 폐쇄나 영업의 정지와 같은 중대한 사항이 아니라면, 청문이 필요치 않다.

35 ② ────────────

소독약은 손상된 물품에 대해서도 충분한 소독 효과가 있어야 하지만, 손상된 경우 소독이 어려울 수 있다.

36 ④ ────────────

공중위생영업자가 위생관리의무사항을 위반할 때 개선명령을 내릴 수 있다.

37 ② ────────────

매년 3시간씩 위생 교육을 받아야 한다.

38 ① ────────────

알코올 소독법은 화학적 소독법에 해당하며, 나머지는 물리적 소독법에 해당한다.

39 ④ ────────────

UV젤은 자외선 램프에 조사해야만 경화된다.

40 ③ ────────────

네일 프라이머는 네일 접착 효과를 향상하는 용도로 사용한다. 광택은 네일 폴리시로 낼 수 있다.

41 ④ ────────────

이 · 미용 영업자에 대한 지도 · 감독을 위한 관계공무원의 출입 · 검사를 거부 · 방해한 경우 300만원 이하의 과태료 처분(정도에 따라 75~225만원)이 내려진다.

42 ① ────────────

일광 소독은 자연적인 방법으로 의류와 헝겊류를 소독하는 데 효과적이다.

43 ② ────────────

네일 폴리시는 리무버로 쉽게 제거할 수 있어야 한다.

44 ④ ────────────

젤 글루는 폴리시가 아니다.

45 ① ────────────

손톱의 성장은 소지 손톱이 가장 느리고 중지 손톱이 가장 빠르다.

46 ④ ────────────

아크릴 네일의 제거를 위해서는 아세톤을 탈지면에 적셔 포일로 감싸 불린 후 다양한 네일 도구를 활용해 떼어 낼 수 있지만 발바닥의 두꺼운 굳은살을 제거할 때 사용하는 콘 커터는 사용할 수 없다.

47 ③ ────────────

네일 프라이머는 주로 자연 손톱 표면에 사용되며, 방부제 역할을 하지 않는다.

48 ① ────────────

네일미용사는 고객 관리와 서비스를 위해 접객 매뉴얼과 고객 관리 카드를 잘 활용해야 한다.

49 ② ────────────

색소세포(멜라닌 세포)는 주로 표피의 기저층에 분포한다.

50 ① ────────────

원발진과 속발진
- 원발진 : 반점, 홍반, 팽진, 수포, 면포(①), 구진, 농포, 결절, 낭종, 종양
- 속발진 : 인설, 위축, 태선화, 균열, 가피(③), 찰상, 미란(②), 궤양, 켈로이드, 반흔(④)

51 ① ────────────

네일 폴리시가 젤 램프에서 경화 시 수축 현상이 발생할 수 있으며, 이는 일반적인 현상이다.

52 ④ ────────────

병원균의 내성은 특정 약물에 대해 균이 저항성을 가지게 되는 것을 의미한다. 이는 치료에 어려움을 초래할 수 있다.

53 ③ ────────────

별형은 인구 전입으로 청장년층의 비율이 높은 도시나 신개발 지역에서 나타나는 유형인데, 노년 인구나 유소년 인구에 비해서 생산 연령 인구가 많다. 전입 인구가 전출 인구보다 많아 도시문제가 발생할 수 있다.

54 ① ────────────

오답 피하기
② 세균성 이질, ④ 파라티푸스는 수인성 감염병이다.
③ 일본뇌염은 모기에 의해 전파된다.

55 ③

프리에지는 벗겨지기 쉬운 부분이므로, 컬러링할 때 주의해야 하는 것은 맞다. 그러나 일반적으로 컬러링을 세심하게 하는 것보다는 장식물을 잘 붙이는 것이 중요하다.

56 ④

큐티클 라인을 꽉 채우면 피부에 자극을 줄 수 있으므로, 약간의 여유를 두고 접착하는 것이 바람직하다.

57 ④

안전을 위해 카운터는 출입구 근처에 배치하는 것이 좋다.

58 ④

UVA가 피부에 가장 깊게 침투하며, UVB는 주로 피부의 표면에 작용한다.

59 ①

66제곱미터 이상의 영업소는 외부에 최종지불요금표를 게시해야 한다.

60 ①

영업자의 지위 승계를 받은 경우에는 해당 지방자치단체의 시장·군수·구청장에게 신고해야 한다.

최신 기출문제 05회

01 ①	02 ③	03 ③	04 ④	05 ④
06 ①	07 ③	08 ④	09 ③	10 ④
11 ①	12 ④	13 ②	14 ④	15 ①
16 ②	17 ①	18 ④	19 ②	20 ③
21 ④	22 ③	23 ②·④	24 ②	25 ④
26 ④	27 ①	28 ③	29 ③	30 ④
31 ③	32 ②	33 ③	34 ②	35 ②
36 ③	37 ③	38 ①	39 ②	40 ④
41 ④	42 ③	43 ①	44 ④	45 ①
46 ②	47 ①	48 ③	49 ①	50 ④
51 ④	52 ①	53 ①	54 ④	55 ③
56 ④	57 ①	58 ③	59 ④	60 ①

01 ①

비타민 A는 레티노산으로 전환돼 피부의 각화 작용을 조절하고 피지 분비를 억제하는 데 도움을 준다.

02 ③

베이스코트는 한 번 도포하는 것이 일반적이다. 여러 번 도포할 필요는 없다.

03 ③

큐티클 리무버는 큐티클을 연화시켜 정리하는 데 사용된다.

04 ④

에탄올은 화장품에서 일반적으로 사용되는 알코올 성분이다.

05 ④

보디 샴푸는 지질을 보호하는 것이 목표이므로, 세정제가 각질층 내 지질을 용출한다는 설명은 바람직하지 않다.

06 ①

'페디스(Pedis)'는 라틴어로 발을 의미하며, 페디큐어를 구성하는 '페디(Pedi-)'의 어원이다.

07 ③

토 세퍼레이터는 일회용으로 사용해야 하며, 다른 도구는 재사용이 가능하다.

08 ④

콜라겐은 주로 진피에 존재하며, 표피에는 주로 수분과 다른 성분들이 있다.

09 ③

비타민은 유기 화합물로, 무기질과는 구분된다. 나머지는 모두 무기질이다.

10 ④

손가락뼈는 각각 14개의 뼈로 구성돼 있다.

11 ①

뉴런은 신경계의 기본 단위이며, 신경세포를 의미한다.

12 ④

수근골의 구성
- 주상골
- 월상골
- 삼각골(②)
- 두상골(①)
- 대능형골
- 소능형골
- 유두골
- 유구골(③)

13 ②

① 자일리톨은 충치의 원인이 되는 산을 형성하지 않는 천연 감미료이다.
③ 알코올은 수산화이온(–OH)을 달고 있는 탄화수소물의 총칭이다.
④ 마조람 오일은 안정 효과가 있고, 성질이 따뜻한 오일이다.

14 ④

원근감은 물체가 가까이 있거나 멀리 있을 때의 느낌을 나타낸다.

15 ①

② 네일 그루브는 네일 양 옆 피부 사이에 접힌 홈이다.
③ 네일 폴드는 네일 보디를 잡아 주는 피부의 속주름이다.
④ 에포니키움은 매트릭스(조모)를 보호하는 피부이다.

16 ②

B를 옳게 고치면 아래와 같다.
물리적 차단제에는 이산화티타늄·산화아연·탈크가 있고, 화학적 차단제에는 벤조페논·옥시벤존·옥틸디메틸파바가 있다.

17 ①

국가 또는 지방자치단체는 위생서비스 평가를 실시하는 자에 대해 예산의 범위 안에서 경비를 보조할 수 있다.

18 ④

세계보건기구(WHO)의 본부는 스위스 제네바에 있으며 6개 지역사무소를 운영하고 있다. 이 중 우리나라는 (서태평양) 지역에, 북한은 (동남아시아) 지역에 소속돼 있다.

19 ②

O/W형 유화 형태는 핸드 로션과 같은 제품에서 잘 나타난다.

20 ③

유산균은 일반적으로 유익한 미생물로 분류되며, 병원성 미생물에 해당되지 않는다.

21 ④

자비소독 시 살균력 향상과 금속의 부식을 방지하기 위해서 탄산나트륨(중조)을 첨가한다.

22 ③

SPF는 자외선 C(UVC)가 아니라 자외선 B(UVB)를 차단한다.

23 ②(정답 없음) 또는 ④

오염 허용 기준을 위반하고 개선명령을 따르지 않을 경우 300만원 이하의 벌금형이 내려질 수 있다.

> **권쌤의 노하우**
> 출제 당시의 법령이 적용된 문제라 출간일 기준으로 정답이 없습니다. 현행 법령에 대입하면, '이·미용업소의 위생관리 의무를 지키지 아니한 자(공중위생관리법 제22조 제2항 제1호, 제2호)에 해당하여 200만원 이하의 과태료(④)에 처한다' 정도가 될 수 있겠네요.

24 ②

항생제 연고는 바이러스 감염 시 효력이 있다. 만약 네일이 벗겨지는 이유가 바이러스 감염이라면 효력이 있을 수 있다.

25 ④

① 항생제가 아니라 항바이러스제에 감수성이 있다.
② 너무 작아 전자현미경으로 관찰해야 한다.
③ 핵산으로 DNA와 RNA 둘 중 하나만 가지고 있다.

26 ④

콘 커터가 아니라 네일 파일이나 푸셔 등을 사용해 제거한다.

27 ①

② 프렌치 매니큐어는 큐티클 정리 후 프렌치로 컬러를 도포하는 것이다.
③ 풀커버 매니큐어는 큐티클 정리 후 풀커버로 컬러를 도포하는 것이다.
④ 핫 오일 매니큐어는 큐티클 정리 시 핫오일기기에 손을 담가 큐티클을 정리하는 것이다.

28 ③

아크릴 프렌치 스컬프처 작업 시 전 처리 과정에서는 일반적으로 습식 매니큐어를 하지 않고, 대신 손톱을 깨끗하게 하고 에칭을 준 후 네일 프라이머를 도포한다.

29 ③

백반증은 저색소침착증이다.

기미(①), 주근깨(②), 검버섯(④)은 과색소증의 예이다.

30 ④

멸균은 모든 미생물, 특히 내열성 아포를 포함해 모든 균을 완전히 제거하는 것이다.

31 ③

건열 소독은 물리적 소독법으로, 고온의 열을 사용해 미생물을 사멸시킨다. 나머지 선택지는 화학적 소독법에 해당한다.

32 ②

2도 화상은 진피층까지 손상돼 수포가 생기는 경우를 말한다.

33 ③

① 호기성균은 생육과 증식에 일정 농도의 산소가 필요한 세균이다.
② 혐기성균은 산소가 없을 때 생육할 수 있는 세균이다.
④ 미호기성균은 미량의 산소로도 생육과 증식에 할 수 있는 세균이다.

34 ②

글루는 아크릴 네일에 일반적으로 사용되지 않으며, 글루 대신 모노머와 필러 파우더를 사용한다.

35 ②

감염성 결핵환자, 정신질환자, 마약중독자는 면허 발급이 불가능하다.

36 ③

척골신경은 팔꿈치를 통과하며 손의 소지 쪽에 분포하고, 손바닥 안쪽의 근육과 감각을 주관한다.

37 ③

네일 팁을 붙일 때 네일보디와 팁이 45°를 이루는 것이 가장 좋다.

38 ①

중국은 고대부터 네일에 색상을 도포하는 전통이 있었는데, 이는 염색 등이 아닌 네일 자체에 색료를 도포하는 방법이다.

39 ②

열탕 소독할 때 살균력을 높이고 금속의 녹을 방지하기 위해 탄산나트륨(중조)을 첨가한다.

40 ④

파라핀 매니큐어는 피부를 부드럽게 하고 혈액 순환을 촉진하지만, 노화된 피부를 재생하는 효과는 없다.

41 ④

① 자주 환기하되 항상 문을 열어 두지 않아도 된다.
② 재료는 뚜껑을 닫아야 한다.
③ 쓰레기는 자주 비워야 한다.

42 ③

편모는 세균이 운동하는 데 필요한 기관으로, 세균의 이동을 가능하게 한다.

43 ①

흑조증은 네일에 멜라닌 색소가 증가해 갈색이나 흑색으로 변하는 증상이다.

44 ④

법정 조도 위반 시 1차 위반에 대한 행정처분은 경고 또는 개선명령이 일반적이다.

45 ①

장염비브리오균은 호염성균으로, 바닷물 정도의 염도에서 잘 증식한다.

46 ②

발바닥의 근육은 족척근이라고 하며, 발의 움직임에 중요한 역할을 한다.

47 ①

네일의 병변

• 테리지움은 큐티클이 과잉 성장해 네일 위로 자라는 증상으로 큐티클 푸셔와 니퍼로 관리할 수 있다.
• 오니코렉시스는 세로로 골이 파져 갈라지거나 부서지는 매니큐어로 관리할 수 있다.

48 ③

감염병이 미치는 영향을 연구하는 학문은 역학이다.

49 ①

젤 클렌저는 경화 후 젤 표면의 끈적임을 제거하는 데 사용된다.

50 ④

① 조갑비대증(오니콕시스)은 손발톱이 과잉 성장해 기형 없이 비정상적으로 두껍게 자라거나 조체가 휘어져 두껍게 성장하는 질환이다.
② 거스러미(행 네일)는 건조한 환경이나 비타민·무기질 부족으로 손·발톱 주변의 살이나 각질이 일어나는 현상이다.
③ 고랑 파인 네일(퍼로우)은 아연 부족이나 빈혈로 인해 옆으로 고랑이 파이는 질환이다.

51 ④

위생교육을 받지 않은 경우에는 청문을 실시하지 않고 과태료를 부과한다.

52 ①

ppm(Parts Per Million)은 중량 백만분율을 나타내는 단위이다.

53 ①

네일 작업 시 많은 양의 접착제와 경화 촉진제를 사용하면 매트릭스와 네일 베드에 손상을 줄 수 있으며, 이로 인해 통증이 유발될 수 있다. 매트릭스는 손톱의 성장과 형성에 중요한 역할을 하며, 손상이 발생하면 통증과 함께 손톱의 성장에도 영향을 미칠 수 있다.

54 ④

오벌은 타원형 곡선으로, 스트레스 포인트에서 직선이 유지되지 않고 부드럽게 이어져야 한다.

55 ③

카탈리스트는 아크릴의 경화를 촉진하는 성분이다.

권쌤의 노하우

카탈리스트(Catalyst)는 우리말로 '촉매'입니다. 촉매는 자신은 변화하지 않으면서 화학반응을 촉진하는 물질입니다.

56 ④

골격계는 뼈와 관절로 구성돼 있다. 이들은 주변에 붙은 근육의 수축과 이완에 의해 움직인다. 뼈 자체는 수축과 이완을 하지 않는다.

57 ①

지루성 피부염은 두피에서 비듬이 발생하는 주요 원인 중 하나이다.

58 ③

바이러스는 살아 있는 세포에서만 증식하며, 크기가 작아 전자현미경으로만 관찰할 수 있다.

59 ④

안드로겐은 여드름을 유발하는 주요 호르몬이다.

오답 피하기

① 인슐린(Insulin)은 췌장 호르몬으로, 혈당량을 조절하는 데 쓰인다.
③ 에스트로겐(Estrogen)은 여성호르몬으로, 여성의 유방과 자궁을 발달시키는 데 쓰인다.
④ 티록신(Thyroxine)은 갑상선 호르몬으로 물질대사를 조절하는 데 쓰인다.

60 ①

항공정비사는 비행기 엔진 소음 등으로 인해 난청의 위험이 있다.

권쌤의 노하우

규폐증은 규산 성분이 있는 돌가루가 폐에 쌓이는 질환입니다. 광부, 석공, 도공, 연마공이 많이 앓는 질환입니다.

최신 기출문제 06회

364p

01 ④	02 ①	03 ④	04 ③	05 ①
06 ④	07 ④	08 ③	09 ③	10 ④
11 ④	12 ②	13 ②	14 ②	15 ①
16 ③	17 ③	18 ②	19 ④	20 ②
21 ①	22 ②	23 ③	24 ④	25 ④
26 ②	27 ①	28 ②	29 ③	30 ①
31 ④	32 ③	33 ③	34 ③	35 ④
36 ①	37 ②	38 ③	39 ②	40 ①
41 ②	42 ③	43 ④	44 ②	45 ①
46 ②	47 ①	48 ③	49 ④	50 ③
51 ④	52 ①	53 ①	54 ①	55 ①
56 ③	57 ①	58 ①	59 ①	60 ③

01 ④

CFC(염화플루오린화탄소, 프레온 가스)는 성층권의 오존층을 파괴하는 주요 물질로 알려져 있다.

02 ①

에이즈는 혈액과 체액(정액, 바르톨린액, 쿠퍼액 등)을 매개로 하여 감염된다. 경구용 피임약은 수정이나 착상을 막지 에이즈 바이러스를 막지는 못한다.

03 ④

이 · 미용사 면허증 대여에 대한 조치는 행정처분권자인 시장 · 군수 · 구청장에 의해 이루어진다.

04 ③

향료를 피부에 분사하고 자외선에 노출되면 오히려 색소가 침착될 수 있다.

05 ①

네일 화장물 제거 시 일반적으로 그릿의 수치가 낮은 네일 파일을 사용해 표면을 부드럽게 제거해야 한다.

06 ④

조갑박리증은 전문 의료인의 치료가 필요한 상태로, 네일미용사가 관리할 수 없다.

07 ④

관계공무원의 출입 · 검사 및 기타 조치를 거부 · 방해 또는 기피할 경우에는 300만원 이하의 과태료가 부과될 수 있다.

08 ③

BOD 수치가 높다는 것은 유기물의 분해가 활발하다는 것을 의미하며, 이로 인해 용존산소(DO)가 소모되므로 그 농도가 낮아진다.

09 ③

법 위반 상태가 6개월 이상 지속되면 공중위생관리법 시행령 별표2에 명시된 과태료 금액을 최대 1.5배까지 늘려 부과할 수 있다.

10 ④

증기소독 시, 일반적으로 100℃ 이상 습한 열을 대상물에 10분 이상 쐬어 준다.

11 ④

안정성은 형과 질이 잘 변하지 않는 성질이다. 이상적인 소독제는 화학적으로 안정해야 하며, 불안정한 소독제는 소독 시 효력을 발휘하지 못할 수 있다.

12 ②

비타민 C는 일반적으로 피부를 밝게 하고 기미 예방에 도움이 되므로, 기미의 원인으로 간주되지 않는다.

13 ②

영아사망률, 비례사망지수, 평균수명 이 세 가지 지표는 보건 수준을 비교하는 데 일반적으로 사용된다.

14 ②

트라코마는 클라미디아균에 의해 발생하는 만성 결막염으로, 주로 눈의 점막에 영향을 미친다. 미용실에서 수건의 위생상태가 좋지 않을 경우에 주로 발생한다.

15 ①

오답 피하기
②·④ 백일해와 장티푸스의 예방에는 사균백신을 사용한다.
③ 디프테리아의 예방에는 순화독소를 사용한다.

16 ③

살균은 생활력이 있는 미생물을 죽이는 과정이다.

17 ③

네일 프라이머는 주로 접착력을 높이기 위해 사용된다. 광택을 향상하는 것은 네일 폴리셔이다.

18 ②

발톱은 손톱에 비해 성장 속도가 느려, 손톱보다 빨리 자라지 않는다.

19 ④

젤 네일제는 일반적으로 분자량이 큰 올리고머로 구성돼 있으며, 경화 후 장식물이 더 단단해지고 구조가 촘촘해진다.

20 ②

액취증(腋臭症)은 겨드랑이(腋)의 대한선이 과도하게 발달하거나 대한선의 분비물이 세균에 의해 분해돼 악취(臭)가 나게 되는 증상(症)이다.

21 ①

라놀린은 양모에서 추출한 동물성 왁스이다.

22 ②

아연의 결핍은 조갑비대증의 원인이 된다.

23 ③

일반적으로 네일 폴리시에는 자외선 차단성분을 사용하지 않는다.

24 ④

멜라닌세포 수는 민족과 피부색에 따라 다르며, 일반적으로 피부색이 진한 사람이 멜라닌세포가 더 많다.

25 ②

의료급여는 사회보험이 아니라 공공부조의 일종이다.

26 ②

건강 보균자는 병원체를 보유하고 있으나 증상이 없는 사람을 의미한다.

27 ①

에포니키움은 매트릭스를 보호하고 큐티클 위를 덮고 있는 피부이다.

28 ②

위생서비스 평가를 위해 청문을 실시해야 하는 것은 아니다. 청문은 주로 행정처분과 관련된 경우에 필요하다.

29 ③

조갑연화증은 네일이 부드럽고 얇아지는 증상이다.

30 ①

UV램프는 일반적으로 UVA 파장을 사용하며, UVB 파장은 피부에 해로운 영향을 미칠 수 있다.

31 ④

헤어 펌 크림은 헤어미용 제품으로 기능성 화장품에 포함되지 않는다. 기능성 화장품은 주로 피부 개선 효과가 있는 제품을 가리킨다.

32 ③

고객이 작업대에 앉기 전에 준비를 해야 하며, 미리 작업 준비를 완료하는 것이 바람직하다.

33 ③

오니키아(조갑주위염)는 손톱 주위의 염증으로, 비위생적인 도구 사용으로 발생할 수 있다.

34 ③

산화아연, 탈크, 카올린 등의 미네랄 성분은 화장품 성분으로 자주 사용된다.

35 ④

피부 자극이 적어 저자극 샴푸에 사용되는 것은 음이온성 계면활성제이다.

36 ①

세포 − 조직 − 기관 − 기관계(통) − 개체 순이 바르다.

37 ②

대한선은 모낭에 부착돼 있는 땀샘이다.

38 ③

중간근(손허리뼈 사이의 근육)에는 지신근, 시지신근, 천지굴근, 심지굴근, 충양근, 배측골간근, 장측골간근이 있다.

39 ②

일산화탄소는 공기보다 가볍다.

40 ①

화장품의 4대 요건에는 안정성, 안전성, 유효성, 사용성이 있다.

41 ②

올리고머는 젤 네일의 주성분으로, 자연 네일을 보강하는 데 사용된다.

42 ③

비누는 주로 세정 작용을 하지만, 살균 및 소독 효과는 낮다. 일반적으로 살균작용이 있는 제품은 항균 비누와 같은 특별한 제품이다.

43 ④

쉼멜부시는 고온살균법이 아닌 저온살균법을 개발한 사람이다.

44 ②

흡수는 뼈의 주요 기능이 아니다. 흡수 기능은 주로 다른 조직이나 기관에서 이루어지는 과정이다.

45 ①

매트릭스는 손톱이 자라는 곳으로, 이곳에 이상이 생기면 손톱의 모양이나 성장에 이상이 생긴다.

46 ②

클렌징 워터는 유성 성분이 없고 가벼운 화장 제거에 적합한 제품이다.

47 ①

면도날은 B형 간염 바이러스가 전파될 위험이 가장 높은 도구이다.

48 ③

지나친 탄수화물 섭취는 오히려 체질을 산성으로 만들 수 있다.

49 ④

면허 취소 및 영업소 폐쇄명령 등의 처분을 위해 청문 절차가 필요하다.

50 ③

주사는 혈관 확장으로 인해 얼굴이 붉어지는 증상으로, 주로 피지선과 관련이 깊다.

51 ④

가족관계증명서는 영업자 지위승계 신고의 필수 구비 서류가 아니다. 행정 전산망에서 확인할 수 있으면 굳이 제출하지 않아도 된다.

52 ①

에멀전은 두 가지 상이한 액체(예 물과 오일)를 미세하게 혼합해 고르게 분산시킨 상태이다.

53 ①

미네랄 오일은 일반적으로 캐리어 오일로 사용되지 않으며, 피부에 자극을 줄 수 있다.

54 ①

프리에지의 위층은 각질이 세로로, 중간층은 각질이 가로로, 아래층은 각질이 세로로 배열돼 있다.

55 ①

소지외전근은 새끼손가락을 벌리는 역할을 한다.

56 ③

시냅스(신경절)는 두 뉴런 간의 신호 전달 지점이다.

> **오답 피하기**
> ① 신경원(뉴런)은 신경계를 구성하는 가장 기본적인 단위이다.
> ② 랑비에 결절은 말이집과 말이집 사이에서 도약전도가 일어나는 지점이다.
> ④ 축삭돌기는 전기적 신호를 다른 뉴런이나 표적 세포로 전달하는 긴 섬유이다.

57 ①

고무나 플라스틱에 열을 가하면 모양이 변형되어 펄펄 끓는 물을 사용하는 자비소독에는 부적합하다.

58 ①

아미노산은 NMF의 주요 구성 성분으로, 피부의 수분 유지에 중요한 역할을 한다.

59 ①

B림프구는 항체를 생성해 체액성 면역을 수행한다.

60 ③

폐암은 한국에서 사망률이 가장 높은 암으로 알려져 있다.

MEMO

MEMO